150 Jahre
Kohlhammer

Religionspädagogik innovativ

Herausgegeben von

Rita Burrichter
Bernhard Grümme
Hans Mendl
Manfred L. Pirner
Martin Rothgangel
Thomas Schlag

Band 10

Die Reihe „Religionspädagogik innovativ" umfasst sowohl Lehr-, Studien- und Arbeitsbücher als auch besonders qualifizierte Forschungsarbeiten. Sie versteht sich als Forum für die Vernetzung von religionspädagogischer Theorie und religionsunterrichtlicher Praxis, bezieht konfessions- und religionsübergreifende sowie internationale Perspektiven ein und berücksichtigt die unterschiedlichen Phasen der Lehrerbildung. „Religionspädagogik innovativ" greift zentrale Entwicklungen im gesellschaftlichen und bildungspolitischen Bereich sowie im wissenschaftstheoretischen Selbstverständnis der Religionspädagogik der jüngsten Zeit auf und setzt Akzente für eine zukunftsfähige religionspädagogische Forschung und Lehre.

Martin Rothgangel/Christhard Lück/Philipp Klutz

Praxis Religionsunterricht

Einstellungen, Wahrnehmungen und Präferenzen von ReligionslehrerInnen

Verlag W. Kohlhammer

1. Auflage 2017

Gesamtherstellung: W. Kohlhammer GmbH, Stuttgart

Print:
ISBN 978-3-17-028945-1

E-Book-Formate:
pdf: ISBN 978-3-17-028946-8

Inhaltsverzeichnis

Hinführung: Von der Problemwahrnehmung zur Durchführung eines empirischen Forschungsprojekts

Ulrike Baumann

Sowohl im Rheinland als auch in Westfalen haben sich seit einiger Zeit vor allem unter den für den Religionsunterricht unmittelbar Verantwortlichen die Stimmen verstärkt, dass die Situation im Bereich dieses Faches immer unübersichtlicher werde. Offenbar haben in den Schulen Verhältnisse zugenommen, die den offiziellen rechtlichen Grundlagen für dieses Fach nicht entsprechen. Konfessioneller Religionsunterricht nach GG Art. 7,3 findet häufig nicht statt, ohne dass die Gründe dafür immer klar zu erkennen sind. Auch die demographische Entwicklung führte unter den SchülerInnen im Religionsunterricht zu Mehrheits- und Minderheitsverhältnissen, die neu zu bedenken waren. Nicht zuletzt wurde die religiöse Pluralität in der Schule als Herausforderung gesehen.

Im Rheinland sind wir zunächst in einer kleinen Arbeitsgruppe den Weg gegangen, die Probleme noch einmal genauer zu benennen und exemplarisch für die Städte Duisburg und Koblenz zu beschreiben. Außerdem haben wir die in der Literatur bisher veröffentlichten Modelle konfessioneller Kooperation gesichtet, die in anderen Bundesländern durch vertragliche Vereinbarungen zwischen der evangelischen und katholischen Kirche möglich geworden sind. Dabei zeigte sich, dass diese Kooperationen nur gelingen, wenn sie von den ReligionslehrerInnen vor Ort getragen werden und wenn diese durch Fortbildungsveranstaltungen unterstützt werden.

In Westfalen ist man einen anderen Weg gegangen: Dort hat das Pädagogische Institut gemeinsam mit einigen Schulreferaten im Jahr 2011 eine quantitative Online-Befragung von ReligionslehrerInnen durchgeführt. Wichtige Ergebnisse dieser Befragung deckten sich mit den Beobachtungen im Rheinland:

- häufiger Religionsunterricht im Klassenverband ohne solide konfessionelle Kooperation,
- fehlende religiöse Sozialisation der SchülerInnen,
- wenig Rückhalt für den Religionsunterricht bei den Eltern.

Hinsichtlich der Problemwahrnehmung gab es also keine gravierenden Unterschiede zwischen den beiden Landeskirchen. Die westfälische Umfrage hat aber keine erhellenden Angaben über die Gründe dieser Probleme erbracht.

Im Rheinland war die westfälische Umfrage ein Anstoß für die Weiterarbeit. Wir wollten sie allerdings nicht einfach in einer Teilregion bei uns wiederholen, vielmehr wollten wir unsere Wahrnehmung der Situation des Religionsunterrichts empirisch so erhärten, dass die westfälischen Ergebnisse eine sinnvolle Ergänzung erfahren. Deshalb haben wir eine Projektgruppe aus SchulreferentInnen, Bezirksbeauftragten, DozentInnen des Pädagogisch-Theologischen Instituts und einem Mitglied der Bildungsabteilung des Landeskirchenamts gebildet. Unsere Idee war es, die Situation des Religionsunterrichts vertieft zu untersuchen, und zwar so, wie die ReligionslehrerInnen sie wahrnehmen. Überlegungen der beiden großen Kirchen zum Religionsunterricht werden ja kaum auf fruchtbaren Boden fallen, wenn sie sich nicht mit der Sichtweise der unterrichtenden Lehrerinnen und Lehrer auf das Fach verbinden können. Herausbekommen wollten wir etwa:

- Wie nehmen die KollegInnen die Wirklichkeit des Religionsunterrichts wahr?
- In welcher Form findet der Religionsunterricht statt und wie beurteilen ReligionslehrerInnen bestehende Kooperationen?
- Welche Angebote sind im Pädagogisch-Theologischen Institut, in den Schulreferaten und bei den Bezirksbeauftragten in der Region nötig?

Allerdings hatte kein Mitglied dieser Projektgruppe Erfahrung mit empirischer Forschung aus eigenen Projekten. Deshalb haben wir uns an Herrn Prof. Dr. Martin Rothgangel (Universität Wien) gewandt, der in diesem Bereich religionspädagogisch sehr gut ausgewiesen ist und einen breiten Überblick über das Forschungsfeld hat. Gemeinsam mit ihm haben wir die Struktur für ein Forschungsprojekt im Rheinland erarbeitet.

Das besondere Profil des Projekts bestand aus einer Befragung von evangelischen Religionslehrkräften, die 2013 von der Evangelischen Kirche im Rheinland in Zusammenarbeit mit den religionspädagogischen Instituten der Universitäten Wien (Prof. Dr. Martin Rothgangel, Dr. Philipp Klutz) und Wuppertal (Prof. Dr. Christhard Lück) durchgeführt wurde. Dazu wurde ein umfangreicher strukturierter Fragebogen entwickelt, der neben geschlossenen Fragen auch zahlreiche offene Fragestellungen enthielt. Außerdem wurden in drei exemplarischen Regionen der Rheinischen Kirche (Duisburg, Gummersbach, Trier) Gruppendiskussionen mit ReligionslehrerInnen aus dem Bereich der Grundschule durchgeführt. Diese Kombination quantitativer und qualitativer Zugänge hat sich bewährt, wie die differenzierten Ergebnisse der Befragung insgesamt zeigen. Die Studienergebnisse wurden während eines Studientags am 27.11.2014 im Pädagogisch-Theologischen Institut (Bonn) einer interessierten Öffentlichkeit vorgestellt und liegen nun in Buchform vor.

1. Empirische Problemanzeigen und methodische Vorgehensweise

Philipp Klutz/Christhard Lück/Martin Rothgangel

Der vorliegende Band präsentiert die Ergebnisse einer aktuellen empirischen Untersuchung im Bereich der Evangelischen Kirche im Rheinland. Die umfangreiche Befragung von ReligionslehrerInnen aller Schulformen mittels Fragebogen (1093 Fragebögen wurden vollständig ausgefüllt, insgesamt liegen über 1400 Fragebögen vor) und Gruppendiskussionen ermöglicht wichtige Einblicke in den alltäglichen Religionsunterricht. Nachstehende Problemanzeigen, Fragestellungen sowie methodologischen Überlegungen waren für die vorliegende Studie grundlegend. An dieser Stelle sei auch den Wiener MitarbeiterInnen Karin Sima, Marietta Behnoush, Nadine Mund, Janine Eichler, Nadine Mund, Katharina Schmutterer, Dr. habil. Thomas Weiß sowie Dr. Sabine Hermisson für das Korrketurlesen herzlich gedankt, wobei Karin Sima zudem die Formatvorlage für das gesamte Buch erstellte.

1.1 Empirische Problemanzeigen

Auch wenn sich „im Vergleich zu den zum Teil scharfen Auseinandersetzungen im Streit um die Konfessionalität von Religionsunterricht vor allem in den neunziger Jahren die Diskussion um die institutionelle Gestalt des Religionsunterrichts etwas beruhigt hat“ (Schweitzer 2013b, 54), werden in der gesellschaftlichen und kirchlichen Öffentlichkeit sehr unterschiedliche Zukunftsszenarien für den Religionsunterricht propagiert. Vor dem Hintergrund tiefgreifender religionssoziologischer und demographischer Veränderungsprozesse finden sich befürwortende Stimmen sowohl für (mono-)konfessionelle als auch für konfessionell-kooperative, ökumenisch-christliche oder interreligiöse Realisierungsformen des Faches Religion. Zuweilen wird die Einführung einer weltanschaulich-neutralen Religionskunde für alle SchülerInnen in staatlicher Alleinregie gefordert – mit entsprechenden grundgesetzlichen Änderungen. Auch im Hinblick auf die fachdidaktische Form eines zukunftsfähigen Religionsunterrichts werden zahlreiche innovative Ansätze – etwa eine performative, konstruktivistische, kinder- und jugendtheologische oder kompetenzorientierte Religionsdidaktik (vgl. dazu näher Grümme/Lenhard/Pirner 2012) – kontrovers diskutiert.

Solche Gestaltungsvorschläge lassen sich wohl nur dann – erfolgversprechend – umsetzen, wenn sie von den Lehrkräften in der

Schulpraxis mitgetragen werden. Für die konkrete Ausgestaltung eines Faches kommt den Einstellungen und Handlungsoptionen der Religionslehrenden daher eine kaum zu überschätzende Bedeutung zu. Wie zufrieden sind sie mit gegenwärtigen Organisationsformen des Religionsunterrichts? Welche religionsdidaktischen Ziele präferieren sie? Wie ist ihr Verhältnis zur Kirche und zu anderen Bezugsgrößen des Faches Religion? Was halten sie von interkonfessionellen und interreligiösen Kooperationen resp. von einem Religionsunterricht, der Konfessions- oder gar Religionsgrenzen übersteigen will? Vor dem Hintergrund dieser Fragen sollen nachstehend in aller Kürze die Ergebnisse von einigen ausgewählten empirischen Studien in den Blick genommen werden:[1]

1.1.1 Gelebte und gelehrte Religion (Feige/Dressler/Lukatis/Schöll 2001; Feige/Tzscheetzsch 2005; Feige/Dressler/Tzscheetzsch 2006)

Große religionspädagogische Aufmerksamkeit fanden die von Feige u. a. durchgeführten Befragungen von evangelischen ReligionslehrerInnen in Niedersachsen (Feige/Dressler/Lukatis/Schöll 2001) und evangelischen wie katholischen ReligionslehrerInnen in Baden-Württemberg (Feige/Tzscheetzsch 2005; Feige/Dressler/Tzscheetzsch 2006). Grundlage dieser Studien waren jeweils qualitative und quantitative Erhebungen. Ein wesentliches Ergebnis des qualitativen Teils der niedersächsischen ReligionslehrerInnenstudie besteht in der Feststellung einer *reflexiven Distanz* zwischen der gelebten und der gelehrten Religion von ReligionslehrerInnen (Feige 2004, 13). Im vorliegenden Zusammenhang ist auch von Interesse, dass die niedersächsische Studie nicht das Bild „vom zumindest ‚*ent*-konfessionalisierten‘, wenn nicht gar fast ‚*un*christlich‘ gewordenen Religionsunterricht“ (Feige/Tzscheetzsch 2005, 83)[2] zeichnet. Eine der auffälligsten und überraschendsten Befunde dieser Studie ist die große Urteilshomogenität in der Religionslehrerschaft. So lagen die Lehrenden ungeachtet unterschiedlicher kirchlicher Sozialisationserfahrungen und anderer Persönlichkeitsmerkmale „in ihren Einstellungs- und Erfahrungsäußerungen erstaunlich dicht beieinander“[3], auch über Alters- und Geschlechtergren-

---

1 ReligionslehrerInnen stehen seit geraumer Zeit im Mittelpunkt empirischer Studien. Bereits vor etwas mehr als zwanzig Jahren sprach Hans-Georg Ziebertz diesbezüglich von einer „annähernde[n] ‚Totalerfassung‘“ (Ziebertz 1995, 73). In tabellarischer Form finden sich entsprechende Übersichten bei Ziebertz (ebd., S. 28) und Christhard Lück (2002, 202f.) Nachstehende Ausführungen enthalten teilweise Auszüge aus Rothgangel 2014 und 2015.

2 Dieser Befund richtete sich gegen die Hamburger Studie von Langer 1989, die darüber hinaus in methodischer Hinsicht grundlegend kritisiert wurde.

3 Ebd., 448.

zen hinweg. Markante(re) Differenzen wurden lediglich hinsichtlich der Variable „Schulform" nachgewiesen. Für die Gesamtheit aller befragten Lehrkräfte ist kennzeichnend, dass sie sich entschieden und zugleich sehr differenziert für eine Öffnung des konfessionellen Religionsunterrichts einsetzt, „*ohne* damit zugleich den Religionsunterricht von allen seinen kirchlichen (und damit konfessionellen) Bindungen abschneiden zu wollen."[4] Unterrichtlich-praktisch führen viele LehrerInnen aus organisatorischen (45 %) resp. inhaltlichen (47 %) Gründen dementsprechend einen interkonfessionell geöffneten „Religionsunterricht im Klassenverband" durch. 94 % haben überdies „grundsätzlich keine Vorbehalte gegenüber einer weitergehenden Kooperation mit den KollegInnen der anderen Konfession" (Item-Formulierung). Dieser Befund lässt sich auf ähnliche Weise in weiteren religionspädagogisch-empirischen Studien wiederfinden (z. B. Liebold 2004, Bucher/Miklas 2006). Detaillierter nachgefragt ergab sich in Baden-Württemberg folgendes Resultat:

> „Die für die kath. und ev. RL ausgewiesene unterrichtliche Ziele-Struktur ist in zwar nicht ausschließlicher, aber doch in dominanter Form von der Betonung allererst *allgemein*-christlicher Grundaussagen und zugleich von weit überwiegender Negation *bestimmter* konfessions-institutioneller Spezifika getragen" (Feige/Tzscheetzsch 2005, 88).

Wenn allerdings speziell die personale Identität der ReligionslehrerInnen betrachtet wird, „dann zeigen sich *konfessionelle Verwurzelungen*, die im Hintergrund bleiben, wenn man sich allein auf die professionelle Selbstkonturierung der Lehrenden konzentriert" (ebd., 20).

1.1.2 Im Religionsunterricht zusammenarbeiten (Kuld/Schweitzer/Tzscheetzsch/Weinhardt 2009)

Diese Studie schließt insofern an die Vorgängerstudie „Gemeinsamkeiten stärken – Unterschieden gerecht werden" (Schweitzer/Biesinger 2002) an, als es sich dabei um die Evaluation von konfessionell-kooperativem Religionsunterricht (KRU) in Baden-Württemberg handelt, der zum Schuljahr 2005/2006 bei Erfüllung bestimmter Qualitätserfordernisse eingeführt wurde (Kuld/Schweitzer/Tzscheetzsch/Weinhardt 2009, 16f). Als Gesamtresümee kann festgehalten werden: Viele ReligionslehrerInnen

> „verstehen KRU als religionspädagogische Realisation ‚versöhnter Verschiedenheit' (Rahner/Fries). Die Zusammenarbeit im Team wird trotz Mehraufwand praktisch von allen als Bereicherung und Gewinn erlebt; sie vermag zum Vorbild kollegialer Zusammenarbeit an Schulen, bisweilen sogar zum Motor von Schulentwicklung zu werden. Die Zusammenarbeit sowie der weitgehende Er-

---

[4] Ebd., 461.

halt des ‚Klassenverbandes' stärken – aus Sicht der ReligionslehrerInnen – die Stellung von Religion(slehrkräften) an den Schulen." (ebd., 167f.)

1.1.3 How Teachers in Europe Teach Religion (Ziebertz/Riegel 2009)

Im Rahmen des von der Europäischen Kommission geförderten Netzwerks TRES („Teaching Religion in a multicultural European Society") wurde das quantitativ ausgerichtete empirische Projekt PeTeR („Perspectives on Teaching Religion") durchgeführt. Insgesamt beteiligten sich 16 Länder sowie 3409 ReligionslehrerInnen an dieser Studie (ebd., 10f.). Die Ergebnisse dieser empirischen Vergleichsstudie sind bemerkenswert und vielschichtig. So unterscheiden sich die Zielvorstellungen der Religionslehrkräfte bzgl. Teaching in Religion, about Religion und from Religion keineswegs auf die Weise, wie man es aufgrund der Theoriediskussion erwarten könnte. Diese Zielvorstellungen werden von der Mehrheit keineswegs als einander ausschließende Alternativen betrachtet, sodass ungeachtet bestimmter Länderdifferenzen gilt: „the results clearly speak for the assumption that such goals tend to form a characteristic mix rather than forcing the teachers to make a choice." (Schweitzer/Riegel/Ziebertz 2009, 255) Gleichfalls zeigt sich, dass die jeweilige Praxis des Religionsunterrichts in den einzelnen Ländern häufig jenseits der Unterscheidung in konfessionellen und nicht-konfessionellen Religionsunterricht verläuft, da sich Lehrstrategien in Ländern mit konfessionellem Religionsunterricht erheblich unterscheiden und umgekehrt zwischen Ländern mit heterogenen Organisationsformen des Religionsunterrichts sehr gleichen können (ebd., 255). Speziell einschlägig für Nordrhein-Westfalen sind die folgenden fünf Studien:

1.1.4 Katholische ReligionslehrerInnen an Grundschulen in Nordrhein-Westfalen (Englert/Güth 1999)

In der 1995 durchgeführten Enquete stimmten katholische Religionslehrkräfte an Grundschulen im Bistum Essen (n= 412) den von den Autoren als *‚allgemeinpädagogisch' klassifizierten Zieloptionen* z. B. „zu religiöser Toleranz zu erziehen" (Rang 2) oder „zu sozialem Engagement zu motivieren" (Rang 3) – mit Abstand am stärksten zu. An zweiter Stelle rangierten die *sog. ‚religionspädagogischen' bzw. ‚christlich-religiösen Intentionen'* (z. B. „die Kinder mit der Person Jesu vertraut machen" (Rang 4), „die Frage nach Gott wachhalten" (Rang 5)), vor den *‚kirchlich-traditionellen' Zielorientierungen* – wie „die Kinder zu Christus zu führen" (Rang 9) und „den Glauben der Kirche weiterzugeben" (Rang 15 = letzter Platz) –, die deutlich abgeschlagen auf den letzten Rangplätzen landeten. Allerdings erhielten auch die letztgenannten Ziele Zustimmungsquoten z. T. von weit über 80 %. Angesichts dessen überrascht es nicht, dass eine knappe einfache Mehrheit der Befragten (45,2 %) für einen *‚ökumenischen Religionsunterricht‘* als angemessene Gestaltungsform des Faches Religionslehre in der Grundschule plädiert, der *‚konfessionelle Religionsunterricht‘* in dieser Befragungspopulation aber fast ebenso viele Stimmen (42,0 %) auf sich vereint. Deutlich abgelehnt werden ein Religionsunterricht ohne jede Verbindung zu einer Religionsgemeinschaft *(‚allgemeiner Religionsunterricht‘*; 6,9 %) sowie ein Unterricht, der auf eine schulische Einbindung prinzipiell verzichten will *(‚Religionsunterricht auf freiwilliger Basis‘;* 2,0 %).[5] Als Hauptargument für die Zustimmung zu einem ökumenischen Religionsunterricht fungiert interessanterweise „nicht etwa der Hinweis auf die abnehmende Bedeutung konfessioneller Unterschiede in Gesellschaft und insbesondere auch kindlicher Lebenswelt, sondern der von einem solchen Religionsunterricht erhoffte ökumenische Fortschritt“ (sog. Ökumene-Argument). Die AnhängerInnen eines konfessionellen Religionsunterrichts argumentieren hingegen prioritär mit dem „Authentizitätsargument“, wonach „nur die Anbindung an einen in konkreten Religionsgemeinschaften gelebten Glauben dem Religionsunterricht Lebensbezug und Ernsthaftigkeit geben kann.“[6] Die Befunde weisen insgesamt auf einen Interdependenzzusammenhang zwischen der Einstellung zur ‚äußeren‘ (organisatorischen) und zur ‚inneren‘ (inhaltlich-konzeptionellen) Gestalt des Religionsunterrichts hin.

1.1.5 „Religion im Klassenverband unterrichten“ (Hütte/Mette 2003)

In dieser qualitativen Studie von Saskia Hütte und Norbert Mette wird die inoffizielle Praxis, dass Religion im Klassenverband erteilt und Lerngruppen nicht nach konfessioneller Zugehörigkeit geteilt werden, an Schulen in Nordrhein-Westfalen untersucht. Als Ergebnisse dieser Studie seien hervorgehoben, dass sich die befragten ReligionslehrerInnen gut im Lehrerkollegium integriert fühlen (ebd., 229), kaum Kooperationen mit Kirchengemeinden zu bestehen scheinen (ebd., 230) und die Erteilung des Religionsunterrichts im Klassenverband „keine Einzelfälle mehr sind“ (ebd.). Für diese ‚illegale‘ Praxis werden eher pädagogische und religionspädagogische Gründe angeführt, weniger die organisatorische Erleichterung für die Stundenplanerstellung (ebd., 230f.).

---

5 Ebd., 94.

6 Ebd., 96.

1.1.6 Evangelische ReligionslehrerInnen an Grundschulen in Nordrhein-Westfalen (Lück 2003)

Die quantitative Befragung von 749 GrundschullehrerInnen in Nordrhein-Westfalen durch Christhard Lück dokumentiert wie die obige Studie von Hütte/Mette, dass in der Praxis des Grundschulunterrichts entgegen offiziellen Verlautbarungen vor allem im 1. und 2. Schuljahr ein konfessionsübergreifender Religionsunterricht durchgeführt wird (ebd., 41ff., 390ff). Nur etwas mehr als ein Viertel der Befragten kann von einem nach Konfessionen getrennten Religionsunterricht von der 1. bis zur 4. Klasse berichten (ebd., 42). Höchste Zustimmung erfährt ein „Religionsunterricht in ‚ökumenischer Gesinnung und Offenheit' und in ‚interreligiöser Begegnung'" (ebd., 69). Dementsprechend plädieren 30,7 % der Befragten für einen ökumenischen Religionsunterricht sowie 43,5 % für eine Mischform, d.h. ökumenischen Religionsunterricht in den Klassen 1 und 2 sowie konfessionellen Religionsunterricht in den Klassen 3 und 4. Dagegen votieren nur 12,3 % für einen konfessionell getrennten Religionsunterricht, 6,1 % für einen interreligiösen Religionsunterricht, „den die verschiedenen Religionsgemeinschaften [...] gemeinsam verantworten und durchführen", und 7,1 % für „die Konzeptionen eines allgemeinen, religions- und lebenskundlichen Unterrichts ohne Anbindung an irgendeine Kirche oder Religionsgemeinschaft" (ebd., 72, ohne die Hervorhebung im Original).

Als insgesamt am zukunftstauglichsten erscheinen aus der Sicht der Befragten ein konfessionell-kooperativer Religionsunterricht bzw. ein Mischmodell aus kooperativ-gemeinsamen und konfessionell-differenzierenden Unterrichtsphasen, das eine gewisse Freiheit in der schulischen Organisation mit der festgehaltenen konfessionellen Bindung verflechtet. Religionsunterricht hat in der Wahrnehmung dieser LehrerInnen eine doppelte Aufgabe: In einer bestimmten Konfession bzw. Religion zu beheimaten und zugleich zur Verständigung mit anderen Konfessionen und Religionen beizutragen. Beide Aufgabendimensionen sollen auch durch die Organisation des Religionsunterrichts zur Geltung kommen. Wovon die Reihenfolge der Dimensionen bzw. ihre zeitliche Anordnung abhängt, ist dabei nicht (primär) theologisch, sondern pädagogisch-situativ zu entscheiden.

1.1.7 Innenansichten des Religionsunterrichts (Englert/Hennecke/Kämmerling 2014)

Jenseits der empirischen Befragungen von ReligionslehrerInnnen widmet sich diese empirische Studie der komplexen Aufgabe, wie der Religionsunterrichts in der Praxis aussieht (ebd., 7), wobei der Fokus auf der Erhebung korrelativer Varianten liegt, d.h. der „tatsächlich eingesetzten Stategien bei der Initiierung und Gestaltung des Tradition-Lebenswelt-

Dialogs“ (ebd., 18). Im vorliegenden Zusammenhang verdient insbesondere folgendes Ergebnis dieser Studie Beachtung:

> „Offenbar entspricht die kontrastive Gegenüberstellung einer für den konfessionellen Religionsunterricht typischen Teilnehmer- und einer für einen religionskundlichen Unterricht charakteristischen Beobachterperspektive nicht (mehr) der gegenwärtigen religionsunterrichtlichen Praxis. Es ist zu vermuten, dass dies auch eine Reaktion auf die evidente religiöse Heterogenität der Schülerschaft darstellt“ (ebd., 111).

In jedem Fall lässt sich beobachten, dass die Schülerschaft „mit ihren Erfahrungen und Interpretationen fast durchweg breiten Raum“ (ebd., 220) erhält. Das wahrgenommene „Zurücktreten des konfessionellen und konfessorischen Charakters des Unterrichts“ wird an anderer Stelle auch als „Versachkundlichungstendenz“ (ebd., 159) beschrieben und es wird festgestellt: Die „kontrastive Gegenüberstellung von einerseits konfessionellem und andererseits religionskundlichem Religionsunterricht werden der gewandelten Praxis von daher nicht mehr gerecht.“ (ebd., 229)

1.1.8 Westfälische ReligionslehrerInnenbefragung (Nicht 2011)

Die westfälische ReligionslehrerInnenbefragung wurde 2011 als Online-Befragung in acht ausgewählten Kirchenkreisen im Bereich der Evangelischen Kirche von Westfalen (EKvW) durchgeführt. Von etwa 3500 ReligionslehrerInnen aller Schulformen in den befragten Kirchenkreisen beteiligten sich über 470 (13,5 %) an der Umfrage. Die Enquete verfolgt u. a. die Ziele, ein genaueres Bild der faktischen Realität des Religionsunterrichts an den Schulen zu zeichnen sowie Möglichkeiten und Probleme des Faches aus Sicht der Religionslehrkräfte auszuloten. Die Auswertungen der Antworten zu den geschlossenen und offenen Fragen zeigen alles in allem, dass die Beteiligten ein hohes Engagement für den Religionsunterricht an den Tag legen und ihn in einer modernen Schule für bedeutsam und bildungsrelevant erachten. Diese hohe Wertschätzung des Faches Religion wird aus der Sicht der Befragten gegenwärtig besonders durch zwei Aspekte konterkariert: durch die durchschnittlich geringe Reputation des Faches bei SchülerInnen, Eltern, KollegInnen und Schulleitung sowie durch Probleme bei der Organisation des Faches im Schulalltag, die auch mit seiner konfessionellen Konstitution in Verbindung stehen.

Vor dem Hintergrund dieser empirischen Studien spitzen sich die obigen Fragen in gewisser Hinsicht nochmals zu: Lange Zeit zeigten empirische Befragungen bei ReligionslehrerInnen eine deutliche Tendenz, dass diese keineswegs einen religionskundlichen Religionsunterricht präferieren, vielmehr das positionelle und konfessorische Moment auch jenseits eines rein konfessionellen Religionsunterrichts als wichtig eingeschätzt wird (vgl. oben Feige u. a. 2001; Lück 2003). Demgegenüber gibt es gegenwärtig auf europäischer Ebene (Ziebertz/Riegel 2009) sowie anhand der nordrheinwestfälischen Innenansichten des Religionsunterrichts (Englert/Hennecke/Kämmerling 2014) Anhaltspunkte, dass dieses konfessorische Moment zurückzutreten scheint und zudem die Unterschiede zwischen religionskundlichen und konfessionellen Varianten geringer sind als angenommen. Darüber hinaus ist speziell in NRW zu beobachten, dass der Religionsunterricht unter der Hand auch jenseits des getrennt-konfessionellen Religionsunterricht durchgeführt wird (Hütte/Mette 2003; Lück 2003). In dieser Hinsicht ist weiterführend zu fragen, welche unterrichtliche Kooperationen faktisch stattfinden und welche Bedeutung der Bezug zur Kirche noch besitzt. Frühere Studien zeigen zudem, dass die Antworten auf solche Fragen häufig mit den Zielvorstellungen von ReligionslehrerInnen korrelieren. Aus diesem Grund werden diese ebenso untersucht wie das vom PTI Bonn formulierte Interesse, welche Fortbildungsangebote von ReligionslehrerInnen als fruchtbar empfunden werden.

Demzufolge widmet sich diese Studie primär folgenden vier Themenkreisen:

- Beurteilung und Zukunftswünsche hinsichtlich Organisationsformen des Religionsunterrichts,
- Zielvorstellungen von ReligionslehrerInnen,
- Realisierung und Beurteilung von diversen religionsunterrichtlichen Kooperationen,
- Beurteilung des Fortbildungsangebots und entsprechende Wünsche.

1.2 Methodologische Reflexionen zur Anlage der triangulativen Studie

In der vorliegenden triangulativen Studie, die aus drei Teilstudien besteht, werden evangelische ReligionslehrerInnen aller Schultypen im Gebiet der Evangelischen Kirche im Rheinland (EKiR) in den Blick genommen. Für zwei Teilstudien fungierte als Befragungsinstrumentarium ein strukturierter Fragebogen, der neben geschlossenen Fragen auch zahlreiche offene Fragestellungen integrierte. In der dritten Teilstudie wurden Gruppendiskussionen mit ReligionslehrerInnen an Grundschulen durchgeführt. Indem die Praxis des Religionsunterrichts mithilfe dreier Teilstudien untersucht wird und die jeweiligen Studienergebnisse zusammengeschaut werden, d.h. Konvergenzen und Divergenzen in den Blick treten, stellt der triangulative Zugang „einen Weg zu erweiterten Erkenntnismöglichkeiten“ (Flick 2011, 9) dar.

Im Folgenden werden die methodologischen Reflexionen zur Anlage der drei Teilstudien vorgestellt, die Überlegungen zur Triangulation finden an einer anderen Stelle statt (Kap. 5).

1.2.1 *Quantitative und qualitative Teilstudien mithilfe eines Online-Fragebogens*

Im Fokus der quantitativen Teilstudie mit ihrer umfangreichen Online-Befragung von 1093 Religionslehrkräften verschiedener Schulformen und -arten stehen die nachfolgenden Fragen:

- Welche religionsdidaktischen Zielvorstellungen präferieren sie? (Kap. 2.2)
- Wie stehen sie zu religiösen Feiern in der Schule? (Kap. 2.3)
- Wie beurteilen sie verschiedene Personen(-gruppen), Instanzen und Institutionen des Faches (Evangelische) Religion? (Kap. 2.4)
- Wie nehmen sie die Zusammensetzung der Schülerschaft an der Schule und im Religionsunterricht wahr? (Kap. 2.5)
- Welche Formen des Religionsunterrichts und welche Ersatzformen haben sich an ihrer Schule etabliert und wie beurteilen sie diese? (Kap. 2.6)
- Welche Formen der Kooperation des evangelischen Religionsunterrichts mit den Parallelfächern katholische Religion, islamische Religion/Islamkunde bzw. (Praktische) Philosophie/Ethik haben sich an ihrer Schule etabliert und wie beurteilen sie diese? (Kap. 2.7)
- Welche Formen der Kooperation des evangelischen Religionsunterrichts mit den Kirchengemeinden und mit nicht-christlichen Religionsgemeinschaften haben sich an ihrer Schule etabliert und wie beurteilen sie diese? (Kap. 2.8)
- Wie bewerten sie unterschiedliche religionsdidaktische Gestaltungsvorschläge bezüglich der Zukunft des Religionsunterrichts? (Kap. 2.9)
- Kooperativ oder ökumenisch? Interreligiös, allgemein oder doch exklusiv konfessionell? Welche Haltung nehmen sie zu fünf organisatorischen Grundmodellen des Religionsunterrichts ein? (Kap. 2.10)
- Welche Bedeutung messen sie dem Fach Religion an ihrer Schule zu? (Kap. 2.11)
- Welche Fortbildungsformate und -themen bevorzugen sie und welche Unterstützungsangebote benötigen sie? (Kap. 2.12)

Der eingesetzte Online-Fragebogen ist mit 56 Fragen und über 200 Items recht umfangreich. Er intendiert eine detaillierte Beschreibung und Beurteilung des interessierenden Forschungsfeldes durch die anvisierte Zielpopulation. Bei der Konzipierung der quantitativen Studie konnte auf die Ergebnisse und die Itembatterien früherer empirischer Untersuchungen zum Religionsunterricht (Englert/Güth 1999; Feige/Dressler/Lukatis/Schöll 2001; Lück 2003; Feige/Tzscheetzsch 2005; Bucher/Miklas 2005 und Nicht 2011) zurückgegriffen werden. Daneben fanden neuere empirische Erhebungen zum Lehramtsstudium der Theologie und Religionspädagogik (Feige/ Friedrichs/Köllmann 2007 und Lück 2012) ausdrückliche Berücksichtigung. Bei den

Itemformulierungen wurde – nicht zuletzt aus Vergleichsgründen – auf die westfälische Religionslehrerbefragung von 2011, die in sechs Kirchenkreisen im Bereich der Evangelischen Kirche von Westfalen durchgeführt wurde (Nicht 2011), wiederholt rekurriert. Frühere empirische Untersuchungen „zur Kenntnis zu nehmen, gebietet nicht nur der Respekt gegenüber der Arbeit der VorgängerInnen“ (Bucher 1996, 5), sondern lässt möglicherweise auch Trendaussagen zu. Zur Überprüfung und Steigerung der Validität und Reliabilität des Befragungsinstrumentariums wurde der Fragebogen in einer sogenannten Expertenvalidierung zudem verschiedenen FachkollegInnen aus der Schul- und Fortbildungspraxis sowie der universitären Religionspädagogik zu einer kritischen Beurteilung und Revision vorgelegt.

Zu einigen der oben aufgeführten Fragen wurden (Item-)Skalen entwickelt, denen verschiedene Konzepte, also „konzeptuelle Unterscheidungen innerhalb einzelner Skalen“ (Ziebertz/Riegel 2008, 206), zugeordnet werden. Diese aus der Forschungsliteratur entlehnten Konzepte repräsentieren unterschiedliche Dimensionen des entsprechenden Fragebereichs. Faktorenanalytische Auswertungen der Zielvorstellungen (vgl. Kap. 2.2) überprüfen die Gültigkeit der hypothetisch unterstellten Dimensionen (Faktoren[7]) im Hinblick auf die vorliegende Befragungspopulation. Die anderen in der Studie berechneten Faktorenanalysen zu den Bezugsgrößen des Faches Religion (vgl. Kap. 2.4) und zu den religionsdidaktischen Zukunftsszenarien (vgl. Kap. 2.9) sind hingegen eher von explorativem Charakter. Sie zeigen bestehende dimensionale Zusammenhänge in den Wahrnehmungskategorien der Befragten auf. Bivariate Korrelationsberechnungen zwischen den Faktoren und Hintergrundvariablen intendieren darüber hinaus die Aufdeckung von bedeutungsvollen signifikanten Zusammenhängen zwischen Einzelmerkmalen und faktorenanalytisch ermittelten Dimensionen.

Von Mitte Mai bis Ende Juli 2013 wurde die onlinegestützte Umfrage im gesamten Gebiet der Evangelischen Kirche im Rheinland (EKiR) durchgeführt. Sie schloss demnach Teile der vier Bundesländer Nordrhein-Westfalen, Rheinland-Pfalz, Saarland und Hessen ein.[8] Mit Hilfe des statistischen Software-Pakets SPSS 22.0 wurden alle vollständig ausgefüllten Fragebögen differenziert ausgewertet, d.h. insgesamt von 1093 ReligionslehrerInnen aller Schulformen und -arten (mit hinreichend ausgefüllten und auswertbaren Fragebögen). In Anbetracht des beträchtlichen Umfangs des – geschlossene *und*

7 In den folgenden Darlegungen werden die Begriffe „Faktor“ und „Dimension“ in Analogie zur Untersuchung von Feige/Dressler/Lukatis/Schöll (2001) „synonym gebraucht; es gibt immer wieder Sprachkonstellationen, in denen jeweils der eine oder andere Begriff besser passt“ (334).

8 Das Kirchengebiet der Rheinischen Kirche, der zweitgrößten der 20 evangelischen Landeskirchen in Deutschland, „erstreckt sich zwischen Emmerich und Saarbrücken über Teile der vier Bundesländer Nordrhein-Westfalen, Rheinland-Pfalz, Saarland und Hessen“ (http://www.ekir.de/www/ueber-uns/landeskirche.php) [Zugriff 10.05.2016].

offene Fragen integrierenden – Fragebogens, für dessen Ausfüllung in der Regel 30 Minuten benötigt wurden, ist dies eine relativ große Probandengruppe. So nahmen etwa im Vergleich zur westfälischen Religionslehrerbefragung von 2011 (n= 420) mehr als doppelt so viele Befragte an der Umfrage teil. Berücksichtigt man darüber hinaus die gute quantitative Verteilung der einzelnen Parameter (Alter, Dienstalter, Geschlecht, Schulform, Funktion als ReligionslehrerIn) bei der realisierten Stichprobe (vgl. hierzu Kap. 2.1), können im Ganzen aussagekräftige deskriptive und multivariate Untersuchungsergebnisse erwartet werden, die über sich hinausweisen.

Von Beginn an war ein qualitativer Schwerpunkt dieser empirischen Studie geplant, der gewissermaßen eine Tiefenbohrung hinsichtlich der quantitativen Items des Fragebogens vornehmen sollte. Dieses erklärt, warum sich relativ viele offene Items direkt auf vorhergehende geschlossene Items beziehen, die im quantitativen Teil ausgewertet wurden. Diese Vertiefungen fanden zu den Organisationsformen des Religionsunterrichts (Kap. 3.1), zu seinen Kontexten und Kooperationen (Kap. 3.2) sowie zu Fortbildungsangeboten (Kap. 3.3) statt, darüber hinaus finden sich unter Varia (Kap. 3.4) noch zwei weitere Fragestellungen.

Als Methode zur Analyse der offenen Items wurde die Grounded Theory herangezogen, die vom Verfasser der qualitativen Teilstudie des Online-Fragebogens schon verschiedentlich näher dargelegt wurde (Rothgangel/Saup 2003, Rothgangel/Schelander 2012) und deshalb an dieser Stelle nicht nochmals entfaltet werden soll. Beachtung verdient allein, dass das offene Kodieren so durchgeführt wurde, dass das Kodierparadigma des axialen Kodierens nicht selten im Hintergrund stand. Das heißt beispielsweise, dass im Sinne der sogenannten ‚ursächlichen Bedingungen' (als einem Aspekt des Kodierparadigmas) z. B. auf Signalwörter wie ‚weil' und ‚da' geachtet wurde, um darauf bezogen entsprechende Konzeptbegriffe bilden zu können. Diese Konzeptbegriffe wurden wiederum in einem späteren Stadium zu Kategorien verdichtet.

1.2.2 Qualitative Teilstudie mithilfe von Gruppendiskussionen[9]

Zahlreiche Studien veranschaulichen eindrücklich, dass der Religionsunterricht in seiner äußeren (Organisationsform) und inneren Gestaltung (didaktische Konzeption) nicht nur auf europäischer (u. a. Jäggle/Rothgangel/Schlag 2013; Rothgangel/Jackson/Jäggle 2014; Rothgangel/Skeie/Jäggle 2014; Rothgangel/Jäggle/Schlag 2016), sondern auch auf nationaler Ebene (Kenngott/Englert/Knauth 2015; Schröder 2014, Rothgangel/Schröder 2009) ein buntes Fach ist. Selbst innerhalb eines Landes bestehen unterschiedliche Modelle – zum Teil mit divergierenden didaktischen Grundausrichtungen. Auch Deutschland kennt die Pluralität dieses Faches: beginnend vom

9 Ausführlich Klutz 2015.

konfessionellen Religionsunterricht mit Abmeldemöglichkeit und Ersatzfach in den meisten Bundesländern bis hin zu religionskundlichen Modellen (LER in Brandenburg). Bestehen bereits gegenwärtig in Deutschland mehrere Modelle nebeneinander, so ist nach Schweitzer in Zukunft sogar

> „mit einer wachsenden Vielfalt unterschiedlicher Formen von Religionsunterricht in den verschiedenen Regionen Deutschlands [...] zu rechnen, aber auch mit Mischmodellen, die Elemente des Religionsunterrichts, der Religionskunde und des Ethikunterrichts – sei es kooperativ oder in anderer Weise – miteinander verbinden." (Schweitzer 2006, 95f.)

Vor der Durchführung dieser triangulativen Studie wurde von einigen Mitgliedern der Projektgruppe die Wahrnehmung geäußert, dass selbst innerhalb des Gebiets der Evangelischen Kirche im Rheinland eine große Vielfalt in der religionsunterrichtlichen Praxis vorhanden sei. Dass diese Vielfalt bestehe, könne dadurch erklärt werden, dass sich die Kontexte des Religionsunterrichts in den jeweiligen Regionen zu sehr unterscheiden würden. So verfüge ein Religionsunterricht an einer Berufsschule im großstädtischen Ballungsraum mit einer kulturell und religiös pluralen SchülerInnenschaft über andere Möglichkeiten und Grenzen als ein Religionsunterricht an einer Grundschule, die sich in einem mehr oder minder konfessionell homogenen Dorf befinde.

Um tiefere Einblicke in diese vielfältige Praxis des Religionsunterrichts zu erhalten, entschied sich die Projektgruppe neben dem Online-Fragebogen für eine weitere qualitativ-empirische Teilstudie. Diese verfolgt das Anliegen, exemplarische Tiefenbohrungen im Bereich der Grundschulen vorzunehmen, wobei sich ihr Blick nicht auf einzelne Schulen, sondern auf die Vielfalt des Religionsunterrichts im Rheinland richtet. Von daher boten sich Gruppendiskussionen und die dokumentarische Methode nach Ralf Bohnsack (2014) als Erhebungs- und Auswertungsmethode in besonderer Weise an, da sie aufgrund ihrer methodologischen Grundlegungen das Ziel haben, gemeinsam geteilte Orientierungsmuster zu rekonstruieren, womit der Fokus auf dem Kollektiven liegt. Als qualitativ-empirische Teilstudie mit einer geringen Fallzahl erhebt diese Untersuchung nicht den Anspruch, generalisierungsfähige Aussagen zu treffen, vielmehr ist sie im Verbund der beiden anderen Teilstudien zu sehen. Als solche vermag sie jedoch ein differenziertes Bild der religionsunterrichtlichen Praxis nachzuzeichnen. Für die Studie waren folgende Forschungsfragen leitend: 1. Wie nehmen evangelische ReligionslehrerInnen an Grundschulen im Rheinland den Religionsunterricht wahr? 2. Wie begründen sie seine Praxis? 3. Welche Einstellungen haben sie gegenüber einem Religionsunterricht im Klassenverband, und wodurch wird diese geprägt?

a) Auswahl und Zusammensetzung der Gruppen

Für die Projektgruppe schien die Fokussierung auf ReligionslehrerInnen an Grundschulen von besonderem Interesse zu sein, da nach Erfahrung einiger Mitglieder sich der Religionsunterricht in diesem Schultyp vergleichsweise häufig im ‚Graubereich' befinden würde. Teilweise werde er aus unterschiedlichen Gründen im Klassenverband erteilt, sodass eine Kluft zwischen religionsunterrichtlicher Praxis und juridischen Bestimmungen bestehe (Hütte/Mette 2003). Da die Projektgruppe davon ausgegangen ist, dass sich die Praxis des Religionsunterrichts von Region zu Region z. T. deutlich unterscheidet, beschloss sie, diesen in drei unterschiedlichen Regionen näher unter die Lupe zu nehmen, um so ein vielfältiges und für das Rheinland realitätsbezogenes Bild zu erhalten. Dazu wurden drei Gruppendiskussionen mit evangelischen ReligionslehrerInnen an Grundschulen durchgeführt, an denen sich insgesamt 16 Personen, nahezu alle weiblich, beteiligten. An den Diskussionen nahmen ReligionslehrerInnen teil, die in drei unterschiedlichen Regionen des Rheinlands jeweils an verschiedenen, hauptsächlich öffentlichen Grundschulen Religion unterrichten. Mit der ‚Gruppe Gummersbach'[10] – sie umfasst fünf Personen – kommen Religionslehrerinnen zu Wort, die in einem mehr oder weniger evangelisch geprägten Gebiet arbeiten. Zur ‚Gruppe Trier' gehören vier Personen, die in einer katholischen Region evangelischen Religionsunterricht erteilen und sich folglich in einer Diasporasituation befinden. Die Mitglieder der dritten Gruppe – die ‚Gruppe Duisburg' ist mit sieben Personen die größte Gruppe – sind im Ruhrgebiet und somit in einer kulturell und religiös pluralen Region des Rheinlands als ReligionslehrerInnen tätig.[11] Die Zusammensetzung der Gruppen erfolgte auf eine z. T. breite Einladungspraxis der jeweiligen Schulreferentin bzw. der beiden Schulreferenten in den genannten Regionen.

b) Gruppendiskussionen und dokumentarische Methode als Erhebungs- und Auswertungsmethode

Gruppendiskussionen mit einer weitgehend offenen Diskussionsleitung zielen auf die Erhebung selbstläufiger und alltagsnaher Kommunikationsformen. Diese ähneln Gesprächen und ermöglichen einen Zugang zu kollektiv geteilten Orientierungsmustern, d.h. zu einer gemeinsamen Erfahrungsbasis der Gruppenmitglieder.[12] Eine solche gemeinsame Erfahrungsbasis lässt sich

---

10 Die Ortsbezeichnungen der einzelnen Gruppen beziehen sich nicht notwendig auf den Ort, an dem die Gruppenmitglieder Religion unterrichten, sondern auf den Durchführungsort der Gruppendiskussionen, gleichwohl die Teilnehmenden in der Region rund um diesen Ort tätig sind.

11 Für nähere Angaben zu den Gruppenmitgliedern vgl. die jeweiligen Gruppenportraits in den Kapiteln 4.1 bis 4.3.

12 Gruppendiskussionen unterscheiden sich von Gruppeninterviews und -gesprächen. Während Gruppendiskussionen fremdinitiiert sind und gesprächsähnliche Kommunikationsformen aufweisen, wollen die ebenfalls fremdinitiierten Gruppeninterviews

jedoch nicht bloß bei Realgruppen – diese bestehen auch unabhängig von einer Studie –, sondern auch bei eigens zusammengesetzten Gruppen entdecken (Bohnsack 2014, 107–115; Przyborski/Wohlrab-Sahr 2014, 96). Dies wird auch in der vorliegenden Teilstudie an mehreren Punkten ersichtlich: Auch wenn sich die Gruppenmitglieder deutlich voneinander unterscheiden (Alter, Berufserfahrung etc.) und sich vor der Gruppendiskussion großteils nicht kannten, sind diese aufgrund ihres gemeinsamen Berufes (evangelische ReligionslehrerInnen an Grundschulen) durch eine gemeinsame Erfahrungsbasis miteinander verbunden. Diese methodologische Grundannahme der dokumentarischen Methode konnte insofern in allen drei Gruppendiskussionen bestätigt werden, als sich die Diskussionen durch einen hohen Grad an Selbstläufigkeit auszeichneten. Die Diskussionen wurden durch einen ersten Impuls des Studienautors initiiert, die Gruppenmitglieder kamen jedoch schnell auf ihre eigenen Themen zu sprechen. Die gemeinsame Erfahrungsbasis der Gruppenmitglieder zeigt sich zudem in interaktiv dichten Gesprächspassagen. Diese machen darauf aufmerksam, dass die Gruppenmitglieder einander unmittelbar verstanden, ohne einander interpretieren zu müssen (Bohnsack 2014, 61). Die drei Gruppendiskussionen – sie dauerten jeweils zwischen 65 und 75 Minuten – fanden Ende November 2013 in den Räumlichkeiten der Schulreferate in Gummersbach, Trier und Duisburg statt. Sämtliche Diskussionen wurden vom Studienautor geleitet; die zuständige/n Schulreferentin/-referenten nahmen an diesen nicht teil. Lediglich an wenigen Stellen stellte der Autor immanente Nachfragen, sodass im Großen und Ganzen die Diskussionen durch die selbst eingebrachten Themen der Gruppenmitglieder bespielt wurden.

Für die Analyse der Gruppendiskussionen wurde die dokumentarische Methode nach Ralf Bohnsack herangezogen. Als empirisch-rekonstruktives Verfahren, das sich in seiner Methodologie u. a. auf die Kultur- und Wissenssoziologie Karl Mannheims (1964, 1980) stützt, macht es sich zum Ziel, die kollektiv geteilte Erfahrungsbasis von Gruppen, die z. B. aufgrund von Milieu, Geschlecht und Alter bestehen, zu ergründen. So verstehen Personen einander unmittelbar und intuitiv, wenn sie durch eine gemeinsame Erfahrung miteinander verbunden sind. Dabei verfügen sie über ein „atheoretisches Wissen" (Mannheim 1980, 73), das sie selbst nicht explizieren können bzw. während des Diskutierens auch nicht müssen, da sie sich unmittelbar verstehen (intuitives Verstehen). Andere wiederum, die diesem Erfahrungsraum nicht angehören, müssen das Gehörte erst entschlüsseln, um es zu verstehen (dokumentarisches Interpretieren). Ein solches Entschlüsseln stellt die

---

einen (halbstrukturierten) Fragekatalog beantwortet wissen und weisen kaum alltagsnahe bzw. gesprächsähnliche Kommunikationsformen auf. Gruppengespräche hingegen kommen durch die GesprächsteilnehmerInnen selbst zustande und weisen. (vgl. Loos/Schäffer 2001, 13)

Aufgabe der Forscherin/des Forschers dar. Mannheims Unterscheidung zwischen immanentem und dokumentarischem Sinngehalt einer (Sprech-) Handlung ist für diese Methode zentral, wobei die Methode auf die Rekonstruktion des dokumentarischen Sinngehalts zielt. In diesem Sinngehalt drückt sich ein gemeinsam geteilter Habitus aus, der über die Art und Weise wie miteinander diskutiert wird, rekonstruiert werden kann. Die Unterscheidung von immanentem und dokumentarischem Sinngehalt drückt sich in den Interpretationsschritten der formulierenden und reflektierenden Interpretation aus: So wird beim immanenten Sinngehalt und der formulierenden Interpretation innerhalb des Relevanzsystems der Gruppe auf das geachtet, was thematisch gesagt wird. Das Gesprochene wird zusammengefasst, ohne es zu thematisieren; es wird von der kontextgebundenen Sprache der Gruppe in jene der Forscherin/des Forschers überführt. Bei diesem Interpretationsschritt wird auf die gemeinsame Herstellung des Diskurstextes, insbesondere auf formal interaktiv dichte Passagen, geachtet. Schließlich wird der Diskurs in Ober- und Unterthemen gegliedert, wodurch der zunächst strukturlos wirkende Diskurs nachgezeichnet wird. Der Fokus des zweiten Interpretationsschrittes, der reflektierenden Interpretation, liegt auf der Rekonstruktion des Orientierungsrahmens. Hier wird die Diskursorganisation rekonstruiert, d.h. in welcher „Art und Weise, wie die Beteiligten aufeinander Bezug nehmen" (Bohnsack 2010, 383). Dabei wird die Prozessstruktur des Diskurses herausgearbeitet, die sich in unterschiedlichen Themen in gleichartiger Weise immer wieder zeigt, und mit anderen Passagen verglichen, um die Ähnlichkeiten und Besonderheiten einer Gruppe herauszuarbeiten.

Zum Vorgehen in dieser Teilstudie: Nach der vollständigen Transkription[13] der Gruppendiskussionen wurden ausgewählte Passagen, die eine interaktive Dichte aufwiesen und für die Beantwortung der Forschungsfragen relevant waren, mittels der formulierenden und reflektierenden Interpretation analysiert. Da für die dokumentarische Methode der ständige Vergleich mit anderen Fällen immanent ist, wurde im Forschungsprozess die komparative Analyse frühzeitig vorgenommen. Schließlich wurden Diskursbeschreibungen angefertigt, die zur Darstellung zentraler Orientierungsmuster dienen und für die Publikation bestimmt sind (Kap. 4.1 bis 4.3). In einem letzten Schritt wurden die rekonstruierten Orientierungsmuster gebündelt (Kap. 4.4), womit ein weiterer Abstrahierungsgrad des analysierten Textmaterials erfolgte und wesentliche Ergebnisse mit Blick auf die Forschungsfragen auf den Punkt gebracht wurden.

---

[13] Johanna Pap, Bernadette Seigfried und Christina Wachelhofer fertigten die Transkriptionen an. Für ihre wertvolle und umsichtige Arbeit sei ihnen sehr herzlich gedankt.

2. Darstellung und Interpretation der Ergebnisse der quantitativen Untersuchung

Christhard Lück

Die nachfolgenden Abschnitte stellen die deskriptiven Ergebnisse zu den Fragebereichen der quantitativen Studie – der tatsächlichen Reihenfolge im Fragebogen entsprechend – vor. Dargestellt und interpretiert werden zudem die Resultate bivariater und multivariater statistischer Analyseverfahren, z. B. in der Gestalt korrelativer Zusammenhänge zwischen einzelnen Dimensionen (vgl. Kap. 2.13). Ein besonderes Interesse richtet sich in der vorliegenden Auswertung der quantitativen Untersuchung auf die Merkmale *Alter, Geschlecht* und *Schulform.* Unterscheiden sich jüngere und ältere, männliche und weibliche Religionslehrkräfte sowie Lehrpersonen an verschiedenen Schulformen und -arten bei der Beantwortung von Kern- und Zukunftsfragen des Religionsunterrichts zum Teil grundlegend?

Für Anregungen und für das Korrekturlesen sei den Wupppertaler MitarbeiterInnen Nienke Ahlers, Nadja Eich, Katharina Jungbluth, Anika Loose, Astrid Padberg und Christina Sirsch herzlich gedankt.

2.1 Soziodemographische und berufsspezifische Merkmale der Stichprobe

In Kap. 2.1 wird die Befragungspopulation anhand zentraler personaler und berufsspezifischer Merkmale beschrieben. Kreuzauswertungen zwischen den soziodemographischen Hintergrundvariablen zeigen statistisch bedeutsame Beziehungszusammenhänge zwischen den einzelnen Merkmalen auf.

2.1.1 Alter

An der Befragung beteiligten sich Lehrpersonen aller Altersstufen. Besonders stark repräsentiert sind die Altersgruppen „51 bis 60 Jahre“ (33,2 %), „41 bis 50 Jahre“ (27,8 %) und „31 bis 40 Jahre“ (20,4 %). Aber auch jüngere (bis 30 Jahre; 11,2 %) und ältere (61 Jahre und älter; 7,4 %) Religionslehrkräfte sind mit einer beachtlichen Anzahl von Probanden vertreten. Ähnlich wie in der westfälischen Befragung von 2011 sind etwas mehr als 40 % der Befragten älter als 50 Jahre. Diese Altersverteilung entspricht in etwa der allgemeinen statistischen Verteilung der Lehrkräfte im Bundesland Nordrhein-Westfalen (Nicht 2011, 2).[14]

Alter	n	%[15]	kum %[16]
bis 30 Jahre	122	11,2	11,2
31 bis 40 Jahre	223	20,4	31,6
41 bis 50 Jahre	303	27,8	59,4
51 bis 60 Jahre	362	33,2	92,6
61 und älter	81	7,4	100,0
Σ	1091	100,0	

Tabelle 1: Verteilung der Lehrenden nach Alter

2.1.2 Dienstalter

Zwischen dem Lebensalter der Befragten und ihrem Dienstalter als ReligionslehrerIn (inklusive der Zeit des Referendariats) besteht nicht unerwartet ein starker Zusammenhang (CV[17] = .50; p[18] ≤ 0,001). An der

[14] Die Vergleichsangaben beziehen sich auf das Bundesland Nordrhein-Westfalen. Spezielle statische Angaben über die alters-, geschlechts- und schulformbezogene Verteilung der Religionslehrerschaft im Bereich der gesamten rheinischen Landeskirche inklusive der Gebiete im Bereich der Bundesländer Hessen, Saarland und Rheinland-Pfalz, liegen zurzeit leider nicht vor.

[15] Die Prozentwerte bei den personalen und bereichsspezifischen Merkmalen werden unter Ausschluss der jeweiligen „missing values" *(fehlenden Werte)* berechnet.

[16] Diese Spalte *(kumulierte Prozente)* zeigt die addierten (gültigen) Prozentwerte.

[17] Zur Beurteilung der Frage, ob der Zusammenhang zwischen zwei nominal- oder ordinalskalierten Variablen wahrscheinlich oder unwahrscheinlich ist, wird ein Chi-Quadrat-l-mal-k-Feldertest durchgeführt, auf dessen Basis zusätzlich der *Kontingenzkoeffizient Cramer's V (abgekürzt CV)* berechnet wird. Für die Beurteilung eines mittels Cramer's V gemessenen Zusammenhangs existieren „keine allgemeingültigen Regeln. Erfahrungsgemäß können bei Verwendung von Individualdaten mit großen Stichprobenumfängen bivariate Assoziationen, die vom Betrag kleiner als 0.1 sind, generell als schwach bezeichnet werden. Beträge zwischen 0.1 und 0.3 können als mäßig starke Beziehungen gelten, während Koeffizienten, die einen Betrag von 0.3 übersteigen, als starke Zusammenhänge eingestuft werden" (Maier/Maier/Rattinger 2000, 50).

[18] Das Kürzel p steht für den Begriff *„Probabilität"* (engl. „probability") und gibt Auskunft über die statistische Wahrscheinlichkeit eines Ergebnisses. Als signifikant (überzufällig) wird ein Zusammenhang zwischen zwei Variablen angesehen, wenn die Irrtumswahrscheinlichkeit, dass die beobachtbaren Abweichungen zwischen den Merkmalsausprägungen nicht zufällig zustande gekommen sind, 5% oder weniger beträgt (p≤ 0,05). In der sozialwissenschaftlichen Forschung haben sich die folgenden Konventionen für Inklusionsschlüsse durchgesetzt: p≤ 0,05 (Irrtumswahrscheinlichkeit: 5% oder darunter: signifikant); p≤ 0,01

empirischen Untersuchung haben sich demnach *sehr berufserfahrene Religionslehrkräfte*, mit mehr als 20 Dienstjahren (27,5 %), ebenso zahlreich beteiligt wie *Lehrpersonen mit einer relativ kurzen bisherigen Berufstätigkeit als Religionslehrer/in* von maximal 5 Dienstjahren (24,5 %). Knapp die Hälfte der Befragten unterrichtet das Fach Religion seit 6 bis 20 Jahren.

Dienstalter	**n**	**%**	**kum %**
1 bis 2 Jahre	104	9,5	9,5
3 bis 5 Jahre	164	15,0	24,6
6 bis 10 Jahre	208	19,1	43,7
11 bis 20 Jahre	315	28,9	72,6
21 bis 30 Jahre	187	17,2	89,7
mehr als 30 Jahre	112	10,3	100,0
Σ	1091	100,0	

Tabelle 2: Verteilung der Lehrenden nach Dienstalter

2.1.3 Geschlecht

Die Geschlechterverteilung der realisierten Stichprobe zeigt ein deutliches Übergewicht der Lehrerinnen (73,7 %). Männliche Lehrkräfte (26,3 %) sind, ähnlich wie in der westfälischen Religionslehrerbefragung (Nicht 2011, 2; 76,9 % versus 23,1 %), eindeutig unterrepräsentiert. Auch diese Zahlen entsprechen in etwa der allgemeinen statistischen Verteilung der Religionslehrerschaft in Nordrhein-Westfalen[19] (vgl. ebd.). In den geschlechtsbezogenen Befunden spiegelt sich die seit Jahren zu beobachtende *sukzessive Feminisierung der (Religions-)Lehrerschaft* wider, die bundesweit mittlerweile auch für den Bereich der Gymnasien und Gesamtschulen zu konstatieren ist (Blossfeld/Bos/Lenzen 2009, 14–21). Vergegenwärtigt man sich, dass „Religionsunterricht bis in die Hälfte des 20. Jahrhunderts nahezu ausschließlich von Männern erteilt wurde“ (Bucher/Miklas 2005, 31), ist das schon ein exorbitanter, religions- und hochschuldidaktisch nicht immer hinreichend beachteter Paradigmenwechsel.

(Irrtumswahrscheinlichkeit: 1% oder darunter: sehr signifikant) und p≤ 0,001 (Irrtumswahrscheinlichkeit: 0,1% oder darunter: hoch signifikant).

19 In Nordrhein-Westfalen unterrichteten 18.549 staatliche Lehrkräfte im Schuljahr 2012 / 13 das Fach evangelische Religion. 14.585 (78,6%) sind weiblich und 3.964 (21,4%) sind männlich. Hinzu erteilten im Bereich der EKiR 487 kirchliche Lehrkräfte (259 Männer und 228 Frauen) evangelische Religionslehre. Für die Bereitstellung der entsprechenden Daten danke ich dem Pädagogisch-Theologischen Institut Bonn-Bad Godesberg (Prof. Dr. Ulrike Baumann) und dem Landeskirchenamt der EKiR (Kirchenrat Rainer Pauschert).

Geschlecht	n	%
Weiblich	806	73,7
Männlich	287	26,3
∑	1093	100,0

Tabelle 3: Verteilung der Lehrenden nach Geschlecht

Aus den Schulformen „Grundschule“ (93,6 %) und „Förderschule“ (82,2 %) haben besonders viele weibliche Probanden an der Umfrage teilgenommen (CV= .34; p< 0,001 bzw. CV= .07; n.s.). Männliche Religionslehrkräfte weisen hingegen an den Gesamtschulen und Gymnasien signifikante Überrepräsentationen auf (CV= .10; p< 0,001 bzw. CV= .16; p< 0,001[20]). Allerdings sind Frauen auch in diesen Schulformen mit einem Anteil von 60,2 % bzw. 61,3 % insgesamt betrachtet eindeutig in der Überzahl. Lediglich an den Berufskollegs – und an Gemeinschaftsschulen (57,1 %) – bilden männliche Befragte (53,8 %) eine knappe Mehrheit (CV= .24). Diese geschlechtsbezogene schulformspezifische Verteilung entspricht ebenfalls in etwa den schulstatistischen Daten aus dem Schuljahr 2012/13. An allen Schulformen, auch an Gymnasien und Gesamtschulen, erteilten in diesem Schuljahr im bevölkerungsreichsten Bundesland wesentlich mehr Frauen als Männer das Schulfach evangelische Religion. Die einzige Ausnahme stellt das Berufskolleg dar, an dem laut der schulamtlichen Statistiken 611 Männer (51,5 %) und 576 (48,5 %) Frauen Religionslehre unterrichteten. Der Frauenanteil an der Religionslehrerschaft in den anderen Schulformen beträgt: Grundschule (93,7 %), Förderschule (76,6 %), Realschule (73,4 %), Hauptschule (72,7 %), Gesamtschule (68,9 %) und Gymnasium (61,9 %).

Zugleich sind altersmäßige Unterschiede zu beachten. So sind weibliche Befragte (86,9 %) besonders zahlreich in der jüngsten Altersgruppe (unter 30 Jahren) vorzufinden (CV= .11). In der ältesten Alterskohorte (über 60 Jahre) sind sie in sehr signifikantem Ausmaß hingegen schwächer vertreten (61,7 %; CV= .08; p< 0,01). Diese Zahlen deuten darauf hin, dass der prozentuale Anteil der Frauen an der evangelischen Religionslehrerschaft längerfristig noch weiter zunimmt – ein Trend, der auch in anderen Schulfächern zu registrieren ist.

Schulform	weiblich	männlich
Grundschule	93,6 %	6,4 %
Förderschule	82,2 %	17,8 %
Hauptschule	70,8 %	29,2 %
Realschule	70,2 %	29,8 %
Sekundarstufe (n=12)	58,8 %	41,2 %
Gemeinschaftsschule (n= 7)	42,9 %	57,1 %
Gesamtschule	60,2 %	39,8 %

[20] Alle im Folgenden im Text sowie in Tabellen oder Abbildungen angegebenen Korrelationen sind, wenn nicht anders angegeben, hoch signifikant (p≤ 0,001).

Gymnasium	61,3 %	38,7 %
Berufskolleg	46,2 %	53,8 %

Tabelle 4: Verteilung der Lehrenden nach Schulform/Geschlecht (missing: n=0)

2.1.4 Qualifikation

Welche Qualifikation besitzen die Befragten für die Erteilung des Faches evangelische Religion? Knapp zwei Drittel (62,7 %) sind grundständig ausgebildete Religionslehrkräfte mit staatlicher Facultas. 16,6 % geben eine pfarramtliche Ausbildung (1. und 2. theologisches Examen) als Qualifikationsnachweis an. Weitere 15,0 % haben sich über einen Neigungsfachkurs oder Zertifikatskurs für die Erteilung des Religionsunterrichts qualifiziert. Auf eine andere fachliche Qualifikation verweisen 4,5 % der Befragten. Lehrkräfte, die keine zertifizierte Fachausbildung besitzen, sind bei der rheinischen ReligionslehrerInnenbefragung eindeutig in der Minderheit.

Qualifikation	**n**	**%**
Facultas (grundständig ausgebildete/r Religionslehrer/in)	683	62,7
Pfarramt	181	16,6
Neigungsfachkurs/Zertifikatskurs	164	15,0
andere fachliche Qualifikation	49	4,5
keine zertifizierte Fachausbildung	13	1,2
∑	1090	100,0

Tabelle 5: Verteilung der Lehrenden nach Qualifikation (missing: n=3)

Grundständig ausgebildete Religionslehrkräfte sind nach der Selbstauskunft der Befragten besonders zahlreich an Gesamtschulen (82,7 %) und Realschulen (71,8 %) zu finden. Auch an Grundschulen bilden Religionslehrende mit Staatsexamina (69,1 %) die Mehrheit, pfarramtliche Qualifikationen (2,8 %) sind hier sehr selten (CV= .30). Lehrkräfte an Förderschulen erteilen Religion überproportional häufig mit der Qualifikation „Neigungsfachkurs“ oder „Zertifikatskurs“ (26,7 %), einer anderen fachlichen Qualifikation (13,3 %) oder ohne zertifizierte Fachausbildung (4,4 %). Rund 45 % der Lehrkräfte, die das Fach an Förderschulen unterrichten, sind demnach keine grundständig ausgebildeten Religionslehrkräfte (CV= .14). Fast zwei Drittel der Befragten an Berufskollegs (63,6 %) haben eine pfarramtliche Ausbildung oder einen pfarramtlichen Hintergrund. Lehrkräfte mit staatlicher Facultas bilden hier nur knapp ein Viertel (24,5 %) der Befragungspopulation (CV= .49!). Hiermit korrespondieren geschlechtsspezifische Unterschiede. Männliche Befragte unterrichten Religion merklich häufiger mit der Qualifikation „Pfarramt“ (32,9 % vs. 10,8 %), weibliche Befragte sind bei den grundständig ausgebildeten Religionslehrkräften (65,6 % vs. 54,2 %) sowie bei Lehrpersonen mit „Neigungsfachkurs/Zertifikatskurs“ (17,3 % vs. 8,7 %) leicht überrepräsentiert (CV= .27).

Schulform	**Facultas**	**Neigungsfach-kurs/ Zertifikatskurs**	**Pfarramt**	**andere fachliche Qualifi-kation**	**keine zertifizierte Fach-ausbildung**
Grundschule	69,1 %	20,8 %	2,8 %	5,5 %	1,9 %
Förderschule	46,7 %	26,7 %	8,9 %	13,3 %	4,4 %
Hauptschule	61,5 %	20,0 %	9,2 %	6,2 %	3,1 %
Realschule	71,8 %	11,3 %	12,1 %	4,8 %	0,0 %
Gesamtschule	82,7 %	4,1 %	11,2 %	2,0 %	0,0 %
Gymnasium	64,2 %	8,3 %	24,1 %	3,4 %	0,0 %
Berufskolleg	24,5 %	10,5 %	63,6 %	1,4 %	0,0 %

Tabelle 6: Schulform versus Qualifikation

2.1.5 Funktion

In welchen Funktionen unterrichten die Befragten das Fach evangelische Religion? Jeweils knapp die Hälfte erteilt Religion im Befragungsjahr „sowohl als Klassen- als auch als FachlehrerIn“ (48,8 %) oder „ausschließlich als FachlehrerIn“ (47,0 %). Evangelische Religionslehre wird von dem überwiegenden Teil der Lehrkräfte also auch in sonst von ihnen nicht kontinuierlich begleiteten Lerngruppen unterrichtet, die infolge des Konfessionalitätsprinzips vielfach die Zusammenlegung von SchülerInnen aus unterschiedlichen Klassen erfordern. Nur eine kleine Minderheit von Religionslehrkräften unterrichtet das Fach ausschließlich in der Funktion als KlassenlehrerIn (4,2 %).

Funktion	**n**	**%**
sowohl als Klassen- als auch als FachlehrerIn	530	48,8
ausschließlich als FachlehrerIn	510	47,0
ausschließlich als KlassenlehrerIn	46	4,2
$\sum$	1086	100,0

Tabelle 7: Verteilung der Lehrenden nach Funktion

Die Funktionen, in denen Lehrkräfte evangelische Religion gegenwärtig unterrichten, sind an den einzelnen Schulformen durchaus unterschiedlich. Lehrpersonen an Gymnasien (68,9 %) und an Berufskollegs (75,5 %) erteilen das Fach besonders häufig – vielfach ohne eigene Klassenführung – durchgängig als FachlehrerInnen. Lehrpersonen an Grundschulen (62,1 %) und an Hauptschulen (58,5 %) fungieren im Schulformvergleich signifikant stärker sowohl als Klassen- als auch als FachlehrerIn. SchülerInnen an Förderschulen erleben ihre ReligionslehrerInnen hingegen überdurchschnittlich häufig entweder ausschließlich als KlassenlehrerIn (11,1 %) oder ausschließlich als FachlehrerIn (53,3 %).

	ausschließlich als KlassenlehrerIn	**ausschließlich als FachlehrerIn**	**sowohl als Klassen- als auch als Fach-lehrerIn**
Grundschule	8,5 %	29,4 %	62,1 %
Förderschule	11,1 %	53,3 %	35,6 %
Hauptschule	7,7 %	33,8 %	58,5 %
Realschule	0,8 %	48,4 %	50,8 %
Gesamtschule	0,0 %	43,9 %	56,1 %
Gymnasium	0,0 %	68,9 %	31,1 %
Berufskolleg	0,0 %	75,5 %	24,5 %

Tabelle 8: Verteilung der Stichprobe nach Schulform/Funktion

2.1.6 Schulform

Das Schulwesen in der Bundesrepublik Deutschland ist traditionell

> „gegliedert in Stufen und Schulformen – auch dies gehört zu ihrem Systemcharakter. Diese Gliederung hat ihre wechselvolle Geschichte, sie stellt sich in nahezu jedem Bundesland ein wenig anders dar und befindet sich nahezu permanent in einem Reformprozess“ (Schröder 2012, 538).

An welchen Schulen unterrichten die befragten Religionslehrkräfte? In der Online-Befragung konnte allein zwischen neun verschiedenen Schulformen gewählt werden, wobei auch Mehrfachantworten zugelassen waren. Nur wenige Probanden machten hiervon Gebrauch. Die meisten Befragten unterrichten evangelische Religion an einer Grundschule (38,8 %). Aber auch Unterrichtstätigkeiten an einem Gymnasium (24,3 %), einem Berufskolleg (13,1 %) oder einer Realschule (11,3 %) sind relativ häufig vorzufinden. Auf den Rangplätzen folgen Unterrichtsaktivitäten an einer Gesamtschule (9,0 %), einer Hauptschule (5,9 %) oder einer Förderschule (4,1 %). An den erst in den letzten Jahren neu eingerichteten Schulformen „Sekundarschule“ (1,1 %) und „Gemeinschaftsschule“ (0,6 %) sind ebenfalls einige Befragte tätig.

Ähnlich wie in der westfälischen ReligionslehrerInnenbefragung von 2011, die in vielerlei Hinsicht zu vergleichbaren Prozentwerten gelangt (Grundschule 38,4 %; Gymnasium 22,1 %; Realschule 13,1 %; Hauptschule 7,3 %; Förderschule 7,1 %; Gesamtschule 7,1 %; Berufskolleg 4,9 %), entspricht die Verteilung der Probanden „nicht bei allen Schulformen der allgemeinen Verteilung“ (Nicht 2011, 6). Nach den schulamtlichen Statistiken aus dem Schuljahr 2012/13 (vgl. Anm. 12) unterrichteten in Nordrhein-Westfalen evangelische Religionslehrkräfte an den folgenden Schulformen: Grundschule (42,2 %), Förderschule (11,3 %), Gymnasium (14,5 %), Gesamtschule (9,3 %), Realschule (8,5 %), Hauptschule (6,6 %), Berufskolleg (6,4 %) sowie andere Schulformen (1,2 %). Speziell die Beteiligung der ReligionslehrerInnen an Berufskollegs – an der rheinischen Befragung haben überdurchschnittlich viele Lehrkräfte aus dieser Schulform teilgenommen – und an Gymnasien ist „prozentual höher als erwartbar, die an

Förderschulen geringer. Dies kann darin begründet liegen, dass der Anteil der Schulen, in denen kein Religionsunterricht erteilt wird, an Förderschulen besonders hoch ist“ (ebd.). Die Ergebnisse unterstützen zugleich die These, dass der Religionsunterricht an berufsbildenden Schulen nicht nur in theoretischer, sondern auch in praktischer Hinsicht „sein früheres religionspädagogisches Schattendasein verlassen hat“ (Schweitzer 2013c, 53).

Schulform	**n**	**%**
Grundschule	424	38,8
Förderschule	45	4,1
Hauptschule	65	5,9
Realschule	124	11,3
Sekundarschule	12	1,1
Gemeinschaftsschule	7	0,6
Gesamtschule	98	9,0
Gymnasium	266	24,3
Berufskolleg	143	13,1

Tabelle 9: Verteilung der Lehrenden nach Schulform (Mehrfachnennung möglich)

2.1.7 Größe des Schulortes

In sozialwissenschaftlichen Studien wird dem sog. sozioökologischen Faktor in Gestalt von Land-Stadt-Differenzierungen zum Teil eine relativ hohe Bedeutung zuerkannt. Auch neuere empirisch-religionspädagogische Studien eruierten z. T. erhebliche Unterschiede in den Einstellungen von Religionslehrkräften in der Abhängigkeit von der Größe ihres Schulortes (vgl. dazu Bucher 1996, 53; Ziebertz 1995, 209 und Lück 2003, 354f.). 4,1 % der befragten ReligionslehrerInnen unterrichten in einer Dorfschule (bis 2.000 Einwohner), 15,9 % in einer Land- oder Kleinstadt (2.000 bis 10.000 Einwohner), 38,9 % in einer kleineren oder größeren Mittelstadt (10.000 bis 100.000 Einwohner) und 43,8 % in einer Großstadt (mit über 100.000 Einwohnern).[21] Zu beachten ist, dass bei dieser Frage Mehrfachantworten möglich waren.

Größe des Schulortes	**n**	**%**
bis 2.000 Einwohner	46	4,1
2.000 bis 10.000 Einwohner	174	15,9
10.000 bis 50.000 Einwohner	257	23,5
50.000 bis 100.000 Einwohner	146	13,4
100.000 bis 250.000 Einwohner	201	18,4
250.000–500.000 Einwohner	168	15,4
über 500.000 Einwohner	113	10,3

Tabelle 10: Verteilung der Stichprobe nach Größe des Schulortes

21 Städt. Siedl.: „Gem. m. Stadtrecht ab 2.000 und mehr Einw. (Landst. 2.000-5.000 Einw., Kleinst. 5.000-20.000 Einw., Mittelst. 20.000-100.000 Einw., Großst. mehr als 100.000 Ein.)“ (http://wirtschaftslexikon.gabler.de/Archiv/9180/stadt-v9.html).

2.1.8 Wochenstundenzahl insgesamt

Wie viele Wochenstunden unterrichten Religionslehrkräfte zum Umfragezeitpunkt? Die Mehrheit der Befragten arbeitet in einer Vollzeitstelle (54,7 %). Arbeitszeitmodelle „zwischen einer halben und einer vollen Stelle" haben 26,7 % gewählt. Nahezu jede/r fünfte Befragte/r unterrichtet mit einem wöchentlichen Lehrdeputat von „bis zu einer halben Stelle" (12,1 %) bzw. von „bis zu einer viertel Stelle" (6,5 %).

Wochenstundenzahl insgesamt	**n**	**%**	**kum %**
volle Stelle	593	54,7	54,7
zwischen einer halben und einer vollen Stelle	289	26,7	81,4
bis zu einer halben Stelle	131	12,1	93,5
bis zu einer viertel Stelle	71	6,5	100,0
Σ	1084	100,0	

Tabelle 11: Verteilung der Stichprobe nach Wochenstundenzahl insgesamt

Weibliche Befragte sind deutlich weniger in Vollzeit beschäftigt als männliche (50,3 % vs. 67,0 %; CV= .23). Befragte der jüngsten Altersgruppe (unter 30 Jahren) sind bei dem Arbeitszeitmodell „bis zu einer halben Stelle" leicht überrepräsentiert (21,3 % vs. 10,9 %; CV= .15). Statistisch bedeutsame schulformspezifische Unterschiede sind nicht festzustellen.

2.1.9 Wochenstundenzahl evangelische Religion

Wie viele Wochenstunden (45 min = eine Wochenstunde) die Probanden das Fach evangelische Religion im Befragungsjahr unterrichten, ist höchst unterschiedlich. Die Zahlen divergieren zwischen einer Wochenstunde (17,2 %) und dem Deputat von mehr als 24 Wochenstunden (0,4 %). Die Majorität der Befragten (60,4 %) unterrichtet nach eigenen Angaben zwischen einer und vier Wochenstunden Religion. 24,5 % erteilen zwischen 5 und 9 Wochenstunden, 11,0 % zwischen 10 und 19 Wochenstunden und 1,4 % 20 und mehr Wochenstunden Religion. Keinen Religionsunterricht geben zum Umfragezeitpunkt 2,7 %. Für die überwiegende Mehrzahl der Befragten ist evangelische Religionslehre demnach ein Fach *neben* mindestens einem anderen Unterrichtsfach oder sogar mehreren anderen Unterrichtsfächern.

2.1.10 Zusammenfassung und statistische Beurteilung der Ergebnisse

Für die quantitative Studie wurde eine Stichprobengröße resp. -struktur anvisiert, die differenzierte Rückschlüsse auch auf soziodemographische und berufsspezifische Subgruppen ermöglicht. Hierzu wurde eine Anzahl von mindestens 30 Antwortenden für jede einzelne Untergruppe angestrebt, denn „erst bei Zellenbesetzungen von n≥ 30 kann [...] eine zur inferenzstatistischen Überprüfung notwendige Normalverteilung angenommen werden“ (Franke 1997, 193).

Auf's Ganze gesehen zeichnet sich die realisierte Stichprobe (Befragungspopulation) durch eine gute empirische Verteilung insbesondere bei den Merkmalen Alter, Dienstalter, Geschlecht, Schulform, Qualifikation als ReligionslehrerIn sowie Funktion als ReligionslehrerIn aus. Die Subgruppen bei den jeweiligen Parametern sind, von wenigen Ausnahmen abgesehen[22], so groß (n≥ 30), dass bei den Vergleichen zwischen verschiedenen Sub-Stichproben statistisch relevante, aussagekräftige Analyseergebnisse erwartet werden können. Darüber hinaus zeigt ein Vergleich mit der allgemeinen schulamtlichen Statistik, ähnlich wie bei der westfälischen ReligionslehrerInnenbefragung von 2011,

> „dass die an der Umfrage beteiligten LehrerInnen in wesentlichen Punkten (Geschlecht, Schulformen, Alter) der allgemeinen statistischen Verteilung entsprechen. Somit sind die Ergebnisse der Umfrage allgemein bedeutsam“ (Nicht 2011, 1).

2.2 Religionsdidaktische Zielvorstellungen

Aufgrund der hohen Bedeutung der religionsdidaktisch leitenden Intentionen wurde nach den Zielen der Lehrenden im Fragebogen unmittelbar nach den personalen und berufsspezifischen Merkmalen gefragt.

2.2.1 Ausgewählte Befunde der neueren religionspädagogisch-empirischen Forschung

Für das Selbstverständnis und die berufliche Identität von Religionslehrkräften spielen ihre religionsunterrichtlichen Zielpräferenzen und Alltagskonzepte eine bedeutende Rolle. Bisherige religionspädagogisch-empirische Studien ermittelten übereinstimmend, dass die Wahrnehmungsmuster und Einstellungsprofile von Religionslehrpersonen „dominant von den *Zielen* geprägt sind, die die Lehrenden mit ihrem Tun verbinden und die sie motivierend tragen“ (Feige/Dressler/Lukatis/Schöll 2001, 424).

In der gesellschaftlichen, politischen, schulischen und kirchlichen Öffentlichkeit sowie im religionsdidaktischen Fachdiskurs werden *verschie-*

---

[22] Keine ausreichenden Zellenbesetzungen weisen die folgenden Einzelmerkmale auf: „Gemeinschaftsschule“ (n=7), „Sekundarschule“ (n=12) und „keine zertifizierte Fachausbildung“ (n= 13). Sie werden im Folgenden bei bi- und multivariaten Analyseverfahren daher ausgeschlossen.

denartige Ziele mit dem Religionsunterricht in Verbindung gebracht, die zudem nicht selten sehr unterschiedlich gewichtet werden: Soll Religionsunterricht am Beginn des 21. Jahrhunderts in einem multikulturellen und multireligiösen Gesellschafts- und Schulkontext vor allem zu religiöser Toleranz erziehen, eine ökumenische und interreligiöse Dialogfähigkeit anbahnen und allgemeine Wertvorstellungen vermitteln? Soll er – prioritär – die Frage nach Gott wach halten, SchülerInnen mit dem Leben und Wirken Jesu bekannt machen und die religiöse Dimension der Wirklichkeit erschließen? Oder geht es – eher – darum, in Formen kirchlichen Lebens einzuführen, Lebens- und Orientierungshilfen aus dem christlichen Glauben zu offerieren und mit evangelischem und katholischem Christsein grundlegend vertraut zu machen?

In der neueren empirischen Forschung werden im Bereich der religionsunterrichtlich leitenden Intentionen oftmals **verschiedene Zieldimensionen** idealtypisch voneinander abgegrenzt. Die Religionspädagogen Rudolf Englert und Ralph Güth differenzieren etwa zwischen einem „allgemeinpädagogischen", einem „religionspädagogischen" bzw. „christlich-religiösen" und einem „kirchlich-traditionellen" intentionalen Grundmuster (Englert/Güth 1999, 78f.). Diese drei Muster, für die eine „relativ hohe Konstanz in der Gewichtung vor allem der ‚allgemeinpädagogischen' und der ‚religionspädagogischen' Zielsetzungen über die verschiedenen Altersstufen hinweg" (a. a. O., 80) zu konstatieren war, konnten bei einer faktorenanalytischen Durchleuchtung entsprechend operationalisierter Variablen empirisch allerdings nicht exakt verifiziert werden. Ursächlich dafür ist, dass die in der sog. Essener Umfrage befragten katholischen Lehrkräfte kirchlich-traditionelle Intentionen eng mit den von den Verfassern als „religionspädagogisch" klassifizierten Zielsetzungen zusammenbanden (ebd., 126f.). Nach einer Paralleluntersuchung von 2003 unterscheiden evangelische Religionslehrkräfte hingegen faktorenanalytisch zwischen den beiden genannten Zieldimensionen. Multivariate Auswertungen des Aufgabenverständnisses eruieren hier die folgenden fünf Zielkomponenten: biblisch-christliche Ziele, kirchlich-konfessionelle Ziele, ökumenisches Lernen im engeren und weiteren Sinne, allgemeinpädagogische Ziele sowie kindertheologische Ziele im Sinne einer Förderung der subjektiven Religion des Kindes (Lück 2003, 216). Weitere Studien (Feige/Tzscheetzsch 2005, 93–103; Bucher/Miklas 2005, 78–86. 174–179; Ziebertz/Riegel 2008, 205–209 und Lück 2012, 140–144) zeigen, dass im Bereich der religionsdidaktischen Zielbestimmungen insbesondere die folgenden Dimensionen unterschieden werden können: *kirchlich-traditionelle, biblisch-christliche bzw. christlich-religiöse, religionskundliche, ethisch-gesellschaftspolitische, persönlichkeitsbildende, interkonfessionelle* sowie *interreligiöse Ziele.*[23] Neuere Ansätze

[23] Allerdings sind diese Kategorisierungen nicht ganz unproblematisch, da die einzelnen Faktoren bisherigen empirischen Studien zufolge *nicht immer* trennscharf vonei-

resp. Strömungen in der Religionsdidaktik (Kinder- und Jugendtheologie, performative Religionsdidaktik, feministisch-theologische bzw. genderorientierte Religionsdidaktik; vgl. dazu Kropac 2011), die auch im Fortbildungsangebot der pädagogischen-theologischen Institute und Schulreferate in letzter Zeit verstärkt Beachtung finden, legen es nahe, entsprechend formulierte Zielvariablen ebenfalls mit in das Befragungsinstrumentarium aufzunehmen.

2.2.2 *Deskriptive Ergebnisse*

Den Lehrkräften wurde eine Liste mit 31 möglichen Zielvorstellungen vorgelegt, die sie persönlich gewichten sollten (auf einer 5er-Skala von 1= „gar nicht" bis 5= „vorrangig"). Von diesen erhalten allein 25 Zielvariablen Zustimmungsquoten von z. T. weit über 50 % (Ankreuzungen bei „4" und „5"). Zehn Zielvariable verbuchen sogar Zustimmungsraten von über 80 %. Dies verdeutlicht: *Religionslehrkräften sind im Hinblick auf den von ihnen erteilten Religionsunterricht zahlreiche, zum Teil sehr unterschiedliche Zielvorstellungen wichtig.*

Hiermit bestätigen sich die Befunde anderer empirischer Studien (Ziebertz 1995, 68; Englert/Güth 1999, 127; Lück 2003, 216): Ziele, die im religionsdidaktischen Fachdiskurs bisweilen als dichotome bzw. sogar antagonistische Zieldimensionen (z. B. religionskundliche *versus* performative Ziele, christlich-religiöse *versus* ethisch-gesellschaftspolitische Ziele) eingestuft werden, widersprechen sich in den Beurteilungen von Religionslehrpersonen nicht. Diesen zufolge soll Religionsunterricht vielmehr ganz verschiedenartige Intentionen verfolgen, die zwar als „wichtige Aufgabenstellungen des Religionsunterrichts zu unterscheiden, aber auch in ihrer Komplementarität zu begreifen" (Englert/Güth 1999, 127) sind. Interkorrelationen der zehn am stärksten befürworteten Zielvariablen ergeben kein einziges signifikantes negatives Analyseergebnis.

Ungeachtet dessen stimmen die Befragten sechs Zielitems mehrheitlich *nicht* zu. Diese Items stammen aus dem Spektrum der *kirchlich-traditionellen* („in Formen kirchlichen Lebens einführen", 41,0 %; „sich zu [s]einer Konfession bekennen", 36,4 %; „katholisches Christsein kennen lernen", 31,6 %) und der *genderorientierten Ziele* („die weiblichen Seiten Gottes entdecken", 26,1 %; „Benachteiligungen gegenüber Mädchen/Frauen aufdecken", 41,0 %). Gegenüber beiden Zieldimensionen bekunden die Befragten demnach häufig eine – z. T. deutliche – Zurückhaltung[24], wobei zugleich zu beachten ist,

---

nander zu unterscheiden sind. So gibt es teilweise Überlappungen bzw. multifaktorielle Zuordnungen. Nichtsdestoweniger greift die vorliegende Studie bei der Operationalisierung der Zielbestimmungen auf die genannten Kategorisierungsversuche zurück.

24 Auch nach den Ergebnissen der österreichischen Religionslehrerbefragung sehen evangelische Religionslehrkräfte „besonders wenige Möglichkeiten, ihre SchülerIn-

dass knapp zwei Drittel der Antwortenden die kirchlich-konfessionelle Zieloption „evangelisches Christsein kennen lernen“ (64,1 %; Rangplatz 18) für wichtig erachtet. Konfessionelle Ziele sind für Religionslehrende demnach im Ganzen keinesfalls obsolet, sie rangieren aber eindeutig hinter anderen, für eindeutig wichtiger erachteten Zielperspektiven. Zu einem ähnlichen Ergebnis gelangen frühere religionspädagogisch-empirische Studien (vgl. z. B. Englert/Güth 1999, 79; Lück 2003, 215 und Bucher/Miklas 2005, 80). Die mit Abstand schwächste Zustimmung erhält das Item *„meditieren lernen“*. Lediglich 4,2 % der Befragten sind der Ansicht, diese Zielbestimmung gehöre zu den „vorrangigen“ Aufgaben heutigen Religionsunterrichts. Die Ziele „meditieren lernen“ und „die weiblichen Seiten Gottes entdecken“ stehen auch in anderen Enqueten (Bucher/Miklas 2005, 179; Feige/Tzscheetzsch 2005, 26 und Lück 2012, 138) am unteren Ende der Zielhierarchie. Besonders hohe Zustimmungsquoten verzeichnen demgegenüber *Zielvorstellungen mit einer korrelationsdidaktischen und pädagogisch-adressatenspezifischen Profilierung*. Die meisten Befragten wollen „den christlichen Glauben mit menschlichen Fragen und Erfahrungen in Beziehung setzen“ (M= 4.38[25]; 87,9 %; Rangplatz 1) sowie „über Themen sprechen, die Kinder/Jugendliche wirklich etwas angehen“ (M= 4.36; 87,2 %; Rangplatz 2). Angestrebt wird ein schüler- und adressatengerechter Religionsunterricht, der die Erfahrungen, Themen und Fragestellungen Heranwachsender fundamental berücksichtigt und ihnen zugleich „Orientierungen zu einer Identitätsfindung“ (M= 4.32; 85,4 %; Rangplatz 3) aus dem christlichen Glauben heraus „anbieten“ möchte. Besonders wichtig ist den Befragten überdies, *die SchülerInnen als mündige Subjekte schulisch-religiösen Lernens wahr- und ernst zu nehmen*. Diese sollen sich im Religionsunterricht demnach, in guter protestantischer Tradition, „ein eigenständiges religiöses Urteil bilden“ (M= 4.32; 84,6 %; Rangplatz 4). Von allen Zielvariablen stimmen hier die meisten Befragten in der höchsten Antwortkategorie (5= „vorrangig“; 59,7 %) zu. Auch für rheinische ReligionslehrerInnen gilt, was Feige/Dressler/Lukatis/Schöll (2001, 448) bei niedersächsischen Religionslehrkräften „zusammenfassend festhielten. Sie wollen ‚auf der Basis christlich-biblischer Wertvorstellungen eine Entwicklung der SchülerInnen hin zu personal-autonomer Entfaltung erreichen.‘ Dem gegenüber erhalten dezidiert kirchliche Ziele deutlich weniger Zustimmung“ (Bucher/Miklas 2005, 85).

Gleichwohl sind kirchlich-konfessionelle Zielorientierungen auch in der vorliegenden Studie nicht gegenüber Zielvorstellungen mit einer pädagogisch-adressatenspezifischen oder allgemeinen religiösen (christlichen) Profilierung auszuspielen. Vielmehr interkorrelieren Items der genannten Dimensionen

---

nen kirchlich zu beheimaten, die fehlende religiöse Erziehung zu kompensieren und den Glauben zu wecken“ (Bucher/Miklas 2005, 190).

25 Je höher der *Mittelwert (M)* ist, desto höher ist die jeweilige Zustimmung der Befragungspopulation.

meist signifikant positiv. Wie in anderen empirischen Untersuchungen „erweist sich die mittlerweile geläufig gewordene Entgegensetzung von allgemein (christlicher) Religiosität versus Kirchlichkeit als problematisch" (ebd.).

Interreligiöse und interkulturelle Zielpräferenzen, die die Aufgabe der Förderung von Toleranz, Empathie und Offenheit gegenüber anderen Religionen und Weltanschauung akzentuieren (z. B. „Andersdenkende und -gläubige tolerieren lernen"; M= 4.30; 84,7 %, Rangplatz 5, „Offenheit gegenüber anderen Religionen und Weltanschauungen fördern"; M= 4.24; 83,2 %, Rangplatz 8), stehen bei rheinischen Religionslehrkräften ebenfalls hoch im Kurs. Aus Sicht der überwiegenden Mehrzahl der Befragten soll der Religionsunterricht einen wichtigen Beitrag zum Verständnis und zum Zusammenleben in einer religiös und weltanschaulich pluralen Gesellschaft leisten. SchülerInnen sollen im evangelischen Religionsunterricht demnach durch Ansätze eines pluralitätsbezogenen sowie interreligiösen Lernens „zu einem produktiven und reflektierten Umgang mit der Pluralität befähigt werden" (Schweitzer 2013c, 54).

Schon etwas schwächer ist die Zustimmung zu *interkonfessionellen Zielorientierungen* („die Offenheit gegenüber ChristInnen anderer Konfessionen fördern"; M= 3.80; Rangplatz 17, „ökumenische [ev./kath.] Dialogfähigkeit anbahnen"; M= 3.70; Rangplatz 21), die jeweils lediglich (oder immer noch?) knapp zwei Drittel für bedeutsam erachten. Ungleich stärker werden *religionspädagogische bzw. christlich-religiöse* (z. B. „mit Leben und Wirken Jesu bekannt machen", 83,3 %, Rangplatz 6; „ein positives Gottesbild aufbauen", 81,3 %, Rangplatz 7; „christliche Religion verstehen", 80,4 %, Rangplatz 11) und *ethisch-gesellschaftspolitische Ziele* (z. B. „allgemeine Wertvorstellungen vermitteln", 80,4 %, Rangplatz 9; „gegen Ungerechtigkeiten in der Welt eintreten", 74,1 %, Rangplatz 12) befürwortet. Kinder und Jugendliche sollen im Religionsunterricht nicht nur Kenntnisse über andere Religionen, sondern auch über die (eigene) christliche Religion erlangen und über diese vertieft nachdenken. Zugleich wird die – christlich motivierte – Wertevermittlung als eine wichtige Aufgabe des Religionsunterrichts erachtet und befürwortet.

Mehrheitlich stimmen die Befragten darüber hinaus der performativen Zielvariablen „*Religion mit allen Sinnen entdecken*" (M= 3.63; 55,7 %; Rangplatz 24) zu. Mit einer Standardabweichung (SD[26]) von 1.11 sind sie sich bei der Beurteilung dieser Zielvorstellung aber alles andere als einig. Noch uneinheitlicher werden von ihnen die folgenden Zielvariablen eingeschätzt: „meditieren lernen" (SD= 1.13), „sich zu (s)einer Konfession bekennen" (SD= 1.17), „Benachteiligungen gegenüber Mädchen/Frauen aufdecken" (SD= 1.19) und „die weiblichen Seiten Gottes entdecken" (SD= 1.25).

---

[26] SD ist die geläufige Abkürzung für die *Standardabweichung.* Je höher diese ist, desto breiter streut ein Merkmal.

Aufs Ganze gesehen stimmen Lehramtsstudierende der evangelischen und katholischen Theologie den vorgenannten Zielsetzungen mit Zustimmungsquoten von z. T. über 90 % (vgl. dazu Lück 2012, 137f.) noch wesentlich stärker zu als die befragten rheinischen Religionslehrkräfte. Spiegelt sich hier eine gewisse Ernüchterung über unterrichtspraktische Umsetzungsmöglichkeiten bei einem maximal zweistündigen Religionsunterricht pro Woche oder der religionspädagogische Realismus berufserfahrener Religionslehrpersonen wider? Zugleich fällt auf, dass die Reihenfolge resp. Gewichtung der religionsunterrichtlichen Zielvorstellungen bei Studierenden *und* in der Schulpraxis tätigen Religionslehrkräften sehr ähnlich ist. Auch andere Vergleichsuntersuchungen stießen im Bereich der Zielsetzungen auf „nahezu strukturidentisch(e)“ Ergebnisse bei beiden Professionsgruppen (vgl. dazu Feige/Friedrichs/Köllmann 2007, 27). Offenkundig gibt es „einen Professions-Impetus, eine Vorstellung von den zu verfolgenden Zielen, die nicht das Produkt ‚professioneller Reifung‘ während der Hochschulausbildung ist, sondern die allen Beteiligten als gleichsam ‚*voraus liegend*‘ gedacht werden muss“ (ebd.).

„Für wie wichtig erachten Sie persönlich die folgenden Zielvorstellungen?“	**M**	**SD**	**%** V**	**%* EV+V**
Den christlichen Glauben mit menschlichen Fragen und Erfahrungen in Beziehung setzen	4,38	,97	59,6	87,9
Über Themen sprechen, die Kinder/Jugendliche wirklich etwas angehen	4,36	1,00	59,6	87,2
Orientierungen zur Identitätsfindung anbieten	4,32	1,01	57,7	85,4
Ein eigenständiges religiöses Urteil bilden	4,32	1,03	59,7	84,6
Andersdenkende und -gläubige tolerieren lernen	4,30	,99	55,6	84,7
Mit Leben und Wirken Jesu bekannt machen	4,28	1,03	56,0	83,3
Ein positives Gottesbild aufbauen	4,25	1,05	55,3	81,3
Offenheit gegenüber anderen Religionen und Weltanschauungen fördern	4,24	1,01	52,0	83,2
Allgemeine Wertvorstellungen vermitteln	4,23	1,08	55,8	80,4
Über das Christentum sachlich informieren	4,15	1,00	45,0	79,4
Christliche Religion verstehen	4,11	,99	40,9	80,4
Gegen Ungerechtigkeiten in der Welt eintreten	4,05	1,02	40,8	74,1
Gott im eigenen Leben entdecken	4,02	1,10	42,8	73,4
SchülerInnen helfen, ihre eigene Religiosität zu finden	3,97	1,07	37,7	72,5
Zugänge zur Bibel finden	3,88	1,00	36,7	69,2
Persönliche Probleme bewältigen lernen	3,88	1,10	35,5	68,4
Die Offenheit gegenüber ChristInnen anderer Konfessionen fördern	3,80	1,00	27,2	65,5
Evangelisches Christsein kennen lernen	3,76	1,03	26,4	64,1
Ein objektives Bild über Religionen und Weltanschauungen verschaffen	3,76	1,09	28,6	64,2
Im persönlichen Leben umweltbewusst handeln	3,71	1,06	26,0	61,5
Ökumenische (ev./kath.) Dialogfähigkeit anbahnen	3,70	1,07	24,3	63,6
Anregungen geben, den Glauben im Alltag zu leben	3,69	1,10	26,5	62,1

Die Theologie der Kinder/Jugendlichen fördern	3,68	1,08	23,8	62,5
Religion mit allen Sinnen entdecken	3,63	1,11	26,7	55,7
Unterschiede zwischen den Weltreligionen aufzeigen	3,51	,97	14,8	53,0
In Formen kirchlichen Lebens einführen	3,24	1,01	10,0	41,0
Benachteiligungen gegenüber Mädchen/Frauen aufdecken	3,18	1,19	15,2	41,0
Sich zu (s)einer Konfession bekennen	3,09	1,17	13,4	36,4
Katholisches Christsein kennen lernen	2,96	1,05	5,6	31,6
Die weiblichen Seiten Gottes entdecken	2,64	1,25	8,3	26,1
Meditieren lernen	2,35	1,13	4,2	15,8
(N=976–1024)				

Tabelle 12: Religionsdidaktische Zielsetzungen (Ankreuzungen: „vorrangig" (V) [5] und „eher vorrangig" (EV) [4] – *„vorrangig" (V) [5])**

2.2.3 Faktorenanalytische Betrachtungen

Die 31 Items können mittels einer Faktorenanalyse[27] (Ellenbogen-Kriterium; Varimax-Rotation) auf **sechs Zieldimensionen** verdichtet werden (vgl. Tab. 13). Diese erklären 63,9 % der Gesamtvarianz – ein beachtliches Ergebnis. Die internen Konsistenzen der extrahierten, inhaltlich plausibel interpretierbaren Faktoren sind sehr gut bis zufriedenstellend (Cronbach´s α[28] von .90 bis .69).

---

27 Das Hauptziel der *Faktorenanalyse* als *strukturen*-entdeckendes Analyseverfahren besteht darin, eine größere Anzahl von Variablen anhand der gegebenen Fälle auf eine kleinere Anzahl unabhängiger Einflussgrößen (Faktoren) zurückzuführen. Dabei wird davon ausgegangen, dass untereinander hoch korrelierende Variablen einen gemeinsamen Faktor bilden, also inhaltlich-thematisch zusammengehören – „und zwar unbeschadet der eher positiven oder eher negativen Einstellung, die es dazu gibt" (Feige/Dressler/Lukatis/Schöll 2001, 327). Einen Anhaltspunkt für die Güte einer Faktorenanalyse stellt der tatsächliche Anteil der durch die Faktoren erklärten *Gesamtvarianz* (Unterschiedlichkeit in den Antworten der Befragten) dar. Mit der Reduktion der vorliegenden Datenmenge auf einige wenige Faktoren ist zugleich immer auch ein Informationsverlust verbunden, da die ursprünglichen Variablen durch die errechneten Faktoren niemals vollständig wiedergegeben werden können. Durch die Berechnung einer Faktorenanalyse ist es im Rahmen einer empirischen Untersuchung also häufig möglich, *größere Variablenmengen zu bündeln* und diese auf *einige wenige zentrale Dimensionen, d.h. Urteilsaspekte,* zu komprimieren, die das Antwortverhalten der Gesamtheit aller Befragten – bewusst oder unbewusst – beeinflusst haben.

28 Der *Koeffizient Cronbach's Alpha (α)* überprüft die *Reliabilität* von Skalen (Dimensionen). Er ist „Ausdruck für die interne Konsistenz des Antwortverhaltens der Befragten, also dafür, ob die Befragten tendenziell konsequent antworten, oder ob sie in ihrer Meinung hin und her oszillieren" (Wittenberg 1998, 37). Je stärker sich α dem Wert 1 annähert, als desto zuverlässiger kann die Skala gelten: Werte $\geq .60$ sind dabei als „ausreichend" zu betrachten (Bucher 2001, 40). Nach Wittenberg stehen α-Koeffizienten bis Werte von $\geq .50$ für eine „ausreichende Reliabilität" (Wittenberg 1998, 97.201).

Der Faktor mit der mit großem Abstand höchsten Varianzerklärung (**Faktor ZIEL I**) verbindet Zielperspektiven mit einer **interreligiösen Profilierung** (vgl. die beiden Markiervariablen des Faktors) mit (Einzel-)Items aus dem Spektrum ethisch-gesellschaftspolitischer, persönlichkeitsbildender, pädagogisch-adressatenspezifischer, biblisch-christlicher und interkonfessioneller Zielvariablen. In den Wahrnehmungskategorien der Befragten sind interreligiöse Ziele im Religionsunterricht also *nicht* losgelöst von anderen religionsdidaktisch leitenden Zielintentionen zu betrachten und zu realisieren. *Unbeschadet dessen erachten sie es als eine der vordringlichen Aufgaben schulisch-religiösen Lernens, Heranwachsende in einem multikulturellen und -religiösen Gesellschaftkontext dabei zu unterstützen, „Andersdenkende und -gläubige tolerieren zu lernen" (a_I= .823) und eine Haltung der „Offenheit gegenüber anderen Religionen und Weltanschauungen" (a_I= .790) aufzubauen.* Nach der Selbstauskunft der Befragten sind **Toleranz und Offenheit in weltanschaulichen und religiösen Fragen** für einen evangelischen Religionsunterricht höchst charakteristisch.

Faktor ZIEL II integriert Zielvariablen, die inhaltlich um die **Suche nach Gott im eigenen (Glaubens-) Leben bzw. Alltag** kreisen. Als Leitvariablen fungieren die Teilziele „Gott im eigenen Leben entdecken" (a_{II}= .770), „ein positives Gottesbild aufbauen" (a_{II}= .698) sowie „Anregungen geben, den Glauben im Alltag zu leben" (a_{II}= .687). Auch die Items mit den nächst höheren Ladungen („den christlichen Glauben mit menschlichen Fragen und Erfahrungen in Beziehung bringen", a_{II}= .520; „persönliche Probleme bewältigen lernen", a_{II}= .473; „Religion mit allen Sinnen entdecken", a_{II}= .470) sind auf die Lebens- und Glaubenspraxis explizit bezogen.

Faktor ZIEL III bündelt **kirchlich-konfessionelle Zielorientierungen**. Die beiden Ziele „in Formen kirchlichen Lebens einführen" (a_{III}= .725) und „katholisches Christsein kennen lernen" (a_{III}= .670) bilden die Markiervariablen. Im Fach evangelische Religion soll es demnach nicht nur um die *eigene,* sondern auch um die *katholische Schwesterkonfession* gehen. Die vertiefte Beschäftigung mit Formen evangelischen (a_{III}= .595) *und* katholischen Christseins zielt u. a. darauf ab, sich zu „(s)einer Konfession bekennen" (a_{III}= .602) zu können. Kirchlich-traditionelle Zielorientierungen schließen im religionsdidaktischen Zielverständnis der Befragten die Anbahnung einer „ökumenischen (evangelisch/katholischen) Dialogfähigkeit" (a_{III}= .484; vgl. die höhere Ladung des Items auf Faktor ZIEL I) dabei ausdrücklich mit ein.

Die Leitvariablen des vierten Faktors („die weiblichen Seiten Gottes entdecken", a_{IV}= .788; „Benachteiligungen gegenüber Mädchen/Frauen aufdecken", a_{IV}= .726) nehmen zwei **feministisch-theologische bzw. genderorientierte Zielvariablen** in den Blick (**Faktor ZIEL IV**). Wie in anderen religionspädagogisch-empirischen Studien (z. B. Lück 2012, 142) lädt das Item „meditieren lernen" (a_{IV}= .569) ebenfalls auf dieser Zieldimension – weil ein meditativ-praxisorientiertes Lernziel von (angehenden) Religionslehrkräften als (eher) weiblicher Zugang zur Religion konnotiert wird? Oder geht es bei Zielfaktor IV inhaltlich primär um **ganzheitliche (z. B. meditativ-spirituelle oder performative) religiöse Zielkonzepte**? Hierfür könnte sprechen, dass das Item „Religion mit allen Sinnen entdecken" auf Faktor IV ebenfalls eine relativ hohe (Neben-)Ladung (a_{IV}= .383) aufweist.

Objektive, sachliche Informationen über andere Religionen und Weltanschauungen (a_V= .640), welche u. a. die „Unterschiede zwischen den Weltreligionen" (a_V= .606) erörtern, bilden den Fokus von **Faktor ZIEL V**. Zu den **religionskundlichen Zielen** schulisch-religiösen Lernens gehören in der Wahrnehmung der Befragten auch die Aufgabe der „Vermittlung allgemeiner Wertvorstellungen" (a_V= .539) und das hermeneutisch akzentuierte Ziel „christliche Religion verstehen" (a_V= .471). Die (eigene) christliche Religion soll im evangelischen Religionsunterricht also *im Horizont anderer Religionen und Weltanschauungen* thematisiert und erschlossen werden.

Faktor ZIEL VI wird konstituiert durch drei Zielorientierungen, die die **Förderung der Theologie der SchülerInnen** ebenso betonen wie deren *eigenständige* religiöse Urteilsbildung. Die Leitvariablen bilden die Items „die Theologie der Kinder/Jugendlichen fördern" (a_{VI}= .552) und „Schülerinnen helfen, ihre eigene Religiosität zu finden" (a_{VI}= .532). Der sechste Faktor besitzt einen Eigenwert von 0.93. Seine Reliabilität (α= .69) und seine Varianzaufklärung (3,0 %) sind gleichwohl zufriedenstellend. Von daher liegt es nahe, diese Dimension nicht auszublenden.

Alles in allem spiegeln die eruierten Zieldimensionen gängige, in der gegenwärtigen religionspädagogischen Fachdiskussion für den Religionsunterricht propagierte Ziele wider. Berücksichtigt man die Skalenmittelwerte, ragen vier Zielkomponenten deutlich hervor: **Toleranz und Offenheit in weltanschaulichen und religiösen Fragen (M= 4.06), Förderung der Theologie der SchülerInnen (M= 4.03), Suche nach Gott im eigenen (Glaubens-)Leben bzw. Alltag (M= 4.00)** und **Einführung in die eigene Religion und in andere Religionen und Weltanschauungen (M= 3.94).**

Schon deutlich schwächer ist die Zustimmung zu **kirchlich-konfessionellen Zielorientierungen (M= 3.56). Genderorientierten** (oder ganzheitlichen, meditativen) **Zielpräferenzen (M= 2.72)** stehen die Befragten in ihrer Gesamtheit eher skeptisch gegenüber.

	ZIEL I	ZIEL II	ZIEL III	ZIEL IV	ZIEL V	ZIEL VI
Andersdenkende und -gläubige tolerieren lernen	**,823**	,145	,072	-,004	,171	,178
Offenheit gegenüber anderen Religionen und Weltanschauungen fördern	**,790**	,139	-,011	,116	,252	,089
Gegen Ungerechtigkeiten in der Welt eintreten	**,661**	,257	,078	,213	,225	-,088
Orientierungen zur Identitätsfindung anbieten	**,628**	,392	-,094	,022	,144	,277
Über Themen sprechen, die Kinder/Jugendliche wirklich etwas angehen	**,608**	,389	-,046	-,006	,261	,095
Ökumenische (ev./kath.) Dialogfähigkeit anbahnen	**,604**	,007	**,484**	,210	-,007	-,022
Ein eigenständiges religiöses Urteil bilden	**,588**	,299	-,021	-,015	,164	**,486**
Über das Christentum sachlich informieren	**,582**	,144	,299	-,190	,324	,214
Den christlichen Glauben mit menschlichen Fragen und Erfahrungen in Beziehung setzen	**,538**	**,520**	,128	-,081	,009	,335
Die Offenheit gegenüber ChristInnen anderer Konfessionen fördern	**,531**	,068	,263	,309	,187	,299
Im persönlichen Leben umweltbewusst handeln	**,501**	,290	,178	,349	,265	-,291
Mit Leben und Wirken Jesu bekannt machen	**,455**	**,447**	**,405**	-,225	-,014	,090
Gott im eigenen Leben entdecken	,197	**,770**	,194	,119	,127	,172
Ein positives Gottesbild aufbauen	,333	**,698**	,240	-,093	-,010	,146
Anregungen geben, den Glauben im Alltag zu leben	,067	**,687**	,353	,163	,177	,110
Persönliche Probleme bewältigen lernen	,321	**,473**	-,035	,319	**,438**	-,011
Religion mit allen Sinnen entdecken	,287	**,470**	,172	**,383**	-,162	-,137
In Formen kirchlichen Lebens einführen	,006	,306	**,725**	,149	,086	-,050
Katholisches Christsein kennen lernen	,170	-,030	**,670**	,347	,138	,009
Sich zu (s)einer Konfession bekennen	-,104	,193	**,602**	,150	,143	,138
Evangelisches Christsein kennen lernen	,172	,310	**,595**	-,011	,145	,361
Zugänge zur Bibel finden	,274	**,467**	**,481**	-,125	-,021	,258
Die weiblichen Seiten Gottes entdecken	,039	-,007	,163	**,788**	-,084	,182
Benachteiligungen gegenüber Mädchen/Frauen aufdecken	,190	,047	,054	**,726**	,263	,115
Meditieren lernen	-,179	,132	,334	**,569**	,063	-,241
Ein objektives Bild über Religionen/ Weltanschauungen verschaffen	,434	-,043	,207	,146	**,640**	,091

Unterschiede zwischen den Weltreligionen aufzeigen	,261	-,013	,322	,110	**,606**	,178
Allgemeine Wertvorstellungen vermitteln	**,445**	,317	-,004	-,001	**,539**	-,114
Christliche Religion verstehen	,364	,293	,246	,102	**,471**	**,417**
Die Theologie der Kinder/Jugendlichen fördern	,154	,262	,377	,195	,053	**,552**
SchülerInnen helfen, ihre eigene Religiosität zu finden	,224	,510	,133	,227	,165	**,532**
Eigenwerte	11.21	2.88	2.23	1.45	1.09	.93
Erklärte Varianz (in v. H.)	36,2 %	9,3 %	7,2 %	4,7 %	3,5 %	3,0 %
M (Skala)	4.06	4.00	3.56	2.72	3.94	4.03
Reliabilität (Cronbach´s α)	.90	.87	.81	.69	.80	.69

Tabelle 13: Faktorenanalyse: religionsdidaktische Zielvorstellungen

Das Auftreten von **Nebenladungen** (definiert als Merkmale, die eine Ladungshöhe von .40 überschreiten) in der Faktorenmatrix (vgl. Tab. 13) signalisiert, „dass – in der Wahrnehmung der Befragten! – die entsprechende Item-Formulierung inhaltliche Konnotationen enthält, die eine eindeutige Zuordnung zu nur einer Dimension (einem ‚Faktor') nicht erlauben" (Feige/Dressler/Lukatis/Schöll 2001, 332). Nebenladungen sind als „Grenzgänger unter den Items" insofern ein wichtiges Instrumentarium zur „Entdeckung von ‚Mehrdimensionalitäten' einzelner Items" (a. a. O., 332).

So weist das Item „*Mit Leben und Wirken Jesu bekannt machen*" höhere Ladungen gleich auf – den ersten – drei Zielfaktoren auf. Bibelkundliche bzw. biblisch-theologische Lernziele werden demnach als integrale Bestandteile eines interreligiösen (a_I= .455), kirchlich-konfessionellen (a_{III}= .405) und auf die Gottsuche im eigenen Leben (a_{II}= .477) bezogenen schulisch-religiösen Lernens konnotiert (vgl. auch die höhere Nebenladung des Items „*Zugänge zur Bibel finden*" auf Faktor ZIEL II; a_{II}= .467).

Die Anbahnung einer „*ökumenischen (ev./kath.) Dialogfähigkeit*" gehört in den Wahrnehmungsmustern der Befragten einerseits grundlegend zur interreligiösen Lernaufgabe (a_I= .604). Sie korrespondiert andererseits mit kirchlich-konfessionellen Zielintentionen (a_{III}= .484; dazu s. o.). Die Aufgabe der Werteerziehung („*allgemeine Wertvorstellungen vermitteln*") wird sowohl mit interreligiösen (a_I= .445) als auch mit religionskundlichen Zielkomponenten (a_V= .539) in Verbindung gebracht.

„*Ein eigenständiges religiöses Urteil*" sollen sich die SchülerInnen aus Sicht der Befragten sowohl im Bereich der christlichen Theologie resp. Religion (a_{VI}= .486) als auch im Bereich anderer Weltanschauungen und Religionen (a_I= .588) *„bilden"*.

Hermeneutische Lernprozesse („*christliche Religion verstehen*") können ihnen zufolge sowohl durch theologische Diskurse (a_{VI}= .417) als auch durch die kritische Auseinandersetzung mit anderen Weltanschauungen und Religionen (a_V= .471) angebahnt werden.

Die höhere Nebenladung des Items *„den christlichen Glauben mit menschlichen Fragen und Erfahrungen in Beziehung setzen“* auf Faktor ZIEL II (a_{II}= .520) illustriert schließlich, dass die Gottesfrage im Religionsunterricht nicht losgelöst von menschlichen Einsichten und Fragen erörtert werden soll.

2.2.4 Korrelationsanalytische Auswertungen

Korrelationsanalytische Berechnungen[29] zeigen, dass die sechs Zielfaktoren über die verschiedenen **Altersgruppen** hinweg erstaunlich homogen eingeschätzt werden. Nur *eine einzige* Korrelation weist einen Koeffizienten von $r \geq \pm.10$ auf. Lehrende im Alter von 31 bis 40 Jahren stehen feministisch-theologischen bzw. genderorientierten (oder alternativen religiösen) Zielsetzungen noch etwas zurückhaltender gegenüber (r= -.11) als andere Altersgruppen. Religionslehrende im Alter von 51 bis 60 Jahren und im Alter von über 60 Jahren befürworten sie tendenziell stärker (r= .07 bzw. r= .06; $p < 0,05$).

Schulformspezifische korrelationsanalytische Auswertungen führen deutlich mehr statistisch relevante Abweichungen vor Augen. Lehrkräfte an Grundschulen (r= .21) und an Förderschulen (r= .14) affirmieren das Ziel einer Gottsuche im eigenen Leben bzw. Alltag (Faktor ZIEL II) noch tendenziell stärker als Lehrkräfte an Gymnasien (r= -.17) und Berufskollegs (r= -.15). Religionslehrende an Grundschulen legen, ähnlich wie in der Studie von Bucher/Miklas (2005, 86), darüber hinaus nicht unerwartet ein stärkeres Gewicht auf kirchlich-traditionelle Zielorientierungen (r= .24). Religionslehrende an Berufskollegs (r= -.25) und an Förderschulen (r= -.15) votieren hier weit unterdurchschnittlich.

Lehrkräfte an Gymnasien stehen feministisch-theologischen (oder alternativen religiösen) Zieloptionen leicht skeptischer gegenüber (r= -.10). Die Zieldimension „Förderung der Theologie der SchülerInnen“ erachten sie hingegen für besonders wichtig (r= .23). Auch Lehrkräfte an Berufskollegs stimmen diesem Zielfaktor tendenziell stärker zu (r= .09), während Lehrkräfte an Grundschulen (r= -.23) und an Förderschulen (r= -.12) eine leicht schwächere Zustimmung signalisieren.

---

[29] *Korrelationen* messen den Grad des *linearen* Zusammenhangs zwischen zwei (intervallskalierten) Merkmalen. Sie können Werte zwischen +1.0 und -1.0 annehmen. Gewöhnlich werden *Korrelationskoeffizienten (r)*, welche „zwischen ± 0.10 und ± 0.30 liegen, als ‚schwache‘ Zusammenhänge bewertet, solche bis ± 0.50 als ‚mittlere‘ (oder ‚mittelstarke‘ Zusammenhänge; C.L.) und die darüber liegen als ‚starke‘“ Zusammenhänge (Bucher 1994, 120). Eine andere Klassifikation präferieren u. a. Feige/Dressler/Lukatis/Schöll (2001). Die Religionssoziologen interpretieren „Koeffizienten von $.10 \leq r \leq .20$ *inhaltlich* als ‚Tendenzen‘ in die dadurch angedeutete inhaltliche Richtung; solche von $.20 < r < .30$ als ‚Korrelationen‘ und jene von $r \geq .30$ als ‚hohe‘ Korrelationen“ (ebd., 329).

Geschlechtsspezifische Unterschiede sind in der Regel von den vorgenannten Schulformeffekten überlagert. Die überproportional häufig an Grundschulen unterrichtenden weiblichen Lehrkräfte stehen kirchlich-traditionellen Zielorientierungen (r= .20) und dem Ziel einer „Gottsuche im eigenen Leben bzw. Alltag" (r= .17) im Ganzen aufgeschlossener gegenüber.

Männliche Lehrkräfte präferieren leicht häufiger die Zieldimension „Förderung der Theologie der SchülerInnen" (r= .16).

	FAK Ziel I Toleranz und Offenheit	**FAK Ziel II Gott suchen**	**FAK Ziel III Kirche und Konfession**	**FAK Ziel IV Gender**	**FAK Ziel V Religions-kunde**	**FAK Ziel VI Förderung Theologie**
Grundschule		.21	.24		-.10	-.23
Förderschule		.14	-.15			-.12
Hauptschule						
Realschule					.08	
Gesamtschule						
Gymnasium		-.17		-.10		.23
Berufskolleg		-.15	-.25			.09
bis 30						
31-40				-.11	.08	
41-50						.08
51-60				.07		
über 60				.06		
weiblich		.17	.20	.08		-.16

Tabelle 14: Korrelationen – Zielfaktoren versus Hintergrundvariablen

Insgesamt sind die durch die genannten Hintergrundvariablen aufgeklärten Varianzanteile gering. Die Differenzierungsergebnisse, die keine einzige Korrelationsberechnung mit einem Koeffizienten r≥ .30 aufweisen, machen ungeachtet der aufgeführten Beurteilungsunterschiede insgesamt auf die **recht hohe Meinungshomogenität von Religionslehrenden im Hinblick auf religionsunterrichtliche Zielvorstellungen über verschiedene Subgruppen hinweg aufmerksam.**

Diese Meinungshomogenität schließt vor allem schulformspezifische Akzentuierungen und Profilierungen schulisch-religiösen Lernens, insbesondere im Hinblick auf die Faktoren FAK Ziel II („Gott suchen"), FAK Ziel III („Kirche und Konfession") und FAK Ziel VI („Förderung der Theologie der SchülerInnen"), allerdings nicht aus. Die Zieldimension „Toleranz und Offenheit in weltanschaulichen und religiösen Fragen fördern" (FAK Ziel I) ist hingegen für die Befragten *aller* Subgruppen von höchster Priorität und Bedeutsamkeit. Für diesen Faktor liegen *keine* Abweichungen in statistisch bedeutsamer Größenordnung vor (vgl. Tab. 14).

2.3 Religiöse Feiern an der Schule

Zum schulischen Leben gehören vielerorts religiöse Feiern. Die Schulgesetzgebungen vieler Bundesländer ermöglichen beispielsweise regelmäßige Schulgottesdienste und -andachten im Schulgebäude oder in einer benachbarten Kirche.[30]

2.3.1 Schulgottesdienste und -andachten

Schulgottesdienste und -andachten blicken historisch betrachtet auf eine

> „wechselvolle Geschichte zurück. In der Reformationszeit, als für alle Gemeindeglieder offene Feiern unter der Leitung des Pfarrers im Kirchenraum begangen, wurden Gottesdienste spätestens ab dem 16. Jahrhundert auch in der Schule unter der Leitung von Lehrern durchgeführt. Bis Ende des 19. Jahrhunderts bildeten regelmäßige liturgische Feiern ein selbstverständliches, obligatorisches Element des Schullebens, denen mitunter das Odium des Zwanghaften anhaftete. Im Zuge der Emanzipation der Schule von der Kirche wurden Schulgottesdienste im 20. Jahrhundert zu grundsätzlich fakultativen Veranstaltungen in kooperativer Verantwortung von Staat und Kirche resp. Religionsgemeinschaft: Rechtlich und organisatorisch als Schulveranstaltung abgesichert, zeichnen für die inhaltliche Gestaltung die Religionsgemeinschaften bzw. die von ihnen beauftragten (Lehr-)Personen verantwortlich. Nachdem Schulgottesdienste in der Ära des Nationalsozialismus abgeschafft und durch ideologisch geprägte Schulfeiern ersetzt wurden, erlebte in den Nachkriegsjahren ein einseitig theologisch begründeter und an der kirchlichen Sitte orientierter Schulgottesdienst – noch einmal – eine Blütezeit. Nicht zuletzt aufgrund ihres mangelnden Adressatenbezugs fristeten Schulgottesdienste in den traditions- und ritualkritischen Jahren um 1970 ein Schattendasein. Vielerorts wurden sie sogar ganz abgeschafft. Die Wiederbelebung des Schulgottesdienstes in den 1980er Jahren führte zu dessen liturgischer und inhaltlicher Neuprofilierung: Schulgottesdienste werden nun primär als Gottesdienste für den Lebensraum Schule verstanden, die ihre Basis nicht (mehr) in binnenkirchlichen Interessen, sondern in der Lebenswelt der Schulangehörigen, insbesondere der SchülerInnen, haben. Schulgottesdienste fungieren damit als Exempel „für liturgisches Geschehen im Feld ‚öffentlichen' und ‚privaten', nicht

---

[30] Vgl. exemplarisch für Nordrhein-Westfalen den entsprechenden Runderlass des Kultusministeriums von 1965, der bis heute gültig ist: „1. Die Schulgottesdienste nach diesem Runderlass sind Schulveranstaltungen. 2. Für allgemeinbildende Schulen und berufsbildende Vollzeitschulen, in deren Stundentafeln Religionslehre als Unterrichtsfach aufgenommen ist, wird Gelegenheit zum Schulgottesdienst gegeben. Dieser Schulgottesdienst erscheint in der Regel als eine erste Stunde im Stundenplan und tritt nicht an die Stelle einer der in den Stundentafeln vorgesehenen Unterrichtsstunden. Er darf einmal wöchentlich stattfinden. Ein weiterer Schulgottesdienst kann einmal wöchentlich an einem Werktage außerhalb der Unterrichtszeit gehalten werden. Ferner können Schulgottesdienste auch aus besonderen Anlässen stattfinden" (Schulgottesdienst – RdErl. d. Kultusministers v. 13. April 1965, II B 2.31 – 40 / 0 Nr. 537 / 65, Abl. KM. NW. 1965, S. 101).

> aber (oder erst nachgeordnet) ‚kirchlichen' Christentums" (Bernd Schröder). Sie sind demnach nicht als bloße Vorformen oder ‚pädagogische Schleichwege' (Hans Freudenberg) zum sonntäglichen Gemeindegottesdienst zu betrachten und zu gestalten. Aufgrund ihres klaren Bezugs zu einer speziellen sozialen Gruppe stellen sie eine liturgische Form sui generis mit der Ermöglichung von Freiräumen gegenüber traditionellen Gottesdienstgestaltungen dar, ohne jedoch zu einer Entfremdung von diesen beizutragen." (Lück 2007, 316–321, 317f.)

Der schulpädagogische Gewinn von Schulgottesdiensten wird oft

> „in seiner integrativen und Hierarchie relativierenden Funktion gesehen. In einer Schule, die sich nicht nur als Lern- sondern auch als Lebensraum versteht, können diese zudem sabbatliche Oasen der Stille und Kontrapunkte gegen schulischen Leistungs-, Konkurrenz- und Notendruck sein. Zugleich sind kritische Stimmen zum Schulgottesdienst in der Schultheorie und -praxis, die z. B. eine kirchliche Vereinnahmung der Schule bzw. Schulgemeinschaft befürchten oder einen Indoktrinationsverdacht artikulieren, nicht zu überhören." (Ebd., 318)

Im Einzelnen können **verschiedene schulische Gottesdienstformen** unterschieden werden:
1) An *Gottesdiensten an Passage-Einschnitten wie Schuleintritt, -übergang oder -abschluss* nimmt häufig die gesamte Schulgemeinde inkl. (Groß-)Eltern und sonstiger Verwandten teil. Einschulungs- und Entlassungsgottesdienste geben an prekären Übergängen als „zweiseitige liturgische Handlungen" (Michael N. Ebertz) den Anwesenden Raum zur Rück- und Vorschau sowie zum Dank und zur Bitte um Gottes Begleitung. Der – mancherorts nicht nur den einzelnen SchülerInnen, sondern auch Lehrkräften – persönlich applizierte Segen tritt liturgisch in den Mittelpunkt.

2) *Thematische sowie kirchenjahresbezogene Gottesdienste zu christlichen Festen* (Weihnachten, Ostern, Buß- und Bettag, Reformationstag, Erntedank o. ä.) bieten besondere Möglichkeiten, anthropologische Grunderfahrungen wie Freude, Hoffnung oder Dank mit den Grundsymbolen christlichen Glaubens zu verknüpfen und dies liturgisch zu gestalten. Aufgrund der Ferienregelungen kommt es hierbei vielfach zu einer Antizipation resp. Transformation der entsprechenden Feste: z. B. wird Ostern in der Passionszeit gefeiert.

3) Die Feier von *Schulgottesdiensten bei außergewöhnlichen biographischen und gesellschaftlichen Ereignissen* wie Krankheit oder Tod von Schulangehörigen sowie kollektiv erlebten, öffentlichen Tragödien kann in einer Situation eigener Sprachlosigkeit die liturgische Rückbesinnung auf Gottes Gegenwart und Nähe einer Schulgemeinschaft helfen, solche aufrüttelnden Geschehnisse – auch unter Rückbezug auf biblische Klageformen – besser zu bewältigen.

4) Schließlich können *kleine(re) liturgische Formen wie Andachten oder Pausengebete* den schulischen Alltag bereichern, indem sie in einer Phase stetiger Beschleunigung Gelegenheiten zum Ausruhen, Sich-Sammeln und spirituellen Auftanken geben.

2.3.2 Deskriptive Ergebnisse

Werden die beschriebenen, sehr weitreichenden Möglichkeiten im Bereich religiöser Feier im Schulleben gegenwärtig genutzt? (Item-Formulierungen in Anlehnung an Feige/Tzscheetzsch 2005, 73 und 77):

An vielen Schulen im Einzugsgebiet der rheinischen Landeskirche finden nach Auskunft der Befragten regelmäßig Gottesdienste bzw. Andachten zu schulischen Anlässen (z. B. Einschulung, Schulabschluss) statt (59,1 %). Thematische sowie kirchenjahresbezogene Schulgottesdienste und -andachten werden an zahlreichen Schulen zudem zu christlichen Festen (z .B. Weihnachten, Buß- und Bettag) regelmäßig angeboten (43,2 %). Schon seltener sind – gelegentliche – Schulgottesdienste (26,3 %) oder Andachten (9,3 %) zu anderen Zeitpunkten resp. Anlässen. Auch wöchentliche Andachten (6,5 %) finden im Schulleben vereinzelt statt. Lediglich 10,2 % der Befragten konstatieren, dass es an ihrer Schule eine entsprechende religiöse Praxis durch Gottesdienste und Andachten nicht gibt. Hier liegt ein bedeutender Unterschied zur niedersächsischen Religionslehrerbefragung von 2001 vor, bei der fast die Hälfte (49,8 %) der Befragten entsprechende Aktivitäten an ihrer Schule verneinte (Feige/Tzscheetzsch 2005, 72). Nach dem weitgehenden Abbruch einer Schulgottesdienstpraxis in den 1970er Jahren erleben Gottesdienste an Schulen im Bereich der rheinischen Landeskirche gegenwärtig also vielerorts eine bemerkenswerte Renaissance. Dabei scheint die Feierkultur im öffentlichen Schulleben vielfach „*volkskirchlich*', aber nicht ‚binnenkirchlich' oder spirituell geprägt" (Feige/Tzscheetzsch 2005, 75) zu sein.

Auch anderen Umfragen in Nordrhein-Westfalen (Lück 2003, 61–63) sowie Baden-Württemberg (Feige/Tzscheetzsch 2005, 72–75) zufolge werden Gottesdienste an den meisten Schulen in beiden Bundesländern zumindest gelegentlich gefeiert. Dabei zeigt sich in Bezug auf Anlässe, Formen, Räume, Teilnahme und Verantwortlichkeit ein vielgestaltiges Bild, das von Schule zu Schule differiert: Schulgottesdienste finden in schulischen (z. B. Aula, Turnhalle, Religionsraum) oder gemeindlichen Räumen statt. Sie werden von unterschiedlichen Personen ([Religions-]LehrerInnen, [Schul-]PfarrerInnen bzw. VertreterInnen anderer Religionsgemeinschaften, SchülerInnen u. a.) eigenständig oder kooperativ vorbereitet und durchgeführt. Sie richten sich an alle Schulangehörigen oder an spezielle Gruppen (z. B. eine Jahrgangsstufe). Sie werden an manchen Schulen ausschließlich zu besonderen schulischen Ereignissen (z. B. Schuljubiläum) gefeiert, an einer Vielzahl von Schulen hingegen in regelmäßigen Zyklen zu christlichen Festen (Weihnachten) und schulischen Anlässen (Einschulung, Schulabschluss).

Insgesamt kann festgehalten werden: An den öffentlichen Schulen (nicht nur) im Bereich der rheinischen Landeskirche wird zu Beginn des 21. Jahrhunderts zumindest ein Teil der SchülerInnen

> „mit ästhetischen Eindrücken einer christlich-rituellen Feierkultur bekannt gemacht, die ansonsten – möglicherweise selbst an Heiligabend – außerhalb ihrer Reichweite aufwachsen. Welche Wirksamkeitsfolgen ein solches Erleben im Raum der Schule besitzt, muss zwar offen bleiben. Aber es ist wichtig zu sehen, *dass* es für die nachwachsende Bevölkerung ‚flächendeckend' Kontakte zu solchen Symbol-Gelegenheiten christlicher Kultur zumindest in Ansätzen gibt – und dies in den Schulen, nicht in den Kirchen" (Feige/Tzscheetzsch 2005, 75f.).

Religiöse Feiern (Gottesdienst, Andachten; im Schulgebäude oder in einer benachbarten Kirche) an der Schule	**n**	**%***
An meiner Schule finden regelmäßig Gottesdienste/Andachten zu schulischen Anlässen (z. B. Einschulung, Schulabschluss) statt	**646**	**59,1**
An meiner Schule finden regelmäßig Gottesdienste und/oder Andachten zu christlichen Festen (z. B. Weihnachten, Buß- und Bettag) statt	**472**	**43,2**
An meiner Schule finden gelegentlich Schulgottesdienste statt	**287**	**26,3**
An meiner Schule finden weder Gottesdienste noch Andachten statt	**112**	**10,2**
An meiner Schule finden gelegentlich Andachten statt	**102**	**9,3**
An meiner Schule finden wöchentlich Andachten statt	**71**	**6,5**

Tabelle 15: Religiöse Feiern an der Schule, Zustimmung in % (Mehrfachnennungen möglich)

2.3.3 Korrelationsanalytische Auswertungen

Bei der Würdigung der Ergebnisse sind **beträchtliche schulformspezifische Differenzen** grundlegend zu berücksichtigen. Finden an den meisten Grundschulen (77,8 %; CV= .30) und auch an vielen Gymnasien (63,5 %) regelmäßig Gottesdienste/Andachten zu schulischen Anlässen (z. B. Einschulung, Schulabschluss) statt, sind diese an anderen Schulformen seltener zu beobachten: Förderschule (55,6 %), Realschule (53,2 %), Hauptschule (44,6 %), Gesamtschule (39,8 %; CV= .12) und Berufskolleg (19,6 %; CV= .31). Auch regelmäßige thematische sowie kirchenjahresbezogene Gottesdienste/Andachten zu christlichen Festen wie dem Weihnachtsfest werden an Grundschulen (56,6 %; CV= .22) und an Gymnasien (52,6 %; CV= .12) deutlich häufiger gefeiert als etwa an Gesamtschulen (21,4 %; CV= .14) oder Berufskollegs (11,9 %; CV= .25). Keine Schulgottesdienste bzw. Andachten gibt es weit überproportional häufig an Berufsbildenden Schulen (38,5 %; CV= .36) sowie an Förderschulen (20,0 %; CV= .08). Nur an einer verschwindend geringen Anzahl von Grundschulen (1,2 %; CV= .24) und Gymnasien (4,1 %; CV= .11) werden keine Schulgottesdienste bzw.

Andachten gefeiert. Die ReligionslehrerInnen, die von keiner religiösen Feierpraxis an ihrer Schule berichten (10,2 %), wurden nach den Gründen für die Nichtexistenz von Gottesdiensten/Andachten gefragt. *Drei Begründungen* werden am häufigsten genannt: Die organisatorischen Rahmenbedingungen (Kirche, Aula u. ä.) sind nicht gegeben (n= 47), die SchülerInnen würden daran vermutlich nicht teilnehmen (n= 45), zu wenige KollegInnen erklären sich zur Vorbereitung bereit (n= 40).

Gründe dafür, dass es an der Schule keine religiöse Feiern (Gottesdienst, Andachten; im Schulgebäude oder in einer benachbarten Kirche) gibt	**n**	**%***
die organisatorischen Rahmenbedingungen (Kirche, Aula u. ä.) nicht gegeben sind	47	4,3
die SchülerInnenschaft vermutlich daran nicht teilnehmen würde	45	4,1
sich zu wenige KollegInnen zur Vorbereitung bereit erklären	40	3,7
zu wenige KollegInnen ihre Klassen motivieren, daran teilzunehmen	29	2,7
die Schulleitung Schulgottesdienste und/oder Andachten ablehnt	23	2,1
der Widerstand in der SchülerInnenschaft ist zu groß	22	2,0
sich keine Einigkeit über Schulgottesdienste und/oder Andachten in der Fachgruppe Religion herstellen lässt.	17	1,6
die Elternschaft Schulgottesdienste und/oder Andachten ablehnt	10	0,9
sich keine Ansprechpartner in der Kirchengemeinde finden	5	0,5

Tabelle 16: Gründe dafür, dass es an der Schule keine religiösen Feiern gibt, Zustimmung in % (Mehrfachnennungen möglich)

Aus Sicht der Befragten scheitert das Angebot von religiösen Feiern im Schulgebäude oder in einer benachbarten Kirche hingegen kaum daran, dass der Widerstand in der Schulleitung (n= 23) oder in der SchülerInnenschaft (n= 22) zu groß ist, die Elternschaft Schulgottesdienste bzw. Andachten ablehnen (n= 10) oder sich keine AnsprechpartnerInnen in der Kirchengemeinde zu deren Vorbereitung finden würden (n= 5). Ähnlich wie in der baden-württembergischen Umfrage wird damit aus der Perspektive der Schulpraxis die in der religions- und schulpädagogischen Diskussion zuweilen vertretene These zurückgewiesen, „dass die Nichtexistenz von Gottesdiensten/Andachten vor allem am Widerstand der Schulleitung, der Elternschaft oder der Schülerschaft liege“ (Feige/Tzscheetzsch 2005, 76).

2.4 Personen(-gruppen), Instanzen und Institutionen des Religionsunterrichts

2.4.1 ReligionslehrerInnen in einem Beziehungsgeflecht vielfältiger und divergierender Fremd- und Selbsterwartungen

Aufgrund des doppelseitigen Bezugs des Religionsunterrichts als eines von Staat und Kirche resp. Religionsgemeinschaft gemeinsam verantworteten Schulfachs (res mixta) weisen Religionslehrkräfte im Vergleich zu Lehrpersonen anderer Schulfächer eine *doppelte institutionelle Bindung* auf. Dies hat für Unterrichtende in Religion als *personae mixtae* zur Folge, dass sie zur Loyalität gegenüber beiden Institutionen aufgefordert sind: Als Beamte oder Angestellte im Dienste des Landes unterstehen sie einerseits dem staatlichen Schulrecht und der schulischen Fachaufsicht über den Religionsunterricht. Sie sind zugleich den schulischen Organisationsformen sowie den allgemeinen Lern- und Bildungszielen der Schule verpflichtet, obschon ihnen die Rückbindung an die Kirche auch Freiräume ermöglicht. Andererseits sind sie hinsichtlich der inhaltlichen Gestaltung des Unterrichts an die Grundsätze der den Religionsunterricht verantwortenden Kirche resp. Religionsgemeinschaft gebunden (Art.7 Abs.3 Satz 2 GG). Sie leisten von den fachlichen Inhalten des Religionsunterrichts „(Kommunikation des Evangeliums, religiöse Dimension des Menschseins) her einen spezifischen Beitrag“ (Adam 2012, 300) zu den allgemeinen Aufgaben von schulischer Bildung, Erziehung und Unterricht.

Das inhaltliche Gestaltungsrecht der Kirchen schließt ein, dass die Erteilung des Religionsunterrichts neben der staatlichen Facultas für evangelische oder katholische Religion auch eine entsprechende kirchliche Beauftragung bzw. Bevollmächtigung (evangelisch: vocatio; katholisch: missio canonica) voraussetzt. Evangelischerseits wird die Vokation als *partnerschaftlicher Kontrakt* begriffen, *der die Mündigkeit der Lehrkräfte ausdrücklich anerkennt.* Der Sinn dieser Bevollmächtigung wird darin gesehen, „zwischen dem Lehrer und seiner Religionsgemeinschaft ein Verhältnis des Vertrauens zu begründen, dass er den Religionsunterricht in Übereinstimmung mit ihren Grundsätzen erteilt.“[31] In Anbetracht dessen möchte die evangelische Kirche die Verbindung mit den Religionslehrenden pflegen und diese z. B. durch vielfältige Fortbildungs-, Beratungs- und Supervisionsangebote sowie durch die eigenständige Unterhaltung von religionspädagogischen Institutionen, ergänzt durch ein Netz örtlicher oder

[31] Stellungnahme des Rates der EKD zu verfassungsrechtlichen Fragen des Religionsunterrichts (vom 07.07.1971), in: Kirchenkanzlei der EKD (Hg.): Die evangelische Kirche und die Bildungsplanung. Eine Dokumentation, Gütersloh 1972, 126.

regionaler Schulreferate und Medienzentren, bei ihrer persönlich, fachlich und didaktisch-hermeneutisch oftmals nicht leichten Arbeit im säkularisierten Bereich der Schule unterstützen.

Alles in allem stehen ReligionslehrerInnen in einem *Beziehungsgeflecht vielfältiger und divergierender Fremd- und Selbsterwartungen.* Mehr noch als Unterrichtende anderer Schulfächer ist es ihre Aufgabe, ihr Verhältnis zu **verschiedenen Bezugsgruppen, Instanzen und Institutionen** des Faches Religion im inner- und außerschulischen Bereich grundlegend zu bestimmen.

2.4.2 Deskriptive Ergebnisse

Zwei von neunzehn erfragten Bezugsgrößen (Item-Formulierungen in Anlehnung an Bucher/Miklas 2005, 96–101 und 191–197) sind evangelischen Religionslehrkräften mit den höchsten Mittelwerten und geringsten Standardabweichungen besonders wichtig: die ***SchülerInnen*** (M= 4.79; SD= .80; 95,8 %[32]) und das ***eigene Gewissen*** (M= 4.58; SD= .88; 92,1 %). Mehr als neun von zehn (91,0 %) bzw. mehr als sieben von zehn Befragte (73,5 %) kreuzen hier sogar jeweils die höchste Antwortkategorie („sehr wichtig") an. ReligionslehrerInnen sind sich in keiner anderen Sache so sicher und zugleich einig wie bei der **grundlegenden Bedeutung der SchülerInnen** für den Religionsunterricht (vgl. ähnlich Bucher/Miklas 2005, 196f.).

In Entsprechung zu den religionsdidaktisch leitenden Intentionen (vgl. Kap. 2.2) spiegelt sich in diesem Ergebnis das ausgesprochen **paidotrope (am Kind bzw. Jugendlichen orientierte) berufliche Selbstverständnis** evangelischer Religionslehrkräfte wider[33], das logotrope (an der Sache bzw. an Wissensgebieten und Werten orientierte)[34] Berufsmotivationen resp. Antriebsmotoren allerdings keinesfalls ausschließt (s.u.). Die zweite zentrale Bezugsinstanz ist die **individuelle Gewissensfreiheit der Religionslehrperson(en) in ihrem Denken und Handeln**.

Mit einigem Abstand folgen zwei weitere Bezugsgrößen, die die Lehrkräfte ebenso als „sehr wichtig" bzw. „wichtig" einstufen: die *Bibel* (M= 4.15; 79,4 %), die für knapp vier Fünftel der Befragten eine herausragende Stellung einnimmt, sowie *Ideale und Visionen* (M= 4.04; 76,2 %). Auffal-

---

[32] Ankreuzungen bei „sehr wichtig" (5) oder „wichtig" (4).

[33] Auch nach den Ergebnissen von Bucher/Miklas (2005, 45) sind viele ReligionslehrerInnen im Schuldienst gegenwärtig „ausgesprochen *paidotrop* eingestellt und beziehen […] die Freude an ihrem Beruf aus dem Miteinander mit Kindern und Jugendlichen bzw. aus ihrer als sinnvoll eingestuften Begleitung". Die Autoren der Studie folgern hieraus: „Die in der Religionspädagogik schon lange geforderte Orientierung an den SchülerInnen – die mitunter für Kirchenvertreter zu weit ging – ist Allgemeinplatz" (ebd., 100).

[34] Vgl. zur terminologischen Unterscheidung von „paidotrop" und „logotrop" Englert/Güth 1999, 106, die auf eine ältere LehrerInnentypologie von Caselmann 1949 rekurrieren.

lend viele Befragte – mehr als zwei Drittel – nennen zudem eine eigene *Berufung* (M= 3.92; 69,6 %).

Die genannten fünf Bezugsgrößen – SchülerInnen, Gewissen, Bibel, Visionen/Ideale und Berufung – rangieren interessanterweise auch in den österreichischen ReligionslehrerInnenbefragungen von 2005 auf den fünf vorderen Plätzen (Bucher/Miklas 2005, 96 und 191) – in der katholischen Teilbefragung sogar in exakt der identischen Reihenfolge. In der evangelischen Teilbefragung erhielt die „eigene Berufung" noch eine geringfügig höhere Zustimmung als „Ideale und Visionen" (ebd.). Das kongruente Antwortverhalten zeigt, wie wichtig gegenwärtigen evangelischen und katholischen Religionslehrenden „ihre SchülerInnen sind, und wie sehr sie sich an ihrem Gewissen orientieren. Auch Visionen und Ideale sind den Angaben der Unterrichtenden zufolge bedeutend wichtiger als Theologie, Religionspädagogik und (amts-)kirchliche Bezugsgrößen" (a. a. O., 100).

Wie wichtig sind für Sie als ReligionslehrerIn folgende Personen (-gruppen), Instanzen und Institutionen?	**M**	**SD**	**%** SW**	**%* SW+W**
Die SchülerInnen	4,79	,80	91,0	95,8
Ihr Gewissen	4,58	,88	73,5	92,1
Die Bibel	4,15	,99	45,6	79,4
Ihre Ideale und Visionen	4,04	,97	37,1	76,2
Ihre Berufung	3,92	1,15	39,2	69,6
Das LehrerInnenkollegium	3,74	1,02	24,5	63,5
Der Lehrplan	3,67	1,05	22,8	61,8
Die Theologie als Wissenschaft	3,57	1,19	26,1	56,3
Die religionspädagogischen Institutionen der Aus-, Fort- und Weiterbildung	3,56	1,07	21,0	55,2
Die Schulleitung	3,46	1,12	19,9	50,7
Die Eltern der SchülerInnen	3,40	1,17	20,9	47,5
Die Bindung an eine Kirchengemeinde	3,24	1,25	18,8	44,5
Die Kirchliche Betrauung/Ermächtigung	3,19	1,25	17,3	43,7
Die Berufsgemeinschaft und Konferenzen	3,07	1,16	10,6	38,2
SchulreferentInnen/Bezirksbeauftragte	3,05	1,19	12,7	37,0
Die Ortspfarrerin/der Ortspfarrer	2,96	1,24	11,7	35,7
Synodenbeschlüsse und -erklärungen	2,55	1,07	3,0	19,4
Die Fachaufsicht	2,55	1,13	5,6	19,4
Die Kirchenleitung	2,43	1,11	4,5	16,2
Das Schulamt	2,34	1,13	4,1	16,0
(N= 1091)				

Tabelle 17: Bezugsgruppen des Religionsunterrichts (*Ankreuzungen: „sehr wichtig" (SW) [5] und „wichtig" (W) [4] - **„sehr wichtig" (SW) [5])

Relativ hohe Zustimmungsquoten weisen in der rheinischen ReligionslehrerInnenbefragung zudem die folgenden Personen(-gruppen), Instanzen und Institutionen auf: das *LehrerInnenkollegium* (M= 3.74; 63,5 %), der *Lehrplan* (M= 3.67; 61,8 %), die *Theologie als Wissenschaft* (M= 3.57; 56,3 %) sowie die *religionspädagogischen Institutionen der Aus-, Fort- und Weiterbildung* (M= 3.56; 55,2 %). Für knapp die Hälfte der Befragten spielt die *Schulleitung* (M= 3.46; 50,7 %) eine herausragende Rolle.

Immerhin 47,5 % der Antwortenden klassifizieren die *Eltern der SchülerInnen* (M= 3.40; 47,5 %) als „sehr wichtig" oder „wichtig". 37,0 % sehen in *SchulreferentInnen sowie Bezirksbeauftragten* eine (sehr) wichtige Bezugsinstanz. Von erheblich geringerer Bedeutung sind für schulische ReligionspädagogInnen – mit Zustimmungsraten von lediglich jeweils unter 20 % – *Synodenbeschlüsse und -erklärungen* (M= 2.55; 19,4 %), die *Fachaufsicht* (M= 2.55; 19,4 %), die *Kirchenleitung* (M= 2.43; 16,2 %) und das *Schulamt* (M= 2.34; 16,0 %).

Ein Blick auf die **Standardabweichungen** verdeutlicht, dass Personengruppen oder Instanzen aus dem Bereich der institutionalisierten Kirche bzw. der lokalen Kirchengemeinde von den Befragten relativ uneinheitlich beurteilt werden. Insbesondere die *Bindung an eine Kirchengemeinde* (M= 3.24; SD= 1.25) und die *kirchliche Betrauung/Ermächtigung* (M= 3.19; SD= 1.25) werden kontrovers eingeschätzt. Ist der Mehrheit der Befragten die **Bindung an eine Kirchengemeinde** „sehr wichtig" (18,8 %), „wichtig" (25,7 %) oder zumindest „teils wichtig" (26,5 %), ist sie jeder/jedem Zehnten „gar nicht wichtig" (10,6 %). Auch die **kirchliche Vokation** wird von mehr als zwei Dritteln der Religionslehrkräfte (68,7 %) für „sehr wichtig" (17,3 %), „wichtig" (26,4 %) oder „teils wichtig" (25,0 %) erachtet. 10,6 % der Befragten bemessen sie hingegen als „gar nicht wichtig". Interessanterweise nehmen Lehrkräfte der jüngsten (unter 30 Jahren) und zweitjüngsten (31-40 Jahren) Altersgruppe zur kirchlichen Bevollmächtigung (vocatio) dabei insgesamt eine noch leicht positivere Haltung ein (jeweils r= .06; n.s.).

Dieses Ergebnis konvergiert mit den Befunden anderer empirischer Erhebungen. Wurde die Vokation in der Vergangenheit von den Unterrichtenden überwiegend kritisch rezipiert, wird sie in jüngster Zeit

> „mehr und mehr verstanden als Zuspruch (Ermutigung und Unterstützungszusage) und Grundlage eines wechselseitigen Vertrauensverhältnisses […]. Ohnehin ist zu bedenken, dass evangelische Religionslehrkräfte keinem kirchlichen Lehramt unterworfen sind, sondern – theologisch besonders qualifiziert – am allgemeinen Priestertum aller Gläubigen Anteil haben. Weit überwiegend findet die Vokation vor diesem Hintergrund die Akzeptanz der ReligionslehrerInnen" (Dressler 2006, 113).

Gegenüber empirischen Studien aus den 1970er und 1980er Jahren, die eine deutliche Kirchenferne der ReligionslehrerInnenschaft registrierten, zeigt sich hier ein erheblich „differenzierteres Bild, das aber im Ganzen eine entspannte und kooperationsbereite Haltung der Lehrkräfte zur evangelischen Kirche“ (Grethlein 2005, 208) dokumentiert.

Summa summarum korreliert das berufliche Selbst- und Berufsverständnis der befragten Religionslehrpersonen in wesentlichen Punkten mit maßgeblichen kirchenamtlichen Verlautbarungen zum Profil evangelischen Religionsunterrichts. Diese stellen wie die *Stellungnahme des Rates der EKD von 1971 zu verfassungsrechtlichen Fragen des Religionsunterrichts* nicht nur den Zusammenhang des Faches Religion mit der evangelischen Kirche und seine prinzipielle Gebundenheit an das biblische Zeugnis, sondern in gleicher Weise die *Eigenverantwortlichkeit und Selbstkompetenz* der Religionslehrkräfte in Fragen der Auslegung der biblischen und kirchlichen Überlieferung als grundlegend heraus (Kirchenkanzlei der EKD 1972, 124). Die Dialektik von „persönlicher Freiheit“ und „sachlicher Verpflichtung“ ist für das protestantische Selbstverständnis besonders charakteristisch. Ein weiteres hervorragendes Kennzeichen evangelischen Religionsunterrichts ist seine *dezidiert schülerorientierte, dialogisch offene und einladende Grundstruktur* (Kirchenamt der EKD 1997, 45f.)[35]. Ein breiter Konsens in der evangelischen Religionspädagogik, der von den Schulpraktikerinnen und -praktikern (nicht nur) im Rheinland ausdrücklich geteilt wird, „bezieht sich auf die Begründung von Religionsunterricht. Seine Daseinsberechtigung gewinnt dieser Unterricht weder von der Kirche her noch aufgrund staatlicher Interessen, sondern von den Kindern und Jugendlichen her. Dafür beruft man sich auf das ‚Recht des Kindes auf Religion‘ [...] sowie auf einen ‚Perspektivenwechsel‘ [...], von den Erwachsenen hin zu den Kindern“ (Schweitzer 2013c, 52).

Bei den Bezugsgruppen des Religionsunterrichts sind einige **markante schulformbezogene Akzentuierungen** zu beachten. Für Lehrkräfte an Grundschulen besitzen der Kontakt zum/zur *OrtspfarrerIn* (r= .28) und die *Bindung an eine Kirchengemeinde* (r= .18) eine weit überproportionale Bedeutung. Dass der/die OrtspfarrerIn, wie in der Studie von Bucher/Miklas (2005, 99),

---

35 Auch in der EKD-Schrift *„Identität und Verständigung. Standort und Perspektiven des Religionsunterrichts in der Pluralität“ von 1994* (Kirchenamt der EKD 1994), die durch ihre Einstufung als „Denkschrift“ mit „dem höchsten Grad an ‚Autorität‘ versehen (ist), der einer kirchlichen Äußerung im deutschen Protestantismus zuteilwerden kann“ (Preul 1996, 125), wird Religionsunterricht an öffentlichen Schulen sach- und schülerbezogen profiliert. Dies schließt u. a. ein, die SchülerInnen als Subjekte ihrer religiösen Lern- und Orientierungsprozesse elementar wahrzunehmen und ernst zu nehmen. Alle Versuche, Religionsunterricht als Instrument kirchlicher Nachsozialisation oder Bestandsicherung in den Dienst zu nehmen, werden zurückgewiesen. Aufgabe evangelischen Religionsunterrichts ist es vielmehr, Heranwachsenden in einer religiös und weltanschaulich pluralisierten Gesellschaft bei ihrer „Selbstfindung und Selbstvergewisserung“ (Kirchenamt der EKD 1994, 51) zu unterstützen und gleichzeitig die eigene christlich-konfessionelle Tradition als Sinn- und Orientierungsangebot in den Lernprozess (mit-)einzubringen.

> „für den Religionsunterricht an weiterführenden Schulen weniger wichtig ist, erstaunt wenig. [...] Möglicherweise hat Religionsunterricht an Volksschulen (resp. Grundschulen; C.L.) in sich einen kirchlich sozialisierenden Effekt, der auch dazu führen könnte, dass die Berufung – traditionell kirchliche Semantik – ebenfalls als wichtiger eingeschätzt wird“ (ebd.; r= .10).

Zugleich sind Grundschullehrenden die *Eltern der SchülerInnen und Schüler* (r=.20) und der *Lehrplan* (r= .20) besonders wichtig. Die *Theologie als Wissenschaft* (r= -.21) spielt bei ihnen hingegen eine vergleichsweise untergeordnete Rolle.[36] Lehrkräfte an Hauptschulen rekurrieren im Subgruppenvergleich seltener auf den *Lehrplan* (r= -.11). Dies könnte damit zusammenhängen, dass der nordrhein-westfälische Lehrplan für den evangelischen Religionsunterricht an Hauptschulen zum Umfragezeitpunkt bereits fast 30 Jahre alt war und erst im letzten Jahr durch einen neu veröffentlichten Kompetenzlehrplan abgelöst wurde. Die *Theologie als Wissenschaft* (r= .27) ist für Lehrkräfte an Gymnasien höchst bedeutsam. Eine signifikant geringere Bedeutung besitzen für diese Professionsgruppe, wie gesehen, der *Ortspfarrer/die Ortspfarrerin* (r= -.11) und eine eigene *Berufung* (r= -.10). Religionslehrende an Berufskollegs halten den Kontakt zu *SchulreferentInnen bzw. Bezirksbeauftragten* (r= .07) tendenziell für am wichtigsten. Alle anderen Personengruppen und Instanzen schätzen sie demgegenüber weit unterdurchschnittlich ein. Insbesondere die *Eltern der SchülerInnen* (r= -.35), der *Ortspfarrer/die Ortspfarrerin* (r= -.27), der *Lehrplan* (r= -.17), die *Bibel* (r= -.14) und die *Bindung an eine Kirchengemeinde* (r= -.11) sind für sie von einer geringeren Bedeutsamkeit. Religionslehrkräfte an Förderschulen betonen ganz leicht stärker die *SchülerInnen* (r= .04; n.s.) und die *Bindung an eine Kirchengemeinde* (r= .05; n.s.). Von untergeordneter Relevanz sind an dieser Schulform der *Lehrplan* (r= -.19) und die *Theologie als Wissenschaft* (r= -.11).

Altersbezogene Gewichtungen weisen in der Regel niedrigere Korrelationswerte auf; alle Korrelationen sind r< .20. Lehrende der jüngsten Altersgruppe (bis 30 Jahre) beziehen sich noch etwas stärker auf das *Schulamt* (r= .17), die *Fachaufsicht* (r= .15), den *Lehrplan* (r= .13) sowie *Synodalbeschlüsse und -erklärungen* (r= .11). Auch das innerschulische Beziehungs- und Kommunikationsumfeld – die *Eltern der SchülerInnen* (r= .13), das *LehrerInnenkollegium* (r= .11) und die *Schulleitung* (r= .10) – ist ihnen überproportional wichtig. Sehr berufserfahrenen Religionslehrenden (60 Jahre und älter) sind die *religionspädagogischen Institutionen der Aus-, Fort- und Weiterbildung* (r= -.10), der *Lehrplan* (r= -.09), das *Schulamt* (r= -.09), die *Fachaufsicht* (r= -.09) und die *Berufsgemeinschaft und Konferenzen* (r= -.09) tendenziell weniger wichtig.

---

[36] Die Befragung österreichischer evangelischer ReligionslehrerInnen eruierte ebenfalls, dass Lehrkräfte „aus dem höheren Schulbereich stärker auf die Theologie zurückgreifen als die aus dem Pflichtschulbereich“ (Bucher/Miklas 2005, 197).

Geschlechtsbezogene Differenzierungen sind erneut von Schulformeffekten beeinflusst. So affirmieren männliche Befragte (r= .09) die *Theologie als Wissenschaft* tendenziell stärker als weibliche Befragte. Religionslehrerinnen akzentuieren demgegenüber alle anderen Personen(-gruppen), Instanzen und Institutionen für wichtiger als Religionslehrer. Insbesondere der *Ortspfarrer/die Ortspfarrerin* (r= .24), der *Lehrplan* (r= .21), das *Schulamt* (r= .19) und die *Bindung an eine Kirchengemeinde* (r= .18) sind für sie von hervorragender Bedeutung. Auch die *religionspädagogischen Institutionen der Aus-, Fort- und Weiterbildung* (r= .20) werden von weiblichen Befragten wesentlich stärker gewichtet.

2.4.3 Faktorenanalytische Betrachtungen

Eine varimaxrotierte Faktorenanalyse der betreffenden Variablen destilliert mittels des Kaiser-Kriteriums **vier Faktoren** heraus, die 58,7 % der Gesamtvarianz erklären (vgl. Tab. 18). Die internen Konsistenten der ersten drei Faktoren sind sehr gut (α= .87) bzw. gut (α= .77 und .75), die des vierten Faktors ist ausreichend (α= .59).

Die Dimension mit der stärksten Erklärungskraft (30,1 %) bündelt allein 9 der 20 vorgegebenen Items. Im Fokus von **Faktor BEZG I** stehen **außerschulische Bezugsgruppen und Instanzen** des evangelischen Religionsunterrichts aus dem staatlichen und kirchlichen Bereich. Sehr hohe Ladungen von a> .700 weisen die *Fachaufsicht* (a_I= .778), die *Synodenbeschlüsse und -erklärungen* (a_I= .718) und das *Schulamt* (a_I= .706) auf. Daneben sind die *SchulreferentInnen/Bezirksbeauftragte* (a_I= .695), die *Berufsgemeinschaft und Konferenzen* (a_I= .681), die *Kirchliche Betrauung/Ermächtigung* (a_I= .640), der *Lehrplan* (a_I= .551) und die *Kirchenleitung* (a_I= .551) von beträchtlicher Relevanz. Die inhaltliche Zusammensetzung des Faktors verdeutlicht im Ganzen, dass der Religionsunterricht von den Befragten als eine *gemeinsame Angelegenheit von Staat und Kirche (res mixta)* aufgefasst wird.

Faktor BEZG II wird durch sechs Items konstituiert, die besonders hohe Mittelwerte aufweisen (Rangplätze 1–5 und 8; vgl. Tab. 18). Sie werden im religionsdidaktischen Fachdiskurs sonst nur selten zusammen gesehen. Die Leitvariablen des Faktors bilden mit großem Abstand **die SchülerInnen** (a_{II}= .865) und **das Gewissen der Lehrenden** (a_{II}= .843). Beide Variablen interkorrelieren, ähnlich wie in der Studie von Bucher/Miklas (2005, 100), sehr stark (r= .80!). Hohe Ladungen weisen daneben die *Bibel* (a_{II}= .650), *Ideale und Visionen* (a_{II}= .600), die eigene *Berufung* (a_{II}= .528) und die *Theologie als Wissenschaft* (a_{II}= .479) auf. Die sehr hohen Interkorrelationen zwischen den Variablen SchülerInnen und Bibel (r= .53) sowie zwischen den Variablen SchülerInnen und Theologie als Wissenschaft (r= .29) zeigen, dass *Schülerorientierung und Bibelorientierung bzw. Schülerorientierung und Wissenschaftsorientierung* *von den Befragten* entgegen „der fast klischeehaften Dichotomisierungen in der Diskussion um den Religionsunterricht“ (Bucher/Miklas 2005, 23) *im Hinblick auf den (eigenen) Religionsunterricht sehr eng aufeinander bezogen und nicht als Gegensätze verstanden werden.* Übergreifende Themen von Faktor BEZG II scheinen vor diesem Hintergrund die **grundlegende Orientierung an den SchülerInnen** – und ihre als sinnvoll eingestufte religionsdidaktische Begleitung – einerseits und der **Bezug auf den individuellen Glauben der Religionslehrenden** andererseits zu sein. Für diesen sind das eigene Gewissen, Ideale und Visionen und eine wie auch immer geartete Berufung von zentraler Bedeutung. Hinzutreten die Bibel als Basisdokument religiösen Lehrens und Lernens sowie das Interesse an einer wissenschaftlichen Auseinandersetzung mit (christlicher) Theologie.

Faktor BEZG III stellt die **lokale Kirchengemeinde** und das Verhältnis von Religionslehrenden zu dieser in den Mittelpunkt. Als Markiervariablen fungieren die *Bindung an eine Kirchengemeinde* (a_{III}= .843) und *der Ortspfarrer/die Ortspfarrerin* (a_{III}= .715). Neben der Parochialgemeinde sind auch überparochiale Ebenen von Kirche (die *Kirchenleitung*; a_{III}= .579) im Blick. Die relativ hohe Ladung des Items *Ihre Berufung* (a_{III}= .495) auf diesem Faktor gibt zu erkennen, dass Religionslehrkräfte offenkundig vielfach einen kirchengemeindlichen Hintergrund aufweisen.

Steht in Faktor BEZG I das außerschulische Umfeld des Faches Religion im Fokus, ist es in **Faktor BEZG IV** das **innerschulische Umfeld des Religionsunterrichts**. Dieses wird insbesondere durch die *Schulleitung* (a_{IV}= .697), die *Eltern der SchülerInnen* (a_{IV}= .685) und das *LehrerInnenkollegium* (a_{IV}= .587) repräsentiert.

Ein Blick auf die Skalenmittelwerte verdeutlicht, dass die **Orientierung an den SchülerInnen** und **der individuelle Glaube (M= 4.06)** für LehrerInnen, die Religion unterrichten, in ihrer religionsdidaktischen Arbeit von höchster Bedeutung sind. Darüber hinaus ist das **innerschulische Umfeld des Religionsunterrichts (M= 3.53)** für die Befragten von erheblichem Gewicht. Als vergleichsweise weniger bedeutend werden im Durchschnitt die **lokalen Kirchengemeinden (M= 3.17)** und das **außerschulische Umfeld des Religionsunterrichts (M= 2.92)** eingeschätzt.

Erneut sind einige **Nebenladungen** von Items zu beachten. So wird die *Kirchenleitung* einerseits mit der Ortsgemeinde (a_{III}= .579) in Beziehung gesetzt; andererseits gehört sie explizit zu den außerschulischen Bezugsinstanzen des Religionsunterrichts (a_{I}= .551).

Die eigene *Berufung* zur religionspädagogischen Arbeit korreliert hoch mit den Komponenten SchülerInnen und Gewissen (a_{II}= .528). Sie hat ihren Ursprungsort – kirchlicher Semantik entsprechend – zudem nicht selten in einer Kirchengemeinde (a_{III}= .495). Für liturgische, homiletische, religionspädagogische o.ä. Aktivitäten am Lernort Gemeinde (a_{III}= .416) ist die Arbeit mit der *Bibel* oftmals charakteristisch. Zugleich schließen sich in den Wahrnehmungskategorien der Befragten die Bibelorientierung, die

SchülerInnenorientierung und die Orientierung am eigenen Gewissen in einem modernen, schülerInnen- und sachgerechten Religionsunterricht – wie gesehen – keinesfalls aus (a_{II}= .650).

	BEZG I	BEZG II	BEZG III	BEZG IV
Die Fachaufsicht	,778	-,184	,149	,255
Synodenbeschlüsse und -erklärungen	,718	-,048	,215	,035
Das Schulamt	,706	-,326	,143	,320
SchulreferentInnen/Bezirksbeauftragte	,695	,120	,163	,121
Die Berufsgemeinschaft und Konferenzen	,681	,149	,039	,083
Die Kirchliche Betrauung/Ermächtigung	,640	,227	,366	,021
Der Lehrplan	,551	,324	,042	,128
Die religionspäd. Institutionen der Aus-, Fort- und Weiterbildung	,533	,304	,113	,102
Die SchülerInnen	-,031	,865	-,014	,143
Ihr Gewissen	-,037	,843	,058	,149
Die Bibel	,225	,650	,416	-,058
Ihre Ideale und Visionen	,040	,600	-,031	,217
Ihre Berufung	,188	,528	,495	,012
Die Theologie als Wissenschaft	,418	,479	-,079	-,217
Die Bindung an eine Kirchengemeinde	,158	,139	,843	,036
Die Ortspfarrerin/der Ortspfarrer	,202	-,038	,715	,306
Die Kirchenleitung	,551	-,132	,579	,131
Die Schulleitung	,262	,161	-,051	,697
Die Eltern der SchülerInnen	,074	,017	,217	,685
Das LehrerInnenkollegium	,176	,313	,123	,587
Eigenwerte	6.02	2.98	1.40	1.33
Erklärte Varianz (in v. H.)	30,1 %	14,9 %	7,0 %	6,6 %
M (Skala)	2.92	4.06	3.17	3.53
Reliabilität (Cronbach´s α)	.87	.75	.77	.59

Tabelle 18: Faktorenanalyse: Bezugsgrößen des Religionsunterrichts

2.4.4 Korrelationsanalytische Auswertungen

Nach den Ergebnissen der Einzelkorrelationen (s. o.) nicht überraschend sind **schulformbezogene Akzentuierungen** zu beachten: So weisen Lehrende an Grundschulen (r= .25) und an Förderschulen (r= .08) erheblich stärkere Kontakte zur lokalen Kirchengemeinde auf als Lehrende an Gymnasien (r= -.14) und an Berufskollegs (r= -.20). Das innerschulische Umfeld des Religionsunterrichts wird von Lehrenden an Grundschulen (r= .19) ebenfalls signifikant wichtiger eingeschätzt als von Gymnasial- und Berufsschullehrenden (r= -.13 bzw. r= -.17). Diese erachten das außerschulische Umfeld des Religionsunterrichts hingegen für leicht gewichtiger (r= .08 bzw. r= .07; Förderschule r= -.16; Hauptschule r= -.08).

Lehrkräfte der jüngsten **Altersgruppe** beachten das außerschulische (r= .10) und das innerschulische Umfeld (r= .15) des Faches Religion gerade im Vergleich zu Lehrkräften der ältesten Altersgruppe (r= -.11 bzw. r= -.06) signifikant stärker. *Ansonsten stimmen Lehrkräfte in dem Fragebereich der Bezugsgruppen schulischen Religionsunterrichts auffallend altershomogen ab* – kein weiteres Korrelationsergebnis weist einen Wert von r> .10 auf.

Geschlechtsbezogene Differenzen konfundieren wiederum mit Schulformeffekten. Weibliche Lehrkräfte halten im Vergleich zu männlichen Lehrpersonen sowohl die lokale Kirchengemeinde (r= .20) als auch das innerschulische Umfeld des Religionsunterrichts (r= .12) für besonders wichtige Bezugsinstanzen schulisch-religiösen Lernens.

	FAKBEZG I Außerschulische Bezugsgruppen des Religionsunterrichts	FAKBEZG II SchülerInnen und individueller Glaube	FAKBEZG III Kirchengemeinde	FAKBEZG IV Innerschulische Bezugsgruppen des Religionsunterrichts
Grundschule			.25	.19
Förderschule	-.16		.08	
Hauptschule	-.08	-.07		
Realschule				
Gesamtschule				
Gymnasium	.08		-.14	-.13
Berufskolleg	.07		-.20	-.17
bis 30	.10			.15
31–40				
41–50			-.06	
51–60				
über 60	-.11			-.06
weiblich			.20	.12

Tabelle 19: Korrelationen – Bezugsgruppen des Religionsunterrichts versus Hintergrundvariablen

2.5 Zusammensetzung der Schülerschaft an der Schule und im Religionsunterricht

2.5.1 *Die Schülerschaft an der Schule*

Welchen Religionsgemeinschaften gehören die SchülerInnen an den einzelnen Schulen an? Die vielfach als Herausforderung für religiöses Lernen konstatierte – je nach religionssoziologischer Lesart – säkularisierte resp. religiös pluralisierte und individualisierte bundesrepublikanische Gesellschaft spiegelt sich in der Zusammensetzung der Schülerschaft an den unterschiedlichen Schulen im Bereich der rheinischen Landeskirche deutlich wider. Hier sind *SchülerInnen fast aller Konfessions- und Religionszugehörigkeiten – und in wachsendem Maße auch solche ohne Mitgliedschaft bei der Evangelischen oder Katholischen Kirche* – vorzufinden.

Besonders stark vertreten sind nach der Einschätzung der Befragten Kinder und Jugendliche mit evangelisch-landeskirchlichem (91,0 %), römisch-katholischem (85,6 %), muslimischem (81,1 %) und evangelisch-freikirchlichem (69,4 %) Hintergrund. Mindestens an jeder siebten Schule sind zudem Heranwachsende mit buddhistischer (15,7 %) oder jüdischer (15,5 %) Religionszugehörigkeit anzutreffen. SchülerInnen mit der Zugehörigkeit zu „anderen Religionsgemeinschaften" sind nach Auskunft der Befragten nahezu an jeder dritten Schule (29,2 %) zu registrieren. Der Anteil konfessionsloser SchülerInnen (78,2 %) ist an fast allen in die Befragung einbezogenen Schulen beträchtlich.

Die Wahrnehmung einer religiös heterogenen Schülerschaft korrespondiert mit schulamtlichen Statistiken über die Schülerschaft an nordrhein-westfälischen Schulen. Nach einer Erhebung von 2012/13 sind von den SchülerInnen aller Schulformen 40,4 % katholisch, 28,3 % evangelisch und 1,2 % orthodox. 3,4 % gehören einer anderen Konfession an. 13,6 % sind konfessionslos, 12,8 % muslimisch, 0,2 % alevitisch und 0,1 % jüdisch (Ministerium für Schule NRW 2013, 26). Dass der Anteil konfessionsloser und muslimischer Kinder und Jugendlicher innerhalb der Schülerschaft in Nordrhein-Westfalen langfristig weiter ansteigen wird, zeigt ein Blick auf die konfessionelle Verteilung an Grundschulen: 37,5 % katholisch, 25,3 % evangelisch, 15,7 % muslimisch und 16,5 % ohne Konfession (ebd., 27).

Diese Zahlen verdeutlichen, dass sich die Rahmenbedingungen und SchülerInnenzusammensetzungen an den einzelnen Schulen

> „zunehmend plural darstellen. Vor allem Konfessionslose sowie muslimische Schülerinnen und Schüler machen einen wachsenden Anteil der Schülerschaft aus. Besonders im nicht-gymnasialen Bereich kommt es vor, dass die Schülerinnen und Schüler einer Schule mehrheitlich nicht zum Christentum gehören" (Schweitzer 2013c, 53f.).

Welchen Religionsgemeinschaften gehören die SchülerInnen Ihrer Schule an?	n	%*
Evangelische Kirchen	995	91,0
Römisch-katholische Kirche	936	85,6
Islam	886	81,1
Ohne Bekenntnis	855	78,2
Freikirchen und Gemeinschaften	759	69,4
Anderen	319	29,2
Aleviten	298	27,3
Orthodoxe Kirche	492	45,0
Judentum	169	15,5
Buddhismus	172	15,7
Jesiden	104	9,5

Tabelle 20: Zusammensetzung der Schülerschaft nach Konfessionen und Religionen an der Schule (Zustimmung in %; Mehrfachnennungen möglich)

2.5.2 Die Schülerschaft im Religionsunterricht

Nehmen in den Klassen, in denen Religionsunterricht erteilt wird, auch SchülerInnen teil, die nicht Mitglieder einer evangelischen Kirche sind? *Die religiös heterogene Zusammensetzung der Schülerschaft an den Schulen macht vor den Türen der Religionsklassen keineswegs Halt.* Neben evangelisch-landeskirchlichen (79,1 %; Rangplatz 1) und -freikirchlichen[37] (60,5 %; Rangplatz 3) Heranwachsenden nehmen besonders häufig SchülerInnen „ohne Bekenntnis" (69,9 %; Rangplatz 2) am evangelischen Religionsunterricht teil. Für deren Teilnahme können ganz unterschiedliche Bewegungsgründe und Motivlagen angenommen werden: In einigen Fällen

> „soll der Religionsunterricht eine spätere Entscheidung von Kindern für oder gegen eine Taufe unterstützen; in anderen Fällen handelt es sich um Angehörige einer andere[n] Konfession oder Religion, für die an einer Schule kein Alternativangebot besteht; mitunter wird der Religionsunterricht, Erfahrungsberichten zufolge, besucht, um sich zu informieren, ohne dass eine Mitgliedschaft in der Kirche auch nur im Blick wäre" (Schweitzer 2013c, 53).

Darüber hinaus wird das Fach evangelische Religion vielfach auch von muslimischen (47,9 %), römisch-katholischen (36,8 %), orthodoxen (27,6 %)

[37] Im Umfragejahr (2013) gehörten rund 24 Millionen Menschen in Deutschland einer der 22 Landeskirchen der Evangelischen Kirche in Deutschland (EKD) an. „Die freikirchlichen Gemeinden, die zu den Kirchen bzw. Zusammenschlüssen der 1926 gegründeten ‚Vereinigung Evangelischer Freikirchen' (VEF) gehören, zählen ca. 275000 Mitglieder. Mehr als doppelt so viele ‚Freikirchler' gibt es aber in Deutschland, und zwar vorwiegend in russlanddeutschen Aussiedlergemeinden und in neu gegründeten Gemeinden, die keinem konfessionellen Zusammenschluss oder Gemeindebund angehören" (Fleischmann-Bisten 2010, 68). In der vorliegenden Studie wird in einem verkürzten Sprachgebrauch von Freikirchen (bzw. von freikirchlich) – als einer Form *evangelischen* Christseins – gesprochen.

sowie von alevitischen (15,9 %), buddhistischen (10,1 %), jüdischen (9,7 %) und jesidischen (6,6 %) SchülerInnen besucht. Im evangelischen Religionsunterricht sind mitunter auch SchülerInnen mit noch anderen Konfessions- und Religionszugehörigkeiten anzutreffen (18,2 %).

Welche SchülerInnen besuchen den evangelischen Religionsunterricht?	**n**	**%***
Evangelische Kirchen	865	79,1
Ohne Bekenntnis	764	69,9
Freikirchen und Gemeinschaften	661	60,5
Islam	524	47,9
Römisch-katholische Kirche	402	36,8
Orthodoxe Kirche	302	27,6
Andere	199	18,2
Aleviten	174	15,9
Buddhismus	110	10,1
Judentum	106	9,7
Jesiden	72	6,6

Tabelle 21: Zusammensetzung der SchülerInnenschaft im evangelischen Religionsunterricht (Zustimmung in %; Mehrfachnennungen möglich)

Die faktische SchülerInnenzusammensetzung im evangelischen Religionsunterricht korrespondiert mit der Interpretation des Konfessionalitätsprinzips in evangelisch-kirchenamtlicher Auslegung. So hält die evangelische Kirche einerseits aus theologischen, (religions-)pädagogischen, lerntheoretischen, verfassungsrechtlichen und hermeneutischen Gründen an der *konfessionellen Bindung und Prägung* des Religionsunterrichts grundsätzlich fest. Andererseits impliziert das evangelische Verständnis von Konfessionalität eine *große ökumenische Offenheit und Weite*, die ein „fruchtbare(s) Wechselspiel von gewachsener Identität und anzustrebender Verständigungsfähigkeit" (Kirchenamt der EKD 1994, 65) in Gang setzt (vgl. hierzu näher Lück/Simon 2007, 155f.). Alle drei Ebenen der herkömmlichen konfessionellen Bestimmungstrias werden hiervon berührt: die Öffnung des Faches für alle SchülerInnen, die an ihm teilnehmen wollen (Durchlässigkeit auf *SchülerInnenebene*), die Intensivierung der Zusammenarbeit auf der Ebene der *Lehrkräfte* (z. B. gemeinsame Fachkonferenzen, Team-Teaching) und der *Lerninhalte* (z. B. gemeinsame Erstellung von Lehr- bzw. Stoffverteilungsplänen). Eine Bekenntnishomogenität der SchülerInnenschaft ist im evangelischen Religionsunterricht angesichts dessen

> „nicht erforderlich. Insofern ist evangelischer Religionsunterricht *immer* RU *für alle*, aber nicht RU unter Beteiligung verschiedener Religionsgemeinschaften, sondern unter der Verantwortung einer einzelnen – evangelisch gebundenen – Lehrkraft. [...] Vom theologisch-didaktischen Grundsatz her bleibt der evangelische RU auch dann in diesem offenen ökumenischen Sinne evangelisch, wenn die Mehrzahl der Schülerinnen konfessionslos oder muslimisch sein sollte (wie z. B. in manchen Klassen im Berufskolleg in Nordrhein-Westfalen)" (Meyer-Blanck 2013, 164; vgl. hierzu näher auch Meyer-Blanck/Obermann 2013, 216f.).

2.6 Formen des Religionsunterrichts und Ersatzformen an den Schulen

2.6.1 Verschiedene Realisierungsformen im Lernbereich Religion/Ethik

An den Schulen im Einzugsgebiet der rheinischen Landeskirche gibt es *unterschiedliche Unterrichtsangebote im religiös-ethischen Lernbereich.* An der überwiegenden Mehrzahl der Schulen, an denen die befragten Religionslehrkräfte unterrichten, findet evangelischer (82,8 %) *und* katholischer Religionsunterricht (80,9 %) statt. Nahezu die Hälfte der Befragten (45,3 %) gibt an, dass an ihrer Schule das Fach (Praktische) Philosophie/Ethik erteilt wird. Besonders häufig wird dieses Ersatz- oder Alternativfach zum Religionsunterricht an Gymnasien (73,3 %; CV= .32), Gesamtschulen (71,4 %; CV= .17), Realschulen (67,7 %; CV= .16) und Hauptschulen (60 %) unterrichtet – deutlich weniger häufig an Berufskollegs (43,3 %), Förderschulen (40,0 %) oder Grundschulen (17,0 %; CV= .45).

Das letztgenannte Ergebnis hängt vermutlich damit zusammen, dass in den zu dem Gebiet der rheinischen Landeskirche gehörenden Bundesländern Rheinland-Pfalz, Hessen und Saarland ein Ethik- oder Philosophieunterricht in der Unterrichtspraxis zum Teil bereits in der Grundschule eingeführt wurde. In *Nordrhein-Westfalen* ist es dagegen im Primarbereich bisher de iure zu keiner Einführung von „Praktischer Philosophie" (bzw. Ethik) als Ersatz- oder Alternativfach zum Religionsunterricht gekommen. Die Frage nach der Einrichtung eines solchen Faches, das den Religionsunterricht in seiner Funktion für die Werterziehung ergänzen bzw. ersetzen und dieses in einer religions- und weltanschauungsneutralen Form leisten soll, stellt sich – ungeachtet der bislang recht niedrigen Abmeldequoten vom evangelischen oder katholischen Religionsunterricht in der Grundschule (Ministerium für Schule NRW 2013, 26) – de facto aber aufgrund der wachsenden Zahl konfessionsloser und andersreligiöser Kinder (vgl. dazu Kap. 2.5) zunehmend dringlicher. Dabei ist aber gerade im Hinblick auf die Grundschule nicht zu übersehen, dass die Durchführung eines „weltanschaulich neutralen" und zugleich „handlungs- und erfahrungsbezogenen" Ethikunterrichts mit erheblichen – nicht nur didaktischen – Schwierigkeiten verbunden sein kann. Die didaktisch zentrale Frage, ob Religionsunterricht und Ethikunterricht – zumal in der Primarstufe – *tatsächlich gleichrangige Unterrichtsfächer* sind bzw. sein können, wird in der gegenwärtigen Diskussion allerdings nur selten gestellt. Mit Recht wurde darauf hingewiesen, dass die *pragmatische Dimension* unterrichtlichen Lernens, die bei einem ganzheitlichen anthropologischen Verständnis untrennbar zur Daseins- und Wertorientierung von Menschen gehört, im Ethikunterricht ausgeklammert bleiben muss. Auf der anderen Seite plädiert z. B. die EKD-Denkschrift zum Religionsunterricht von 1994 für eine *gleichberechtigte Dialogpartnerschaft* zwischen beiden Fächern (Kirchenamt der EKD 1994, 27), insbesondere in der Grundschule (s. hierzu Kirchenamt der EKD 2000), und setzt sich in diesem Bezugsrahmen für die Installation einer *differenziert-integrierten, religios-ethischen Fachergruppe* mit eigenständigen Fächern, aber obligatorischen, curricular verankerten und unterrichtspraktisch aufeinander abgestimmten fächerverbindenden Kooperationen ein.

Gleichzeitig sind anderskonfessionelle (orthodox, 0,4 %) oder andersreligiöse (muslimisch, 3,6 %; jüdisch, 0,7 %; alevitisch, 0,4 %) Gestaltungsformen von Religionslehre auf der Basis von Art. 7,3 GG an manchen Schulen zumindest vereinzelt vorzufinden (vgl. zu diesen Formen religiöser und ethischer Bildung den Überblick bei Beyer 2009, 245).

Immerhin 15,1 % der Befragten erklären darüber hinaus, dass an ihrer Schule das Fach bzw. der Lernbereich Religion noch in *anderen Formen* unterrichtet wird. Dabei ist nicht immer klar, um welche Realisierungsformen es sich jeweils konkret handelt. Frühere empirische Studien aus dem Bundesland Nordrhein-Westfalen (Hütte/Mette 2003 und Lück 2003, 41–55; vgl. auch Timmer 2014, 6f.) lassen vermuten, dass unter diesen in „Grauzonen“ existierenden Formen häufig, allerdings zumeist ohne offizielle Genehmigung, Ausprägungen eines gemeinsamen (sog. „ökumenischen“) Religionsunterrichts über die Konfessions- und Religionsgrenzen hinaus zu finden sind. In diesem Rahmen bleibt freilich offen,

> „ob und inwieweit es sich bei diesen Formen eines integrierten Religionsunterrichts jeweils um einen bewusst konfessions-kooperativen Religionsunterricht, möglichenfalls mit einem ausgewiesenen didaktischen Konzept bzw. Lehrplan, oder um einen ausschließlich oder vornehmlich schulorganisatorisch bzw. pädagogisch begründeten (motivierten) integrativen Unterricht resp. um pragmatische Formen ‚konfessionsübergreifenden Religionsunterrichts‘ handelt. Das Wesen von ‚Grauzonen‘ besteht ja gerade darin, dass man nicht so genau weiß, was sich unter den Etiketten ‚ökumenisch‘, ‚konfessionell-kooperativ‘, ‚RU im Klassenverband‘ o.ä. jeweils verbirgt“ (Lück 2003, 52).

Insgesamt spricht viel für die Vermutung, dass der Religionsunterricht offenkundig

> „auch dort, wo eine konfessionelle Kooperation offiziell nicht zulässig ist, weithin in einer nicht nach Konfession unterscheidenden Form erteilt (wird). Dabei wird kaum ein Gewinn für ökumenisches oder interreligiöses Lernen erzielt, sondern scheinen tendenziell erosive Formen vorzuherrschen, wie sie einer Gleichgültigkeit im Blick auf konfessionelle, aber auch religiöse Unterschiede entspricht“ (Schweitzer 2013c, 55).

Welche Formen des Religionsunterrichts oder welche Ersatzformen gibt es an Ihrer Schule?	n	%*
Evangelisch	905	82,8
Katholisch	884	80,9
(Praktische) Philosophie/Ethik	495	45,3
Andere	165	15,1
Islamisch	39	3,6
Jüdisch	8	0,7
Orthodox	4	0,4
Alevitisch	4	0,4

Tabelle 22: Formen des Religionsunterrichts und Ersatzformen an den Schulen (Zustimmung in %; Mehrfachnennungen möglich)

2.6.2 Gründe für den Verzicht auf eine konfessionelle Trennung im Religionsunterricht

Was ist nach der Wahrnehmung der befragten Religionslehrkräfte dafür ausschlaggebend, dass **SchülerInnen anderer Konfessionen und Religionen an ihrem Religionsunterricht teilnehmen** und dieser dementsprechend **nicht konfessionell getrennt erteilt** wird? Tab. 23 zeigt eine Übersicht über verschiedene Begründungen in der Reihenfolge der Häufigkeit ihrer Nennungen auf.

Falls an Ihrem RU SchülerInnen anderer Konfessionen / Religionen teilnehmen: Was ist der Grund dafür, dass der RU nicht konfessionell getrennt erteilt wird?	n	%*
Elternwunsch	372	34,0
Schulorganisatorische Gründe (z. B. „Stundenplantechnische Probleme“, Raummangel)	312	28,5
Geringe Anzahl von SchülerInnen der einen oder anderen Konfession/Religion	298	27,3
Sonstige Gründe	219	20,0
(Fach-)LehrerInnenmangel	177	16,2
Pädagogische Gründe	165	15,1
Theolog. Gründe (z. B. ökumenische Einstellung der LehrerInnen)	141	12,9

Tabelle 23: Begründungen für einen nicht nach Konfessionen getrennt erteilten Religionsunterricht (Zustimmung in %; Mehrfachnennungen möglich)

Von allen Argumenten für einen nicht konfessionell getrennten Religionsunterricht wird der *Elternwunsch* (34,0 %) am häufigsten genannt. Offenkundig üben Eltern ihr Selbstbestimmungsrecht in Fragen der – religiösen und weltanschaulichen – Bildung und Erziehung auch im Bereich der öffentlichen Schule verstärkt bzw. zunehmend offensiv aus.

Daneben können *schulorganisatorische Gründe* (28,5 %), wie z. B. durch die Aufteilung des Religionsunterrichts in konfessionelle Lerngruppen bedingte Probleme bei der Stundenplanorganisation, der Raumverteilung, dem Einsatz der Lehrkräfte und der Betreuung konfessionsloser und andersreligiöser SchülerInnen, deren faktische Relevanz nicht unterschätzt werden sollte (Schweitzer 2013c, 56), und besondere situative Gegebenheiten an den einzelnen Schulen – wie z. B. die *(zu) geringe Anzahl von SchülerInnen der einen oder anderen Konfession/Religion (27,3 %)* oder *bestehender (Fach-) Lehrkräftemangel von Religionslehrpersonen der einen oder anderen Konfession (16,2 %)* – den Ausgangspunkt für die Bildung konfessionsübergreifender Lerngruppen darstellen.

Pädagogische Begründungen (z. B. Erteilung von Religionsunterricht als KlassenlehrerIn, keine Teilung der Klassengemeinschaft, soziale Integrationsaufgabe des Religionsunterrichts) und *theologische Argumentationen* (z. B. ökumenische Einstellungen und Grundüberzeugungen der Lehrkräfte, Religionsunterricht als ‚Vorreiter' im ökumenischen Dialog), die in anderen Studien deutlich höhere Zustimmungsraten verzeichneten (vgl. z. B. Lück 2003, 55f.), fallen in der Sichtweise der Befragungspopulation demgegenüber quantitativ zurück (15,1 % bzw. 12,9 %).

Erstaunlich hoch ist der Anteil *sonstiger Gründe* (20,0 %; vergleiche hierzu auch die qualitative Teilstudie).

2.6.3 Betreuungsformen für SchülerInnen, die nicht am Religionsunterricht teilnehmen

Welche **Betreuungsformen** gibt es für SchülerInnen, die nicht am evangelischen Religionsunterricht teilnehmen, wenn kein Ersatzfach angeboten wird? Die häufigste Form ist die Betreuung in anderen Klassen (43,2 %). Andere SchülerInnen werden im Religionsunterricht selbst betreut (29,2 %). Vielfach existiert aber auch gar keine Betreuung oder Aufsicht der betreffenden SchülerInnen an den einzelnen Schulen (33,2 %).

Welche Betreuungsformen gibt es für SchülerInnen, die nicht am evangelischen Religionsunterricht teilnehmen, wenn kein Ersatzfach angeboten wird?	**n**	**%***
In anderen Klassen	472	43,2
Keine Betreuung oder Aufsicht in der Schule	363	33,2
Im Religionsunterricht	319	29,2

Tabelle 24: Betreuungsformen für SchülerInnen, die nicht am Religionsunterricht teilnehmen (Zustimmung in %; Mehrfachnennungen möglich)

Die skizzierten Befragungsergebnisse verdeutlichen exemplarisch, warum ein ausschließlich in getrennten, nach Konfessionszugehörigkeit aufgeteilten Lerngruppen erteilter Religionsunterricht eine wachsende Zahl von Eltern nicht mehr restlos zu überzeugen vermag. Eine zunehmende Skepsis bekunden offenkundig auch zahlreiche Schulleitungen, welche

> „sich die Organisation eines zunehmend vielfältigen Religionsunterrichts (evangelisch, katholisch, jüdisch, islamisch, vielleicht auch noch orthodox) immer weniger vorstellen können und die deshalb die – zumindest scheinbar – viel einfachere Lösung eines ‚Ethikunterrichts für alle' vorziehen würden" (Schweitzer 2013c, 56; vgl. dazu die Kap. 2.9 und 2.10).

2.7 Formen der Kooperation des evangelischen Religionsunterrichts mit Parallelfächern

2.7.1 Formen der Kooperation mit katholischer Religion

An Ihrer Schule wird auch katholische Religion unterrichtet. Gibt es Formen der Kooperation?	**n**	**%***
Ja	778	88,2 %
Nein	104	11,8 %

Tabelle 25: Kooperation mit katholischer Religion (Zustimmung in %)

Rund die Hälfte aller SchülerInnen nehmen an den allgemeinbildenden Schulen in Nordrhein-Westfalen am katholischen Religionsunterricht teil. Insgesamt mehr als 17.000 LehrerInnen verfügen im bevölkerungsreichsten Bundesland über die Facultas für „katholische Religionslehre" (Beyer 2009, 244).

An den meisten Schulen, an denen evangelischer *und* katholischer Religionsunterricht erteilt wird, gibt es **Formen der Kooperation zwischen beiden Parallelfächern** (88,2 %). Lediglich 11,8 % der Befragten konzedieren, an ihrer Schule existiere keine Zusammenarbeit von evangelischer und katholischer Religion. Besonders häufig besteht eine konfessionell-kooperative Zusammenarbeit an Berufskollegs (94,7 %), Förderschulen (91,7 %), Gymnasien (89,6 %) und Grundschulen (87,4 %). Etwas niedriger ist die jeweilige Kooperationsrate an Gesamtschulen (82,0 %), Realschulen (79,4 %) und Hauptschulen (74,5 %).

Wie sieht die konfessionelle Kooperation in der Schulpraxis konkret aus? Die in Tab. 26 aufgeführten Formen der Zusammenarbeit zwischen evangelischem und katholischem Religionsunterricht orientieren sich größtenteils an den Vorschlägen einer Vereinbarung zwischen den beiden sog. Großkirchen in Deutschland zu einer konfessionellen Kooperation (DBK/EKD 1998).

Auf der Grundlage der in der Denkschrift *„Identität und Verständigung" (1994)* und der Erklärung *„Die bildende Kraft des Religionsunterrichts" (1996)* vorgenommenen Positionsbestimmungen trafen die Deutsche Bischofskonferenz und die Evangelische Kirche in Deutschland im Januar/Februar 1998 eine Vereinbarung *„Zur Kooperation von Evangelischem und Katholischem Religionsunterricht"*, in der gemeinsam und in verbindlicher Form Möglichkeiten der konfessionellen Kooperation konkretisiert und beschrieben werden. Die auf Bundesebene bisher einzige evangelisch-katholische Stellungnahme eröffnet in Bezug auf „regionale Gegebenheiten, schulformspezifische Besonderheiten und schulreformerische Herausforderungen" (DBK/EKD 1998, 126) darüber hinaus noch weiter gehende Spielräume für konfessionelle Kooperationen. Die zwischenkirchliche Vereinbarung kann auch deshalb als bemerkenswert gelten, „weil hier erstmals offiziell die vor allem in *Berufsschulen* schon seit langem üblichen Form eines gemeinsam christlichen Religionsunterrichts offiziell genannt und damit ein Stück weit gewürdigt wird“ (Schweitzer 2013a, 25f.; kursiv C.L.). Als zweite Schulform, für die weiter gehende Kooperationsformen ermöglicht werden sollen, wird die *Sonder- bzw. Förderschule* explizit erwähnt (DBK/EKD 1998, 2).

Die eröffneten Spielräume wurden von den Bistümern und Landeskirchen, die auf Länderebene für die inhaltliche Ausgestaltung des Religionsunterrichts verantwortlich sind, in den letzten Jahren in unterschiedlicher Weise genutzt. Die zum Teil sehr weitreichenden Umsetzungen einer konfessionellen Kooperation in Niedersachsen und insbesondere in Baden-Württemberg (vgl. dazu Timmer 2014, 6f. und Weinhardt 2014), die „eine bis heute anhaltende Vorreiterfunktion für den konfessionell-kooperativen Religionsunterricht übernommen haben“ (Schweitzer 2013a, 26), können nicht den Blick dafür trüben, dass in anderen Bundesländern Abweichungen von einem konfessionell getrennten Religionsunterricht von Seiten der Kirchen bisher nur in streng reglementierten Ausnahmefällen zugelassen werden.
So sieht im Bundesland Nordrhein-Westfalen

> „ein gemeinsames Votum der evangelischen Landeskirchen und der katholischen (Erz-) Bistümer zur Konfessionalität des Religionsunterrichts von 1998 für die Grundschule z. B. lediglich vor, dass an Schulen, an denen aus pädagogischen Gründen ‚die Unterrichtung der einzelnen Fächer im Anfangsunterricht [...] nicht immer im üblichen Stundenschema‘ erfolgt, in der Phase ‚bis zum Beginn des Fachunterrichts (längstens 10 Wochen) auf die Teilung in konfessionell homogene Gruppen verzichtet werden (kann), wenn beim Kind die Beheimatung im konkreten Glauben einer erfahrbaren Gemeinschaft nicht preisgegeben wird‘ [...]. Ein Abweichen von der monokonfessionell geschlossenen Grundstruktur wird zudem nur noch zugestanden, wenn aufgrund geringer Schülerzahlen eines Bekenntnisses keine konfessionellen Lerngruppen gebildet werden können und der Religionsunterricht somit für diese entfallen müsste. Auch für den Bereich der Sekundarstufe I und II wird festgestellt, dass ein Religionsunterricht in konfessionell gemischten Lerngruppen ‚die Ausnahme‘ bleiben soll. Zwar ist einzelnen fremdkonfessionellen Schülern insbesondere in der gymnasialen Oberstufe auf Antrag eine Teilnahme am Religionsunterricht der jeweils anderen Konfession zu ermöglichen. Insgesamt sei aber gerade in der Sekundarstufe I, ‚um den Charakter der konfessionellen Unterrichtsveranstaltung nicht zu gefährden‘, auf eine ‚möglichst weitgehende Homogenität (!) der Lerngruppe zu achten‘ [...]. Aufmerken lassen vor diesem Hintergrund Vereinbarungen zur konfessionellen Kooperation in der Lehrerfortbildung und im Religionsunterricht der Grundschule im Kreis Lippe, auf die sich das Erzbistum Paderborn und die Lippische Landeskirche nach Schulversuchen mit anschließender Auswertung im April 2005 geeinigt haben (Erzbistum Paderborn/Lippische Landeskirche 2005). Hiernach kann in begründeten Fällen über die bisherigen Regelungen hinaus konfessioneller Religionsunterricht im Primarbereich in gemischt konfessionellen Lerngruppen erteilt werden. Dieses Modell hat in Lippe großen Anklang gefunden. Im Schuljahr 2005/06 wurde für 37 von 69 in Frage kommenden Grundschulen eine Genehmigung für

konfessionell-kooperativen Religionsunterricht, vor allem in den Klassen 1 und 2, erteilt. Es wird erwogen, diese praktikable Regelung zur konfessionellen Kooperation langfristig auch auf andere Schulformen auszuweiten. Die Entwicklung im lippischen Landesteil Nordrhein-Westfalens verdeutlicht, dass in ein und demselben Bundesland durchaus unterschiedliche Regelungen bezüglich der konfessionellen Zusammenarbeit im Religionsunterricht getroffen werden können" (Lück/Simon 2007, 163f.).

Inzwischen gibt es auch im Bereich der westfälischen und der rheinischen Landeskirche erste Pilotprojekte mit dem Ziel zu rechtsverbindlichen Regelungen für eine konfessionelle Kooperation im Religionsunterricht zu kommen (Timmer 2014, 7).
Bei einer detaillierten Ansicht der unterrichtspraktischen Formen konfessioneller Kooperation zeigt sich, dass die Zusammenarbeit evangelischer und katholischer Religionslehrkräfte vor allem bei der **Vorbereitung und Planung des Religionsunterrichts** in relativ hohem Maße ausgeprägt ist. Neben konkreten *Absprachen zwischen den einzelnen Lehrkräften* (45,2 %) und der *wechselseitigen Verwendung von Arbeitsmaterialien und Schulbüchern* (55,4 %), besteht nach der Selbstauskunft der Befragten an den Schulen ein reger *Austausch von Unterrichtsideen* (61,7 %), der auf das Bestehen vielfältiger Kommunikations- und Begegnungsprozesse zwischen den Verantwortlichen beider Konfessionen hindeutet. Dieser Befund einer fortgeschrittenen austauschenden Kommunikation macht erkennbar, dass evangelischer und katholischer Religionsunterricht heute vor vergleichbaren Herausforderungen stehen und sich in diesem Rahmen nicht nur in inhaltlicher, sondern auch in methodisch-didaktischer Hinsicht oftmals sehr nahe kommen. Beide sind damit zugleich in einem erheblichen Maße füreinander wechselseitige Anregungspotentiale.

Auch die Vernetzung von evangelischem und katholischem Religionsunterricht in Form der *Durchführung gemeinsamer Projekte und außerunterrichtlicher Veranstaltungen* ist an zahlreichen Schulen vorzufinden (39,7 %).

Demgegenüber werden **Kooperationsformen im Unterricht selbst** wie die Durchführung gemeinsamer, zeitlich begrenzter Unterrichtsphasen (18,0 %) oder die Einladung der katholischen FachkollegInnen in den evangelischen Religionsunterricht (11,0 %) deutlich seltener realisiert.[38]

---

[38] Dieser Sachverhalt könnte einerseits mit den organisatorischen Rahmenbedingungen des Unterrichtsfaches Religion zusammenhängen (häufige parallele Stundenlage von evangelischer und katholischer Religionslehre, die den Besuch der jeweils anderen Konfessionsgruppe erschwert; fehlende Räumlichkeiten für die Zusammenführung großer Religionsgruppen etc.). Andererseits ist die möglicherweise – bei deutschen Lehrkräften im internationalen Vergleich vermutlich noch wesentlich stärker – vorhandene Scheu, den eigenen (Religions-)Unterricht gegenüber anderen Lehrkräften zu öffnen und sich damit auch ein stückweit „angreifbar" zu machen, in Rechnung zu stellen.

Wesentlich häufiger werden an den einzelnen Schulen *ökumenische Schulgottesdienste* (60,1 %) gefeiert. Offensichtlich besteht eine konfessionell-kooperative Zusammenarbeit an vielen Schulen im **außerunterrichtlichen und außerschulischen Bereich**. Sie ist also keinesfalls auf den Religionsunterricht – und die ihn erteilenden Lehrkräfte beider Konfessionen – begrenzt. Für die große Mehrzahl der befragten Religionslehrpersonen gehört es augenscheinlich zum Kontext ihrer Berufsprofession, „*religiositätspraktische Gestalten* ihres Themas auch im Rahmen des staatlich-öffentlich verantworteten Schullebens zu pflegen bzw. darauf zurückzugreifen" (Feige/Tzscheetzsch 2005, 77).

Die starke Präsenz ökumenischer Gottesdienste an Schulen im Bereich der rheinischen Landeskirche ist auch insofern beachtenswert, als für deren Durchführung eigentlich viel weitergehende liturgisch-theologische und ekklesiologische Übereinkünfte erforderlich sind als für die Realisierung eines phasenweise gemeinsam, konfessionell-kooperativen oder ökumenisch-christlichen Religionsunterrichts. Warum sollte das, was im Bereich der Schulgottesdienste möglich ist, nicht auch hier denkbar sein?

Wie sieht die konfessionelle Zusammenarbeit konkret aus?	**n**	**%***
Austausch von Unterrichtsideen	674	61,7
Ökumenische Schulgottesdienste	657	60,1
Wechselseitige Verwendung von Arbeitsmaterialien und Schulbüchern	606	55,4
Thematische Absprachen zwischen den Lehrkräften	494	45,2
Durchführung gemeinsamer Projekte und außerunterrichtlicher Veranstaltungen	434	39,7
Durchführung gemeinsamer, zeitlich begrenzter Unterrichtsphasen	197	18,0
Einladung der katholischen Religionslehrerin/des katholischen Religionslehrers in den eigenen Unterricht	120	11,0

Tabelle 26: Formen konfessioneller Zusammenarbeit mit katholischer Religion (Zustimmung in %; Mehrfachnennungen möglich)

2.7.2 Formen der Kooperation mit der Islamkunde/islamischen Religion

In der EKD-Denkschrift von 1994 wird nicht nur der sukzessive, rechtsverbindliche Ausbau einer evangelisch-katholischen Kooperation im Hinblick auf den Religionsunterricht gefordert. In dieser kirchenamtlichen Stellungnahme werden – was häufig übersehen wurde bzw. wird – auch phasenweise, institutionell verbindliche Kooperationen mit dem islamischen oder jüdischen Religionsunterricht sowie mit dem Fach Ethik/Philosophie in einer eigens einzurichtenden *Fächergruppe* angeregt (Kirchenamt der EKD 1994, 65f. u. ö.). Die Ergänzung und entschiedene Erweiterung des herkömmlichen Modells einer evangelisch-katholischen Zusammenarbeit im Religionsunterricht durch weitere Kooperationsformen und Kooperationspartner stellt sich vor dem Hintergrund fundamentaler religiöser und demographischer Veränderungen (vgl. dazu Müller 2014) seit der deutschen Wiedervereinigung vielen AutorInnen zufolge immer dringlicher. Waren in der alten (westlichen) Bundesrepublik Deutschland noch mehr als 80 % der Bevölkerung Mitglied einer der beiden großen Kirchen, stehen sich nun zunehmend,

> „bildlich gesprochen, vier große Gruppen gegenüber: evangelisch, katholisch, muslimisch, konfessionslos. Und angesichts der demographischen Entwicklung, aber auch der noch immer anhaltenden (wenn inzwischen auch auf niedrigerem Niveau verlaufenen) Kirchenaustritte ist zu erwarten, dass die vier Gruppen sich in der Quantität immer mehr angleichen werden. Vor allem aber ist mit der Einführung des islamischen Religionsunterrichts (in etlichen Bundesländern) deutlich geworden, dass weitere Kooperationspartner im Blick sein müssen – eine Einsicht, die zunächst punktuell schon zuvor hinsichtlich des jüdischen Religionsunterrichts formuliert werden konnte“ (Schweitzer 2013a, 33).[39]

13,9 Prozent der muslimischen SchülerInnen in Nordrhein-Westfalen besuchten 2010 das Fach **Islamkunde** in der Schule. Im bundesweiten Vergleich ist das ein „Anteilswert von 11,4 Prozent. Der höhere Anteil ist darauf zurückzuführen, dass die Schulen in Nordrhein-Westfalen die Möglichkeit haben, einen Teil des muttersprachlichen Unterrichts für Islamkunde in Anspruch zu nehmen.“[40] Daneben werden Formen und Möglichkeiten eines **islamischen Religionsunterrichts** auf der Grundlage von Art. 7,3 des Grundgesetzes an deutschen Schulen seit Ende der 1970er Jahre vermehrt diskutiert. Diese Debatte hat sich u. a. aufgrund der hohen und weiter wachsenden Zahl von SchülerInnen islamischen Bekenntnisses in den letzten zehn Jahren noch einmal stark intensiviert.

Als eines der ersten Bundesländer hat das Land Nordrhein-Westfalen, in dem fast 1,5 Millionen Muslime – darunter über 320.000 SchülerInnen – leben, inzwischen einen deutschsprachigen islamischen Religionsunterricht als ordentliches Lehrfach eingeführt. Im Februar 2011 haben Schulministerin Sylvia Löhrmann und der Koordinationsrat der Muslime hierzu

> „eine gemeinsame Erklärung unterzeichnet, wie der islamische Religionsunterricht auf den Weg gebracht werden kann. Am 21. Dezember 2011 wurde das ‚Gesetz zur Einführung von islamischem Religionsunterricht als ordentliches Lehrfach (7. Schulrechtsänderungsgesetz)‘ verabschiedet. Schulen, die die organisatorischen Voraussetzungen erfüllen und die über die entsprechenden Lehrerinnen und Lehrer verfügen, können den islamischen

---

[39] In der rheinischen ReligionslehrerInnenbefragung wurde leider versäumt, nach der Kooperation des Faches evangelische Religion mit dem jüdischen Religionsunterricht zu fragen.

[40] Ministerium für Arbeit, Integration und Soziales des Landes Nordrhein-Westfalen: Muslimisches Leben in Nordrhein-Westfalen, Düsseldorf 2010, 90. Nachdem 1999 das Fach „Islamische Unterweisung“ in NRW als Modellversuch eingeführt wurde, wurde das Fach 2005 in „Islamkunde“ umbenannt. Beide Unterrichtsangebote hatten bzw. haben das gleiche Ziel: muslimischen SchülerInnen ihre kulturelle Herkunft zu erschließen und ihre Integration zu fördern.

Religionsunterricht erteilen: zum Schuljahr 2012/2013 zunächst in der Grundschule, ab dem Schuljahr 2013/2014 dann auch in der Sekundarstufe I. Das Studienfach ‚Islamische Religionslehre' zur Ausbildung der Lehrkräfte wird ab dem Wintersemester 2012/2013 von der Westfälischen Wilhelms-Universität Münster angeboten."[41]

An Ihrer Schule wird auch Islamkunde/islamische Religion unterrichtet. Gibt es Formen der Kooperation?	**n**	**%***
Ja	15	39,5 %
Nein	23	60,5 %

Tabelle 27: Kooperation mit Islamkunde/islamischer Religion (Zustimmung in %)

Nach der Auskunft der Befragten wurden erst an wenigen Schulen die Fächer Islamkunde bzw. islamische Religion eingerichtet (n= 38). Institutionalisierte Kooperationen zwischen evangelischer und islamischer Religionslehre bestehen gleichwohl schon an mehreren Schulen (39,5 %). Eine Mehrheit der Befragten erklärt (60,5 %) hingegen, dass es an der eigenen Schule keine Zusammenarbeit zwischen beiden Unterrichtsfächern gibt.

Schulformspezifische Differenzierungen zeigen, dass interreligiöse Kooperationen vor allem im Bereich der Sekundarstufe I (Gymnasium 100 %; Realschule 66,7 %; Gesamtschule 50,0 %; Hauptschule 22,5 %; vgl. demgegenüber: Grundschule 33,3 % sowie Berufskolleg und Förderschule 0 %) verbreitet sind. Bei der Würdigung dieses Ergebnisses ist zu beachten, dass die Fallzahlen (n= 15) sehr niedrig sind.

Die bislang häufigste Kooperationsform zwischen evangelischer und islamischer Religion ist die *Durchführung gemeinsamer Projekte und außerschulischer Veranstaltungen* (0,9 %). Daneben werden Kooperationsformen im Vor- und Umfeld des Religionsunterrichts (*Austausch von Unterrichtsideen*, 0,7 %; *thematische Absprachen zwischen den Lehrkräften*, 0,6 %) teilweise genutzt. Noch seltener ist – wie bei der interkonfessionellen Kooperation mit katholischer Religion (s. o.) – die *Einladung der islamischen Lehrperson in den eigenen Unterricht*, 0,5 %; *Durchführung gemeinsamer, zeitlich begrenzter Unterrichtsphasen*, 0,3 %). *Interreligiöse Schulgottesdienste* werden nur an sehr wenigen Schulen gemeinsam gefeiert (0,3 %). Da bisher nur relativ wenige Lehr- und Lernmittel für die Fächer Islamkunde bzw. islamische Religion zugelassen wurden, verwundert es nicht, dass die *wechselseitige Verwendung von Arbeitsmaterialien und Schulbüchern* noch seltener ist (0,2 %).

[41] S. dazu: http://www.schulministerium.nrw.de/docs/Schulsystem/Unterricht/Lernbereiche-und-Faecher/Religionsunterricht/Islamischer-Religionsunterricht/index.html (Aufruf 21.07.2014).

Welche Formen der Kooperation mit Islamkunde/islamischem Religionsunterricht gibt es?	**n**	**%***
Durchführung gemeinsamer Projekte und außerunterrichtlicher Veranstaltungen	9	0,9
Austausch von Unterrichtsideen	7	0,7
Thematische Absprachen zwischen den Lehrkräften	6	0,6
Einladung der islamischen Religionslehrerin/des islamischen Religionslehrers in den eigenen Unterricht	5	0,5
Durchführung gemeinsamer, zeitlich begrenzter Unterrichtsphasen	3	0,3
Interreligiöse Schulgottesdienste	3	0,3
Wechselseitige Verwendung von Arbeitsmaterialien und Schulbüchern	2	0,2

Tabelle 28: Formen der Kooperation mit Islamkunde/islamischer Religion (Zustimmung in %; Mehrfachnennungen möglich)

2.7.3 Formen der Kooperation mit (Praktischer) Philosophie/Ethik

Als eines der letzten Bundesländer führte Nordrhein-Westfalen 1972 das Fach **Philosophie** als Wahlpflichtalternative zum Religionsunterricht in der Sekundarstufe II ein. In der Sekundarstufe I wurde das Fach **Praktische Philosophie** erst seit 1997 im Zuge eines Schulversuches erprobt und wissenschaftlich evaluiert.

> „Seit 2003 gibt es das Fach Praktische Philosophie als ordentliches Unterrichtsfach in der Sekundarstufe I in allen Schulformen. Im Schulgesetz ist sein Charakter als Ersatzfach für Religion deutlich beschrieben: ‚Schülerinnen und Schüler, die nicht am Religionsunterricht teilnehmen, nehmen am Fach Praktische Philosophie teil‘ (SchG § 27/Satz 1)“ (Beyer 2009, 246).

Die Bundesländer Rheinland-Pfalz, Hessen und Saarland haben dagegen Ethik als Ersatzfach zum Religionsunterricht etabliert.

An der Mehrzahl der Schulen, an denen die Befragten unterrichten und an denen beide Parallelfächer eingerichtet sind, gibt es keine Kooperation zwischen evangelischer Religion und (Praktischer) Philosophie/Ethik. Lediglich 41 % der Befragten berichten über eine entsprechende Zusammenarbeit.

An Ihrer Schule wird auch (Praktische) Philosophie/Ethik unterrichtet. Gibt es Formen der Kooperation?	n	%*
Ja	202	41,0 %
Nein	291	59,0 %

Tabelle 29: Kooperation mit (Praktischer) Philosophie/Ethik (Zustimmung in %)

Eine **schulformspezifische Auswertung** ergibt keine statistisch relevanten Abweichungen in diesem Fragepunkt. Kooperationen zwischen evangelischer Religion und (Praktischer) Philosophie bzw. Ethik werden nach der Selbstauskunft der Befragten an Grundschulen (44,4 %), Hauptschulen (41,0 %), Realschulen (43,4 %), Gesamtschulen (44,3 %) und Berufskollegs (46,4 %) ungefähr gleich häufig realisiert. Lediglich die

Gymnasien (36,6 %) und die Förderschulen (38,9 %) fallen in der Kooperationshäufigkeit etwas zurück.

Welche Formen der Kooperation mit dem Fach (Praktische) Philosophie/Ethik gibt es?	**n**	**%***
Austausch von Unterrichtsideen	160	14,6
Wechselseitige Verwendung von Arbeitsmaterialien und Schulbüchern	119	10,9
Thematische Absprachen zwischen den Lehrkräften	103	9,4
Durchführung gemeinsamer Projekte und außerunterrichtlicher Veranstaltungen	85	7,8
Durchführung gemeinsamer, zeitlich begrenzter Unterrichtsphasen	35	3,2
Einladung der Philosophielehrerin/des Philosophielehrers bzw. der Ethiklehrerin/des Ethiklehrers in den eigenen Unterricht	18	1,6

Tabelle 30: Formen der Zusammenarbeit mit (Praktischer) Philosophie/Ethik (Zustimmung in %; Mehrfachnennungen möglich)

Bei den **konkreten Formen der Zusammenarbeit** mit dem Fach (Praktische) Philosophie/Ethik stehen erneut Kooperationsformen im Vor- und Umfeld beider Unterrichtsfächer auf den ersten Rangplätzen: *Austausch von Unterrichtsideen* (14,6 %), *wechselseitige Verwendung von Arbeitsmaterialien und Schulbüchern* (10,9 %) sowie *thematische Absprachen zwischen den Lehrkräften* (9,4 %).

Kooperationsformen im Unterricht selbst sind hingegen äußerst selten: Durchführung gemeinsamer, zeitlich begrenzter Unterrichtsphasen (3,2 %), Einladung der Philosophielehrerin/des Philosophielehrers bzw. der Ethiklehrerin/des Ethiklehrers in den eigenen Unterricht (1,6 %). Die Durchführung gemeinsamer Projekte und außerunterrichtlicher Veranstaltungen (7,8 %) rangiert im Mittelfeld der offerierten Kooperationsarten.

2.8 Kooperation der Schule mit Kirchengemeinden und mit nicht-christlichen Religionsgemeinschaften

2.8.1 Formen der Kooperation mit einer Kirchengemeinde

Eine ältere Befragung evangelischer Religionslehrkräfte an nordrhein-westfälischen Grundschulen (Lück 2003, 376–383) ermittelte im Hinblick auf die **Kooperation zwischen den Lernorten Schule und Kirchengemeinde**, dass nur eine kleine Minderheit der Befragten

> „eine *diastatische Verhältnisbestimmung* zwischen beiden Lernorten bevorzugt und dementsprechend eine Zusammenarbeit zwischen Grundschule und Kirchengemeinde strikt ablehnt. Rund ein Viertel ist der Meinung, dass *sporadische Kontakte* ausreichend seien, während deutlich mehr als die Hälfte (58,2 %) der Lehrenden eine *kontinuierliche Zusammenarbeit* zwischen Schule und Gemeinde [...] begrüßt. Fast 40 % der Befragten sprechen darüber hinaus

den nachdrücklichen Wunsch aus, die an der eigenen Schule bestehende Kooperation mit der Ortsgemeinde möge *noch weiter intensiviert* werden"

(ebd., 379). Die am stärksten frequentierten Kooperationsarten in dieser Umfrage waren der Schulgottesdienst (88,9 %) und der Besuch von Religionsklassen in der Kirche (74,8 %).

Auch nach der rheinischen Religionslehrerbefragung von 2013 gibt es vielfach eine Zusammenarbeit zwischen den einzelnen Schulen und den lokalen Kirchengemeinden (70,6 %). An knapp einem Drittel der Schulen (29,4 %) sind entsprechende Kooperationen nicht zu eruieren.

Allerdings sind **markante schulformspezifische Unterschiede** bei diesem Fragebereich grundlegend zu berücksichtigen. Kooperiert nach der Selbstauskunft der Befragten fast jede Grundschule (92,4 %; CV= .38) mit einer oder mehreren Parochialgemeinde/n, ist eine derartige Zusammenarbeit an Berufsbildenden Schulen (18,5 %; CV= .45) nur relativ selten anzutreffen. Alle anderen Schulformen (Realschulen 78,2 %, Gesamtschulen 65,6 %, Hauptschulen 64,4 %, Förderschulen 64,1 % und Gymnasien 63,9 %) rangieren dazwischen.

Kooperiert Ihre Schule mit einer Kirchengemeinde?	**n**	**%***
Ja	705	70,6 %
Nein	293	29,4 %

Tabelle 31: Zusammenarbeit mit einer Kirchengemeinde (Zustimmung in %)

Ähnlich wie in der westfälischen Befragung stellen *Schulgottesdienste* (59,5 %) die am weitesten verbreitete Kooperationsform zwischen Schule und Kirchengemeinde dar. Dieses Ergebnis signalisiert erneut, dass der Schulgottesdienst als Ort der Zusammenarbeit zwischen Kirche und Schule „nach einer langen Zeit des Schattendaseins, die er keinesfalls nur im schulischen, sondern auch im kirchlichen Bewusstsein geführt hat" (Gossmann/Bäcker 1992, 7), in der Schulpraxis wieder stark an Renommee gewonnen hat. Offenbar entdecken immer mehr Verantwortliche an den Lernorten Schule und resp. Kirche(ngemeinde) die großen Chancen, die in diesem Handlungsfeld (nicht nur) für die Förderung religiöser Lernprozesse bei SchülerInnen liegen können.

Wie erwartet sind Schulgottesdienste im Bereich der rheinischen Landeskirche besonders häufig an *Grundschulen* (80,9 %; CV= .35) vorzufinden. Nach den Angaben der Befragten stellen sie an den *Berufskollegs* demgegenüber seltene Ausnahmen dar (9,1 %; CV= .40!). Vergleichsweise häufig werden Schulgottesdienste ferner an Realschulen (62,1 %), Gesamtschulen (56,1 %) und Gymnasien (55,9 %) gefeiert. Etwas geringer ist die Feierhäufigkeit (-frequenz) an Hauptschulen (50,8 %) und Förderschulen (48,9 %).

Die zweit- und dritthäufigste Kontaktform bilden mit großem Abstand *Feste und Feiern* (16,7 %) sowie die *Planung kirchlicher Veranstaltungen*

(15,6 %). Auch *gemeinsame Projekte* (13,7 %) sowie der *Gottesdienstbesuch* (12,0 %) sind vergleichsweise häufig anzutreffen.

Organisatorische Absprachen zwischen den Schulen und Kirchengemeinden bezüglich der Raumnutzung (11,7 %) und der *Freistellung des Dienstagnachmittags für die Konfirmandenarbeit für SchülerInnen der Jahrgangsstufe 7 und 8* (10,1 %) folgen auf den Rangplätzen. Alle anderen Kooperationsformen weisen Prozentwerte unter 10 Prozent auf: *Absprachen in Bezug auf die Konfirmandenarbeit* (5,7 %), die *Evangelische Kontaktstunde* (5,1 %), die allerdings auf den Bereich der Grundschulen beschränkt ist, *Sozial- und Diakoniepraktika* (4,6 %) sowie *Mitarbeit in Gremien* (3,2 %). Noch *andere Formen* der Kooperation vereinen 9,0 % der Antworten auf sich.

Welche Formen der Kooperation mit einer Kirchengemeinde gibt es?	**n**	**%***
Schulgottesdienste	650	59,5
Feste und Feiern	183	16,7
Planung kirchlicher Veranstaltungen	171	15,6
Gemeinsame Projekte	150	13,7
Gottesdienstbesuch	131	12,0
Raumnutzung	128	11,7
Di.nachmittag ist für Schüler der 7. und 8. Klasse für KonfirmandInnenenarbeit frei	110	10,1
Andere Formen	98	9,0
Absprache in Bezug auf KonfirmandInnenarbeit	62	5,7
Evangelische Kontaktstunde (Grundschule)	56	5,1
Sozial- und Diakoniepraktika	50	4,6
Mitarbeit in Gremien	35	3,2

Tabelle 32: Formen der Zusammenarbeit mit einer Kirchengemeinde

2.8.2 Formen der Kooperation mit nicht-christlichen Religionsgemeinschaften

Formen der Kooperation mit nicht-christlichen Religionsgemeinschaften sind weit weniger verbreitet als Formen der Kooperation mit christlichen Kirchengemeinden. Eine institutionelle Zusammenarbeit mit nicht-christlichen Religionsgemeinschaften bestätigen lediglich (oder immer noch?) 15,1 % der Befragten. An der überwiegenden Mehrzahl der in der rheinischen ReligionslehrerInnenbefragung von 2013 einbezogenen Schulen (84,9 %) scheinen entsprechende Kooperationen hingegen nicht zu bestehen.

Kooperiert Ihre Schule mit nichtchristlichen Religionsgemeinschaften?	**n**	**%***
Ja	150	15,1 %
Nein	845	84,9 %

Tabelle 33: Kooperation mit nichtchristlichen Religionsgemeinschaften (Zustimmung in %)

Eine **schulformspezifische Betrachtung** verdeutlicht, dass eine Zusammenarbeit mit christlichen Religionsgemeinschaften an Berufskollegs (19,4 %; CV= .10) und an Gesamtschulen (17,8 %) noch die stärkste Verbreitung findet. Nach den Angaben der Befragten ist sie an Hauptschulen (8,5 %) und Förderschulen (7,7 %) demgegenüber am geringsten ausgeprägt. Realschulen (15,5 %), Gymnasien (14,9 %) und Grundschulen (13,9 %) liegen nahe am Durchschnittswert (15,1 %).

2.9 Quo vadis, schulische Religion? Optionen für die Zukunft des Religionsunterrichts

Ob und in welchem Rahmen das Fach Religion im Bereich der Schule

> „unterrichtet werden soll, ist den Ländern Europas keineswegs Konsens. Bedingt durch die jeweils unterschiedliche Geschichte des Verhältnisses von Staat und Religionen sowie durch den Proporz der Religionsgemeinschaften und ihrer Haltung zu Bildungsfragen haben sich in den einzelnen Ländern unterschiedliche Organisationsformen entwickelt und etabliert" (Schröder 2012, 524; s. für Mitteleuropa en détail Jäggle/Rothgangel/Schlag 2013).

2.9.1 Unterschiedliche Zukunftsszenarien für den Religionsunterricht

In der gesellschaftlichen, schulischen und kirchlichen Öffentlichkeit sowie im religionspädagogischen Fachdiskurs in Deutschland werden hinsichtlich der Zukunft des Religionsunterrichts gegenwärtig **sehr unterschiedliche Gestaltungsvorschläge** erörtert (vgl. hierzu Schröder 2014a und Schweitzer 2013c, 54–56). Verschiedene Zukunftsszenarien von einer – wieder – stärkeren Konfessionalisierung bzw. Rekatechisierung des Religionsunterrichts über konfessionell-kooperative, ökumenische und interreligiöse Realisierungsformen des Schulfaches Religion, einer Wahlpflichtalternative zwischen Religionsunterricht und Ethik- bzw. Philosophieunterricht, der Einrichtung einer Fächergruppe mit verbindlichen, curricular verankerten und unterrichtspraktisch aufeinander abgestimmten Kooperationsphasen zwischen evangelischer, katholischer, islamischer, ggf. orthodoxer und jüdischer Religion und Praktischer Philosophie bzw. Ethik bis hin zu der Einführung einer allgemeinen obligatorischen Religionskunde für alle SchülerInnen – mit entsprechenden grundgesetzlichen Änderungen – werden diskutiert (Bucher 2014, 709). Auch wenn sich „im Vergleich zu den zum Teil scharfen Auseinandersetzungen im Streit um die Konfessionalität von Religionsunterricht vor allem in den neunziger Jahren die Diskussion um die institutionelle Gestalt des Religionsunterrichts etwas beruhigt hat" (Schweitzer 2013c, 54) und die gesetzlichen Rahmenbedingungen des

Faches Religion beispielsweise im Bundesland Nordrhein-Westfalen „politisch zurzeit nicht maßgeblich in Frage gestellt“ (Timmer 2014, 5) werden, wird in der Öffentlichkeit, in der Politik und bei Schulleitungen auch heute vereinzelt die Redelegation des Religionsunterrichts in den Bereich der Kirche(ngemeinde) und/oder die Integration religiöser Inhalte in andere Unterrichtsfächer oder in Projekte („Religionsunterricht in allen Fächern“; vgl. dazu Kap. 2.10) gefordert.

2.9.2 Deskriptive Ergebnisse

Die genannten Gestaltungsvorschläge lassen sich wohl nur dann – erfolgversprechend – umsetzen, wenn sie von den ReligionspädagogInnen in der Schulpraxis mitgetragen werden. Wie beurteilen diese die nachfolgenden Zukunftsszenarien (Item-Formulierungen in Anlehnung an Bucher/Miklas 2005, 255 und Lück 2012, 146; Mehrfachnennungen möglich)?

Bezüglich der Zukunft des Religionsunterrichts gibt es unterschiedliche Gestaltungsvorschläge. Wie beurteilen Sie selbst die folgenden Zukunftsszenarien?	**M**	**SD**	**%***
Für SchülerInnen, die an keinem Religionsunterricht teilnehmen, soll (ein) verpflichtender Ethik-/Philosophieunterricht eingeführt werden.	4,30	1,19	81,1
Die ökumenische Dimension im Religionsunterricht ist zu (ver-) stärken.	3,98	1,07	70,8
Ab dem 14. Lebensjahr sollen die SchülerInnen frei zwischen Ethik-/Philosophieunterricht oder Religionsunterricht wählen können.	3,89	1,34	67,7
Der konfessionelle Charakter des Religionsunterrichts soll weiterhin garantiert bleiben.	3,65	1,38	57,6
Religionsunterricht soll sich – intensiver als bisher – um interreligiöses Lernen bemühen.	3,60	1,13	54,8
SchülerInnen verschiedener christlicher Konfessionen sollen in ökumenischer Zusammenarbeit religiös unterwiesen werden.	3,41	1,29	50,2
Eine allgemeine Religionskunde für alle SchülerInnen soll eingerichtet werden.	2,35	1,46	23,4
Für SchülerInnen, die dem Glauben und der Kirche distanziert gegenüberstehen, soll der Religionsunterricht Merkmale missionarischer Verkündigung annehmen.	1,68	1,12	9,1

Tabelle 34: Zukunftsszenarien des Religionsunterrichts (*Ankreuzungen „unterstütze ich sehr“ 5 und „unterstütze ich“ 4)

Eine deutliche Mehrheit (81,1 %) der Befragten unterstützt die Einrichtung eines *verpflichtenden Ethik- bzw. Philosophieunterrichts* für SchülerInnen, die an keinem Religionsunterricht teilnehmen.

Etwas weniger, aber immer noch rund zwei Drittel (67,7 %), befürworten die *freie Wahl zwischen Ethik/Philosophie oder Religionsunterricht* ab dem Alter der Religionsmündigkeit (14 Jahre). Offenbar wird ein philosophisches oder ethisches Alternativfach zum Religionsunterricht von Religionslehrkräften mehrheitlich nicht als eine Bedrohung oder Gefährdung des Faches Religion wahrgenommen, sondern als eine komplementäre Ergänzung resp. fruchtbare Konkurrenz im Bereich der Sinnorientierung und Werteerziehung und damit als eine für eine religiös und weltanschaulich plurale Gesellschaft produktive Möglichkeit.

Mehr als sieben von zehn Befragten (70,8 %) – ungefähr genauso viele wie in der Befragung katholischer ReligionslehrerInnen in Österreich (Bucher/Miklas 2005, 105; 74,0 %) – plädieren für eine *(Ver-) Stärkung der ökumenischen Dimension* im Religionsunterricht. Dass Religionsunterricht sich in einem multikulturellen und -religiösen Gesellschafts- und Schulkontext – intensiver als bisher – um *interreligiöses Lernen* bemühen sollte, bekräftigen ebenfalls über die Hälfte (54,8 %) der Antwortenden.

Noch stärker ist ihre Zustimmung zu dem Item: „Der *konfessionelle Charakter* des Religionsunterrichts soll weiterhin garantiert bleiben" (57,6 %). Zugleich bejaht etwas mehr als jede/r zweite (50,2 %) der Befragten die Itemvorgabe *„SchülerInnen verschiedener christlicher Konfessionen sollen in ökumenischer Zusammenarbeit religiös unterwiesen werden"*.

Interessanterweise gelangt die österreichische Befragung katholischer ReligionslehrerInnen von 2005 zu fast identischen prozentualen Ergebnissen.[42] Auch hier kann sich mehr als die Hälfte der Lehrkräfte

> „eine gemeinsame religiöse Unterweisung von Kindern unterschiedlicher christlicher Bekenntnisse vorstellen, obschon mehrheitlich die Beibehaltung des Konfessionalitätsprinzips gewünscht wird, was aber kaum als Widerspruch empfunden wird" (Bucher/Miklas 2005, 105f.).

In beiden Untersuchungen sind die Korrelationen zwischen beiden genannten Variablen eher gering (Bucher/Miklas 2005, 105:
r= -.22; rheinische Umfrage: r= -.17).

ReligionslehrerInnen denken weniger in Dichotomien als im religionsdidaktischen Fachkurs bisweilen angenommen wird. Offenkundig unterstützen sie einerseits mehrheitlich die für das konfessionelle Modell charakteristische

---

42 Deutlich skeptischer sind in der Frage einer gemeinsamen Unterweisung von SchülerInnen verschiedener christlicher Konfessionen evangelische Religionslehrkräfte in Österreich, die in einer ausgesprochenen Diasporasituation unterrichten. „Nur 35 % von ihnen befürworten diese Option, 38 % lehnen sie ab" (Bucher/Miklas 2005, 200). Lediglich 54% von ihnen, gegenüber 70,8% in der vorliegenden Umfrage, votieren zudem für eine Verstärkung der ökumenischen Dimension im Religionsunterricht. Dass Mehrheits- oder Minderheitsverhältnisse der einen oder anderen Konfession bei der Frage nach der Befürwortung eines ökumenisch-christlichen Religionsunterrichts (nicht nur) für Religionslehrkräfte eine wichtige Rolle spielen, zeigen auch andere empirische Untersuchungen (vgl. z. B. Lück 2003, 358–360).

> „Option, eine bestimmte religiöse Tradition (die im katholischen oder evangelischen Religionsunterricht eben eine andere ist als im jüdischen oder muslimischen) als wesentliche Ressource für die Anregung religiöser Bildungsprozesse zu begreifen“ (Englert 2013, 25)[43].

Andererseits wollen sie sich auf die religiös immer heterogener werdende SchülerInnenschaft in ihrem Unterricht bewusst einstellen und plädieren daher für eine weit reichende Öffnung des Religionsunterrichts, insbesondere auf Seiten der teilnehmenden SchülerInnen – bis hin zu einer grundsätzlichen Befürwortung eines konfessionell-kooperativen oder ökumenisch-christlichen Unterrichtsmodells. In ihrer überwiegenden Mehrzahl verabschieden sie sich dabei im Sinne eines diakonischen Verständnisses der Kirche von der Option, „konfessionell gebundene Schüler und Schülerinnen auf ein Ziel hin zu bilden, das ganz vom spezifischem Interesse einer bestimmten Religionsgemeinschaft definiert ist (Einübung in eine bestimmte Religion)“ (ebd.), *ohne* damit die von ihnen zumeist befürworteten kirchlichen (und damit auch konfessionellen) Bindungen des Religionsunterrichts zu negieren.

Weniger als ein Viertel der Befragten (23,4 %) kann sich die Einrichtung eines *allgemeinen Religionskundeunterrichts für alle SchülerInnen* – neben oder anstelle des konfessionellen und von den (anerkannten) Religionsgemeinschaften verantworteten Religionsunterrichts – prinzipiell vorstellen. Diese Zukunftsvision wird von den Befragten besonders uneinheitlich eingeschätzt (SD= 1.46). Wird sie von einer Minorität der Lehrkräfte z. T. vehement unterstützt, wird ein weltanschaulich neutraler, vergleichender Religionskundeunterricht hingegen von der opinio plurium der ReligionslehrerInnenschaft – oftmals kategorisch – abgelehnt.

Der Gestaltungsvorschlag eines (wieder stärkeren) *missionarischen Religionsunterrichts* findet bei rheinischen Religionslehrkräften insgesamt nur wenig Anklang (9,1 %).

2.9.3 Korrelationsanalytische Auswertungen

Alters- und geschlechtsspezifische Unterschiede spielen bei der Beurteilung der genannten Zukunftsszenarien interessanterweise keine Rolle. Keine einzige

---

43 Dem Modell konfessionellen Religionsunterrichts „liegt die Auffassung zu Grunde: was Religion ist, was sie will und kann, lässt sich nicht schon verstehen, wenn man Informationen über diverse Religionen zur Verfügung gestellt bekommt, sondern erst, wenn man sich mit der Realität einer bestimmten Religion in der Vielfalt ihrer Facetten und vor allem mit dem darin zum Ausdruck kommenden Anspruch persönlich konfrontiert: Hilft diese Religion, dem Geheimnis des Lebens auf der Spur zu bleiben? Hilft sie mir, mit Gefährdungen und Tod zu leben? Hilft sie mir, mich für das frei zu fühlen, was das Leben wesentlich ausmacht?“ (Englert 2013, 24; vgl. zu einem „modernen Verständnis“ konfessionellen Religionsunterrichts im 21. Jahrhundert auch die Beiträge von Englert 2014 und Schröder 2014b).

Korrelationsberechnung weist einen Koeffizienten r> .10 auf (vgl. die Zusammenschau der Ergebnisse in Tab. 35). Wie bei den religionsunterrichtlichen Zielvorstellungen (vgl. Kap. 2.2) ist bei den offerierten Zukunftsszenarien für den Religionsunterricht eine erstaunlich *hohe Meinungshomogenität der Lehrkräfte über Alters- und Geschlechtsgruppen* hinweg zu konstatieren.

Alter/ Geschlecht	Konf. RU	Verpfl EU	Freie Wahl RU/EU	Ökum. Dimension	Inter-relig. Lernen	Ökum. RU	Allg. RU	Missionar. Merkmale
≤ 30								
31–40								.07
41–50								
51–60								
>60	-.08							
m/w							-.09	

Tabelle 35: Korrelationen Alter/Geschlecht versus Zukunftsszenarien des Religionsunterrichts

Demgegenüber sind **schulformbezogene Differenzen**, allerdings auf einem relativ geringen Niveau (nur eine einzige Korrelation weist r> .20 auf), durchaus zu erkennen.

Schulform	Konf. RU	Verpflicht. EU	Freie Wahl RU/EU	Ökum. Dimension	Interrelig. Lernen	Ökum. RU	Allg. RU	Missionar. Merkmale
GS		-.18		.10		.11	.15	.10
FS	-.09	-.07					.08	
HS								.07
RS		.11				-.07		
GesS								
GYM	.16	.16		-.10	-.13	-.22	-.18	-.09
BK	-.10		-.13		.14	.10		

Tabelle 36: Korrelationen Schulform versus Zukunftsszenarien des Religionsunterrichts

So plädieren **Grundschullehrkräfte** etwas häufiger für ökumenisches Lernen (r= .10) bzw. für einen ökumenischen (r= .11) oder allgemeinen Religionsunterricht (r= .15). Sie unterstützen auch missionarische Unterrichtssequenzen (r= .10) tendenziell stärker. Einen verpflichtenden Ethik- bzw. Philosophieunterricht befürworten sie im Subgruppenvergleich indes am schwächsten (r= -.18).

Realschullehrkräfte und Gymnasiallehrkräfte stehen einem obligatorischen Ethik- bzw. Philosophieunterricht besonders aufgeschlossen gegenüber (r= .11 bzw. r= .16). Religionslehrende an Gymnasien treten zudem überproportional häufig für die Bewahrung des konfessionellen Charakters des Religionsunterrichts ein (r= .16). Folgerichtig lehnen sie einen ökumenischen (r= -.22) und einen allgemeinen Religionsunterricht (r= -.18) stärker ab als andere. Auch dem interreligiösen Lernen (r= -.13) stehen sie etwas skeptischer gegenüber.

Ein interreligiöser Lernansatz wird dagegen von **Berufskolleglehrkräften** als wichtiger Baustein eines Religionsunterrichts im 21. Jahrhundert (r= .14) besonders herausgehoben. Die konfessionelle Dimension des Religionsunterrichts wird an dieser Schulform weniger stark akzentuiert (r= -.10).

2.9.4 Faktorenanalytische Betrachtungen

Eine **Faktorenanalyse** über die acht Zukunftsszenarien zum Religionsunterricht und das Item „Welche Bedeutung hat der Religionsunterricht an Ihrer Schule?" (vgl. Kap. 2.11) gelangt zu einer Verdichtung der neun Variablen auf vier Dimensionen mit unterschiedlich hohen Reliabilitäten (Cronbach's α von .75 bis .12). Die extrahierten Faktoren erklären 69,2 % der Gesamtvarianz.

	ZUSZ1	ZUSZ2	ZUSZ3	ZUSZ4
SchülerInnen verschiedener christlicher Konfessionen sollen in ökumenischer Zusammenarbeit religiös unterwiesen werden.	,814	,051	,151	,070
RU soll sich – intensiver als bisher – um interreligiöses Lernen bemühen.	,768	,153	-,155	,019
Die ökumenische Dimension im RU ist zu (ver-)stärken.	,721	,261	-,127	,161
Der konfessionelle Charakter des RU soll weiterhin garantiert bleiben.	-,598	,385	-,088	,396
Für SchülerInnen, die an keinem RU teilnehmen, soll (ein) verpflichtender Ethik-/Philosophieunterricht eingeführt werden.	,085	,802	-,081	,013
Ab dem 14. Lebensjahr sollen die SchülerInnen frei zwischen Ethik-/Philosophieunterricht oder Religionsunterricht wählen können.	,126	,761	-,005	-,124
Für SchülerInnen, die dem Glauben und der Kirche distanziert gegenüberstehen, soll der RU Merkmale missionarischer Verkündigung annehmen.	-,164	-,042	,894	,132
Eine allgemeine Religionskunde für alle SchülerInnen soll eingerichtet werden.	,392	-,105	,561	-,315
Welche Bedeutung hat das Fach Religion für Ihre Schule?	,139	-,139	,057	,878
Eigenwerte	2.50	1.63	1.08	1.01
Erklärte Varianz (in v. H.)	27,8 %	18,1 %	12,0 %	11,3 %
M (Skala)	3.66	4.09	2.01	3.68
Reliabilität (Cronbach's α)	.75	.53	.52	.12

Tabelle 37: Faktorenanalyse: Zukunftsszenarien des Religionsunterrichts

Faktor ZUSZ1 erkennt der **gemeinsamen Unterweisung von SchülerInnen verschiedener christlicher Konfessionen** (a_I= .814) sowie dem ökumenischen (a_I= .721) und dem interreligiösen Lernen (a_I= .768) eine hohe Bedeutsamkeit zu. In einem solchen Setting eines **ökumenischen Religionsunterrichts** tritt der konfessionelle Charakter des Faches Religion (a_I= -.598) eindeutig in den Hintergrund bzw. wird sogar kritisch betrachtet (vgl. die negative Ladung des Items).

Faktor ZUSZ2 bündelt die beiden Statements, die die Gestaltungsvorschläge einer **Wahlpflichtalternative zwischen Religionsunterricht und Ethik-/Philosophieunterricht** operationalisieren. Als Markiervariable fungiert das Item: „Für SchülerInnen, die an keinem Religionsunterricht teilnehmen, soll (ein) verpflichtender Ethik-/Philosophieunterricht eingeführt werden" (a_{II}= .802).

Im Zentrum von **Faktor ZUSZ3** steht die **missionarische Dimension** des Religionsunterrichts (vgl. die Leitvariable „Für SchülerInnen, die dem Glauben und der Kirche distanziert gegenüberstehen, soll der Religionsunterricht Merkmale missionarischer Verkündigung annehmen"; a_{III}= .894).

Faktor ZUSZ4 stellt die **Bedeutung des Faches Religion für die (eigene) Schule** (a_{IV}=.878) als grundlegend heraus. Die hohe **Nebenladung** des Items „Der konfessionelle Charakter des Religionsunterrichts soll weiter garantiert bleiben" (a_{IV}=.396) auf diesem Faktor verdeutlicht, dass in den Wahrnehmungskategorien (Konnotationsstrukturen) der Befragten die Konfessionalität des Religionsunterrichts oftmals mit seinem Ansehen an der Schule in einem positiven Wechselverhältnis steht.

Ein Blick auf die **Skalenmittelwerte** zeigt: Die Befragten bejahen in ihrer überwiegenden Mehrzahl eine Wahlpflichtalternative zwischen Religion und Philosophie, z. B. in einem Fächergruppenmodell (M= 4.09). Die Option, SchülerInnen, die dem Glauben und der Kirche fernstehen, seien zu missionieren, wird von ihnen hingegen mit großer Mehrheit abgelehnt (M= 2.01). Die Bedeutung des Religionsunterrichts für die eigene Schule (M= 3.68) und der Gestaltungsvorschlag eines ökumenischen Religionsunterrichts (M= 3.66) erhalten durchschnittliche Zustimmungswerte.

Korrelationen der soziodemographischen und berufsspezifischen Merkmale (Alter, Geschlecht, Schulform) mit den vier Zukunftsfaktoren konsolidieren die bisherigen Analyseergebnisse (vgl. Tab. 38 und 39):

– Für die gemeinsame Unterrichtung von SchülerInnen verschiedener Konfessionen und ggf. auch Religionen treten noch etwas stärker Lehrende an Berufskollegs (r= .11), an denen nicht nur in den urbanen Ballungszentren „aufgrund fehlender BRU-Lehrkräfte und einer schwindenden konfessionellen Bindungskraft der Berufsschulreligionsunterricht im dualen System seit langem vielfach im Klassenverband erteilt wird" (Meyer-Blanck/Obermann 2013, 207), an Grundschulen (r= .10) und an Förderschulen (r= .09) ein. Lehrkräfte an Gymnasien (r= -.21) signalisieren hier eine deutliche Zurückhaltung.

– Die Wahlpflichtalternative Religion oder Ethik/Philosophie wird von Religionslehrkräften an Realschulen (r= .10) und Gymnasien (r= .10) stärker befürwortet als von denen an Berufskollegs (r= -.10) und Grundschulen (r= -.09). An letztgenannter Schulform findet die missionarische Dimension tendenziell stärkere Beachtung (r= .14).

Schulform	**FAK ZUSZ1** Ökumenischer RU	**FAK ZUSZ2** Wahlpflicht RU/EU	**FAK ZUSZ3** Missionarische Dimension	**FAK ZUSZ4** Bedeutung RU an Schule
GS	.10	-.09	.14	.11
FS	.09	-.06		
HS			.06	.09
RS	-.07	.10		
GesS				-.06
GYM	-.21	.10	-.13	
BK	.11	-.10		

Tabelle 38: Korrelationen Schulform versus Zukunftsszenarien (Faktoren)

Alters- **und Geschlechtseffekte** sind in statistischer Hinsicht (alle r> .10) interessanterweise erneut zu vernachlässigen.

Alter/Geschl.	**FAK ZUSZ1** Ökumenischer RU	**FAK ZUSZ2** Wahlpflicht RU/EU	**FAK ZUSZ3** Missionarische Dimension	**FAK ZUSZ4** Bedeutung RU an Schule
≤ 30				
31-40			**.07**	
41-50				
51-60				**.09**
>60				
m/w				

Tabelle 39: Korrelationen Alter/Geschlecht versus Zukunftsszenarien (Faktoren)

2.10 Gestaltungsformen des Religionsunterrichts

2.10.1 Fünf organisatorische Grundmodelle

Kooperativ oder ökumenisch? Interreligiös, allgemein oder doch exklusiv konfessionell? In der religionspädagogischen Fachdiskussion werden zurzeit schwerpunktmäßig fünf organisatorische Grundmodelle für einen schulischen Religionsunterricht in kontroverser Weise erörtert (vgl. die ausführliche Darstellung der einzelnen Modelle inkl. einer Besprechung ihrer jeweiligen potentiellen Vor- und Nachteile bei Lück 2002, 47–193; Grethlein 2005, 131–136 und Schweitzer 2013c, 54–56).

- ein durchgehend nach Konfessionen getrennter, konfessionell profilierter Religionsunterricht,
- ein konfessionell-kooperativer Religionsunterricht, der zwischen konfessionell-differenzierten und kooperativ-gemeinsamen Phasen alterniert,
- ein von den Kirchen gemeinsam verantworteter ökumenisch-christlicher Religionsunterricht[44],
- ein von verschiedenen Religionsgemeinschaften (Christen, Juden, Muslime u. a.) gemeinsam verantworteter *interreligiöser Religionsunterricht,*
- eine *weltanschaulich neutrale Religionskunde* für alle SchülerInnen ohne Anbindung an eine Kirche oder Religionsgemeinschaft (sog. allgemeiner Religionsunterricht).

Die beiden **sog. Großkirchen** haben sich in letzter Zeit in Grundsatzerklärungen für einen „konfessionellen Religionsunterricht in ökumenischem Geist" (Sekretariat der DBK 1996, 57.76) bzw. für einen „konfessionell-kooperativen Religionsunterricht" als „angemessene Gestalt des konfessionellen Religionsunterrichts für die Zukunft" (Kirchenamt der EKD 1994, 104; s. auch Kirchenamt der EKD 2006) ausgesprochen. Sie einigten sich zudem, „auch wenn die katholische Stellungnahme hinsichtlich eines kooperativen Religionsunterrichts als verhalten beschrieben werden muss" (Schweitzer 2013a, 25), auf Empfehlungen für eine reglementierte konfessionelle Kooperation im Religionsunterricht der verschiedenen Schulformen (DBK/EKD 1998). Bei besonderen

> „regionale[n] Gegebenheiten, schulformspezifischen Besonderheiten und schulreformerische[n] Herausforderungen" werden zudem weitergehende Kooperationsmöglichkeiten – je nach Lesart der Verlautbarung – entweder nahe gelegt oder zumindest geduldet, „z. B. in den östlichen Bundesländern, in Diasporagebieten oder bei Sonder- und Berufsschulen" (DBK/EKD 1998, 2).

Auch die **rheinische Landeskirche** hat sich in mehreren Verlautbarungen für einen Religionsunterricht in konfessioneller Profilierung und kooperativer Offenheit ausgesprochen. In einem bis heute maßgeblichen, von der rheinischen Landessynode 2003 einstimmig verabschiedeten Positionspapier zum evangelischen Religionsunterricht im Bereich der Evangelischen Kirche im Rheinland, welches

> „zur innerkirchlichen Klärung, aber auch für die Gestaltung der Praxis, Gespräche mit den Partnern und für die Verhandlungen mit Politik und Verwaltung gedacht (ist), [...] werden Forderungen, dass evangelische und katholische Schülerinnen und Schüler angesichts zunehmender Säkularisierung

[44] Diese Form des Religionsunterrichts wurde bei der rheinischen Religionslehrerbefragung bei Frage 11.2 nicht einbezogen.

> zusammen wachsen und dafür auf ein konfessionelles Profil verzichtet werden soll“[45],

strikt abgelehnt. Angesichts des weitgehenden Abbruchs einer familiären und gemeindlichen religiösen Sozialisation bekräftigt das Papier das Konfessionalitätsprinzip mit einigem Nachdruck. Evangelischer Religionsunterricht, der zur Erfüllung des Bildungs- und Erziehungsauftrags der Schule wichtige Beiträge leiste, wird als „konfessioneller Unterricht“ profiliert und umfassend begründet. Dem Positionspapier zufolge hat er „erkennbar theologische Grundlagen“ und steht in einer konstitutiven „Verbindung zu gelebten Glauben in der Gemeinde“. Gleichzeitig wird evangelischer Religionsunterricht als „kooperativ“ und „offen“ beschrieben:

> „er ist offen für alle Schülerinnen und Schüler, die daran teilnehmen wollen,
> er sucht die Kooperation mit anderen Fächern insbesondere mit dem katholischen Religionsunterricht,
> er ist bereit zum ökumenischen, interkonfessionellen und interreligiösen Dialog,
> er legt Wert auf die Erziehung zu Toleranz und Kritikfähigkeit,
> er wirkt an der Entwicklung tragfähiger schulpädagogischer Standards mit. Evangelischer Religionsunterricht ist eingebunden in eine Fächergruppe. Für SchülerInnen, die nicht am Evangelischen Religionsunterricht teilnehmen, wird der entsprechende Bildungsauftrag der Schule durch katholischen, orthodoxen, jüdischen ggf. islamischen Religionsunterricht bzw. durch das Fach Praktische Philosophie oder Ethik erfüllt“[46].

Die kirchlichen Vorgaben wurden in den **einzelnen Bundesländern** inzwischen recht unterschiedlich umgesetzt (vgl. dazu Schröder 2014a und Rothgangel/Schröder 2009 die einen differenzierten Überblick über die Situation und das Profil des evangelischen und katholischen Religionsunterrichts in den 16 Bundesländern geben). Gute Erfahrungen mit der Erprobung und wissenschaftlichen Evaluierung sowie partiellen Legalisierung von konfessionell-kooperativem Unterricht in einem sog. „Plus-Modell“ haben beispielsweise die kirchlichen und schulischen Verantwortlichen im Bundesland Baden-Württemberg gemacht (Weinhardt 2014 und Schweitzer 2013a, 26–28). In anderen Bundesländern, wie z. B. in Nordrhein-Westfalen (Frieling/Scheilke 1999, 140 und Lück/Simon 2007, 163f.), wurden die rechtsverbindlichen Vereinbarungen für konfessionelle Kooperationen im Religionsunterricht demgegenüber bislang – vor allem von den Verantwortlichen in den katholischen Bistümern – eher restriktiv ausgelegt (vgl. auch Kap. 2.7).

---

45 Zit. nach https://www.ekir.de/ekir/dokumente/DS18-EvangelischerReligionsunterricht.pdf (Aufruf 29.08.2014); vgl. auch die Meldung http://www.ekir.de/www/ueber-uns/717154B486B7438E8EA75301DAA7AC1F.php („Positionspapier einstimmig verabschiedet: Rheinische Kirche tritt offensiv für den evangelischen Religionsunterricht ein“; Aufruf 29.08.2014).

46 A.a.O., 2–5.

Vielen ReligionslehrerInnenverbänden gehen diese Umsetzungen dann auch nicht weit genug. Insbesondere Verbände im Norden Deutschlands sprechen sich seit Jahren für die Etablierung eines ökumenisch-christlichen oder sogar interreligiösen Religionsunterrichts in ihrem jeweiligen Bundesland aus (vgl. dazu Lück 2002, 120 und 156f.). Auch neuere ReligionslehrerInnen-Befragungen zeigen *regionale Effekte* in der Beantwortung der Frage nach der angemessenen religionsunterrichtlichen Organisationsform: So plädieren die von Feige et al. befragten niedersächsischen Religionslehrkräfte aller Schulformen am stärksten für einen Religionsunterricht, in dem „ausnahmslos *alle* vorhandenen SchülerInnen *im Klassenverband* unterrichtet werden" und „das Gemeinsame der Konfessionen, Religionen und sonstigen Weltanschauungen im Vordergrund" steht (Feige/Dressler/Lukatis/Schöll 2001, 315). Die Mehrheit der Befragten setzt sich hier also entschieden für eine Öffnung des Religionsunterrichts ein, „*ohne* damit zugleich den Religionsunterricht von allen seinen kirchlichen (und damit konfessionellen) Bindungen abschneiden zu wollen" (a. a. O., 461). Insgesamt ergaben die Auswertungen dieser Umfrage, dass die Option eines beträchtlichen Teils der Lehrenden für einen „‚Religionsunterricht im Klassenverband' *nicht* im Sinne etwa des von Gert Otto *propagierten konfessionsneutralen* ‚Religionsunterricht für alle'" (Feige/Dressler/Lukatis/Schöll 2001, 461; Otto 1992, 31–33) zu interpretieren ist.

Bei süddeutschen (baden-württembergischen) Religionslehrkräften sind hingegen Sympathien für einen konfessionell-kooperativen Religionsunterricht und eine „deutliche Präferenz für Möglichkeiten zur Wahrung der konfessionellen Identität" des Religionsunterrichts (Feige/Tzscheetzsch 2005, 57) festzustellen.[47]

2.10.2 Deskriptive Ergebnisse

Wie positionieren sich die rheinischen ReligionslehrerInnen in dieser Fragestellung? Die Formen eines **konfessionell-kooperativen Religionsunterrichts** (33,0 %) und eines **nach Konfessionen bzw. Religionen getrennten Religionsunterrichts** (31,1 %) erhalten mit Abstand die stärkste Zustim-

[47] Diese Studie ermittelte zugleich bei der großen Mehrzahl katholischer Lehrkräfte (85%) eine kritische Einstellung zu kirchenleitenden Versuchen, die gegenwärtige „konfessionelle Trennungssituation als die ‚einzig mögliche Form des Christseins' darzustellen. Das verbietet es dieser Mehrheit, ihren Unterricht mit einer solchen *Akzent*-Setzung zu versehen. Freilich: Zum kritischen Abstand zu dieser Position des katholisch-*institutionellen* Anspruchs gehört zugleich – und gleichsam ‚dennoch' – die lebensweltliche Verankerung der ReligionslehrerInnenschaft im Bereich ihrer Kirche. Sie macht nachvollziehbar, dass es den katholischen Religionslehrkräften auf eine solche konfessionspolitische *Akzentuierung* nicht ankommen muss. Vielmehr können sie sich eine Aufgeschlossenheit gegenüber einer konfessionell-ökumenischen Öffnung ‚leisten'" (Feige/Tzscheetzsch 2005, 18f.).

mung (vgl. Tab. 40). Rechnet man die 11,2 % der Befragten hinzu, die sich für eine **Fächergruppe mit verbindlichen Kooperationsphasen** zwischen evangelischer, katholischer und islamischer Religion sowie Praktischer Philosophie und Ethik/Philosophie aussprechen, plädiert mehr als drei Viertel der rheinischen ReligionslehrerInnenschaft für einen Religionsunterricht in konfessioneller Bindung und Prägung. Fast jede/r Fünfte (19,2 %) votiert demgegenüber für einen interreligiösen Religionsunterricht in kooperativer Verantwortung und Durchführung. Eine erheblich niedrigere Zustimmungsquote von 4,9 % verzeichnet der **weltanschaulich neutrale, bekenntnisfreie obligatorische Religionskundeunterricht.** Für die überwiegende Mehrzahl rheinischer Religionslehrkräfte stellt er kein Zukunftsmodell schulisch-religiöser Bildung dar. Anders als zuweilen behauptet, tritt für eine sogenannte „(Selbst-)LERisierung" (zu diesem Begriff Feige/Dressler/Lukatis/Schöll 2001, 461) des Faches Religion nur eine Minorität der Befragten ein. Noch geringer ist die Zustimmung zu dem **Modell „Religionsunterricht in allen Fächern"**, für das sich die verschwindend geringe Prozentzahl von 0,7 % der Antwortenden ausspricht.

Welche Gestaltung des Religionsunterrichts wird Ihrer Meinung nach den aktuellen gesellschaftlichen Herausforderungen am besten gerecht?	**n**	**%***
Konfessionell-kooperativer RU	316	33,0
Nach Konfessionen/Religionen getrennter RU (evang., kathol. islam. etc.)	298	31,1
Interreligiös-kooperativer RU	184	19,2
Fächergruppe mit verbindlichen Kooperationsphasen (evang., kathol., islam., Praktische Philosophie, Ethik, Philosophie)	107	11,2
Religionskunde (weltanschaulich neutral, bekenntnisfrei – z. B. LER, keine Abmeldung möglich)	47	4,9
Kein eigenes Fach (rel. Inhalte werden in and. Fächern oder in Projekten integriert)	7	0,7

Tabelle 40: Gestaltungsformen des Religionsunterrichts (*Ankreuzungen: „stimme sehr zu" [1] bis „stimme eher zu" [3])

2.10.3 Korrelationsanalytische Auswertungen

In der Frage nach der zukünftigen Organisationsform des Religionsunterrichts sind **keine signifikanten altersmäßigen Differenzen** zu eruieren. Die verschiedenen Alterskohorten liegen erstaunlich nahe beieinander (s. Tab. 41).

Geschlechtsbezogene Unterschiede sind ebenfalls von minimaler Ausprägung. Wie in anderen empirischen Untersuchungen[48] tendieren männliche Religionslehrkräfte leicht häufiger zu einem konfessionellen Religionsunter-

[48] Umfragen unter evangelischen Religionslehrkräften fanden heraus, dass weibliche Lehrkräfte tendenziell stärker zu einem interreligiösen Religionsunterricht neigen, während sie bei der Anhängerschaft eines konfessionellen Religionsunterrichts sichtlich unterrepräsentiert sind (Lück 2003, 286). Auch Befragungen von katholischen Religionslehrkräften ermittelten, dass der Anteil der Männer unter den kirchlich-konfessionell bzw. traditionell orientierten Lehrenden „weit über dem der Gesamtpopulation" (Englert/Güth 1999, 130) liegt.

richt (32,1 % versus 30,7 %) und zu einem allgemeinen Religionskundeunterricht (7,8 % versus 3,8 %). Weibliche Lehrkräfte affirmieren das konfessionell-kooperative Modell tendenziell stärker (34,8 % versus 28,1 %; CV= .11, p<0,05).

Alter(Jahre)/ Geschlecht	Konf. getr RU	Konf.-koop. RU	Interrel.-koop. RU	Fächer-gruppe	Rel.-kunde	kein eigenes Fach	Cramer's V.
bis 30	32,7 %	32,7 %	19,8 %	10,8 %	4,0 %	0,0 %	n.s.
31 bis 40	30,3 %	30,9 %	18,1 %	11,2 %	7,4 %	2,1 %	n.s.
41 bis 50	32,6 %	30,5 %	19,4 %	12,9 %	3,9 %	0,7 %	n.s.
51 bis 60	31,3 %	35,8 %	19,4 %	8,8 %	4,4 %	0,3 %	n.s.
61 und älter	23,9 %	35,3 %	19,7 %	15,5 %	5,6 %	0,0 %	n.s.
weiblich	30,7 %	34,8 %	18,6 %	11,1 %	3,8 %	1,0 %	.11
männlich	32,1 %	28,1 %	20,7 %	11,3 %	7,8 %	0,0 %	.11

Tabelle 41: Prozentuale Verteilung Alter/Geschlecht versus Religionsunterricht-Form

Bei einer **schulformspezifischen Analyse** treten vier Schulformen (Grund- und Förderschule, Gymnasium, Berufskolleg), die auch in kirchlichen Kooperationsvereinbarungen oftmals einer gesonderten Betrachtung unterzogen werden (z. B. DBK/EKD 1998, 2), mit hochsignifikanten Analyseergebnissen hingegen deutlich hervor.

Lehrende an Grundschulen favorisieren mit Abstand am stärksten einen *konfessionell-kooperativen Religionsunterricht* (45,3 %), während sie einem *interreligiösen Religionsunterricht* (13,7 %), dem *Fächergruppenmodell* (6,8 %) und einem *Religionskundeunterricht* (2,7 %) vergleichsweise kritisch gegenüberstehen (CV= .23).

Lehrende an Gymnasien plädieren am häufigsten für einen *konfessionell getrennten Religionsunterricht* (42,4 %). Sie optieren im Subgruppenvergleich seltener für einen *konfessionell-kooperativen* (25,9 %) oder *interreligiösen* (9,5 %) Religionsunterricht (CV= .23).

Lehrkräfte an Förderschulen neigen einem *exklusiv konfessionellen Religionsunterricht* (12,8 %) weniger stark zu. Sie votieren vergleichsweise häufig für ein *konfessionell-kooperatives* (38,4 %) oder *interreligiöses* (30,8 %) Unterrichtsmodell (CV= .08).

An den berufsbildenden Schulen hat ein *interreligiös-kooperativer Religionsunterricht* besonders viele AnhängerInnen. Er bildet hier sogar die Mehrheitsoption (52,3 %!). Offenkundig favorisieren die befragten Berufsschulreligionslehrkräfte damit mehrheitlich ein Unterrichtsmodell, das sich angesichts einer multikulturellen und -religiösen SchülerInnenschaft und einer „schwindenden konfessionellen Bindungskraft“ vielerorts in der Schulpraxis längst etabliert hat (Meyer-Blank/Obermann 2013, 207; vgl. auch Kap. 2.9). Ferner weisen das *Fächergruppenmodell* (12,3 %) und ein *Religionskundeunterricht* (6,9 %) leicht stärkere Zustimmungsraten auf. Wer an einem Berufskolleg unterrichtet, hat demgegenüber nicht unerwartet deutlich weniger Sympathien für einen *konfessionellen* (4,6 %!) oder *konfessionell-kooperativen* (23,1 %) Religionsunterricht (CV= .36).

Schul-form	Konf. getrennter RU	Konf.-koop. RU	Interrel.-kooperat RU	Fächer-gruppe	Religions-kunde	kein eigenes Fach	Cramer's V.
GS	30,7 %	45,3 %	13,7 %	6,8 %	2,7 %	0,8 %	.23
FS	12,8 %	38,4 %	30,8 %	7,7 %	7,7 %	2,6 %	.08
HS	32,7 %	29,1 %	16,4 %	10,9 %	7,3 %	3,6 %	n.s.
RS	41,1 %	27,1 %	15,0 %	8,4 %	7,5 %	0,9 %	n.s.
GesS	33,3 %	23,0 %	23,0 %	13,8 %	4,6 %	2,3 %	n.s.
GYM	42,4 %	25,9 %	9,5 %	17,3 %	4,9 %	0,0 %	.23
BK	4,6 %	23,1 %	52,3 %	12,3 %	6,9 %	0,8 %	.36

Tabelle 42: Prozentuale Verteilung Schulform versus RU-Form

Die Befragungsergebnisse unterstützen die Einsicht, dass bei der Erörterung der Konfessionalitätsfrage die *divergierenden Voraussetzungen an den unterschiedlichen Schulformen* – und die *Optionen* derjenigen, die das Fach jeweils ‚vor Ort' unterrichten – stärker als bisher berücksichtigt werden sollten. Vieles spricht für die in der Fachdidaktik zuweilen erhobene Forderung:

> „Für die Organisation des Religionsunterrichts sind [...] Rahmenbedingungen zu schaffen, die je nach Situation vor Ort – und Schulform – konkret auszugestalten sind. [...] Das auch sonst zunehmend schulreformerische Bemühungen prägende Wechselspiel zwischen Integration und Differenzierung ist für den Religionsunterricht aufzunehmen" (Grethlein 2005, 139).

2.11 Bedeutung des Faches Religion für die Schule

2.11.1 Deskriptive Ergebnisse

Welche Relevanz hat der Religionsunterricht heute – noch – in einer sich immer schneller verändernden Schullandschaft? Die Befragten wurden gebeten, die Bedeutung des Faches Religion für die eigene Schule auf einer Skala von 1–6 (1= „keine Bedeutung", 6= „sehr hohe Bedeutung") einzuschätzen. Der errechnete Mittelwert (M= 3.70) und die hohe Standardabweichung (SD= 1.30) verdeutlichen, dass das Ansehen des Religionsunterrichts an den einzelnen Schulen im Bereich der rheinischen Landeskirche stark divergiert. Erachten 54,4 % der Befragten die Bedeutung des Faches als „sehr hoch" (9,2 %), „hoch" (20,2 %) oder „eher hoch" (25,0 %), taxieren sie 42,8 % als „eher niedrig" (25,3 %) oder „niedrig" (17,5 %). 2,8 % messen dem Religionsunterricht überhaupt „keine Bedeutung" für die eigene Schule zu. Offenkundig erfährt der Religionsunterricht an vielen Schulen zu Beginn des

21. Jahrhunderts einerseits nach wie vor eine „große Unterstützung. Von den SchülerInnen wird er überwiegend gerne besucht, und auch von Elternseite her wird dieser Unterricht klar bejaht. Die rechtliche Grundlage in Art. 7, Abs. 3 des Grundgesetzes (Religionsunterricht als ordentliches Lehrfach) spielt bei alledem nach wie vor eine wichtige stabilisierende Rolle. Andererseits ist nicht zu übersehen, dass der Unterricht in der alltäglichen Realität von Schule längst nicht (mehr) an allen Orten die Anerkennung erfährt, die einem ‚ordentlichen Lehrfach', also einem Fach mit gleichen Status wie für alle anderen Fächer, eigentlich zukommen müsste" (Schweitzer 2013c, 55).

	sehr hoch	**hoch**	**eher hoch**	**eher niedrig**	**niedrig**	**keine**
Welche Bedeutung hat das Fach Religion für Ihre Schule?	92 (9,2 %)	202 (20,2 %)	249 (25,0 %)	252 (25,3 %)	175 (17,5 %)	28 (2,8 %)
M	3,70					
SD	1,30					

Tabelle 43: Bedeutung des Religionsunterrichts für die Schule (Zustimmung in %)

2.11.2 Korrelationsanalytische Auswertungen

Die Lage des Religionsunterrichts stellt sich an ein und derselben Schulform mitunter sehr unterschiedlich dar (SD jeweils >1.00). So sind in fast jeder Schulform Einzelschulen zu finden, an denen das Fach Religion nach Einschätzung der Befragten eine „sehr hohe", „hohe", „eher hohe", „eher niedrige", „niedrige" oder sogar gar „keine" Bedeutung besitzt.

Bei diesem Fragebereich sind **hoch signifikante schulformspezifische Differenzen** zugleich nicht zu übersehen. So hat das Fach Religion nach dem Urteil der Befragten ein besonders starkes Renommee an Grundschulen (r= .15; M= 3.94) und an Förderschulen (r= .03; M= 3.87). Etwas schwächer ist seine Bedeutung an Berufskollegs (r= -.01; M= 3.65), Gymnasien (r= -.03; M= 3.62) und Realschulen (r= -.03; M= 3.60), wobei aber auch hier die Bewertungen über dem durchschnittlichen Mittelwert von M= 3.50 liegen. Vergleichsweise am schwächsten ist das Ansehen des Faches Religionslehre nach der Wahrnehmung der Lehrenden an Gesamtschulen (r= -.06; M= 3.43) sowie an Hauptschulen (r= -.10; M= 3.17).

Schulform	**Bedeutung des Faches Religion für die Schule**
Grundschule	3.94
Förderschule	3.87
Berufskolleg	3.65
Gymnasium	3.62
Realschule	3.60
Gesamtschule	3.43
Hauptschule	3.17

Tabelle 44: Bedeutung des Religionsunterrichts für die Schule versus Schulform (arithmetische Mittelwerte)

2.11.3 Regressionsanalytische Auswertungen

Von welchen Faktoren hängt die – (eher) hohe oder (eher) niedrige – Bedeutung des Religionsunterrichts an den Schulen in der Beurteilung der Befragten maßgeblich ab? Kap. 2.11.3 präsentiert die Ergebnisse einer **multiplen Regressionsanalyse** mit **Faktor ZUSZ IV (Bedeutung des Religionsunterrichts)** als abhängiger Variable.

Dieses multivariate Analyseverfahren untersucht im Vergleich zu Korrelationsanalysen, die die Stärke des Zusammenhangs zwischen zwei Variablen bestimmen, die einseitig gerichtete Abhängigkeit einer zu erklärenden *abhängigen Variablen* (endogene Variable, Kriterium) von einer oder mehreren erklärenden *unabhängigen Variablen* (exogene Variable, Prädikator). Dabei schält das Verfahren aus einer Menge möglicher Dimensionen, „üblicherweise ‚Prädikatoren' genannt, diejenigen heraus, die auf das interessierende Merkmal überzufällige Prognosen erlauben" (Bucher 1996, 72f.).[49]

In das Regressionsmodell werden alle anderen in der Studie faktorenanalytisch ermittelten Dimensionen (Faktoren ZIEL I – ZIEL VI, BEZG I – IV und ZUSZ I – III) sowie personale (Alter, Geschlecht) und berufsspezifische Merkmale (Schulform, Größe des Schulortes, Schulgottesdienste und Andachten zu christlichen Festen, Formen der Kooperation mit katholischer Religion) einbezogen. Aufgeführt sind in Tab. 45 die signifikanten Prädikatoren. Diese werden durch standardisierte Regressionskoeffizienten ergänzt, die ein überzufälliges Ergebnis (p <0,10) nur knapp verfehlen.

Der multiple Korrelationskoeffizient R fällt mit .49 hochsignifikant aus. Damit erklären die 34 herangezogenen Prädikatoren 23,6 % der Regression (R^2), wobei zehn Variablen ein signifikantes Ergebnis (p< 0,05) erzielen.

Bedeutung des Religionsunterrichts für die Schule	β	p
Regelm. Feier v. Gottesdiensten und/oder Andachten zu christlichen Festen	.22	.000
Außerschulische Bezugsgruppen des RU (Faktor BEZG I)	.18	.000
Kirchlich-konfessionelle Zielvorstellungen (Faktor ZIEL III)	.18	.000
Schulform: Grundschule	.15	.056

49 Das Ergebnis besteht im *multiplen Korrelationskoeffizienten R*. Er hängt ab von den Korrelationen, wie sie zwischen den Prädikatoren bestehen, sowie von den Korrelationen jedes einzelnen Prädikators mit dem vorauszusagenden Kriterium" (Bucher 1996, 72f.). Weitere Indikatoren für die Anpassungsgüte eines Regressionsmodells sind der *Determinationskoeffizient R^2,* der den Anteil der Gesamtvariation zwischen der Kriteriumsvariablen und den Prognosevariablen angibt, und der *standardisierte Regressionskoeffizient Beta (β)*, in dem sich die direkte Einflussstärke des einzelnen Regressors auf den Regressanden in der multiplen Regressionsgleichung widerspiegelt. Mittels des Regressionskoeffizienten können somit bedeutende von weniger bedeutenden Prädikatoren unterschieden werden. Die Vorzeichen vor den Beta-Koeffizienten geben zudem an, ob die einzelnen Prädikatoren einen positiven oder negativen Einfluss ausüben.

Schulform: Berufskolleg	.15	.001
Schulform: Gymnasium	.14	.044
Persönliche Antriebsmotoren der Lehrkraft (Faktor BEZG II)	.12	.027
Kontakt zu lokalen Kirchengemeinden (Faktor BEZG III)	.11	.010
Schulform: Förderschule	.09	.022
Geschlecht: weiblich	.09	.024
Religionskundliche Zielvorstellungen (Faktor ZIEL V)	.07	.066
Innerschulische Bezugsgruppen des RU (Faktor BEZG IV)	.06	.098

Tabelle 45: Regressionsanalyse: Vorhersage der Bedeutung des Religionsunterrichts für die Schule

Als wichtigster Prädikator für die Bedeutung des Religionsunterrichts an den Schulen kristallisiert sich die *regelmäßige Feier von Gottesdiensten und/oder Andachten zu christlichen Festen* (β= .22) heraus. Stehen *außerschulische Bezugsgruppen* aus dem staatlichen und dem kirchlichen Bereich (β= .18) und – schon deutlich schwächer – *innerschulische Bezugsgruppen* (β= .06; n.s.) hinter dem Religionsunterricht, wird dessen Ansehen ebenfalls vergleichsweise höher eingeschätzt. Das Fach Religionslehre wird ferner durch die *persönlichen Antriebsmotoren (SchülerInnen, Gewissen, Bibel, Ideale und Visionen, Berufung) der Religionslehrenden* (β= .12) und durch den *Kontakt zu den lokalen Kirchengemeinden* (β= .11) stabilisiert. Nennenswerte Zusammenhänge mit dem Kriterium weist überdies die Zustimmung zu *kirchlich-konfessionellen Zielvorstellungen* auf (β= .18). *Religionskundliche Zielorientierungen* zeigen hingegen einen umgekehrten, ganz leichten negativen Effekt (β= -.07; n.s.).

Schwache positive Einflüsse zeitigen darüber hinaus die Schulformen *Grundschule* (β= .15), *Berufskolleg* (β= .15), *Gymnasium* (β= .14) sowie *Förderschule* (β= .09). *Weibliche* Religionslehrkräfte (β= .09) schätzen zudem die Bedeutung des Religionsunterrichts geringfügig höher ein als männliche – allerdings dürfte dieser Einzelbefund von Schulformeffekten überlagert sein

> Das Regressionsergebnis deutet zusammenfassend auf die hohe Relevanz außerschulischer Bezugsgruppen aus dem Bereich des Staates und der Kirche (res mixta) für die Akzeptanz des Religionsunterrichts an den einzelnen Schulen hin. In den Augen der Religionslehrkräfte ist es wichtig, dass staatliche *und* kirchliche Stellen hinter dem (eigenen) Religionsunterricht stehen. Darüber hinaus sind die lokalen Kirchengemeinden und ihre RepräsentantInnen sowie das Angebot von christlich-religiösen Praxisformen im Schulleben (z. B. Schulgottesdienste und -andachten) von einiger Bedeutung.

2.12 Fortbildungen

2.12.1 Bedeutung einer lebenslangen, berufsbegleitenden Fortbildung

Eine moderne ReligionslehrerInnenbildung zu Beginn des 21. Jahrhunderts setzt sich aus den Phasen des *Hochschulstudiums*, des *Vorbereitungsdienstes* und der *lebenslangen, berufsbegleitenden Fortbildung* zusammen. Sie weist einen Wissenschaftsbezug einerseits und einen Berufsfeld- bzw. Praxisbezug andererseits auf (vgl. hierzu Grethlein 2013) und wird oftmals zugleich als eine „berufsbiographische Aufgabe" (Blasberg-Kuhnke 2009, 16) verstanden. Wichtige Eckpunkte einer LehrerInnenbildung in den drei genannten Phasen sind vor diesem Hintergrund die *Wissenschaftsorientierung*, die *Berufsfeldorientierung* und die *Persönlichkeitsbildung* (Ziebertz/Heil 2005, 26–28 und Lück 2013).

ReligionslehrerInnen sind verpflichtet, sich beständig „fortzubilden, was in Zeiten des raschen Wandels (neue Technologien, Medien etc.) nur zu unterstützen ist" (Bucher/Miklas 2005, 118). Fortbildungsveranstaltungen von kirchlichen – und anderen – Trägern erhalten in diesem Rahmen eine besondere Bedeutung (Lenhard 2012, 290). In mehreren zentralen Stellungnahmen hat die Evangelische Kirche in Deutschland (EKD) ihre ausdrückliche Bereitschaft artikuliert, ReligionslehrerInnen in ihrer fachlich, hermeneutisch, didaktisch, methodisch und persönlich anspruchsvollen beruflichen Tätigkeit vielfältig zu unterstützen (vgl. z. B. Kirchenamt der EKD 1997; s. auch Kap. 2.4.1). Faktisch haben die evangelischen Landeskirchen dementsprechend seit den 1970er Jahren ein Fortbildungs-, Beratungs- und Mediennetz aufgebaut, das seinesgleichen sucht.

Im Bereich der rheinischen Landeskirche werden Fortbildungsveranstaltungen zum Religionsunterricht u. a. vom Pädagogisch-Theologischen-Institut in Bonn-Bad Godesberg, von kreiskirchlichen Schulreferaten, von Bezirksbeauftragten und von anderen Trägern (z. B. Gemeinschaft Evangelischer Erzieherinnen und Erzieher, katholische Fortbildungsinstitutionen) angeboten.

2.12.2 Hinweise auf Fortbildungsveranstaltungen

Die Lehrkräfte erfahren von den Fortbildungsangeboten des PTI, der Schulreferate, der Bezirksbeauftragten oder anderer Fortbildungsveranstalter für das Fach Religion auf *sehr unterschiedliche Weise*.

Ein besonders wichtiges Informationsorgan ist nach der Selbstauskunft der Befragten das *gedruckte Programmheft* (70,8 %). Daneben werden schon mit deutlichem Abstand elektronische Kommunikationsmedien – *E-Mail-Werbung* (41,1 %) und die *Homepage des PTI oder der Schulreferate*

(35,9 %) – von fortbildungsinteressierten Lehrkräften vergleichsweise häufig genutzt. Ferner erfahren Religionslehrpersonen durch *Einzelflyer* (31,7 %) von den Fortbildungsangeboten der verschiedenen Träger. Neben apersonalen Kommunikationsformen sind auch personal vermittelte Wege der Werbung – *Hinweise durch die Schulleitung* (35,2 %) und *von KollegInnen* (31,4 %) – in nennenswerter Anzahl zu registrieren.

Wie erfahren Sie von den Fortbildungsangeboten des PTI, der Schulreferate, der Bezirksbeauftragten oder anderer Fortbildungsveranstalter für das Fach Religion?	**n**	**%***
Durch gedruckte Programmhefte	774	70,8
Durch E-Mail-Werbung	449	41,1
Durch die Homepage des PTI oder der Schulreferate	392	35,9
Durch die Schulleitung	385	35,2
Durch Einzelflyer	346	31,7
Durch Hinweise von KollegInnen	343	31,4

Tabelle 46: Hinweise auf Fortbildungsveranstaltungen (Zustimmung in %; Mehrfachnennungen möglich)

Bivariate Vergleiche nach den bekannten Subgruppen zeigen nur wenig statistisch bedeutsame Abweichungen auf geringem Niveau. Lehrkräfte der Altersgruppe 51 bis 60 Jahre sind durch gedruckte Programmhefte (r= .08) und Einzelflyer (r= .09) noch etwas stärker ansprechbar als Lehrkräfte der Altersgruppe bis 30 Jahre (gedruckte Programmhefte, r= -.11; Einzelflyer, r= -.13; E-Mail-Werbung, r= .05; n.s.) und der Altersgruppe zwischen 31 und 40 Jahre (Einzelflyer, r= -.09; E-Mail-Werbung, r= .06; n.s.). In diesem Ergebnis spiegelt sich offenkundig die Bedeutung und alltägliche Verbreitung elektronischer Medien wider, mit denen jüngere Menschen gegenwärtig wesentlich häufiger kommunizieren als ältere (vgl. hierzu Grethlein 2012, 242f.). Sie nutzen das Internet „nicht nur – wie sonst die Mehrheit der Bevölkerung – zum Aufrufen von Websites bzw. den Austausch von E-Mails, sondern als interaktives soziales Medium“ (ebd., 243). Hinweise von KollegInnen erhalten etwas seltener Befragte der ältesten Alterskohorte (r= -.07). Durch die Schulleitung werden Lehrende an Grundschulen tendenziell häufiger (r= .06) zur Teilnahme an Fortbildungen motiviert. E-Mail-Werbung (r= -.11) und Werbung durch Einzelflyer (r=-.07) sind bei ihnen weniger stark verbreitet.

2.12.3 Fortbildungshäufigkeit

Wie oft nehmen die Befragten in der Regel an Fortbildungsveranstaltungen für den Religionsunterricht teil? Gut ein Viertel der Befragten partizipiert nie (2,6 %) oder nur selten (25,4 %) an Fortbildungsangeboten. Etwas weniger als ein Drittel (30,0 %) besucht einmal jährlich entsprechende Veranstaltungen. 42,0 % der Befragten nehmen zwei Mal oder öfter an religionspädagogischen Fortbildungsangeboten teil.

Wie oft nehmen Sie in der Regel an Fortbildungsveranstaltungen für den Religionsunterricht teil?	**n**	**%***	**kum %**
Mehr als 3 Mal jährlich	141	15,2	9,5
2 bis 3 Mal jährlich	248	26,8	42,0
1 Mal jährlich	278	30,0	72,0
Selten	236	25,4	97,4
Nie	24	2,6	100,0

Tabelle 47: Häufigkeit von Fortbildungsveranstaltungen (Zustimmung in %; Mehrfachnennungen möglich)

Altersdifferenzierungen zeigen: Prozentual am häufigsten besuchen Lehrkräfte der Altersgruppen 41 bis 50 Jahre (r= .08) sowie 51 bis 60 Jahre (r= .08) Fortbildungen für den Religionsunterricht. Lehrkräfte im Alter von 31 bis 40 Jahren weisen eine leicht niedrigere Teilnahmehäufigkeit auf (r= -.11).

In **schulformspezifischer Betrachtung** nutzen Lehrkräfte an berufsbildenden Schulen Fortbildungen im Fach Religion nach eigenen Angaben stark überproportional häufig (r= .33!). Auch Lehrkräfte an Gymnasien partizipieren an religionspädagogischen Fortbildungsangeboten tendenziell stärker (r= .09). Befragte aller anderen Schulformen zeigen leicht unterdurchschnittliche Teilnahmehäufigkeiten auf: Grundschule (r= -.17), Hauptschule (r= -.10), Realschule (r= -.08), Förderschule (r= -.08) und Gesamtschule (r= -.03).

2.12.4 Fortbildungsanbieter

Welche Fortbildungsanbieter haben die Religionslehrkräfte im Befragungsjahr für Fortbildungen im Fach Religion genutzt? Mit großem Abstand wurden Fortbildungsangebote der *kreiskirchlichen Schulreferate* (61,7 %) am häufigsten besucht. Alle anderen Fortbildungsanbieter fallen demgegenüber deutlich zurück. Religionspädagogische Angebote des *Pädagogisch-Theologischen Instituts* wurden am zweithäufigsten wahrgenommen (28,9 %). Bereits an dritter Stelle folgen Veranstaltungsformate *anderer Anbieter* (16,1 %). 12,9 % der Befragten erinnern sich an Fortbildungen im Fach Religion von *Bezirksbeauftragten.* Fortbildungsveranstaltungen katholischer Anbieter (6,6 %) waren noch etwas stärker frequentiert als entsprechende Fortbildungen der Gemeinschaft Evangelischer Erzieherinnen und Erzieher (5,7 %).

Falls Sie an Fortbildungsveranstaltungen teilnehmen: Welche Fortbildungsanbieter haben Sie im vergangenen Jahr für Fortbildungen im Fach Religion genutzt?	**n**	**%***
Schulreferate	674	61,7
PTI	316	28,9
Andere Anbieter	176	16,1

Bezirksbeauftragte	141	12,9
Katholische Fortbildungsanbieter	72	6,6
GEE	62	5,7

Tabelle 48: Anbieter von Fortbildungsveranstaltungen (Zustimmung in %; Mehrfachnennungen möglich)

Fortbildungsveranstaltungen im **Pädagogisch-Theologischen Institut** besuchen BerufsanfängerInnen (bis 30 Jahre; r= .11) signifikant häufiger. Sehr berufserfahrene Lehrkräfte (61 Jahre und älter; r= -.08) sind hier leicht unterrepräsentiert. Angebote des Pädagogisch-Theologischen Instituts nutzen zudem Berufsschullehrkräfte (r= .21) und Gymnasiallehrkräfte (r= .05) stärker als andere Lehrerkohorten. Insbesondere Grundschullehrende sind an diesem Fortbildungsort seltener vertreten (r= -.13).

Veranstaltungen der **Schulreferate** besuchen Primarstufenlehrkräfte demgegenüber tendenziell häufiger (r= .04). Gymnasiallehrende (r= .14) sind bei diesem Fortbildungsanbieter noch stärker repräsentiert. Berufskolleglehrkräfte nehmen Veranstaltungen in den Schulreferaten signifikant seltener wahr (r= -.14), dafür nutzen sie weit überdurchschnittlich häufig Beratungs- und Fortbildungsangebote der **Bezirksbeauftragten** (r= .64!). Auch bei den **anderen Anbietern** sind sie – im Vergleich insbesondere zu Grundschullehrkräften (r= -.20) – überproportional vertreten (r= .22). Alters- und geschlechtsspezifische Differenzen spielen bei den letztgenannten Fortbildungsanbietern keine Rolle.

2.12.5 Fortbildungsformate

Die Träger für die schulische LehrerInnenfortbildung bieten heute in der Regel ganz unterschiedliche Fortbildungsformate an: von halb- oder ganztägigen Fortbildungen z. B. in kirchlichen oder staatlichen Tagungshäusern, über schulinterne Fortbildungen am Nachmittag mit der Fachkonferenz bzw. mit Teilen des Kollegiums, mehrtägigen Kompaktkursen mit Übernachtung und gelegentlichen Fortbildungsreihen in den Schulferien oder am Wochenende bis hin zu Online-Fortbildungen. Welche Fortbildungsformate bevorzugen die ReligionslehrerInnen?

Zwei Formate werden mit erheblichem Abstand von den Befragten präferiert: **„kompakte" Fortbildungsangebote am Nachmittag mit einer Dauer von 2,5 bis 3 Stunden** (54,9 %) und **Ganztagsfortbildungen, die schon am Vormittag beginnen** (44,7 %). Auf vermehrtes Interesse stoßen ferner schulinterne Fortbildungen mit der Fachkonferenz oder Teilen des Kollegiums (29,8 %) sowie mehrtägige Kompaktkurse mit Übernachtung (25,6 %).

Weniger als 15 Prozent Zustimmung weisen die folgenden Fortbildungsformate auf: *Fortbildungsreihe mit fester Gruppe* (14,0 %) sowie *„längere" Fortbildungsangebote am Nachmittag, die 4 bis 5 Stunden* *dauern* (13,8 %). Weniger als jede/r zehnte Befragte interessiert sich für *Fortbildungen zu Beginn oder am Ende der Schulferien* (9,3 %) für *Online-Fortbildungen* (8,5 %) oder für *Fortbildungen am Wochenende* (8,1 %).

Welche Fortbildungsformate bevorzugen Sie?	**n**	**%**
„Kompakte" Fortbildungszeit am Nachmittag, ca. 2,5 – 3 Stunden	600	54,9
Eine Fortbildung sollte auch schon vormittags beginnen (Ganztagsfortbildung)	489	44,7
Schulinterne Fortbildungen mit der Fachkonferenz bzw. Teilen des Kollegiums	326	29,8
Mehrtägige Kompaktkurse mit Übernachtung	280	25,6
Fortbildungsreihe mit fester Gruppe (z. B. vier Termine pro Halbjahr)	153	14,0
„Längere" Fortbildungszeit am Nachmittag, ca. 4 – 5 Stunden	151	13,8
Fortbildungen zu Beginn oder am Ende der Schulferien	102	9,3
Online-Fortbildungen	93	8,5
Fortbildungen am Wochenende	89	8,1

Tabelle 49: Bevorzugte Fortbildungsformate (Zustimmung in %; Mehrfachnennungen möglich)

Lehrkräfte an Grundschulen bevorzugen besonders kompakte Fortbildungszeiten am Nachmittag, von ca. 2,5 bis 3 Stunden Dauer (r= .14). An Ganztagsfortbildungen (r= -.11), an mehrtägigen Kompaktkursen mit Übernachtung (r= -.18) sowie an schulinternen Fortbildungen mit der Fachkonferenz bzw. mit Teilen des Kollegiums (r= -.21) zeigen sie sich signifikant weniger interessiert.

Die beiden letztgenannten Formate sprechen **Lehrkräfte an Berufskollegs und an Gymnasien** hingegen besonders an: schulinterne Fortbildung (Berufskolleg: r= .18, Gymnasium: r= .13) sowie mehrtägige Kompaktkurse mit Übernachtung (Berufskolleg: r= .13, Gymnasium: r= .09). Gymnasiallehrende favorisieren darüber hinaus Ganztagsfortbildungen, also Fortbildungen, die schon vormittags beginnen, tendenziell häufiger (r= .10).

Lehrkräfte der **Altersgruppe 31 bis 40 Jahre** weisen eine leichte Überrepräsentation bei Online-Fortbildungen auf (r= .08). Wenig(er) attraktiv ist für diese Altersgruppe hingegen das Format „längere Fortbildungszeit am Nachmittag, ca. 4 bis 5 Stunden" (r= -.10).

2.12.6 Hinderungsgründe in Bezug auf eine Teilnahme an Fortbildungen

Was hindert rheinische Religionslehrkräfte daran, an fachlichen und pädagogischen Fortbildungsveranstaltungen teilzunehmen? 12,4 Prozent der Befragten antworten auf diese Frage: *„nichts"* – und bleiben dennoch den Fortbildungen fern.

Ansonsten ragen bei einer Gesamtbetrachtung der Hinderungsgründe in Bezug auf eine Teilnahme an Fortbildungen **fünf, teilweise sehr unterschiedliche Begründungen** hervor:

- Besonders viele Lehrkräfte betonen, es bleibe im Schulalltag zu wenig Zeit für den Besuch von Fortbildungsveranstaltungen, andere schulische Verpflichtungen hätten Vorrang (44,2 %).
- Andere insistieren auf private Verpflichtungen (32,3 %) oder erklären, dass die derzeitigen Fortbildungsangebote nicht zu ihren Interessen bzw. zu ihrem Bedarf passen (27,3 %).
- Aber auch (schulisch-)organisatorische Gründe – Unterrichtsverpflichtungen, beispielsweise am Nachmittag (26,1 %) sowie ein unpassender zeitlicher Rahmen (23,5 %) – können der eigenen Teilnahme an Fortbildungsveranstaltungen entgegenstehen.

Zu diesen schulimmanenten Hinderungsgründen zählen auch, allerdings mit deutlich geringeren Zustimmungsquoten, die *fehlende Genehmigung durch die Schulleitung* (6,1 %), beispielsweise wegen Unterrichtsausfall, sowie das *Vertretungskonzept an der jeweiligen Schule* (6,0 %). 17,1 % der Befragten konstatieren, der *Weg zum Fortbildungsort* sei für sie *zu weit*. Lediglich 1,4 % der Antwortenden bekunden *keinen grundsätzlichen Fortbildungsbedarf* im Unterrichtsfach evangelische Religion.

Was hindert Sie, an Fortbildungen teilzunehmen?	**n**	**%**
Es bleibt im Schulalltag zu wenig Zeit, andere schul. Verpfl. haben Vorrang	483	44,2
Private Verpflichtungen	353	32,3
Die Angebote passen nicht zu meinen Interessen/zu meinem Bedarf	298	27,3
Unterrichtsverpflichtung (bspw. am Nachmittag)	285	26,1
Der zeitliche Rahmen passt nicht	257	23,5
Die Wege zum Fortbildungsort sind zu weit	187	17,1
Nichts	135	12,4
Andere Gründe	87	8,0
SchulleiterIn genehmigt die Teilnahme nicht (bspw. wegen Unterrichtsausfall)	67	6,1
Das Vertretungskonzept an der Schule	66	6,0
Ich habe keinen Bedarf an Fortbildungen im Fach evangelische Religion	15	1,4

Tabelle 50: Hinderungsgründe für die Teilnahme an Fortbildungsveranstaltungen (Zustimmung in %; Mehrfachnennungen möglich)

Altersspezifische Differenzierungen ermitteln einen einzigen Hinderungsgrund mit statistischer Signifikanz: Lehrkräfte der Altersgruppe 31 bis 40 Jahre (r= .08) und der Altersgruppe 41 bis 50 Jahre (r= .13) begründen ihre Nichtteilnahme an Fortbildungen im Vergleich zu den beiden ältesten Alterskohorten (r= -.12 bzw. r= -.11) etwas häufiger mit *privaten Verpflichtungen.*

Bei einer **schulformspezifischen Betrachtung** zeigt sich: Besonders GymnasiallehrerInnen kritisieren, die eigene Schulleitung würde eine Fortbildungsteilnahme beispielsweise wegen Unterrichtsausfall nicht genehmigen (r= .12; Grundschule: r= -.06). Sie bemängeln zudem tendenziell stärker, die Angebote würden nicht zu ihren Interessen bzw. zu ihrem Bedarf passen (r= .08). Lehrkräfte an Berufskollegs erklären einerseits im Subgruppenvergleich am stärksten, dass sie „nichts" von einer Fortbildungsteilnahme abhalten würde (r= .11). Andererseits stünden oftmalige Unterrichtsverpflichtungen beispielsweise am Nachmittag (r= .17) und die Vorrangstellung von anderen schulischen Verpflichtungen (r= .09) ihrer Teilnahme entgegen. Von allen LehrerInnengruppen bekräftigen Lehrkräfte an Grundschulen am häufigsten die Aussage: „Ich habe keinen Bedarf an Fortbildungen im Fach evangelische Religion" (r= .08). Bei der Würdigung des letztgenannten Befundes ist allerdings die sehr geringe Fallzahl (n= 15) zu beachten.

2.12.7 Fortbildungswünsche

Welche Wünsche hinsichtlich der fachlichen und pädagogischen Fortbildung durch das PTI, die Schulreferate, den Bezirksbeauftragten oder andere Veranstalter haben rheinische Religionslehrkräfte aller Schulformen?

Die Befragten verbinden mit den religionspädagogischen Fortbildungsangeboten *zahlreiche, z. T. sehr unterschiedliche Erwartungen* (vgl. Tab. 51).

Wünsche hinsichtlich d. fachl. und pädagogischen Fortbildung	**n**	**%***
Vielfältige methodische Zugänge zu religionspäd. relevanten Themen	538	49,2
Religionsunterricht zu aktuellen Problemen	454	41,5
Aktuelle theologische Fragestellungen	450	41,2
Formen individuellen Lernens im Religionsunterricht	444	40,6
Vielfältige Formen der Arbeit mit biblischen Texten	417	38,2
Neue Medien im Religionsunterricht	383	35,0
Fachlicher Austausch mit KollegInnen meiner Schulform	342	31,3
Begegnung mit VertreterInnen der Religionen	331	30,3
Religionsvielfalt vor Ort – interreligiöses Lernen	327	29,9
Fächerverbindender Religionsunterricht/Projekte	304	27,8
Einführung in die Theologie der Weltreligionen	262	24,0
Biblisch-theologische Grundinformationen	226	20,7
Supervision	184	16,8
Stärkung der Persönlichkeit	177	16,2
Entwicklung der eigenen Spiritualität	141	12,9
Schulinterne Fortbildung/Beratung von Fachkonferenzen	127	11,6
Klärung der Rolle als Religionslehrer/in	126	11,5
Bildungspolitik/Schulentwicklung/Schulstruktur	118	10,8
Fachlicher Austausch mit KollegInnen anderer Schulformen	101	9,2

Tabelle 51: Wünsche hinsichtlich der fachlichen und pädagogischen Fortbildung (Zustimmung in %; Mehrfachnennungen möglich)

Auch wenn keine der Antwortvorgaben eine Zustimmungsquote von über 50 Prozent erhält, steht ein Fortbildungswunsch mit einigem Abstand an der Spitze der in der quantitativen Teilstudie offerierten Wünscheskala. Dieser Fortbildungswunsch integriert inhaltliche *und* methodische Aspekte des Faches Religion: die Befragten wünschen sich die Einübung oder Vertiefung *„vielfältiger methodischer Zugänge zu religionspädagogisch relevanten Themen*“ (49,2 %).

Am zweitwichtigsten sind den Befragten Fortbildungsangebote zu *„aktuellen Problemen*“ (41,5 %), am drittwichtigsten Fortbildungsangebote zu *„aktuellen theologischen Fragestellungen*“ (41,2 %). Nehmen diese Fortbildungsangebote vor allem inhaltliche und thematische Aspekte des Religionsunterrichts – unter besonderer Berücksichtigung ihres Bezugs zur Aktualität – in den Blick, stehen bei den Fortbildungswünsche mit den nächsthöchsten Zustimmungsraten (Rangplätze 4–6) methodisch-didaktische und mediale Aspekte im Fokus: *„Formen individuellen Lernens im Religionsunterricht“* (40,6 %), *„vielfältige Formen der Arbeit mit biblischen Texten*“ (38,2 %) sowie *„neue Medien im Religionsunterricht*“ (35,0 %).

Interessanterweise stimmen die Fortbildungswünsche rheinischer Lehrkräfte auf den ersten sechs Rangplätzen damit mit den Wünschen westfälischer ReligionslehrerInnen (Nicht 2011, 9) überein – auch wenn die Items zum Teil unterschiedlich angeordnet werden.

In beiden Untersuchungen stellen **unterrichtspraktische Fähigkeiten und Fertigkeiten resp. die Ausbildung oder Vertiefung methodisch-didaktischer Kompetenzen** eine zentrale Erwartungsdimension an religionspädagogische Fortbildungen dar.

Gewünscht werden von den Lehrenden darüber hinaus fachliche und pädagogische **Fortbildungsangebote zu aktuellen Problemen** (rheinische Studie: Rangplatz 2; westfälische Studie: Rangplatz 4) und **zu aktuellen theologischen Fragestellungen** (rheinische Studie: Rangplatz 3; westfälische Studie: Rangplatz 6). Die höhere Gewichtung der beiden letztgenannten Dimensionen in der vorliegenden Studie zeigt, dass theologische resp. thematisch-problemorientierte Fortbildungsangebote bei rheinischen ReligionslehrerInnen in ihrer Gesamtheit keineswegs obsolet sind. Offenkundig geht es ihnen noch stärker als ihren westfälischen KollegInnen bei religionspädagogischen Fortbildungsmaßnahmen *nicht vordringlich oder gar ausschließlich um die Einübung oder Vertiefung „lehr-handwerklicher Fertigkeiten“* (Feige/Friedrichs/Köllmann 2007, 20), *sondern immer auch um inhaltliche Auseinandersetzungen und um die Erweiterung fachwissenschaftlich-theologischer Kompetenzen – in einer aktuellen, oftmals schulformbezogenen Pointierung und Profilierung.*

Praxis- und Berufsfeldorientierung und **theologische Wissenschaftsorientierung** schließen sich in der Phase der berufsbegleitenden

Fortbildung – wie schon in den anderen Phasen der ReligionslehrerInnenbildung (im Theologiestudium und im Vorbereitungsdienst) – nicht aus.

Die Dimension der **Persönlichkeitsbildung** spielt bei den Fortbildungswünschen der ReligionslehrerInnen im Vergleich dazu eine weniger wichtige Rolle. Gleichwohl interessiert sich mehr als jede/r siebte Befragte für Fortbildungsangebote zur „*Supervision*" (16,8 %) oder zur „*Stärkung der Persönlichkeit*" (16,2 %). Etwas seltener werden Angebote zur „*Entwicklung der eigenen Spiritualität*" (12,9 %) oder zur „*Klärung des Rollenprofils als ReligionslehrerIn*" (11,5 %) genannt.

Für noch deutlich gewichtiger schätzen die Befragten **authentische Begegnungen mit KollegInnen der eigenen Schulform** (31,3 %) sowie **mit VertreterInnen der Weltreligionen** (30,3 %) ein. Außerdem zeigen sich rheinische Religionslehrkräfte vor dem Hintergrund eines oftmals multikulturellen und -religiösen Schul- und Gesellschaftskontexts an der „*Religionsvielfalt vor Ort*" bzw. an Ansätzen „*interreligiösen Lernens*" (29,9 %), an „*fächerverbindendem Religionsunterricht*" und entsprechenden „*Projekten*" (27,8 %) sowie an einer „*Einführung in die Theologie der Weltreligionen*" (24,0 %) interessiert.

Ein fachlicher und pädagogischer Fortbildungsbedarf wird aber nicht nur im Hinblick auf andere Religionen, sondern auch hinsichtlich der **eigenen (christlichen) Religion** artikuliert. Mehr als jede/r fünfte Befragte optiert für Fortbildungsangebote zu „*biblisch-theologischen Grundinformationen*" (20,7 %).

An „schulinterner Fortbildung und/oder der Beratung von Fachkonferenzen" (11,6 %), den Themen „Bildungspolitik, Schulentwicklung und Schulstruktur" (10,8 %) sowie dem „fachlichen Austausch mit Kolleginnen und Kollegen anderer Schulformen" (9,2 %) sind die Befragten im Rahmen religionspädagogischer Fortbildungsangebote weit weniger stark interessiert.

Korrelationsanalytische schulformspezifische Auswertungen dokumentieren teilweise divergierende Forschungswünsche und -interessen der jeweiligen Lehrerpopulationen.

Lehrkräfte an Grundschulen wünschen sich besonders häufig bibeldidaktische und -methodische Fortbildungsangebote („vielfältige Formen der Arbeit mit biblischen Texten"; r= .12). An aktuellen theologischen Fragestellungen (r= -.25!), aktuellen Problemstellungen (r= -.16), einer schulinternen Fortbildung (r= -.15), an den Themen Bildungspolitik, Schulentwicklung und Schulstruktur (r= -.14) sowie an der Begegnung mit Vertreterinnen und Vertretern der Weltreligionen (r= -.13) weisen sie ein im Vergleich zum Durchschnitt geringeres Interesse auf.

Lehrkräfte an Gesamtschulen zeigen sich an schulinternen Fortbildungen und der Beratung von Fachkonferenzen (r= .16) sowie an dem fachlichen Austausch mit KollegInnen anderer Schulformen (r= .08) signifikant stärker interessiert. Sie sind darüber hinaus für Fortbildungsangebote für neue Medien im Religionsunterricht (r= .09) besonders aufgeschlossen.

Lehrkräfte an Gymnasien wünschen sich sehr stark Fortbildungsveranstaltungen zu aktuellen theologischen Fragestellungen (r= .25). Auch schulinterne Fortbildungen und Beratung von Fachkonferenzen sind ihnen relativ wichtig (r= .12). Darüber hinaus tendieren sie zu einem fachlichen Austausch mit KollegInnen der eigenen Schulform (r= .07) und anderen Schulformen (r= .09).

Religionslehrende an Berufskollegs zeigen sich am fachlichen Austausch mit KollegInnen anderer Schulformen etwas weniger interessiert (r= -.07). Dafür ist ihnen ist der Austausch mit KollegInnen der eigenen Schulform besonders wichtig (r= .10). In thematischer Hinsicht interessieren sie sich vor allem für interreligiöses Lernen bzw. für die Religionsvielfalt vor Ort (r= .14), für aktuelle theologische Fragestellungen (r= .12), für Begegnungen mit RepräsentantInnen der Weltreligionen (r= .11) und für einen Religionsunterricht zu aktuellen Problemen (r= .11). Auch für die Bildungspolitik, Schulentwicklung und Schulstruktur (r= .10) und für Supervisionsmaßnahmen (r= .08) sind sie tendenziell häufiger aufgeschlossen. Fortbildungswünsche (bibel-)didaktischer und methodischer Provenienz (vielfältige Formen der Arbeit mit biblischen Texten, r= -.14; Formen individuellen Lernens, r= -.09) sind bei ihnen hingegen weniger stark vorzufinden.

Religionslehrende an Förderschulen wünschen sich vergleichsweise häufig Fortbildungsangebote zur Entwicklung der eigenen Spiritualität (r= .09). Die zum Teil unterschiedlichen Gewichtungen der LehrerInnen im Hinblick auf die pädagogische und fachliche Fortbildung je nach Schulform veranschaulichen auch die prozentualen Verteilungen – und die jeweiligen Rangfolgen – der Fortbildungswünsche (Tab. 52a und 52b).

Wünsche hinsichtlich der fachlichen und pädagogischen Fortbildung	**Grund-schule**	**Haupt-schule**	**Real-schule**	**Ges.-schule**	**Alle Schulf.**
Vielfältige methodische Zugänge zu rel.päd. relevanten Themen	51,4 (1)	44,6 (1)	41,1 (3)		49,2
Religionsunterricht zu aktuellen Problemen	31,6 (5)	35,4 (2)	46,8 (1)	43,9 (4)	41,5
Aktuelle theologische Fragestellungen	25,7	32,3 (3)	41,2 (2)	45,9 (3)	41,2
Formen individuellen Lernens im RU.	43,6 (3)	27,2	40,3 (4)	39,8 (5)	40,6
Vielfältige Formen d. Arbeit m. biblischen Texten	45,3 (2)	30,8 (4)	30,6	39,8 (5)	38,2
Neue Medien im RU	32,8 (4)	29,2 (5)	32,3 (5)	49,0 (2)	35,0
Fachl. Austausch m. KollegInnen meiner Schulf.	27,8	23,1	25,8	28,6	31,3
Begegnung mit VertreterInnen der Religionen	22,9	27,7	28,2	34,7	30,3
Religionsvielfalt vor Ort – interreligiöses Lernen	28,1	23,1	25,8	29,6	29,9
Fächerverbindender RU/Projekte	27,1	26,2	22,6	24,5	27,8

Einführung in die Theologie der Weltreligionen	22,2	18,5	24,2	28,6	24,0
Biblisch-theologische Grundinformationen	19,3	27,7	22,6	22,4	20,7
Supervision	14,2	15,4	17,7	12,2	16,8
Stärkung der Persönlichkeit	15,1	10,8	18,5	21,4	16,2
Entwicklung der eigenen Spiritualität	10,6	15,4	11,3	14,3	12,9
Schulint. Fortbildung/Beratung von Fachkonf.	5,4	10,8	10,5	27,6	11,6
Klärung der Rolle als ReligionslehrerIn	19,9	16,9	13,7	15,3	11,5
Bildungspolitik/Schulentwicklung/Schulstruktur	5,2	9,2	14,5	14,3	10,8
Fachlicher Austausch mit KollegInnen anderer Schulformen	5,9	10,8	9,7	16,3	9,2

Tabelle 52a: Wünsche hinsichtlich der fachlichen und pädagogischen Fortbildung versus Schulform (Zustimmung in %)

Wünsche hinsichtlich der fachlichen und pädagogischen Fortbildung	**Gymnasium**	**Berufs-kolleg**	**Förder-schule**	**Alle Schulf.**
Vielfältige methodische Zugänge zu rel.päd. relevanten Themen	54,1 (2)	39,2	51,1 (1)	49,2
Religionsunterricht zu aktuellen Problemen	47,7 (3)	52,2 (2)	46,7 (2)	41,5
Aktuelle theologische Fragestellungen	62,8 (1)	56,6 (1)	26,7	41,2
Formen individuellen Lernens im RU	44,7 (4)	30,1	35,6 (5)	40,6
Vielfältige Formen der Arbeit mit bibl. Texten	38,0 (5)	21,0	40,0 (3)	38,2
Neue Medien im Religionsunterricht	30,8	35,7	31,1	35,0
Fachl. Austausch m.KollegInnen meiner Schulform	37,2	43,4 (4)	24,4	31,3
Begegnung mit VertreterInnen der Religionen	35,3	42,7 (5)	28,9	30,3
Religionsvielfalt vor Ort – interreligiöses Lernen	27,8	46,2 (3)	22,2	29,9
Fächerverbindender Religionsunterricht/Projekte	30,8	28,0	37,8 (4)	27,8
Einführung in die Theologie der Weltreligionen	25,2	25,2	17,8	24,0
Biblisch-theologische Grundinformationen	22,9	15,4	20,0	20,7
Supervision	18,8	24,5	15,6	16,8
Stärkung der Persönlichkeit	10,9	21,7	24,4	16,2
Entwicklung der eigenen Spiritualität	15,8	12,6	26,7	12,9
Schulinterne Fortbildung/Beratung von Fachkonf.	18,0	9,1	8,9	11,6
Klärung der Rolle als ReligionslehrerIn	12,0	11,9	11,1	11,5
Bildungspolitik/Schulentwicklung/Schulstruktur	14,7	18,9	4,4	10,8
Fachlicher Austausch mit KollegInnen anderer Schulformen	13,9	4,2	13,3	9,2

Tabelle 52b: Wünsche hinsichtlich der fachlichen und pädagogischen Fortbildung versus Schulform (Zustimmung in %)

Altersbezogene Unterschiede sind bei den Wünschen an die fachliche und pädagogische Fortbildung hingegen überraschend marginal. Keine einzige Korrelation weist einen Wert von r> .10 auf.

Geschlechtseffekte konvergieren z. T. mit den skizzierten Schulformeffekten. Weibliche Lehrkräfte erwarten leicht häufiger bibeldidaktische Fortbildungsangebote (r= .10). Männliche Lehrkräfte interessieren sich etwas stärker für aktuelle theologische Fragestellungen (r= .10) sowie für den fachlichen Austausch mit KollegInnen der eigenen Schulform (r= .13) und anderer Schulformen (r= .11).

2.12.8 Statistische Wechselbeziehungen zwischen den Fortbildungswünschen

Hängen einzelne Fortbildungswünsche in der Einschätzung der Befragten stärker zusammen als andere? Tab. 53 gibt eine Übersicht über die Interkorrelationen der 19 entsprechenden Variablen.

Aufgeführt sind in Tab. 53 nur Korrelationskoeffizienten, die $r \geq .20$ sind. In der Wahrnehmung der Befragten sind die folgenden Fortbildungswünsche aufeinander stark bezogen bzw. miteinander verbunden:

- FW6: Vielfältige Formen der Arbeit mit biblischen Texten/FW7: Vielfältige methodische Zugänge zu religionspädagogisch relevanten Themen (r= .44)
- FW3: Begegnung mit VertreterInnen der Religionen/FW5: Religionsvielfalt vor Ort – interreligiöses Lernen (r= .37)
- FW18: Fachlicher Austausch mit KollegInnen meiner Schulform/FW19: Fachlicher Austausch mit KollegInnen anderer Schulformen (r= .36)
- FW14: Stärkung der Persönlichkeit/FW15: Entwicklung der eigenen Spiritualität (r= .35)
- FW7: Vielfältige methodische Zugänge zu religionspädagogisch relevanten Themen/FW8: Formen individuellen Lernens im Religionsunterricht (r= .34)
- FW13: Supervision/FW14: Stärkung der Persönlichkeit (r= .32)
- FW2: Einführung in die Theologie der Weltreligionen/FW3: Begegnung mit VertreterInnen der Religionen (r= .31)
- FW8: Formen individuellen Lernens im Religionsunterricht/FW9: Neue Medien im Religionsunterricht (r= .31)
- FW13: Supervision/FW15: Entwicklung der eigenen Spiritualität (r= .30)
- FW4: Aktuelle theologische Fragestellungen/FW11: Religionsunterricht zu aktuellen Problemen (r= .30)

	W1	W2	W3	W4	W5	W6	W7	W8	W9	W10	W11	W12	W13	W14	W15	W16	W17	W18	W19
W 1	---	.27		.23		.29													
W 2	.27	---	.31		.27														
W 3		.31	---	.23	.37														
W 4	.23		.23	---			.20				.30						.21	.21	
W 5		.27	.37		---														
W 6	.29					---	.44	.28											
W 7				.20		.44	---	.34	.22									.20	
W 8						.28	.34	---	.31	.22		.20							
W 9							.22	.31	---	.23		.22							
W 10								.22	.23	---		.22							
W 11				.30							---								
W 12								.20	.22	.22		---							
W 13													---	.32	.30				
W 14					---								.32	---	.35	.25			
W 15													.30	.35	---	.25			
W 16					.37									.25	.25	---			
W 17					.27												---		
W 18				.21			.20											---	.36
W 19				.21														.36	---

Tabelle 53: Interkorrelationsmatrix – Wünsche hinsichtlich der fachlichen und pädagogischen Fortbildung

Legende zu Tabelle 53: FW1: Biblisch-theologische Grundinformationen FW2: Einführung in die Theologie der Weltreligionen FW3: Begegnung mit VertreterInnen der Religionen FW4: Aktuelle theologische Fragestellungen FW5: Religionsvielfalt vor Ort – interreligiöses Lernen FW6: Vielfältige Formen der Arbeit mit biblischen Texten FW7: Vielfältige methodische Zugänge zu religionspädagogisch relevanten Themen FW8: Formen individuellen Lernens im Religionsunterricht FW9: Neue Medien im Religionsunterricht	FW10: Fächerverbindender Religionsunterricht/Projekte FW11: Religionsunterricht zu aktuellen Problemen FW12: Schulinterne Fortbildung/Beratung von Fachkonferenzen FW13: Supervision FW14: Stärkung der Persönlichkeit FW15: Entwicklung der eigenen Spiritualität FW16: Klärung der Rolle als ReligionslehrerIn FW17: Bildungspolitik/Schulentwicklung/ Schulstruktur FW18: Fachlicher Austausch mit KollegInnen meiner Schulform FW19: Fachlicher Austausch mit KollegInnen anderer Schulformen

2.13 Korrelative Zusammenhänge zwischen verschiedenen Faktoren

2.13.1 Überblick über die faktorenanalytisch ermittelten Dimensionen

Mittels des multivariaten Verfahrens der Faktorenanalyse konnten in der quantitativen Teilstudie bei den Fragekomplexen „religionsdidaktische Zielvorstellungen“ (Kap. 2.2), „Bezugsgruppen“ (Kap. 2.4) und „Zukunftsszenarien“ (Kap. 2.9) eine Vielzahl von Einzel-Items auf einige, wenige voneinander unabhängige, in den Konnotationsstrukturen der Lehrenden präsente – bei jedem/r *einzelnen* Befragten dabei aber in je unterschiedlicher Mischung vorhandene – Dimensionen verdichtet werden, ohne dass damit ein zu großer Informationsverlust verbunden ist.

Wie die vorangegangenen Darlegungen gezeigt haben, lassen sich die extrahierten Faktoren inhaltlich gut interpretieren:

Faktor BEZG I	Außerschulische Bezugsgruppen und Instanzen des Religionsunterrichts (res mixta)
Faktor BEZG II	Grundlegende Orientierung an den SchülerInnen und Bezug zu individuellem Glauben *(Gewissen, Bibel, Ideale/Visionen, Berufung, Theologie als Wissenschaft)*
Faktor BEZG III	Kirchengemeinde
Faktor BEZG IV	Innerschulisches Umfeld des Religionsunterrichts
Faktor ZIEL I	Toleranz und Offenheit in weltanschaulichen und religiösen Fragen
Faktor ZIEL II	Suche nach Gott im eigenen (Glaubens-)Leben bzw. Alltag
Faktor ZIEL III	Kirchlich-konfessionelle Ziele
Faktor ZIEL IV	Feministisch-theologische bzw. genderorientierte (*oder:* ganzheitliche, meditative) Ziele
Faktor ZIEL V	Einführung in die eigene Religion und in andere Religionen und Weltanschauungen
Faktor ZIELVI	Förderung der Theologie der SchülerInnen
Faktor ZUSZ I	Ökumenischer Religionsunterricht
Faktor ZUSZ II	Wahlpflichtalternative zwischen Religions- und Ethik- bzw. Philosophieunterricht
Faktor ZUSZ III	Missionarische Aspekte im Religionsunterricht
Faktor ZUSZ IV	Bedeutung des Faches Religion für die Schule

Tabelle 53: Gesamtübersicht über die Faktorenbenennungen

2.13.2 Interkorrelationen

Wie hängt die Einschätzung der Bezugsgruppen des Religionsunterrichts mit den religionsdidaktischen Zielvorstellungen und den Zukunftsszenarien der Befragten zusammen?

Die Tab. 55 bis 57 geben die **statistischen Wechselbeziehungen zwischen den einzelnen Faktor-Variablen** wieder. Bei der Interpretation ist zu beachten, dass es sich bei diesen Wechselbeziehungen *jeweils um korrelative und nicht um kausale Zusammenhänge* handelt. Ausgewertet werden in der Regel nur Korrelationskoeffizienten, die r ≥ .20 sind.

a) Bezugsgruppen versus religionsdidaktische Zielvorstellungen

	F_ZIEL I	**F_ZIEL II**	**F_ZIEL III**	**F_ZIEL IV**	**F_ZIEL V**	**F_ ZIEL VI**
F_BEZG I			.32	.30		.19
F_ BEZG II	.48	.41		-.12	.10	.33
F_ BEZG III	-.14	.25	.45			
F_ BEZG IV	.14	.12			.11	-.16

Tabelle 54: Interkorrelationsmatrix Bezugsgruppen versus Zielvorstellungen

Wer die „SchülerInnen“, das „Gewissen“, die „Bibel“, „Ideale und Visionen“, die „Berufung“ und die „Theologie als Wissenschaft“ (BEZG II) als zentrale Bezugsgruppen eines – evangelischen – Religionsunterrichts herausstellt, artikuliert ein überproportional starkes Interesse an den religionsdidaktischen Zieldimensionen „Toleranz und Offenheit in weltanschaulichen und religiösen Fragen“ (ZIEL I; r=. 48), „Suche nach Gott im eigenen (Glaubens-)Leben bzw. Alltag“ (ZIEL II; r=. 41) sowie „Förderung der Theologie der SchülerInnen“ (ZIEL VI; r=. 33) et vice versa. Konfessionsbezogene Zieloptionen (ZIEL III) sind Lehrkräften, die die „Kirchengemeinde“ als Bezugsgruppe des Faches Religion – verstärkt – im Blick haben (BEZG III), nicht unerwartet besonders wichtig (r=. 45). Kirchlich-konfessionelle Zielvariablen (ZIEL III; r= .33) werden auch von Probanden, die ein Gewicht auf die außerschulischen Bezugsgruppen und Instanzen des Religionsunterrichts (BEZG I) legen, signifikant stärker hervorgehoben et vice versa (r=. 32). Feministisch-theologische bzw. genderorientierte Zielvorstellungen (ZIEL IV) werden von ihnen ebenfalls überdurchschnittlich häufig befürwortet (r= .30).

b) Bezugsgruppen versus Zukunftsszenarien

	F_ZUSZ I	F_ ZUSZ II	F_ ZUSZ III	F_ ZUSZ IV
F_BEZG I				.22
F_ BEZG II		.30	-.23	.17
F_ BEZG III			.18	.19
F_ BEZG IV	.11			

Tabelle 55: Interkorrelationsmatrix Bezugsgruppen versus Zukunftsszenarien

Religionslehrende, die die grundlegende Orientierung an den SchülerInnen und den Bezug zu individuellem Glauben (Gewissen, Bibel, Ideale/Visionen, Berufung sowie Theologie als Wissenschaft; BEZG II) hervorheben, plädieren überproportional häufig für das Modell einer Wahlpflichtalternative zwischen Religions- und Ethik- bzw. Philosophieunterricht (ZUKS II) et vice versa (r= .30). Sie artikulieren zugleich ein signifikant – noch deutlich – selteneres Interesse an missionarischen Aspekten im Religionsunterricht (ZUKS III; r= -.23).

c) Zukunftsszenarien versus religionsdidaktische Zielvorstellungen

	F_ZIEL I	F_ZIEL II	F_ZIEL III	F_ZIEL IV	F_ZIEL V	F_ ZIEL VI
F_ ZUSZ I	.28		-.19	.26		-.16
F_ ZUSZ II	.15					.24
F_ ZUSZ III	-.29		.13			-.11
F_ ZUSZ IV		.13	.28			.10

Tabelle 56: Interkorrelationsmatrix: Zukunftsszenarien versus Zielvorstellungen

Religionslehrkräfte, denen die Zielkomponente „Toleranz und Offenheit in weltanschaulichen und religiösen Fragen“ (ZIEL I) am Herzen liegt, neigen vergleichsweise stärker zu einem „ökumenischen Religionsunterricht“

(ZUKS I) et vice versa (r= .28). Einen missionarischen Religionsunterricht (ZUKS III) lehnen sie nicht unerwartet weit überproportional häufig ab (r= -.29). Leichte Sympathien für missionarische Aspekte im Religionsunterricht bekunden demgegenüber Lehrende, die kirchlich-konfessionelle Zieloptionen (ZIEL III) befürworten (r= .13). Sie heben zugleich die Bedeutung des Faches Religion für die Schule (ZUKS IV) vermehrt hervor et vice versa (r= .28). Feministisch-theologische bzw. genderorientierte Ziele (ZIEL IV) korrespondieren mit dem Wunsch nach der Einrichtung eines ökumenischen Religionsunterrichts" (ZUKS I) et vice versa (r= .26). Wer die „Theologie der SchülerInnen fördern" (ZIEL VI) möchte, steht dem Modell eines ökumenischen Religionsunterrichts etwas skeptischer gegenüber (r= -.16). Er votiert überdurchschnittlich häufig für eine Wahlpflichtalternative zwischen konfessionellem Religionsunterricht und Ethik- bzw. Philosophieunterricht (ZUKS II; r= .24).

2.14 Wesentliche Ergebnisse im Überblick

In Kap. 2.14 werden wesentliche Ergebnisse der quantitativen Studie rekapituliert und interpretierend zusammengefasst.

a) Rheinische Religionslehrkräfte heben die SchülerInnen als wichtigste Bezugsgröße des Religionsunterrichts hervor und stellen diese in das Zentrum ihrer religionsdidaktischen Tätigkeit.

In keinem anderen Fragepunkt sind sich die befragten Religionslehrkräfte so sicher und zugleich so einig wie bei der Wichtigkeit der SchülerInnen. Diese stellen – mit dem mit Abstand höchsten Mittelwert (M= 4.79) und der geringsten Standardabweichung (SD= .80) – die zentrale Bezugsgröße ihrer religionsdidaktischen Tätigkeit dar. Die Befragten partizipieren mit dieser Einschätzung an einem breiten Konsens in der gegenwärtigen evangelischen und katholischen Religionspädagogik, nach dem das Fach Religion seine Daseinsberechtigung „weder von der Kirche her noch aufgrund staatlicher Interessen, sondern von den Kindern und Jugendlichen her" (Schweitzer 2013c, 52; s. katholischerseits Weirer 2013, 44) gewinnt.

b) Rheinische Religionslehrkräfte orientieren sich in ihrem Denken und Handeln stark an ihrem Gewissen, der Bibel und an ihren eigenen Idealen und Visionen.

Neben der grundlegenden Orientierung an den SchülerInnen sind für rheinische Religionslehrkräfte das *eigene Gewissen* (M= 4.58) und – schon etwas schwächer – die *Bibel* als Basisdokument des christlichen Glaubens (M= 4.15) besonders wichtig. Die Gewissensfreiheit der Unterrichtenden in ihrem Denken und Handeln und ihre biblische bzw. bekenntnismäßige Bindung werden von der überwiegenden Mehrzahl der Befragten dabei nicht als Gegensätze verstanden, sondern dialogisch-dialektisch aufeinander bezogen. *Eigene Ideale und Visionen* (M= 4.04) und eine *Berufung* (M= 3.92) sind für die Befragten überdies signifikant wichtiger als etwa das *Lehrerkollegium* (M= 3.74), der *Lehrplan* (M= 3.67) oder die *Theologie als Wissenschaft* (M= 3.57).

c) Rheinische Religionslehrkräfte erachten eine Vielzahl sehr unterschiedlicher Zielvorstellungen für wichtig, die in einem religiös und weltanschaulich pluralen resp. säkularen Gesellschafts- und Schulkontext als komplementäre Aufgabenstellungen schulisch-religiösen Lernens verstanden werden.

In Korrespondenz zu den Befragungsergebnissen früherer empirisch-religionspädagogischer Studien vertreten rheinische Religionslehrkräfte „ein breites Spektrum an Zielsetzungen, das sowohl offen ist für andere Religionen als auch die Möglichkeit einräumt, die Wahrheitsansprüche der eigenen Konfession anzusprechen" (Riegel 2010, 27). Insbesondere Zieloptionen mit einer konvergenztheoretischen, biblisch-theologischen, religionspädagogischen bzw. christlich-religiösen, kinder- und jugendtheologischen, interkonfessionellen, interreligiösen, religionskundlichen und ethisch-gesellschaftspolitischen Akzentuierung erfreuen sich einer breiten Zustimmung (vgl. Kap 2.2).

Sehr hohe Zustimmungsquoten erhalten Ziele mit einer korrelationsdidaktischen und pädagogisch-adressatenspezifischen Profilierung. Die meisten Lehrenden wollen „den christlichen Glauben mit menschlichen Fragen und Erfahrungen in Beziehung setzen" (M= 4.38; 87,9 %) sowie „über Themen sprechen, die Kinder/Jugendliche wirklich etwas angehen" (M= 4.36; 87,2 %). Sie votieren für einen schüler- und adressatengerechten Religionsunterricht, der die Erfahrungen, Themen und Fragestellungen der Heranwachsenden elementar berücksichtigt und ihnen gleichzeitig Orientierungsangebote und Identitätshilfen aus dem biblisch-christlichen Glauben heraus offeriert. Für sie ist es wichtig, ihre SchülerInnen als mündige Subjekte schulisch-religiösen Lernens wahr und ernst zu nehmen. Nach den Ergebnissen der quantitativen Studie ist für rheinische Religionslehrkräfte ein paidotropes Selbst- und Zielverständnis charakteristisch, das mit logotropen Berufsmotivationen bzw. Zielvorstellungen zugleich verschränkt und verbunden ist.

d) Rheinische Religionslehrkräfte unterstreichen die grundlegende Bedeutung von vier Zieldimensionen im Hinblick auf einen evangelischen Religionsunterricht im 21. Jahrhundert.

In den Beurteilungskategorien (Konnotationen) der Befragten kristallisieren sich bei einer faktorenanalytischen Durchleuchtung der Zielvariablen (vgl. Kap 2.2) vor allem vier Zielfaktoren als fundamentale Aufgabendimensionen eines evangelischen Religionsunterrichts im 21. Jahrhundert heraus:

- Anleitung zu Toleranz und Offenheit in weltanschaulichen und religiösen Fragen (M= 4.06),
- Förderung der Theologie der SchülerInnen (M= 4.03),
- Suche nach Gott im eigenen (Glaubens-)Leben bzw. Alltag (M= 4.00) und
- Einführung in die eigene Religion (Konfession) und in andere Religionen und Weltanschauungen (M= 3.94).

Genderorientierte (M= 2.72) und dezidiert kirchliche Zielperspektiven (M= 3.56) erhalten demgegenüber deutlich geringere Zustimmungsquoten. Aus Sicht der Befragten sind kirchlich-konfessionelle Zielpräferenzen gleichwohl nicht gegen Optionen z. B. aus dem religionspädagogischen resp. christlich-religiösen oder allgemeinpädagogischen Zielspektrum auszuspielen (vgl. die teilweise positiven Interkorrelationen der entsprechenden Variablen). Ziele, die in der Fachdiskussion um den Religionsunterricht zuweilen als konträre Zieldimensionen klassifiziert werden, widersprechen sich in den Beurteilungen von Religionslehrpersonen in der Regel nicht.

e) Rheinische Religionslehrkräfte denken in konzeptioneller Hinsicht weniger in Dichotomien als im religionsdidaktischen Fachdiskurs bisweilen angenommen wird.

Entgegen mancher klischeehafter Dichotomisierung im religionsdidaktischen Fachdiskurs werden von den Befragten die konzeptionellen Ansätze einer SchülerInnenorientierung *und* einer Gewissensorientierung, einer SchülerInnenorientierung *und* einer Bibelorientierung sowie einer SchülerInnenorientierung *und* einer theologischen Wissenschaftsorientierung nicht als Gegenpole verstanden. Sie werden im Hinblick auf den (eigenen) Religionsunterricht im Gegenteil sehr eng aufeinander bezogen bzw. korrelativ miteinander verwoben (vgl. die diesbezüglichen Ergebnisse einer Faktoren- und einer Korrelationsanalyse; vgl. Kap. 2.4).

f) Rheinische Religionslehrkräfte bewerten Bezugsinstanzen aus dem Bereich der institutionalisierten Kirche und der lokalen Kirchengemeinde alles andere als einheitlich. Sie weisen mehrheitlich gleichwohl ein offenes und entspanntes Verhältnis zur evangelischen Kirche auf. Jüngere Lehrkräfte befürworten die kirchliche Bevollmächtigung von Religionslehrpersonen noch etwas stärker als ältere.

Jeweils über zwei Drittel der Befragten halten die kirchliche Vokation und die Bindung an eine Kirchengemeinde für „sehr wichtig“, „wichtig“ oder zumindest „teils wichtig“ (vgl. Kap. 2.4.2). Dieses Befragungsergebnis deutet im Vergleich zu Forschungsbefunden aus den 1970er und 1980er Jahren, die eine deutliche Kirchenferne der protestantischen Religionslehrerschaft konstatierten, auf ein mehrheitlich offenes und symbiotisch-entspanntes Verhältnis der Befragten zur evangelischen Kirche hin – wobei zugleich nicht zu übersehen ist, dass mehr als jede zehnte Lehrkraft die genannten Aspekte als „gar nicht wichtig“ beurteilt. Interessanterweise schätzen Lehrkräfte der beiden jüngsten Alterskohorten die kirchliche Vokation als noch wichtiger ein als Lehrkräfte der älteren Altersgruppen. Offenkundig wird die kirchliche Bevollmächtigung von Religionslehrpersonen unter stark veränderten gesellschaftlichen, kirchlichen und schulischen Rahmenbedingungen „mehr und mehr als Zuspruch (Ermutigung und Unterstützungszusage) [verstanden] und als Grundlage eines wechselseitigen Vertrauensverhältnisses“ (Dressler 2006, 113).

g) Rheinische Religionslehrkräfte schätzen die Bedeutung des Religionsunterrichts für die eigene Schule im Durchschnitt als „eher hoch“ ein. Aus ihrer Sicht variieren die Ausgangs- und Rahmenbedingungen für das Fach Religion an den einzelnen Schulformen und Schulen teilweise erheblich.

Nach der Einschätzung der Lehrkräfte besitzt der Religionsunterricht ein vergleichsweise starkes Ansehen insbesondere an Grundschulen (M= 3.94) und an Förderschulen (M= 3.87). Eine „eher hohe“ Bedeutung besitzt das Fach Religion nach Auskunft der Befragten aber auch an den Berufskollegs (M= 3.65), Gymnasien (M= 3.62) und Realschulen (M= 3.60). Merklich schwächer ist das Renommee des Faches im Durchschnitt an Gesamtschulen (M= 3.43) und an Hauptschulen (M= 3.17). Diese schulformspezifischen Differenzen schließen freilich nicht aus, dass sich die Ausgangs- und Rahmenbedingungen des evangelischen Religionsunterrichts an *ein und derselben* Schulform oder sogar Einzelschule mitunter sehr unterschiedlich darstellen. Es gibt nicht *den* Religionsunterricht, sondern immer nur verschiedene Religionsunterrichte ‚im Plural‘.

h) Rheinische Religionslehrkräfte sind in ihrer überwiegenden Mehrzahl weiblich. An fast allen Schulformen erteilten im Schuljahr 2012/13 in Nordrhein-Westfalen deutlich mehr Frauen als Männer das Fach evangelische Religion (Grundschule 93,7 %, Förderschule 76,6 %, Realschule 73,4 %, Hauptschule 72,7 %, Gesamtschule 68,9 %, Gymnasium 61,9 %, Berufskolleg 48,5 %). An der vorliegenden Umfrage beteiligten sich demnach hauptsächlich Lehrerinnen (73,7 % vs. 26,3 %).

Detailanalysen zeigen: Weibliche Befragte sind in signifikantem Ausmaß in der jüngsten Altersgruppe (unter 30 Jahren) stärker vertreten (86,9 %), während sie in der ältesten Alterskohorte (über 60 Jahre) sichtlich unterrepräsentiert sind (61,7 %). Dass der Anteil der Frauen an der evangelischen Religionslehrerschaft kontinuierlich zunimmt, ist ein gewichtiger Faktor, der im religionspädagogischen Fachdiskurs nicht immer hinreichend beachtet resp. gewürdigt wird. Er deutet u. a. darauf hin, dass sich die *Berufsidentität* von Religionslehrenden grundlegend gewandelt hat. War es noch vor einigen Jahrzehnten

> „vor allem der *Katechet*, der als Mann der Kirche Kinder und Jugendliche zum Glauben (und in die Kirche) führte, ist es heute vor allem die *Religionspädagogin*, die für die Lebens- und Glaubensfragen der Kinder und

Jugendlichen da sein und sie für die Frohbotschaft begeistern will" (Bucher/Arzt 1999, 47).

Ein zukunftsfähiges Theologiestudium wird von daher die Genderforschung, die im Kontext der sog. Heterogenitätsforschung die Problemlagen, Interessen und Kompetenzen von Frauen bzw. Mädchen ebenso wie von Männern bzw. Jungen in Augenschein nimmt (vgl. dazu grundlegend Naurath 2012, 265–276), als wichtige übergreifende Teildisziplin entdecken.

„Entsprechend der empirisch nach wie vor bestehenden Differenz zwischen männlichen und weiblichen Biographien kann Theologie dadurch Anschluss an lebensweltliche Diskurse erhalten, die ihr lange weithin verschlossen waren" (Grethlein 2009, 133).

Noch zu selten werden Theologiestudierende auf die wichtige Aufgabe vorbereitet, auf Geschlechterfragen in einem genderbewussten Religionsunterricht professionell einzugehen (Qualbrink 2011).

i) Rheinische Religionslehrkräfte unterrichten SchülerInnen fast aller Konfessions- und Religionszugehörigkeiten und – in wachsendem Maße – auch solche ohne Mitgliedschaft bei der evangelischen Kirche. Die SchülerInnenzusammensetzungen im Religionsunterricht stellen sich vielerorts zunehmend heterogen bzw. plural dar.

Nach Angaben der Lehrkräfte nehmen neben evangelisch-landeskirchlichen (79,1 %) und -freikirchlichen (60,5 %) SchülerInnen oftmals auch konfessionslose (69,9 %) Kinder und Jugendliche am Religionsunterricht teil. Das Fach evangelische Religion wird darüber hinaus nicht selten auch von muslimischen (47,9 %), römisch-katholischen (36,8 %), orthodoxen (27,6 %) sowie von alevitischen (15,9 %), buddhistischen (10,1 %), jüdischen (9,7 %) und jesidischen (6,6 %) SchülerInnen besucht. Diese Zahlen illustrieren, dass sich die SchülerInnenzusammensetzungen im evangelischen Religionsunterricht – insbesondere im nicht-gymnasialen Bereich – pluralisiert haben. In zahlreichen Religionsgruppen weist ein beträchtlicher Anteil der SchülerInnenschaft keine Mitgliedschaft (mehr) bei der evangelischen Kirche auf. Eine evangelische Religionsdidaktik kann sich vor diesem Hintergrund nicht auf Bildungs- und Lernangebote für evangelisch getaufte SchülerInnen begrenzen.

j) Rheinische Religionslehrkräfte erteilen in der Unterrichtspraxis evangelische Religionslehre in unterschiedlichen Realisierungsformen. In ihren Augen sind vor allem drei Gründe für den Verzicht auf eine konfessionelle Trennung im Religionsunterricht ausschlaggebend.

Nach Auskunft der Lehrenden wird an der überwiegenden Zahl der Schulen im Bereich der EKiR neben dem evangelischen Religionsunterricht (82,8 %) auch katholischer (80,9 %) Religionsunterricht angeboten. Fast an jeder zweiten Schule, an denen die Befragten unterrichten, wird zudem das Fach

(Praktische) Philosophie/Ethik erteilt. Relativ selten sind anderskonfessionelle (orthodox, 0,4 %) oder andersreligiöse (islamisch, 3,6 %; jüdisch, 0,7 %; alevitisch, 0,4 %) Gestaltungsformen von Religion auf der Basis von Art. 7,3 GG zu finden. Zahlreiche Lehrkräfte geben an, dass an ihrem Religionsunterricht auch SchülerInnen anderer Konfessionen und Religionen teilnehmen (vgl. h) und dieser demzufolge nicht konfessionell getrennt erteilt wird (Kap. 2.6.2). Offenkundig gibt es an den Schulen im Bereich der EKiR eine relativ stark verbreitete Praxis eines Religionsunterrichts im Klassenverband bzw. eines als ‚ökumenisch' titulierten Unterrichts, die nach den gültigen administrativen Erlassen und zwischenkirchlichen Vereinbarungen eigentlich nicht legalisiert sind. Diese vor allem an Berufskollegs, Grundschulen und Förderschulen in sog. Grau- bzw. Grünzonen vorzufindende alternative Unterrichtspraxis kann als Reflex auf die divergierenden pädagogischen, schulpolitischen und personalen Herausforderungen und Möglichkeitsbedingungen ‚vor Ort' interpretiert werden. In der Einschätzung der Lehrkräfte sind vor allem drei Gründe für den Verzicht auf eine konfessionelle Trennung im Religionsunterricht ausschlaggebend: der Elternwunsch, schulorganisatorische Gründe (z. B. ‚stundenplantechnische Probleme', Raummangel) sowie die geringe Anzahl von SchülerInnen der einen oder anderen Konfession bzw. Religion (Kap. 2.6.3).

k) Rheinische Religionslehrkräfte stehen mit ihren katholischen FachkollegInnen oftmals in einem starken Beziehungszusammenhang und Kommunikationsaustausch. Eine kooperative Zusammenarbeit mit Lehrenden aus den Parallelfächern (Praktische) Philosophie/Ethik sowie islamische Religion findet in der Schulpraxis demgegenüber deutlich seltener statt.

Die Zusammenarbeit zwischen evangelischen und katholischen Religionslehrkräften ist an Schulen im Bereich der EKiR relativ stark ausgeprägt. Häufig anzutreffende Kooperationsformen sind der Austausch von Unterrichtsideen (61,7 %), die Planung und Durchführung ökumenischer Schulgottesdienste (60,1 %), die wechselseitige Verwendung von Arbeitsmaterialien und Schulbüchern (55,4 %) sowie konkrete thematische Absprachen zwischen den einzelnen Lehrkräften (45,2 %). Kooperationsformen im Religionsunterricht selbst, wie die Durchführung gemeinsamer, zeitlich begrenzter Unterrichtsphasen (18,0 %) oder die Einladung der katholischen Fachkollegen in den evangelischen Religionsunterricht (11,0 %), werden hingegen deutlich seltener realisiert. Dies spricht für einen erheblichen Fortbildungsbedarf in der Planung und Durchführung kooperativer Unterrichtselemente, die eine forcierte Entwicklung gemeinsamer Unterrichtsmaterialien durch Fachleute beider Konfessionen sowie die schulformbezogene Erarbeitung einer konfessionell-kooperativen Religionsdidaktik, aber auch die Schaffung entsprechender organisatorischer und räumlicher Möglichkeiten vor Ort implizieren.

Ausbaufähig und -bedürftig sind zudem die Kooperationen mit den anderen Parallelfächern (Praktische) Philosophie/Ethik und islamische Religion.

l) Rheinische Religionslehrkräfte kooperieren in unterschiedlich starkem Ausmaß mit den Kirchengemeinden vor Ort. Die mit Abstand am häufigsten genutzte Kooperationsform zwischen den Lernorten Schule und Gemeinde stellt die gemeinsame Planung und Feier von (ökumenischen) Schulgottesdiensten dar.

Insbesondere ReligionslehrerInnen an Grundschulen arbeiten nach eigenen Angaben mit den Kirchengemeinden vor Ort intensiv zusammen (92,4 %). Aber auch Lehrkräfte an Realschulen (78,2 %), an Gesamtschulen (65,6 %), an Hauptschulen (64,4 %), an Förderschulen (64,1 %) und an Gymnasien (63,9 %) pflegen eine entsprechende Zusammenarbeit. Lehrkräfte an berufsbildenden Schulen (18,5 %) kooperieren demgegenüber vergleichsweise selten mit den Parochialgemeinden. Bei den Kooperationsformen ragt die gemeinsame Planung und Feier von (ökumenischen) Schulgottesdiensten (59,5 %) deutlich hervor. Dieser Befund signalisiert, dass der Schulgottesdienst als Ort der Zusammenarbeit zwischen Kirche und Schule „nach einer langen Zeit des Schattendaseins, die er keinesfalls nur im schulischen, sondern auch im kirchlichen Bewusstsein geführt hat“ (Gossmann/Bäcker 1992, 7), in der Schulpraxis wieder stark an Renommee gewonnen hat. Offenbar entdecken immer mehr Verantwortliche an den Lernorten Schule und Kirche resp. Kirchengemeinde die großen Chancen, die in diesem liturgischen Handlungsfeld (nicht nur) für die Förderung religiöser Lernprozesse bei SchülerInnen aller Schulformen liegen können.

m) Rheinische Religionslehrkräfte unterstützen mehrheitlich die Beibehaltung des Konfessionalitätsprinzips bei gleichzeitiger Forderung nach einer deutlichen Verstärkung ökumenischen und interreligiösen Lernens.

Von allen Zukunftsszenarien schulisch-religiösen Lernens sprechen sich rheinische Religionslehrkräfte aller Schulformen am stärksten für die flächendeckende Einführung eines obligatorischen Ethik- bzw. Philosophieunterrichts für nicht am Religionsunterricht teilnehmende SchülerInnen aus (81,1 %). Trotz des weitgehenden Ausfalls einer familiären und gemeindlichen religiösen Sozialisation verstehen sie sich in ihrer überwiegenden Mehrzahl nicht als Missionarinnen und Missionare in einem säkularen Schulumfeld (9,1 %). Sie votieren im Gegenteil für eine deutliche Verstärkung des ökumenischen (70,8 %) und interreligiösen (54,8 %) Lernens im Religionsunterricht und für entsprechende institutionell verbindliche Kooperationen.

Mehr als die Hälfte der Befragten (57,6 %) begrüßt die Bewahrung des konfessionellen Charakters des Religionsunterrichts. Jede/r zweite Antwortende (50,2 %) kann sich zugleich die religiöse Unterweisung von SchülerInnen verschiedener christlicher Konfessionen in ökumenischer Zusammenarbeit grundsätzlich vorstellen. Offenbar unterstützen die Religionslehrkräfte in ihrer Gesamtheit mehrheitlich die für das konfessionelle Modell charakteristische

> „Option, eine bestimmte religiöse Tradition (die im katholischen oder evangelischen Religionsunterricht eben eine andere ist als im jüdischen oder muslimischen) als wesentliche Ressource für die Anregung religiöser Bildungsprozesse zu begreifen" (Englert 2013, 25).

Gleichzeitig wollen sie sich auf die religiös zunehmend plurale Schülerschaft bewusst einstellen und plädieren daher für eine weit reichende Öffnung des Religionsunterrichts, insbesondere auf Seiten der teilnehmenden SchülerInnen – bis hin zu einer grundsätzlichen Befürwortung eines konfessionell-kooperativen oder ökumenisch-christlichen Unterrichtsmodells.

n) Rheinische Religionslehrkräfte suchen den zukünftigen Religionsunterricht in der überwiegenden Mehrzahl jenseits der Skylla konfessionalistischer Enge und der Charybdis eines Religionskundeunterrichts für alle in staatlicher Alleinregie. Bei der Erörterung der Konfessionalitätsfrage sollten die divergierenden Voraussetzungen an den unterschiedlichen Schulformen – und die Optionen derjenigen, die das Fach jeweils ‚vor Ort' unterrichten – stärker als bisher berücksichtigen werden.

Die Befragten stellen die (An-)Bindung des Religionsunterrichts an die Kirchen überwiegend nicht in Frage. Am stärksten stimmen sie einem konfessionell-kooperativen Religionsunterricht (33,0 %) zu. Relativ hohe Zustimmungsquoten erhält zudem der nach Konfessionen bzw. Religionen getrennte Religionsunterricht (31,1 %). Rechnet man die 11,2 % der Befragten hinzu, die sich für eine Fächergruppe mit verbindlichen Kooperationsphasen zwischen evangelischer, katholischer und islamischer Religion sowie Praktischer Philosophie und Philosophie/Ethik aussprechen, plädiert mehr als drei Viertel der rheinischen Religionslehrerschaft für einen Religionsunterricht in konfessioneller Bindung und Prägung. Fast jede/r fünfte Befragte (19,2 %) spricht sich demgegenüber für das weitergehende Modell eines interreligiösen Religionsunterrichts in kooperativer Verantwortung und Durchführung aus. Ein allgemeiner Religionsunterricht ohne Anbindung an irgendeine Kirche oder Religionsgemeinschaft verfügt über eine deutlich geringere Anhängerschaft (4,9 %). Anders als zuweilen behauptet, tritt für eine sogenannte „(Selbst-) LERisierung" des Faches Religion nur eine Minorität der Befragten ein. Fast jede/r dritte Befragte setzt sich gleichwohl für nicht-konfessionelle Formen schulisch-religiösen Lernens ein. Mit diesem Abstimmungsergebnis haben rheinische Religionslehrkräfte „den Bummelzug kirchenamtlicher Absprachen" (Günter Böhm) im Hinblick auf den Religionsunterricht längst überholt. Erfreulicherweise öffnen sich angesichts der Unterrichtsrealität die katholischen Bischöfe mittlerweile zumindest dem Anliegen eines (begrenzten) konfessionell-kooperativen Religionsunterrichts. In ihrer Verlautbarung „Der Religionsunterricht vor neuen Herausforderungen“ wird die „phasenweise und didaktisch reflektierte Kooperation mit dem evangelischen Religionsunterricht“ als möglicher „Gewinn für beide Unterrichtsfächer“ (Sekretariat der DBK 2005, 11; Lück/Simon 2007, 149f.) bezeichnet. Der nächste aus didaktischer und organisatorischer Sicht wichtige Schritt ist dann die Integration auch andersreligiöser Kinder und Jugendlicher.

Bei der Frage nach der zukünftigen Organisationsform des Religionsunterrichts waren interessanterweise kaum alters- oder geschlechtsbezogene, dafür umso mehr **schulformspezifische Differenzen** zu konstatieren. Diese Analyseergebnisse unterstützen die Einsicht, dass bei der Erörterung der Konfessionalitätsfrage die *divergierenden Voraussetzungen an den unterschiedlichen Schulformen* – und die *Optionen* derjenigen, die das Fach jeweils ‚vor Ort‘ unterrichten – stärker als bisher berücksichtigen werden sollten. Viel spricht für die in der Fachdidaktik zuweilen erhobene Forderung:

> „Für die Organisation des Religionsunterrichts sind [...] Rahmenbedingungen zu schaffen, die je nach Situation vor Ort – und Schulform – konkret auszugestalten sind. [...] Das auch sonst zunehmend schulreformerische Bemühungen prägende Wechselspiel zwischen Integration und Differenzierung ist für den Religionsunterricht aufzunehmen“ (Grethlein 2005, 139; vgl. dazu auch Rupp/Hermann 2013).

o) Rheinische Religionslehrkräfte sind mehrheitlich fortbildungsfreudig und -interessiert. Sie favorisieren vor allem zwei Fortbildungsformate. Insbesondere fachliche und pädagogische Fortbildungsangebote zu aktuellen Problemen, zu aktuellen theologischen Fragestellungen und zur Ausbildung oder Vertiefung methodisch-didaktischer Kompetenzen stehen bei ihnen hoch im Kurs.

Rheinische Religionslehrkräfte nehmen in der überwiegenden Mehrzahl entweder einmal jährlich (30,0 %) oder zwei Mal jährlich bzw. öfter (42,0 %) an Fortbildungsveranstaltungen zum Religionsunterricht teil. Gut ein Viertel der Befragten partizipiert demgegenüber nie (2,6 %) oder nur selten (25,4 %) an solchen Angeboten. Besonders attraktiv sind für die Befragten Fortbildungsveranstaltungen in den kreiskirchlichen Schulreferaten (61,7 %). Aber auch religionspädagogische Angebote des Pädagogisch-Theologischen Instituts (28,9 %) werden vergleichsweise häufig besucht.

Die Befragten präferieren mit einigem Abstand zwei Fortbildungsformate: „kompakte“ Fortbildungsangebote am Nachmittag mit einer Dauer von 2,5 bis 3 Stunden (54,9 %) und Ganztagsfortbildungen, die schon am Vormittag beginnen (44,7 %). Auf vermehrtes Interesse stoßen ferner schulinterne Fortbildungen mit der Fachkonferenz oder Teilen des Kollegiums (29,8 %) sowie mehrtägige Kompaktkurse mit Übernachtung (25,6 %). Die Befragten artikulieren hinsichtlich der fachlichen und pädagogischen Fortbildung durch das PTI, die Schulreferate, die Bezirksbeauftragten oder andere Veranstalter *zahlreiche, z. T. recht unterschiedliche Erwartungen.* Am häufigsten wünschen sie sich die Einübung oder Vertiefung „vielfältiger methodischer

Zugänge zu religionspädagogisch relevanten Themen" (49,2 %) sowie Fortbildungsangebote zu „aktuellen Problemen" (41,5 %) und „aktuellen theologischen Fragestellungen" (41,2 %). Deutlich ist: Die Praxis- und Berufsfeldorientierung *und* die theologische Wissenschaftsorientierung schließen sich in der Phase der berufsbegleitenden Fortbildung – wie schon in den anderen Phasen der Religionslehrerbildung (Theologiestudium und Vorbereitungsdienst; vgl. hierzu Lück 2012, 289-295) – keineswegs aus.

p) Rheinische Religionslehrkräfte wünschen sich eine stärkere Unterstützung durch staatliche und kirchliche Stellen im Hinblick auf die Durchführung und Sicherstellung des Religionsunterrichts. Sie machen auf die hohe Bedeutung außerschulischer Bezugsgruppen aus dem Bereich des Staates und der Kirche (res mixta) für die Reputation des Religionsunterrichts an den einzelnen Schulen dezidiert aufmerksam.

In den Wahrnehmungskategorien der Lehrkräfte ist es außerordentlich wichtig, dass staatliche *und* kirchliche Stellen hinter dem (eigenen) Religionsunterricht am Lernort Schule stehen (vgl. Kap. 2.11.2). Darüber hinaus sind aus ihrer Sicht die lokalen Kirchengemeinden und ihre Repräsentanten sowie das Angebot von christlich-religiösen Praxisformen im Schulleben (z. B. Schulgottesdienste und -andachten) von erheblicher praktischer Bedeutung. Aber auch das persönliche Engagement der Religionslehrkräfte ist im Hinblick auf das Ansehen des Faches Religion an den Schulen nicht zu vernachlässigen. Es wird von den Befragten im Vergleich zu den vorgenannten Aspekten allerdings als weit weniger wichtig eingeschätzt. Durch diese Rangordnung wird auch „der Irrtum ausgeschlossen, die Zukunft des Religionsunterrichts liege einfach nur auf den Schultern der Lehrkräfte und hänge allein von deren – hoffentlich vermehrter – Anstrengung ab" (Schweitzer 2013b, 17).

q) Rheinische Religionslehrkräfte liegen in ihren Beurteilungs- und Erfahrungsvoten über Alters- und Geschlechtsgruppen hinweg oftmals erstaunlich dicht beieinander. Zugleich sind deutliche Unterschiede in den Einstellungen, Wahrnehmungen und Präferenzen von Religionslehrkräften, die an unterschiedlichen Schulformen unterrichten, nicht zu übersehen.

Zu den auffälligsten Ergebnissen der quantitativen Studie gehört, dass rheinische Religionslehrkräfte über **Alters- und Geschlechtsgruppen** hinweg bei den verschiedenen Fragekomplexen im Durchschnitt auffallend homogen urteilen. In manchen Fragebereichen gleichwohl eruierte geschlechtsbezogene Differenzen werden – wie multivariate Analysen zeigen – oftmals von *Schulformeffekten* überlagert. Dieser statistische Befund korrespondiert mit Befragungsergebnissen früherer empirisch-religionspädagogischer Studien, die ebenfalls „eine *außerordentlich hohe Meinungshomogenität* [der ReligionslehrerInnenschaft; C.L.] im Blick auf die zahlreichen Einzelfragen" (Feige/Tzscheetzsch 2005, 11) ausfindig machten.

Zahlreiche markante Abweichungen in häufig statistisch bedeutsamer Größenordnung waren hingegen beim **Merkmal „Schulform"** zu konstatieren. Diese verdeutlichen, dass Religionslehrkräfte, die an unterschiedlichen Schulformen unterrichten, in ihren Einstellungen und Präferenzen – z. B. bei den religionsdidaktischen Zielvorstellungen, den Zukunftsszenarien und den zentralen Bezugsgrößen des Religionsunterrichts – zum Teil erheblich differieren. Auch die Rahmen- und Möglichkeitsbedingungen des Faches Religion (z. B. im Hinblick auf die SchülerInnenzusammensetzungen im Religionsunterricht, die Formen des Religionsunterrichts und eingeführter Ersatzformen an den Schulen, die Zusammenarbeit mit den Kirchengemeinden) stellen sich nach der Einschätzung der Befragten an den einzelnen Schulformen oftmals recht unterschiedlich dar.

Vor diesem Hintergrund erscheint eine konsequente *Schulformdifferenzierung* für zukünftige Entwürfe einer schulischen Religionsdidaktik ebenso unentbehrlich zu sein wie für sach- und adressatenangemessene Angebote der fachlichen sowie (religions-) pädagogischen und didaktischen Aus- und Fortbildung der Lehrkräfte. Vor allem die in der religionsdidaktischen Fachdiskussion lange Zeit marginalisierten Schulformen der Förderschule, der Hauptschule, der Realschule, der Gesamtschule und des Berufskollegs[50] bedürfen in einer schulformspezifischen bzw. schulformsensiblen Religionspädagogik künftig einer verstärkten Thematisierung und auch konzeptionellen Profilierung.[51] In Anbetracht des sich in der Bundesrepublik Deutschland sukzessive durchsetzenden Verbundschulwesens einschließlich von bildungspolitischen Tendenzen zu einer integrativen und sogar inklusiven Beschulung gilt es schließlich „eine integrative Religionsdidaktik" (fort) zu entwickeln, welche „der Heterogenität der Schülerschaft" ebenso gerecht wird wie „den differenzierten Anforderungen des mittleren Schulwesens gerecht wird" (Wermke 2011, 13). Exemplarisch kann an der Stelle auf die theorie- und praxisfundierten Reflexionen zu einer „Religionsdidaktik zwischen Schulformspezifik und Inklusion" in neueren einschlägigen Publikationen (Schröder/Wermke 2013 und Kammeyer/Zonne/Pithan 2014) verwiesen werden.

---

50 Vgl. z. B. für das Förderschulwesen die Einschätzung von Anita Müller-Friese (2011, 172): „Zusammenfassend muss man konstatieren, dass der Religionsunterricht [an Förderschulen; C.L.] sowohl in der sonderpädagogischen als auch in der religionspädagogischen Diskussion eine Randstellung hat."

51 Vgl. Langenhorst 2006, 303: „In zahlreichen Publikationen haben Religionspädagogik und Religionsdidaktik in den letzten Jahren versucht, ihren *Gesamtansatz* zu bündeln und darzustellen. Dabei kam eher das Differenzierende, Schulart- und Altersspezifische zu kurz. Wo sind sie denn, die aktuellen und genau zugespitzten Gesamtentwürfe zu einer Religionsdidaktik Grundschule, Hauptschule, Realschule, Gymnasium, Berufsschule, Gesamtschule?"

3. Qualitative Teilstudie 1: Offene Items des Fragebogens

Martin Rothgangel

3.1 Methodologische Aspekte

Weil es für die qualitative Erhebung im Unterschied zur quantitativen Studie nicht relevant war, ob die Fragebögen vollständig ausgefüllt worden waren oder nicht, wurden im Auswertungsprozess grundsätzlich alle rückgesandten Fragebögen verwendet und diese solange kodiert, bis sich eine sogenannte ‚Sättigung' im Kategorisierungsprozess abzeichnete. Aufgrund der großen Textmenge sowie der nicht selten ‚späten Sättigung' war es unerlässlich, im Team die Kodierung vorzunehmen. Ein herzlicher Dank geht an dieser Stelle an die Wiener MitarbeiterInnen Thomas Weiß, Sabine Hermisson, Julia Spichal sowie Nadine Mund für die entsprechende Unterstützung, gleichfalls an Karin Sima und Marietta Behnoush für die Überprüfung der Stimmigkeit aller Textbelege.

3.2 Organisationsformen des Religionsunterrichts

In diesem Abschnitt wird die Auswertung der offenen Items 20, 22, 42 und 46 dargelegt. Zum Verständnis von Item 20 („Wie zufrieden sind Sie mit der Situation? Nennen Sie Gründe“) muss berücksichtigt werden, dass dieses sich auf Item 19 („Welche Formen des Religionsunterrichts oder welche Ersatzformen gibt es an Ihrer Schule?“) bezieht. Gleiches gilt für Item 22 („Wie beurteilen Sie diese Situation?“), das auf Item 21 („Welche Betreuungsformen gibt es für SchülerInnen, die nicht am evangelischen Religionsunterricht teilnehmen, wenn kein Ersatzfach angeboten wird?“) rekurriert sowie Item 42 („Begründen Sie bitte Ihre Meinung!“) mit Bezug auf Item 41 („Welche Gestaltung des Religionsunterrichts wird Ihrer Meinung nach den aktuellen gesellschaftlichen Herausforderungen am besten gerecht?“). Keineswegs zwingend ist die Zuordnung von Item 46 („Wie wünschen Sie sich den Religionsunterricht an ihrer Schule in fünf Jahren?“) zu den Organisationsformen, jedoch legt sich dies insbesondere aufgrund der Antworten nahe.

3.2.1 Zufriedenheit mit bestehenden Organisationsformen, Bezugsgruppen sowie strukturellen und atmosphärischen Bedingungen

Die nachstehenden Analyseergebnisse von Item 20 „Wie zufrieden sind Sie mit der Situation? Nennen Sie Gründe“ (Item 19: Welche Formen des Religionsunterrichts oder welche Ersatzformen gibt es an Ihrer Schule?) werden so dargestellt, dass die verschiedenen Kategorien je für sich nach den Antworten „(sehr) zufrieden“, „(sehr) unzufrieden“, „teils-teils“ sowie „ohne Klassifizierung“ herausgearbeitet werden.

1) Gründe von (hoher) Zufriedenheit

Im Folgenden werden insbesondere die verschiedenen Typen von Begründungen herausgearbeitet, die von zufriedenen oder sehr zufriedenen Befragten stammen. Am Rande sei bemerkt, dass es auch diverse Texte gibt, welche ihre Zufriedenheit ohne Angabe von Gründen äußern (89: „ist alles ok“, 97, 174, 216, 239, 306, 360, 412, 431 u. ö.). Werden Begründungen angeführt, so beziehen sich diese erstens auf die **Organisationsformen des Religionsunterrichts,** was aufgrund des Rückbezugs auf Item 19 mit der Frage nach den bestehenden Formen des Religionsunterrichts naheliegend ist. Bemerkenswert ist es, dass sich darüber hinaus zweitens auch die **Bezugsgruppen** des Religionsunterrichts sowie drittens die **strukturellen und atmosphärischen Bedingungen** des Religionsunterrichts gleichermaßen klar als Kategorien herausarbeiten lassen.

1.1) Organisationsformen Religionsunterricht

Zahlreiche Voten thematisieren die Organisationsformen des Religionsunterrichts. Dabei kommen verschiedene praktizierte Organisationsformen in den Blick (Religionsunterricht im Klassenverband, ökumenischer Religionsunterricht, konfessioneller Religionsunterricht), die fließende Übergänge aufweisen und in der Lehrerschaft durchaus unterschiedlich beurteilt werden.

1.1.1) Klassenverband

Auffallend ist, dass sich die Mehrheit der Äußerungen mit dieser Organisationsform auseinandersetzt und ganz unterschiedliche Aspekte in den Blick kommen. Zahlreiche Texte benennen verschiedene **didaktische Motive** für einen Religionsunterricht im Klassenverband: *Vielfalt belebt* (28, 47: Multireligiöse als Lustfaktor, 63: Förderung der Auseinandersetzung mit unterschiedlichen Einstellungen, 101: lebhafter Religionsunterricht), *Bereicherung durch SchülerInnen anderer Religion* (56: Muslime, 101: Erweiterung des eigenen Horizonts, 179, 255, 338), *Einübung religiöser Toleranz* (101, 208, 217, 325, 343, evtl. 168: Offenheit am authentischsten), *vertiefter Dialog* (208), *Themen können umfassend bearbeitet werden* (869, 325: Fremdes kennenlernen), *schärft die eigene Überzeugung* (94), *Expertenwissen von SchülerInnen wird aktiviert* (424), *besseres*

Kennenlernen der SchülerInnen (217), *entspricht gesellschaftlicher Realität* (140, 1349, 1516), *Koedukation und multikulturelle bzw. interreligiöse Kompetenzen wichtig für ErzieherInnen* (104, 106).

Darüber hinaus kommen diverse **organisatorische Motive** in den Blick: *Klassengemeinschaft* bleibt erhalten (507, 1216, 1339), *kaum Abmeldungen aus Religionsunterricht* (25, 629: viele Kinder im Religionsunterricht, obwohl verschiedene Nationalitäten und die wenigsten getauft sind, 136: weniger SchülerInnen bleiben evangelischen Religionsunterricht fern), *Religionsunterricht im Klassenverband und neutrale Alternative* (110: Freiwilligkeit), *interreligiöses Lernen statt Religionskunde* (168), *Klassenverband in 1. und 2. Klasse* (382, 392, 424: Klassenverband bis 8. Klasse), *Berufskolleg besser im Klassenverband* (171: nur 12 Stunden, Fast-Erwachsene können voneinander lernen, hilft Toleranz-lernen, Phase der Identitätsbildung im konfessionellen Religionsunterricht an Pflichtschulen nun konfessionsübergreifender Religionsunterricht am Berufskolleg, 325, 436) sowie wegen. Klassenverband wenige Abmeldungen in *Berufsschule* (217).

Möglicherweise klingen in einzelnen Voten für den Klassenverband auch **‚missionarische' Motive** an, wenn dieser als eine Möglichkeit gesehen wird, auch *nicht-evangelischen SchülerInnen evangelischen Glauben nahezubringen* (168) oder eine *Vermittlung von christlichen Werten* (189) genannt wird.

Gerade vor dem Hintergrund dieser beiden Voten lässt sich feststellen, dass abgesehen vom interreligiösen Dialog und Toleranz sowie der Rückwirkung auf die eigene Identität theologische Themen kaum eine Rolle in der Argumentation spielen, sondern didaktische und organisatorische Aspekte klar im Vordergrund stehen.

Des Weiteren lassen sich auch vereinzelte **kritische Motive** von ReligionslehrerInnen vernehmen, die im Klassenverband unterrichten. Diese plädieren eher für einen *konfessionellen Religionsunterricht mit gemeinsamen Modulen* (1014) oder monieren *zu hohe SchülerInnen-Zahlen* (516 u. ö.).

Abschließend sei ein ‚Paradebeispiel' (609) hinsichtlich des Religionsunterrichts im Klassenverband zitiert, in dem fünf pro-Argumente für den Klassenverband genannt werden:

> „Mit dem konfessions- und religionsübergreifenden Religionsunterricht SEHR zufrieden: Soziologische Realität der BRD! Einüben von Toleranz & Bearbeitung von Vorurteilen. Einüben von interreligiösem Dialog. Insgesamt hohe Akzeptanz durch Schüler (niedrige Anzahl der Abwähler)".

1.1.2) Ökumenischer Religionsunterricht

Vorab ist festzustellen, dass der ökumenische Religionsunterricht deckungsgleich mit dem Religionsunterricht im Klassenverband sein kann – aber nicht muss. In jedem Fall dokumentiert der Blick auf die „Zufriedenheits-Argumente" für den ökumenischen (u. a.14, 212) – sowie den unten stehenden konfessionellen Religionsunterricht (u. a. 64, 237, 655) – eine Pluralität von Rahmenbedingungen, die faktisch im Religionsunterricht auf dem Gebiet der Evangelischen Kirche im Rheinland vorherrschen: So kann u. a. der Zeitpunkt der konfessionellen Trennung variieren (z. B. ab Orientierungsstufe), die Teilnahme von nicht-evangelischen SchülerInnen, das Vorhandensein von alternativen Fächern und je nach Kontext kann die Größe von Lerngruppen die Gestaltungsform des Religionsunterrichts beeinflussen.

Als spezifische Argumente für den ökumenischen Religionsunterricht werden der **offene und vertrauensvolle Meinungsaustausch** genannt (351), die **Notwendigkeit religiöser Kenntnis in Anbetracht des Traditionsabbruchs** (14) und dass er in der Förderschule wegen einer **kleinen Lerngruppe** praktiziert wird, während das Konfessionelle keine Rolle spielt (107).

1.1.3) Konfessioneller Religionsunterricht

Für den konfessionellen Religionsunterricht wird seine **Profilierung** angeführt, die einer profillosen Verwässerung entgegensteht (182, 656). Des Weiteren kommen auch nicht-evangelische SchülerInnen in den Blick, die am konfessionellen Religionsunterricht teilnehmen, oder generell SchülerInnen, die nicht daran teilnehmen: So kann die **freiwillige und bereichernde Teilnahme von konfessionslosen bzw. muslimischen SchülerInnen** (46, 581, 1405) hervorgehoben werden oder die Zufriedenheit dahingehend begründet werden, dass **SchülerInnen ohne eine Freistunde sind bzw. gut betreut** werden, falls sie nicht am konfessionellen Religionsunterricht teilnehmen (43, 204, 457).

Darüber hinaus kommen in verschiedener Hinsicht auch ein **Ersatzfach** und seine Effekte in den Blick: So wird als Wahlmöglichkeit Philosophie genannt (215) und in einem weiteren Fall eine hohe Zufriedenheit damit begründet, dass trotz des Unterrichtsfachs Praktischer Philosophie keine Abwanderung vom Religionsunterricht stattfindet (181).

Die Existenz konfessionellen Religionsunterrichts wird auch dann als eine zufriedenstellende Organisationsform wahrgenommen, wenn an einer katholischen Privatschule **keine SchülerInnen einer anderen oder keiner Konfession/Religion vorhanden** sind (401). Des Weiteren kann vom wünschenswerteren konfessionellen Religionsunterricht im Konjunktiv gesprochen werden, weil in diesem Fall kleinere Lerngruppen vorhanden wären (407).

1.2) Bezugsgruppen von ReligionslehrerInnen

Ein wichtige Rolle für die (hohe) Zufriedenheit spielen auch die verschiedenen Bezugsgruppen von ReligionslehrerInnen: Hinsichtlich **SchülerInnen** lassen sich an dieser Stelle sogar gewisse Differenzen in den Antworten zwischen den zufriedenen und den sehr zufriedenen ReligionslehrerInnen feststellen. Die zufriedenen RL heben das Interesse der

SchülerInnen hervor (12, 145, 166, 407), dass wenige bzw. keine Abmeldungen vorliegen (331, 422) sowie generell die gute Lehrer-Schüler-Beziehung (169, 225). Die sehr zufriedenen RL äußern sich an dieser Stelle noch facettenreicher hinsichtlich der SchülerInnen: Sie heben das Engagement/Interesse/Freude der SchülerInnen hervor (24, 49, 158, 378, 417, 438), sprechen von der Wertschätzung/Akzeptanz der SchülerInnen (47, 120, 289, 438), von neuen Herausforderungen durch die SchülerInnen (49), dass Schülerwünsche respektiert werden (640) und eine größere Nähe zu SchülerInnen möglich ist als in anderen Fächern (438).

Neben den SchülerInnen sind gute Beziehungen zum **Kollegium** (47, 49, 52, 79, 120, 169, 193, 255, 275, 395) sowie die **Teamarbeit der ReligionslehrerInnen** (74, 135, 166, 182, 192, 289, 327, 421, 438) bedeutend für die Zufriedenheit der ReligionslehrerInnen, wobei eigens die Kooperation mit katholischen KollegInnen hervorgehoben werden kann (192, 255, 281, 421). Des Weiteren spielt auch die Unterstützung bzw. die Wertschätzung der **Schulleitung** (25, 47, 49, 52, 74, 169, 182, 211, 215, 288, 289, 369, 379, 395) sowie die gute Kooperation mit dem/der **PfarrerIn/Kirche** (79, 134: auch ökumenisch, 135, 395) eine wichtige Rolle für die Zufriedenheit der RL. Schließlich finden sich auch vereinzelte Hinweise auf gute Beziehungen zu den Eltern (24, 169) sowie zur StundenplanerstellerIn (179).

1.3) Strukturelle und atmosphärische Bedingungen des Religionsunterrichts

Eine Vielzahl unterschiedlicher Facetten von strukturellen und atmosphärischen Bedingungen werden als Gründe einer (hohen) Zufriedenheit der ReligionslehrerInnen angeführt: Erstens geht es darum, dass **genügend ReligionslehrerInnen** an einer Schule angestellt sind (299, 353, 369, 457); zweitens spielt – mit unterschiedlichen Erwartungen verbunden – die **Größe bzw. die Zusammensetzung der Lerngruppe** eine wichtige Rolle (169, 255: von ca. 16-24, 280, 329: gemischte Gruppen positiv, 456: kleinste Lerngruppe); drittens wird die **Freiheit im Umgang mit dem Lehrplan** (256, 385) genannt bzw. es positiv beurteilt, dass kein Lehrplan für das Berufskolleg existiert (49); viertens wird die **Stellung des Religionsunterrichts in der Stundentafel** als positiv empfunden, wenn er nicht an Randstunden stattfindet (395) bzw. auch bis zum Abitur belegbar ist (457); fünftens werden eine gute **materielle oder räumliche Ausstattung** hervorgehoben (36, 74, 256: „gutes Unterrichtsmaterial ist oft sehr teuer", 288, 634: „Eigener Fachraum"); sechstens wird auf ganz unterschiedliche Weise die **Einbettung des Religionsunterrichts in die Schule** angeführt (120, 354), sei es, dass fächerübergreifende Projekte und Aktionen des Religionsunterrichts unterstützt werden (212), eine gute Einwirkung auf die Schulkultur besteht (74), ReligionslehrerInnen als AnsprechpartnerInnen für alle religiöse Fragen an der Schule sind (315) oder es sich schlicht um eine christliche Privatschule handelt (170, 542). Schließlich werden auch noch explizit **positive atmosphärische Aspekte** genannt (156: „alle sind zufrieden", 209: „große Offenheit", 36, 169: gutes, freundliches Arbeitsklima).

1.4) Einschränkungen und Wünsche

Bemerkenswert ist schließlich, dass sich in den Äußerungen bei den zufriedenen ReligionslehrerInnen – im Unterschied zu ihren sehr zufriedenen KollegInnen – eine **‚Aber'-Kategorie** herausarbeiten lässt, in der neben den positiven Aspekten auch bestimmte Einschränkungen und Wünsche zum Ausdruck kommen. Diese beziehen sich wiederum auf die Organisationsform des Religionsunterrichts, auf die Bezugsgruppen (v.a. SchülerInnen) sowie auf die strukturellen Bedingungen.

Hinsichtlich der *Organisationsform des Religionsunterrichts* wird unter dem ‚Aber' angeführt, dass ein Klassenverband für das soziale Gefüge besser (155) bzw. in der 1. Klasse sinnvoll wäre (204), ein ökumenischer Religionsunterricht wünschenswert wäre (221), ein islamischer Religionsunterricht wegen der Kooperation sinnvoll wäre (195; vgl. 257) und wenige SchülerInnen in das Fach Ethik wechseln sollen (365). Bei den *Bezugsgruppen* wird hinsichtlich der SchülerInnen festgestellt, dass ungleiche biblische Vorkenntnisse bestehen (233), eine Zunahme konfessionell ungebundener SchülerInnen sowie eine Abnahme religiöser Sozialisation zu beobachten ist (21) sowie Ab- und Anmeldungen notengebunden erfolgen (516). Darüber hinaus wird im Blick auf die Gemeinde deren nur punktuelle Unterstützung kritisch angemerkt (737). Bezüglich der *strukturellen Bedingungen* wird auf ungünstige Unterrichtsräume verwiesen (518), auf zu große Lerngruppen (282, 320, 518) sowie auf zu wenig Unterrichtszeit (256: ab. 7. Klasse nur einstündig, 211, 236: weniger Religionsunterrichts-Zeit als nach Gesetz vorgeschrieben, 282: Unterrichtsausfall wg. schulischer Veranstaltungen).

2) Gründe von Unzufriedenheit

Vergleichbar zu oben beziehen sich auch die Gründe von Unzufriedenheit nicht nur auf die Organisationsform des Religionsunterrichts, sondern auch auf Bezugsgruppen sowie strukturelle und atmosphärische Bedingungen des Religionsunterrichts.

2.1) Organisationsform des Religionsunterrichts

Hier spielt in verschiedener Hinsicht das Vorhandensein bzw. **Fehlen eines Alternativfaches** wie Praktische Philosophie eine entscheidende Rolle: Fehlt ein solches, dann kann dies zu Abmeldungen vom Religionsunterricht führen, weil die SchülerInnen anstelle dessen eine Freistunde genießen können (445). Darüber hinaus können Betreuungsprobleme dazu führen, dass der Religionsunterricht letztlich als „Parkraum" für Kinder ohne Religionsunterrichts-Teilnahme dient (88, 308). Gleichwohl kann auch das Vorhandensein eines **unzureichenden Ersatzunterrichts** eine problematische Konkurrenz bedingen (311), insbesondere wenn dieser notenfrei angeboten wird (824, 1330).

Schließlich kann die Unzufriedenheit durch den **Zwang** zu konfessionsübergreifendem Religionsunterricht (332) oder zu fachfremden Ethikunterricht (1132) motiviert sein. Nicht weniger problematisch ist es, wenn alle Nicht-Getauften (auch Freikirchler) automatisch dem Unterrichtsfach Praktische Philosophie zugeordnet werden und nur auf Antrag am Religionsunterricht teilnehmen können (784) oder konfessionslose Kinder vom Religionsunterricht aus schulorganisatorischen Gründen (372) ausgeschlossen werden.

2.2) Bezugsgruppen von ReligionslehrerInnen

Unter anderem Vorzeichen als bei den (hoch) zufriedenen ReligionslehrerInnen kommen bei den unzufriedenen auch diverse Bezugsgruppen in den Blick. Als ein entscheidender Faktor für die Unzufriedenheit von ReligionslehrerInnen können sich aus verschiedenen Gründen **SchülerInnen** erweisen: Als Begründung wird genannt, dass diese schwer motivierbar seien (219, 403), eine mangelnde Disziplin aufweisen (852), wenig Vorwissen besitzen (394), generell weniger SchülerInnen in den letzten (Dienst-)Jahren am Religionsunterricht teilnehmen (394), 75 % davon Muslime sind (1035) und der Religionsunterricht nur noch ein Auffangbecken für übrig gebliebene SchülerInnen sei (687).

Die **Schulleitung** ist dann ein ‚Unzufriedenheitsfaktor', wenn allgemein Konflikte mit ihr bestehen (835, 873) oder diese konkret die Stundentafel ungünstig für den Religionsunterricht gestaltet (24), eine zahlenmäßige Trennung von Ethik und Christlichem Religionsunterricht ablehnt (529) und die Oberstufenkoordination SchülerInnen hinsichtlich des Religionsunterrichts negativ berät (400).

Darüber hinaus kommt gelegentlich das **Kollegium** in den Blick (24, 394), wobei hier die Stundentafel sowie der Rechtfertigungsbedarf des Religionsunterrichts angeführt werden. Ganz allgemein führt auch der unzureichende Stellenwert des Religionsunterrichts an der Schule zur Unzufriedenheit (384, 394). Schließlich kann die **kirchliche Seite** kritisch erwähnt werden, wenn z. B. der Pfarrer kaum den Schulgottesdienst unterstützt (288) oder die Landeskirche und Schulreferenten sich unzureichend für organisatorische Belange einsetzen (356).

2.3) Strukturelle und atmosphärische Bedingungen des Religionsunterrichts

Zur Unzufriedenheit tragen strukturelle Bedingungen des Religionsunterrichts insofern bei, wenn dieser gekürzt wird (359, 370), nur einstündig ist (86, 317), ausfällt (442, 404: in Stufe 8, 426: als Fachlehrer für andere Fächer eingesetzt), an Randstunden liegt (430) oder Gruppenzusammenlegungen aus verschiedenen Klassen erfolgen (308).

Die eigene berufliche Stellung wird als negativ empfunden, wenn man als FachlehrerIn nur wenige Stunden unterrichtet (686), von der katholischen Abendmahlsfeier ausgeschossen wird (204), lange Zeit alleine als RL an einer Schule war (355: erst kürzlich wurde katholische RL angestellt) oder man befürchtet, den katholischen SchülerInnen nicht gerecht werden zu können (974).

Des Weiteren kann auch kritisiert werden, dass der Lehrplan an der SchülerInnenwirklichkeit vorbei geht (359), dass die letzte Schulreform mit unmöglichen Zielsetzungen sowie einer Kürzung von Zeit und Mitteln verbunden war (307) oder dass eine schlechte Ausstattung besteht (154, 160: SchülerInnen ohne Bücher, 70 LehrerInnen mit nur einem Kopierer). Schließlich kann auch der gesellschaftliche Kontext zur Unzufriedenheit führen, wobei hier die Entkirchlichung der Gesellschaft (307) sowie eine Egal-Stimmung (393) genannt werden.

Rückblickend sei noch angemerkt, dass sich die Kategorien der unzufriedenen ReligionslehrerInnen weniger differenziert ausarbeiten lassen als bei den Zufriedenen, weil weniger Belege vorliegen.

3) Ursächliche Bedingungen von ‚teils-teils' und ‚ohne Klassifizierung'

In der Regel wird in den Antworttexten zu Item 20 entweder die Zufriedenheit oder die Unzufriedenheit mit der vorliegenden Situation näher begründet, was durch die Fragestellung „Wie zufrieden sind sie..." bedingt ist. Allerdings gibt es auch einige Texte, die sich zu einer Kategorie ‚teils-teils' zusammenfassen lassen und zahlreiche weitere, die ohne eine Klassifizierung mit zufrieden oder unzufrieden argumentieren. Da sich im Wesentlichen die obigen Argumentationsmuster wiederholen und sich gleichermaßen in Organisationsform Religionsunterricht, Bezugsgruppen sowie strukturelle und atmosphärische Bedingungen ausdifferenzieren lassen, werden beide Kategorien an dieser Stelle nur zusammengefasst dargelegt, wobei das Augenmerk auf neue Facetten gerichtet wird.

In der **Kategorie ‚teils-teils'** kann z. B. eine Zufriedenheit mit einem evangelischen Religionsunterricht zum Ausdruck gebracht werden, an dem nicht nur evangelische Kinder teilnehmen, aber weitergehend ein Religionsunterricht im Klassenverband gewünscht wird (374). Mehr positive als negative Erfahrungen mit einem gemischtkonfessionellen Religionsunterricht werden in einem anderen Text zum Ausdruck gebracht: Die SchülerInnen bereichern sich gegenseitig mit ihrem je eigenen religiösen Hintergrund, während es Kritik von Eltern gibt, die Angst vor Missionierung haben – die ihnen aber genommen werden kann (857). Einen fließenden Übergang hin zu den Bezugsgruppen findet sich in einem Text, in dem von einem engagierten und netten Kollegium gesprochen wird, in dem aber eine ungleiche Meinung bezüglich eines konfessionell gebundenen Religionsunterricht vorherrscht und die Fachkonferenz eine uneinheitliche Linie vertritt (439). Schließlich finden sich in einem ‚mittelmäßig-zufriedenen' Text die Situation beschrieben, dass ein positives Klima vorherrscht, jedoch organisatorische Probleme bestehen (358, 433).

In den **Texten ohne Klassifizierung** bezüglich zufrieden oder unzufrieden sind hinsichtlich der Organisationsform neben vertrauten Begründungsmustern v.a. neue Facetten im Blick auf muslimische Kinder sowie islamischen Religionsunterricht festzustellen. So finden sich zum einen zahlreiche Voten für einen islamischen Religionsunterricht (196, 224, 312, 333: vs. Koranunterricht, 402, 409: aber vs. Landes- und Bezirksregierung, 448, 1242: vs. Salafisten) und zum anderen Voten, die Probleme mit muslimischen SchülerInnen zum Ausdruck bringen: Diese würden den Religionsunterricht als Religionskunde missverstehen, im Fach Praktischer Philosophie wenig Toleranz gegenüber christlichen SchülerInnen zeigen (826: pro Islamunterricht zur Förderung von Toleranz) und es wird von großen Problemen an einer staatlich evangelischen Grundschule gesprochen, die aus einer mangelnden Integrationsbereitschaft von Muslimen hinsichtlich eines Religionsunterrichts für alle besteht, welcher auf einer Schulkonferenz beschlossen wurde (399). Des Weiteren wird auch die Situation geschildet, dass Schulen mehrheitlich von muslimischen Kindern besucht werden und bald kein Bedarf mehr für einen evangelischen Religionsunterricht sei (297, 373, 604). Gleichfalls findet sich einem Text noch der Hinweis, dass viele griechisch-orthodoxe SchülerInnen vorhanden sind (1301).

Eine andere bemerkenswerte Facette findet sich schließlich in einem Text, in dem dahingehend ein gespaltener Eindruck vorherrscht, dass man als Klassenlehrerin den Religionsunterricht für verschiedene Konfessionen erteilt, was positiv für die Klasse ist – jedoch fühlt sich diese Religionslehrerin beim Unterricht in der evangelischen Religionsgruppe sicherer, da sie negativ bezüglich der katholischen Kirchenhierarchie eingestellt ist (451).

Abschließend sei nochmals auf eine weitgehende Leerstelle hingewiesen: Hinsichtlich der Frage nach der Zufriedenheit oder Unzufriedenheit spielen theologische Inhalte des Religionsunterrichts jenseits des ökumenischen und interreligiösen Dialogs allenfalls eine untergeordnete Bedeutung. Im Gegenteil kann der Wunsch nach einer ökumenischen Ausrichtung mit dem Wunsch nach weniger Dogmatik verbunden sein, um die Lebenswirklichkeit der SchülerInnen zu erreichen (434) oder von langweiligen theologischen Themen im Gegenüber zu wichtigen existentiellen Fragen gesprochen werden (554).

3.2.2 *Beurteilung der Betreuungssituation für nicht am Religionsunterricht teilnehmende SchülerInnen*

Die Beurteilung der Betreuungssituation in Item 22 „Wie beurteilen Sie diese Situation?“ (Item 21: „Welche Betreuungsformen gibt es für SchülerInnen, die nicht am evangelischen Religionsunterricht teilnehmen, wenn kein Ersatzfach angeboten wird?“) variiert je nach Situation von sehr schlecht (13, 501, 600, 687) und schlecht (22, 145, 318, 454 u. ö.) bis hin zu gut (68, 71, 120, 156, 218, 226, 297, 350, u. ö.) und hervorragend (236, 432, 555, 654, 944, 945, 1221).

Grundsätzlich lässt sich sagen, dass von ReligionslehrerInnen dann **kein Problem** gesehen werden kann, wenn

- ein Ersatzfach vorhanden ist (48, 56, 245, 388, 403 u. ö.),
- eine gute oder zumindest ausreichende Betreuung besteht (312, 353, 369, 377,506 u. ö.: „Förderunterricht oder Freiarbeit“, 359: beaufsichtigte Hausaufgabenzeit),
- (fast) alle SchülerInnen den Religionsunterricht besuchen (4, 239, 275, 288, 307 u. ö.), wobei dies z. B. an christlichen Schulen ohnehin obligatorisch (685) ist und
- der Religionsunterricht an Randstunden liegt und deswegen kein Betreuungsbedarf für nicht-teilnehmende SchülerInnen entsteht (134, 378, 780).

Umgekehrt kann die Situation als **problematisch** eingestuft werden, wenn

- kein Ersatzfach vorhanden ist (116, 119, 620: Kein Vertrauen der muslimischen Eltern in evangelischen Religionsunterricht u. ö.), wobei die Einrichtung dessen nicht selten begrüßt werden würde (13 u. ö.),
- Probleme mit dem Ersatzfach bestehen (21: Abmeldung vom Religionsunterricht, weil PP ‚leichter‘, 372, 442: nur katholischer Religionsunterricht, alle anderen müssen in PP, 586, 668: Philosophie erst ab Klasse 7, 1276: FachlehrerInnenmangel in Philosophie),
- problematische Betreuungsalternativen vorherrschen, d.h. die zu betreuenden SchülerInnen im Religionsunterricht sind (853, 874: Betreuungskinder stören immer) oder eine Parallelversorgung von DaZ sowie Religionsunterricht besteht und Migrationskinder keinen Religionsunterricht besuchen können (467),
- der Religionsunterricht an Randstunden liegt, was zu einer Abmeldung zugunsten von Freizeit führen kann (24, 29).

Näher betrachtet zeigt sich, dass vergleichbare Situationen sehr unterschiedlich bewertet werden können: Z. B. wird der Religionsunterricht an Randstunden im Blick auf Betreuung positiv (134, 378, 780) oder insgesamt doch negativ beurteilt (24, 29, 861).

Schließlich gibt es noch Fälle, wo sich das Betreuungsproblem nicht stellt, weil BerufsschülerInnen die Teilnahme am Religionsunterricht schriftlich bestätigen (52) oder sie schon volljährig sind, so dass für die Schule keine Betreuungspflicht besteht (203).

3.2.3 Optimale Gestaltungsformen des Religionsunterrichts angesichts gesellschaftlicher Herausforderungen

Im Folgenden werden die Begründungen von Item 42 („Begründen Sie bitte Ihre Meinung!") unter Berücksichtigung der jeweiligen Antwort zu Item 41 („Welche Gestaltung des Religionsunterrichts wird Ihrer Meinung nach den aktuellen gesellschaftlichen Herausforderungen am besten gerecht?") herausgearbeitet, so dass sich die Begründungsmuster auf die jeweiligen Gestaltungsformen des Religionsunterrichts beziehen, die als Antwortmöglichkeiten von Item 41 vorgegeben sind.

1) Nach Konfessionen/Religionen getrennter Religionsunterricht (evangelisch, katholisch, islamisch etc.)

Unterschieden werden hier zum einen typische Argumente für einen konfessionellen Religionsunterricht und zum anderen Argumente gegen andere Organisationsformen.

1.1) Argumente für konfessionellen Religionsunterricht

Eine Analyse der Pro-Argumente für einen konfessionellen Religionsunterricht führt zu folgenden Begründungstypen:

- **Immer geringeres Wissen der SchülerInnen von der eigenen Religion/Konfession**: Es wird auf das wenige Wissen der SchülerInnen über die eigene Religion hingewiesen (81, 161, 233). Als eine Ursache dessen wird auf die immer weniger erfolgende religiöse Bildung zuhause verwiesen (417, 878).
- Aus diesem Grund geht es erst einmal darum, **die eigene Religion/Konfession kennenzulernen** (239, 446), wofür der konfessionelle Religionsunterricht eine gute Möglichkeit darstellt. Die Kenntnis der eigenen Religion stellt eine Basis dar, um argumentieren zu können (417) und um andere Konfessionen/Religionen kennenzulernen (380).
- In **organisatorischer Hinsicht** entspricht dem zum einen in der Grundschule ein getrennter Religionsunterricht, danach sind andere Formen möglich (150, 320, 572); zum anderen kommen hier gleichfalls Grundelemente des konfessionell-kooperativen Religionsunterricht zum Ausdruck (88: „Es muss eine Mischung sein, getrennter Unterricht aber mit gemeinsamen Arbeitsphasen innerhalb des Schuljahres. Getrennte Vorbereitung und gemeinsame Weiterarbeit. Kooperation", 178, 1032).

- **Örtliche und konfessionelle Rahmenbedingungen** (225, 496: „Ist an einem bischöflichen Gymansium (sic!) selbstverständlich!“, 552).
- **Gute Erfahrungen mit dieser Organisationsform** (209, 1289: „Ich habe gute Erfahrungen mit dem Unterricht in getrennten Gruppen gemacht, bin aber der Meinung, dass gemeinsame Zusammenkünfte, Planungen und Transparenz sehr wichtig sind“, 224, 947).
- **Grundrecht der SchülerInnen** (148: Grundgesetz, 193, 627: „Ich denke, dass es Unterschiede zwischen den Konfessionen gibt und jeder Schüler ein Recht auf einen konfessionell getrennten Unterricht hat. Natürlich sollte dennoch die Zusammenarbeit etc. intensiv genutzt werden“, 661, 1283).
- **Bedeutung des Protestantismus** (116: „Evangelisches Christentum hat unsere Geschichte stark geprägt. Für Gegenwart und Zukunft ist die Reflexion speziell des evangelischen Glaubens nicht zugunsten der Auseinandersetzung mit vielen anderen Religionen und Konfessionen zu vernachlässigen“, 502).
- **Christliche Wertevermittlung** (189: „Kinder brauchen eine klare christliche Wertevermittlung, die nicht in einem Diakog (sic!) der Religionen, sondern in einem christlichen Religionsunterricht gelehrt werden sollten“, 431, 496).
- **Identitätsbildung** (196: „das entspricht m.E. dem bedürfnis (sic!) der lernenden in Bezug auf Identitätsbildung bzw. Orientierung und Bildung!!!!“, 216, 225 u. ö.).
- **Glauben festigen** (134: „Die Kinder müssen in ihrem Glauben erst gefestigt werden“, 192, 193, 473).
- **Pro und contra Mission** (782: „Meiner Meinung nach ist die jetzige Form gut, um einem weiteren Rückgang der Bedeutung der Kirchen in der Gesellschaft entgegenzuwirken (also die ev. Identität zu stärken und letzten Endes Mission zu betreiben!). Einzige Alternative ist für mich ein neutrales Fach Religion im Klassenverband, wo über alle Religionen neutral informiert wird“, 975: „Wichtig ist, dass Religionsunterricht keine religiöse Belehrung ist und nicht missioniert, sondern zum Austausch einlädt“, 1362).

1.2) Gegenargumente hinsichtlich anderer Organisationsformen

Neben den obigen Pro-Argumenten lassen sich gleichfalls auch verschiedene Contra-Argumente gegen andere Organisationsformen als den konfessionellen Religionsunterricht herausarbeiten:

- Unterricht wäre **oberflächlich** (514: „Andere Formen bleiben oberflächlich“, 1021).
- **Vermengung** wäre negativ (816: „Ich finde, dass man den Weg zum \"Einheits-Wischiwaschi\" nicht überall mitmachen sollte“, 1092, 1292, 1308).
- **Erschwerung religiöser Praktiken** (1142: „Religionsunterricht baut auf einem Bekenntnis auf, ansonsten wäre es LER, das hat nichts mehr mit

Religionsunterricht zu tun. Religiöse Praktiken wie Gottesdienste, Andachten, Gebete wären dann schwierig").

- **Lehrplankonformität** (111: „Lehrplankonformer", 978: „Der Religionsunterricht ist qualitativ sehr unterschiedlich, ich bin froh, mein eigenes Ding machen zu können - heißt, einigermaßen korrekt den Lehrplan abzuarbeiten. Das ist leider nicht selbstverständlich").
- **Konfessionelle Ausbildung der Lehrkräfte** (102, 372, 867: „Die Lehrer sind dazu ausgebildet", 1453).
- **Unterschiedliche Ansichten und Traditionen** (159: „Da die Ansichten immer noch auseinander gehen und es verschiedene Traditionen gibt", 337, 601).
- **Probleme mit Unterrichtsinhalten** u.ä. (215: „Der Schwerpunkt der Arbeit im Religionsunterricht liegt ja auf der eigenen Religion und dem eigenen Glauben. Da wir in der Oberstufe auch manchmal gemischte Kurse haben (e./kath.) ergeben sich durchaus Probleme bei der Vermittlung der Inhalte (z. B. Abendmahlslehre)", 312, 601).

2) Konfessionell – kooperativer Religionsunterricht

Im Blick auf die Rechtslage mag es zwar überraschend erscheinen, aber es deckt sich mit früheren empirischen Untersuchungen, dass ReligionslehrerInnen konfessionell-kooperativen Religionsunterricht praktizieren (Hütte/Mette 2003). In diesem Sinne können **gute Erfahrungen** mit dieser Organisationsform als ein erstes Argument angeführt werden (94: „Hat sich in der Praxis bewährt", 444: „Damit haben wir sehr gute Erfahrungen gemacht"). Weitere Argumente lassen sich dahingehend grob unterscheiden, ob sie sich etwas stärker auf das konfessionelle oder auf das kooperative Element dieses Religionsunterrichts beziehen, wobei oft betont wird, warum trotz Kooperation auch das konfessionelle Moment wichtig ist.

2.1) Primäre Begründungsbezüge auf das konfessionelle Element

Hier finden sich folgende Begründungstypen:

- **Konfessionelle Erkennbarkeit** (48: „Bei aller notwendigen Zusammenarbeit u. a. wegen der geringer werdenden getauften SchülerInnen, muss der Religionsunterricht als konfessioneller Religionsunterricht kenntlich bleiben").
- **Konfessionelle Identität der Lehrperson notwendig für glaubwürdigen Religionsunterricht** (104: „Die klar erkennbare Verwurzelung der Lehrperson in einer Konfession/Religionsgemeinschaft bei gleichzeitiger Offenheit für Kooperation ist notwendig, damit die SchülerInnen glaubwürdigen Religionsunterricht erleben können, der sie zur Selbstfindung herausfordert", 168: „Religionsunterricht ist nur als konfessioneller Religionsunterricht keine ‚Religionskunde'; nur ein konfessionell gebundener Lehrer kann ein religiöses ‚Vorbild' oder eine religiöse ‚Reibungsfläche' sein; gleichzeitig muss Religionsunterricht offen sein für den Austausch mit

anderen Religionen und so einen Bewusstsein für pluralisierte Wertvorstellungen schaffen", 176, 210, 252).

- **Orientierungs- und Entscheidungshilfe** (120: „Die SchülerInnen brauchen einen Orientierungspunkt, jemand der seine Meinung vertritt ohne auszugrenzen", 399: „Kinder sollen m.E. Angebote haben, eine geistige und seelische Heimat zu finden bevor sie sich für oder gegen eine Religion entscheiden. Es ist Aufgabe der Kirche, die Werte und den Blick auf die Welt den Kindern anzubieten und religiöse Erfahrungen zu machen. Sie sollen Gemeindeleben kennenlernen und erfahren. Sie sollen eintauchen in die Glaubenswelt der Gläubigen und dieses ‚Haus' von innen kennenlernen").
- **Eigene Religion kennenlernen und verstehen** (66, 184: „Die Kinder sollen ihre Religion kennenlernen", 227: „Es ist zum einen wichtig, den Kinder die Möglichkeit zu geben, in ihrer eigenen Konfession Erfahrungen zu sammeln, die oft außerhalb der Schule nicht mehr gemacht werden, und zum anderen durch Kooperation die eigene Konfession in Umfeld anderer zu sehen und zu verstehen").

2.2) Primäre Begründungsbezüge auf das kooperative Element

Diesbezüglich lassen sich folgende Begründungstypen herausarbeiten:

- **Im Klassenverband bleiben** (296: „Viel wichtiger fände ich es den Unterricht im Klassenverband erteilen zu können, mit Kindern, die sich kennen und nicht erst ‚finden' müssen", 381).
- **Gesellschaftliche Veränderungen und Zeitgemäßheit** (13: „gesellschaftliche Veränderungen erfordern auch ein Umdenken für die Unterrichtsgestaltung", 28: „Wird der Realität der Schüler am ehesten gerecht", 97, 132: „die Trennung von kath und ev im Religionsunterricht ist meiner Ansicht nach überholt, weil im Elterngespräch kaum mehr vermittelbar", 136, 146, 450).
- **Unterschiede sowie Gemeinsamkeiten aufzeigen** (208: „Es gilt Gemeinsamkeiten unter Christen zu entdecken, nicht Trennung zu verstärken", 229: „Man sollte die Ähnlichkeit von katholischem und evangelischen Anschauungen nutzen, aber die Unterschiede auch ausleben können", 648).
- **Förderung von Toleranz und voneinander lernen** (12, 25, 79, 166, 168, 218, 350: „Man kann voneinander profitieren", 648: „Unterschiede zwar feststellen und kennenlernen, Gemeinsamkeiten allerdings stark hervorheben, voneinander lernen, Toleranz üben, Gemeinschaft leben").
- **Ökumene fördern** (412: „Die Trennung der Konfessionen fördert nicht den ökumenischen Gedanken", 423).
- **Organisatorische Gründe** (74: „Die Trennung in konfessionelle Lerngruppen ist wegen des Lehrermangels nicht umsetzbar", 93: „schulorganisatorische Gründe, Lehrermangel, kein islamischer Religionsunterricht", 136: „Die Schülergruppen bei konfessioneller Trennung wäre zu klein und die Schüler bringen keine Konfessionen mit,

die entscheidend für den Unterricht ist", 166: „je nach Schulumgebung! An meiner momentanen Schule gibt es sehr wenige nicht-christliche Kinder. An anderen Schulen wäre interreligiöse Kooperation sehr viel wichtiger, um gegenseitigen Respekt aufzubauen", 423).

2.3) Bezüge auf andere Organisationsformen

Schließlich finden sich auch einige wenige Bezüge auf andere Organisationsformen des Religionsunterrichts:

- **Abgrenzung zum interreligiös-kooperativen Religionsunterricht** (341: „Da der interreligiös-kooperative Religionsunterricht noch in den Kinderschuhen steckt, ist der konfessionell-kooperative Religionsunterricht angesichts der schon erwähnten Säkularisierung in unserer Gesellschaft eine zwingende Notwendigkeit").
- **Wechsel der Organisationsformen** („217: In der Grundschule und zu Beginn der SI ist es sicher wichtig, sich mit der eigenen Konfession auseinander zu setzen. Danach allerdings ist die Auseinandersetzung mit ‚Gott und der Welt' nicht mehr konfessionell nötig, da die konfessionelle Bindung der meisten SchülerInnen am Ende der S I und in der S II nicht mehr besonders hoch ist. Für islamische Sch. halte ich einen islam. Religionsunterricht als ‚Barriere' gegen bestimmte Ansichten, die sich nicht aus dem Koran herleiten, für wichtig und sinnvoll", 309, 400, 421).
- **Unklarheit bezüglich der Unterschiede** (659: „Leider wusste ich nicht, was unter konfessionell-kooperativem Unterricht gemeint ist. Grundsätzlich würde ich befürchten, dass bei einem über konfessionellen unterricht (sic!) die evangelische Sichtweise zu kurz käme, d.h. die Katholiken zu viel Einfluss nähmen", 1396).

3) Interreligiös – kooperativer Religionsunterricht

Vergleichbar zum konfessionell-kooperativen Religionsunterricht wird auch hier auf gute Erfahrungen und eine entsprechende Nachfrage nach dieser Organisationsform verwiesen (47: „Mache ich derzeit die besten Erfahrungen mit. Wird auch nachgefragt", 563, 666). An dieser Stelle lässt sich weniger überzeugend eine Unterscheidung der Argumente vornehmen, die etwa zwischen primären Bezügen zum interreligiösen sowie zum kooperativen Element dieser Organisationsform differenziert. Aus diesem Grund wird im Folgenden allein zwischen den Begründungsmustern für den interreligiös-kooperativen Religionsunterricht sowie den Bezügen auf andere Organisationsformen unterschieden.

3.1) Begründungsbezüge auf das interreligiös-kooperative Element

Da der interreligiös-kooperative Religionsunterricht im Unterschied zur Religionskunde das konfessionelle Moment beinhaltet, werden in diesem Zusammenhang auch konfessionelle Begründungsmuster angeführt:

- **Konfessionelle Rolle der Lehrperson** (110: „Religiöse Identität findet man durch Vorbilder, religiös authentischen Lehrern, die Toleranz leben durch Kooperation, dennoch eine konfessionelle Basis bieten können, einen Raum, der die gesellschaftliche Realität, Kirchen etc., abbildet", 230, 604: „Dabei halte ich es für wichtig, dass die Lehrperson ein eigenes Bekenntnis hat und vertritt und selbst Toleranz UND Überzeugung vom eigenen Glauben vorlebt. SuS brauchen ein Vorbild im Glauben!").

- **Kennenlern- und Bekenntnisfunktion** (379: Die Kinder sollen alle Konfessionen kennenlernen, um sich aktiv für eine zu entscheiden. Die meisten Schüler fangen mit Religion nichts an, die Eltern haben die Konfession für sie entschieden, leben diesen Glauben aber selten. Religion und Glauben sind den Kindern oft leere Begriffe", 315, 494, 505: „Christliche Religiosität wird nicht in einem neutralen Unt. ohne Bekenntnis gelernt. Ich brauche die Abgrenzung zu anderen Religionen, aber auch die Betonung der Gemeinsamkeiten und der gemeinsamen Wurzeln, um eine eigene religiöse Identität zu erlangen. Dies kann in einem Unt. mit anderen Religionen geschehen: nebeneinander und gemeinsam", 604: „SuS sollen vie (sic!) Vielfalt der Bekenntnisse der in Deutschland lebenden Menschen kennenlernen und an konkreten Menschen erleben, damit ein friedliches Zusammenleben möglich wird. Das eigene Bekenntnis soll dadurch gefördert und gefunden werden, dass das Andere gleichberechtigt daneben leben darf", 658).
- **Zeitgemäßheit und Entsprechung zur Lebensrealität**: (1165: „Die religiöse Vielfalt in einer Schule wird immer größer. Interreligiöse Fragestellungen beschäftigen die SchülerInnen immer mehr. Auseinandersetzung mit extremistischen Ansichten ist gefragt und eine interreligiöse Bearbeitung sicher zeitgemäß", 164: „In einer multikulturellen Gesellschaft sollte der Religionsunterricht offen für alle sein, um Glauben, Lieben, Hoffen zu stärken und sich besser kennenzulernen", 291, 309, 338, 364: „Bildet die Lebenswirklichkeit ab und fördert den Dialog", 36: „An einer Schule, die unterschiedlichste Religionen unter einem Dach vereint, wäre dies m.E. die angemessene Form, die Lebenswirklichkeit der SchülerInnen in den Blick zu nehmen", 518: „Bei der mehrheit (sic!) der SchülerInnen ist kaum religiöse Sozialisation vorhanden. Wir leben in einer multikulturellen und religiös-pluralen Gesellschaft. So ist gegenseitiges Verstehen besser möglich").
- **Unterricht im Klassenverband** (106: „Ich bin bin (sic!) der Meinung, dass die Klassen im Klassenverband unterrichtet werden sollten. Ich finde das bereichernd. Nichtchristlicher SchülerInnen sollten aber eine Alternative haben, und sofern sie das wünschen, z. B. Ethikunterricht angeboten bekommen", 206: „Immer weniger Kinder sind getauft und haben Bezug zur Religion. Im interreligiösen-kooperativen Religionsunterricht könnte man alle Kinder zusammenfassen und die verschiedenen Konfessionen betrachten, verbinden und gemeinsame Werte erarbeiten").

- **Möglichkeit zum Dialog** (65, 230: „Ein Unterricht mit Schülern verschiedener Religionen ist ein Abbild unserer Gesellschaft und bietet die Möglichkeit zum Austausch. Dass es dafür zunächst um die Vermittlung von Basiswissen gehen muss, ist leider Alltag. Der/die Unterrichtende muss dabei konfessionell gebunden sein!").
- **Vorurteile verhindern** (413: „Durch gemeinsame interreligiöse Stunden zusätzlich zu den konfessionell gebundenen, könnten viele Vorurteile gegenüber den anderen Religionsgemeinschaften abgelegt werden. Zudem hätte der Unterricht verbindlicheren Charakter, wodurch man alle Schüler erreichen könnte", 622).
- **Förderung von Verständnis, Respekt, Toleranz, Frieden** (65: „es ist wichtig, den SuS im intereligiösen (sic!) Dialog Respekt und Wertschätzung der jeweils anderen Religion zu vermitteln", 157, 604: „Angst soll abgebaut werden. Respekt gefördert werden. Verständnis für die eigene Religion und die der Anderen entstehen", 1224: „Man sollte die Kompetenzen der Kollegen und auch außerschulischer Partner nutzen. Alle SchülerInnen sollen religiös alphabetisiert werden und über ein Basiswissen verfügen. Ich glaube, dass dies ein wichtiger Baustein für ein friedliches Zusammenleben ist und SchülerInnen gegen radikale Gruppen besser aufstellt").
- **Erarbeitung gemeinsamer Werte** (206: „Immer weniger Kinder sind getauft und haben Bezug zur Religion. Im interreligiösen-kooperativen Religionsunterricht könnte man alle Kinder zusammenfassen und die verschiedenen Konfessionen betrachten, verbinden und gemeinsame Werte erarbeiten", 532).

3.2) Bezüge auf andere Organisationsformen

Im vorliegenden Kontext werden v.a. organisatorische und didaktische Pro-Argumente im Vergleich zum herkömmlichen Religionsunterricht geltend gemacht:

- **Organisatorische Verbesserung** (157: „Organisatorische Entlastung", 324: „Konfessionelle Aufteilung ist aus versch. Gründen nicht mehr möglich. Lerngruppen sind religiös zu heterogen", 1010: „Passt am besten in die Einsatzplanung von Kollegen. Ressourcensparend").
- **Trennung von SchülerInnen ist nicht sinnvoll** (304: „Die Grundschulkinder verstehen oft nicht die Unterschiede/Trennung. Sie sind Kinder einer Welt, sollten vom Anderen wissen, mit ihm zusammen lernen, ihn akzeptieren, erfahren, dass es viele gemeinsame Werte gibt", 392, 963: „Trennung lehne ich grundsätzlich ab. Jeder sollte ohne Vorbehalte wählen können. Jugendliche, die in einer Lerngruppe sollten ihre eigene aber auch andere Konfessionen oder Religionen schätzen und respektieren lernen").

4) Fächergruppe mit verbindlichen Kooperationsphasen

Folgende Begründungsmuster finden sich für eine Fächergruppe mit verbindlichen Kooperationsphasen (evangelischer Religionsunterricht, katholischer Religionsunterricht, islamischer Religionsunterricht, Praktische Philosophie, Ethik, Philosophie):

- **Erhalt des konfessionellen Profils und interreligiöse Erfahrungen** (19: „Konfessionelles Profil bleibt erkennbar, dennoch ökumenisches/interreligioöses (sic!) Arbeiten und Kompetenzgewinn", 52, 179).
- **Beteiligung aller vs. Nischendenken** (145: „Das würde m.E. das Nischendenken beenden und alle in der Schule beteiligen", 549, 739).
- **Inhaltliche Vorteile** (404: „Synergieeffekte, Erweiterung des Horizonts, Thematische Bereicherung", 434, 468).
- **Organisatorische Vorteile** (101: „Diese Form des Religionsunterrichts ermöglicht es zum einen, dass die Schülerinnen und Schüler ihre eigene religiöse Tradition (besser) kennenlernen und ihre eigene religiöse Identität (weiter-) entwickeln. Wer sich seiner eigenen religiösen Orientierung vergewissert hat, kann dann gut in einen Dialog mit Menschen anderer religöser (sic!) Orientierung treten. Damit dies nicht unkoordiniert geschieht und zu zerfasern droht, scheinen mir Kooperationsphasen, die unter einer bestimmten thematischen Fragestellung stehen, besonders geeignet zu sein", 246).
- **Entsprechung zum gesellschaftlichen Kontext** (325: „Verknüpfung von konfessionellen und kooperativen Anteilen ist wichtig, weil sich unser BK in einer Stadt mit hohem Migrantenanteil befindet", 23: „auch in der Gesellschaft treffen wir immer wieder Menschen anderer Weltanschauungen. Daher halte ich es für wichtig sich seiner eigenen Weltanschauung, seines eigenen Glaubens bewusst zu sein, aber auch immer wieder den anderen neu zu begegnen", 246, 268: „Geminsames (sic!) Leben fordert Kooperationen", 290, 367).
- **Positionalität der Lehrkräfte** (1261: „Positionierung der Lehrperson -> Authentizität bei gleichzeitig übergreifender Möglichkeit, den SchülerInnen sinndeutende Kompetenzen kritisch zu vermitteln (durch Multiperspektivität)", 402: „m.E. kann Religion nicht distanziert als Religionskunde unterrichtet werden; Religionsunterricht braucht identifizierente (sic!) Lehrkraft; Phasen der verbindlichen Kooperation sinnvoll, da nur so Blick auf andere REligionen (sic!) authentisch vermittelt werden kann").
- **Identitätsbildung der SchülerInnen** (182: „Zusammenarbeit mit kath. Fachbereich funktioniert prima, vielfältige Überschneidungen vorhanden. Engere Zusammenarbeit mit PPL wünschenswert. Allerdings ist eine konfessionelle Profilierung wichtig für Lebensorientierung und Identitätsfindung der Schüler", 650).

- **Interesse der SchülerInnen** (86: „Gegenseitiges Verständnis ist eine der wichtigsten Vorraussetzungen (sic!) für ein friedliches Miteinander. Außerdem sind die Schüler oft sehr interessiert an anderen Glaubensüberzeugungen“, 589).
- **Lebensrealität der SchülerInnen** (237: „Langfristig halte ich den konfessionell getrennten Unterricht nicht mehr haltbar, weil er der Lebenswirklichkeit der Schülerinnen und Schüler nicht mehr entspricht. Dennoch bin ich für die Beibehaltung von Religionsunterricht als Möglichkeit einer Auseinandersetzung der Schülerinnen und Schüler mit sich und der Welt, die vom Vorbild und Engagement der/des Lehrerin/Lehrers lebt. Das gelingt nicht im neutralen Unterricht, weil Sinnfragen nicht objektiv zu beantworten sind. Urteils- und Handlungskompetenz erhalten Schülerinnen nur in der aktiven Auseinandersetzung und Diskussion mit gelebten Modellen“, 430).

5) Religionskunde

Hier lassen sich zum einen Argumente typisieren, die für die Religionskunde geltend gemacht werden, zum anderen solche, die insbesondere gegen den konfessionellen Religionsunterricht gerichtet sind.

5.1) Argumente für Religionskunde

Eine Analyse der Texte führt zu folgenden Begründungstypen für eine Religionskunde:

- **Zeitgemäßheit bzw. bestehende Vielzahl von Religionen und Konfessionen** (38, 146: Religionskunde ist zeitgemäß, 148: „Ein weltanschaulich neutraler Standpunkt ist meines Erachtens aber zeitgemäßer und in der heutigen multikulturellen Gesellschaft von größter Wichtigkeit“, 200, 221, 709 u. ö.).
- **Erhöhung von Toleranz und Akzeptanz** (638: „Ich finde es wichtig, dass man über sämtliche Weltreligionen neutral informiert wird und sich schlißelich (Sic!) ein ‚eigenes Bild‘ machen kann. Außerdem steht der Toleranz- und Akzeptanzgedanke in meinen Religionsunterricht im Vordergrund; dies kann nur gelingen, wenn dazu alle Religionsgruppen aufgerufen werden“, 744).
- **Prävention von Vorurteilen** (709: „An einer Berufsschule kommen viele Religionen zusammen. Eine Trennung schürt Vorurteile und das Gefühl des Anders-Seins. Eine neutrale Anschauung ermöglicht Jedem eine Unterrichtsteilnahme“, 789).
- **Integrationsförderung** (771: „In einer globalisierten Welt wo viele Menschen mit ganz unterschiedlichen religiösen Wurzeln und Weltanschauungen zusammentreffen, erscheint es nicht sonderlich sinnvoll sie grade in einem so fundamentalen Fach zu trennen (INTEGRATION)“, 1225).
- **Dialogförderung** (38: „In Klassen mit bis zu 10 Konfessionen sind Wissenvermittlung und Dialogförderung ohne Bekenntnis und religiöse

Formen wie Gebet, Gottesdienst, persönliche Glaubenserfahrungen und Nichtglaubenserfahrungen der Unterrichtenden authentischer gegenüber den Bekenntnissen der Schülerinnen und Schüler").

- **Vermittlung von Inhalten** (38, 200: „Religionskunde ist jedoch dringend geboten, um Grundwissen zu Kenntnisse zu vermitteln, die (leider) nicht mehr vorausgesetzt werden können und mehr und mehr in Vergessenheit geraten", 1182).
- **Eigenen Glauben fördern** (1279: „Die Entdeckung seiner eigenen Spiritualität lässt sich am besten durch einen freien Zugang zu Gott aufbauen").

5.2) Argumente gegen konfessionellen Religionsunterricht

Auffallend ist, dass Befürworter einer Religionskunde verschiedene Argumente speziell gegen den bestehenden konfessionellen Religionsunterricht richten:

- **Sinkende Relevanz von Konfessionalität bzw. Unzeitgemäßheit von konfessionellem Religionsunterricht** (354: „Die Bedeutung der Konfessionalität nimmt ab. Besser alle zusammen unterrichten. Die Praxis sieht oft schon jetzt so aus", 147: Getrennter Religionsunterricht ist nicht zeitgemäß und „Relikt aus vordemokratischen Zeiten", 365, 403).
- **Nichtentsprechung der Lebensrealität der SchülerInnen** (59: „Der nach Konfessionen getrennte Religionsunterricht widerspricht dem von den Kindern erlebten Alltag, da er künstlich Unterschiede schafft, die im Alltag nicht bestehen. Sinnvoller wäre, die religiöse Verschiedenheit in den Klassen als Ausgangspunkt für ein gemeinsames Nachdenken darüber zu nehmen", 74, 147 u. ö.).
- **Vereinfachung der Organisation** (188: „Das tut allen Kindern gut. Eine Lehrerstunde reicht für eine Klasse. Zur Zeit brauchen wir mindestens 2 Lehrerstunden (ev./kath. getrennt)", 221, 686).
- **Rechtlich-politische Gründe der Trennung** (4: „Die konfessionelle Trennung ist nur aus politischen Gründen für die Stellung des Religionsunterrichts notwendig", 200: „Die Problematik der grundgesetzlichen Regelung bzgl. des Religionsunterrichts erschwert generell derartige Neuregelungen oder elementare Umstrukturierungen des herkömmlichen Religionsunterricht").
- **Zielvorstellung Religionsunterricht vs. Glaubenshinführung** (456: „Da die Zielvorstellung SchülerInnen zum Glauben hinzuführen schon ausgeschlossen ist, finden (sic!) ich persönlich, es viel konsequenter einen Religionskundeunterricht anzubieten", 1108).

6) Kein eigenes Fach

Insgesamt finden sich hier nur sieben Antworttexte und aus diesem Grund lässt sich keine weitere Kategorisierung vornehmen. In einem Text wird mit mangelndem Schülerinteresse argumentiert (1207), in einem anderen wird der Unterrichtsgegenstand Religion als zu umfassend angesehen, um „in ein Fach gepresst“ (1167) zu werden. Schließlich kann als Argument ideell eine zukünftige Schule der Projektarbeit angeführt werden:

> „Auch wenn ich damit mein eigenes Standbein demontiere, stimme ich für die Integration religiöser Inhalte in Projekte. Das gilt aber nur für die Schule der Zukunft, in der der fachbezogene Unterricht zugunsten allgemeiner, regelmäßiger Projektarbeit abgeschafft wurde. Vernetztes Denken ist die gesellschaftliche Forderung und darauf muss Schule vorbereiten. Die religiöse Dimension neben der biologischen, geologischen, historischen ... Dimension eines ökologischen Problems zu erörtern kann sehr spannend sein und nicht weniger tiefgreifend als im fachbezogenen Unterricht“ (235).

3.2.4 Wie wünschen Sie sich den Religionsunterricht an ihrer Schule in fünf Jahren?

Zahlreiche Rückmeldungen auf Item 46 („Wie wünschen Sie sich den RU an ihrer Schule in fünf Jahren? Begründen Sie bitte Ihre Meinung!) beziehen sich auf verschiedene Möglichkeiten der Organisationsform des Religionsunterrichts, andere beziehen sich auf Wünsche bezüglich organisatorischer oder atmosphärischer Bedingungen des Religionsunterrichts. Eine hohe Zufriedenheit kommt insofern zum Ausdruck, als sich gleichfalls eine Kategorie mit dem Titel „Genauso wie jetzt“ herausarbeiten lässt, wobei ausgehend von dieser grundsätzlichen Zufriedenheit zusätzliche Wünsche geäußert werden können.

1) Wünsche bezüglich der Organisationsform des Religionsunterrichts

Vereinzelte Voten plädieren für einen **konfessionslosen Religionsunterricht** im Sinne von LER (4, 221, 403, 744, 1108). Dementsprechend lassen sich nur wenige Begründungsmuster herausarbeiten, zumal teilweise keine Begründung erfolgt (4, 403). Als Argumente für einen konfessionslosen Religionsunterricht werden genannt, dass der Religionsunterricht allen in zeitgemäßer Form gerecht werden soll (221) bzw. diese Form die Klassengemeinschaft unterstützt (1108). Einige Texte plädieren für Mischformen, d.h. eine konfessionell-kooperative Form des Religionsunterrichts, in dem Anteile daraus lebens- und religionskundlich orientiert sind (233, evtl. 60) bzw. für Religionskunde als Alternativfach zu konfessionell-getrenntem Religionsunterricht (332) bzw. konfessionell-kooperativen Religionsunterricht (297).
Im Gegensatz zu BefürworterInnen eines konfessionslosen Religionsunterrichts gibt es einige Stimmen, die umgekehrt für einen **konfessionell-getrennten Religionsunterricht** plädieren. Auch hier kann eine Verbindung mit alternativen Formen bedacht werden wie z. B. konfessionsübergreifender Religionsunterricht in Klasse 1 (976) oder Klassen 1 und 2 (178, 254) und konfessioneller Religionsunterricht in den Folgejahren der Grundschule. Umgekehrt kann zunächst für das Kennenlernen der eigenen Religion in den

Klassen 1 und 2 plädiert werden sowie dann das Kennenlernen anderer Konfessionen und Religionen (1035). Schließlich findet sich auch die Meinung wieder, dass schulformspezifisch zwischen einem konfessionellen Religionsunterricht an Gymnasien und einem gemischt-konfessionellen an Berufskollegs unterschieden werden soll (604). Auffallend ist, dass sich in diesem Kontext diverse Vorschläge zur organisatorischen Gestaltung finden, die den konfessionellen Religionsunterricht in ganz verschiedenen Variationen mit anderen Gestaltungsformen des Religionsunterrichts sowie mit Alternativfächern kombinieren, was auf einen gewissen Pragmatismus von ReligionslehrerInnen hinsichtlich der Organisationsform schließen lässt, der nicht zuletzt auch durch verschiedene regionale Gegebenheiten bedingt ist.

Als Alternativfächer des konfessionellen Religionsunterrichts werden zum einen islamischer Religionsunterricht, alevitischer Religionsunterricht sowie buddhistischer Religionsunterricht genannt (1287), des Weiteren auch Praktische Philosophie (223) und Ethik. Zwei Texte signalisieren dabei ganz unterschiedliche Erwartungen: Von einer Seite aus wird der Wunsch geäußert, dass „Kinder ohne Bekenntnis oder mit anderer Konfession sollen am Ethikunterricht teilnehmen (um den Religionsunterricht nicht zu stören und den Teilnehmern des Religionsunterrichts die nötige Privatsphäre zu lassen)" (1067), während von anderer Seite aus der Wunsch geäußert wird, dass viele SchülerInnen ohne Konfession teilnehmen und merken, dass Religion mit Leben und Gesellschaft zu tun hat (vgl. 923).

Motive für den konfessionellen Religionsunterricht können erstens regional bedingt sein, da an einer kleinen Dorfschule kein anderer Bedarf besteht (720), zweitens arbeitstechnisch motiviert, weil dieser mit Fachwissen gut bewältigbar ist (1492) oder drittens didaktischer Natur, um an den Wurzeln arbeiten zu können (vgl. 1034). Die konkrete Ausgestaltung kann mit den Komparativen „missionarischer" (1308) oder „traditioneller als bisher" (937) beschrieben werden, wobei in verschiedener Hinsicht auch das Schulleben im Blick ist (668, 937, 1308).

Die Wünsche für den Religionsunterricht in fünf Jahren beziehen sich jedoch in der Regel weder auf einen strikt religionskundlichen oder strikt konfessionellen Religionsunterricht, sondern auf einen **konfessionell-kooperativen** bzw. **ökumenischen** bzw. **interreligiösen Religionsunterricht**. Dabei geben zahlreiche Stimmen zu erkennen, dass zwischen diesen verschiedenen Formen in der Praxis fließende Übergänge gesehen werden bzw. gewünscht sind. So kann z. B. der Wunsch geäußert werden „mindestens konfessionell-kooperativ, gerne interreligiös-kooperativ" (800), phasenweise kooperativ (280: kann auch interreligiös-kooperativ sein) oder phasenweise ökumenisch bei bestimmten Unterrichtseinheiten (kath., Islam) (1069).

Als Motive für den **konfessionell-kooperativen Religionsunterricht** werden das Kennenlernen der Tradition (101), die Entwicklung religiöser Identität (101), Dialogfähigkeit (101) und die Förderung von Toleranz (74, 1064) sowie mehr Kooperation (78, 1064) genannt. Auch werden regionale

Bedingungsfaktoren angeführt. So kann für eine konfessionelle Kooperationen zwischen evangelischem und katholischem Religionsunterricht plädiert werden, „da in unserer Stadt der Vergleich zum Islam ausschlaggebend für die religiöse Identität der SchülerInnen ist" (132) oder weil nur drei bis vier muslimische Kinder sich unter insgesamt 220 SchülerInnen befinden (1151).

Damit die Kooperation nicht unkoordiniert geschieht, soll diese in eigenen Kooperationsphasen stattfinden (101), wobei auch andere Fächer wie Geschichte etc. (225) oder paralleler islamischer Religionsunterricht und PP (1306) in den Blick genommen werden.

Bei alledem wird jedoch eine grundlegende Skepsis hinsichtlich des Wunsches einer konfessionellen Kooperation insofern deutlich, als diese wegen des Erzbistums Köln (1124) bzw. der katholischen Kirche (549) nicht bzw. ein größerer ökumenischer Austausch erst unter einem neuen Kardinal realistisch erscheint (401).

Auch beim Wunsch nach einem **ökumenischen Religionsunterricht** kann das Bedauern anklingen, dass dieser an den „katholischen Freunden scheitern" (1269) könnte.

Als Motive für einen ökumenischen Religionsunterricht werden angeführt, dass sich der Religionsunterricht in der Grundschule kaum unterscheidet und ein ökumenischer Religionsunterricht eine klassenkonforme Gestaltung, mehr Flexibilität und fächerübergreifende Projekte ermöglicht (320). Darüber hinaus wird zu einer ökumenischen Ausrichtung der Lehrpläne ermutigt (451) und für eine Vertiefung des ökumenischen Konsenses bei der Gestaltung des Religionsunterrichts, des Gottesdienstes sowie des Schullebens plädiert (603). Schließlich diene die ökumenische Arbeit auch der Akzeptanz der Kirchen (29).

Gleichfalls spielen regionale Gesichtspunkte eine Rolle: So wird in einem Text ein ökumenischer Religionsunterricht favorisiert, weil im Einzugsbereich wenige rein katholische oder evangelische Familien leben (738). Der ökumenische Religionsunterricht könne je nach Bedarf auch konfessionell getrennt durchgeführt werden und sollte durch Islamunterricht sowie Moral/Religionskunde ergänzt werden (852; vgl. 674). Für die Grundschule kann in einem anderen Text folgendes Modell vorgeschlagen werden: 1. Klasse ökumenischer Religionsunterricht und Ethik, 2.-4. Klasse getrennt konfessioneller Religionsunterricht sowie Ethik mit Noten (824).

Motive für einen **interreligiösen Religionsunterricht** werden oftmals mit dem Stichwort ‚gemeinsam' zum Ausdruck gebracht: Es geht darum, gemeinsam über Fragen nachzudenken und Antworten zu suchen (13), um eine gemeinsame schöne Zeit für Gespräche mit SchülerInnen (150), um ein gemeinsames Angebot für SchülerInnen in ihrer Vielfalt (24). Dabei kann gerade die Verschiedenheit der Ausgangspunkt für ein gemeinsames Nachdenken sein (59). Gegen eine befremdlich wirkende Trennung (60) wird ein hohes wechselseitiges Interesse bei muslimischen wie christlichen SchülerInnen konstatiert (24).

Neben der Hervorhebung des ‚Gemeinsamen' findet sich in Texten auch der Wunsch, dass die Zusammenarbeit der Religionen ohne Identitätsverlust erfolgt (281). In diesem Sinne wird ein gutes Material für den interreligiösen Religionsunterricht gewünscht, in dem nicht die einzelnen Religionsprofile verwässert werden (364) und wird festgestellt, dass Jugendliche den Dialog mit ReligionslehrerInnen – als konfessionelle VertreterInnen – suchen (24).

Ohne im Detail alle Varianten der Organisation benennen zu können (vgl. u. a. 235, 641, 687, 901, 1146) wird eine klare und verbindliche Regelung der Kooperation gewünscht (75). Dies kann dahingehend konkretisiert werden, dass konfessionelle Lerngruppen maximal aus 20 SchülerInnen bestehen sollten und die konfessions- sowie religionsübergreifende Kooperation in verbindlichen Projekten stattfindet (179).

2) Wünsche bezüglich organisatorischer und atmosphärischer Bedingungen

Wünsche bzgl. organisatorischer Bedingungen beziehen sich nicht selten auf **kleinere Klassen bzw. Lerngruppen** (38, 151, 164: „max. 20", 229, 282). Gleichwohl besteht gelegentlich auch eine umgekehrte Situation, wenn größere Lerngruppen gewünscht werden (395) oder genügend evangelische SchülerInnen, damit nicht alle auf katholische Privatgymnasien abwandern und nur noch muslimische SchülerInnen vorhanden sind (1026).

Weitere Wünsche beziehen sich auf einen **eigenen Religionsraum** (38, 171, 255, 825, 834, 1066), **gute Materialien** für den Religionsunterricht (86, 110, 160, 192, 255, 970) sowie auf die **Lehrpläne**. Die Anforderungen an letztgenannte sind dabei vielfältig: diese sollen nicht zu eng gestrickt sein (86, 1231), mehr Zeit für SchülerInnen vorsehen (151), Kinder bei den Themen mitbestimmen lassen (353), nicht theologisch überfrachtet sein und die Lebenswirklichkeit der SchülerInnen berücksichtigen (435, 1156). Teilweise wird auch Kritik an den neuen kompetenzorientierten Lehrplänen geäußert (484, 1077), wobei der Lehrplan in Rheinland-Pfalz als der Beste gelobt werden kann, was je am Markt war (1048). Auch in thematischer Hinsicht werden unterschiedliche Akzentuierung deutlich: Zum einen wird für eine stärkere Orientierung an der Wertevermittlung (1408) plädiert und zum anderen für einen narrativen Zugang zu biblischen Themen sowie gegen eine allgemeine Ethisierung ohne christlichen Bezug (1250).

Auch findet sich der Wunsch gegen die zeitliche Platzierung des Religionsunterrichts an Randstunden (606, 1103) und generell für einen Religionsunterricht mit **mehr Zeit** (64, 103), u. a. für den Besuch von Kirchen, Moscheen etc. (395) sowie für **interessante Projekte** (86, 160, 166, 912), wobei in diesem Zusammenhang evangelische Gemeinden eine wichtige Rolle spielen (206, 892). Dem entspricht auch die gewünschte stärkere Ausrichtung auf außerschulische Lernorte (212, 308) sowie die aktive Teilnahme am Schulleben (354, 959).

ReligionslehrerInnen selbst sowie **weitere Akteure** kommen gleichfalls bei diesem Item in den Blick. So werden Sorgen wegen der Personalsituation (104, 308) bzw. der Schulentwicklungsplanung (104) geäußert oder dass die Existenz des Religionsunterrichts wegen des Desinteresses von Verantwortlichen und ungünstiger äußerer Umstände auf dem Spiel stehen kann (1023, 619). In positiver Hinsicht werden für jede Klasse ausgebildete ReligionslehrerInnen gewünscht (107), engagierte FürsprecherInnen im Landeskirchenamt (171), eine dem Religionsunterricht zugewandte Schulleitung (179), für die Lehrtätigkeit ausreichend qualifizierte PfarrerInnen (454) bzw. generell gut ausgebildete ReligionslehrerInnen (308), mehr Fortbildungen bzw. Zeit für diese (372, 1221) sowie jüngere Lehrkräfte (160, 354) bzw. mehr KollegInnen, um konzeptionell arbeiten zu können (1070) bzw. um sich nicht nur mit katholischen KollegInnen austauschen zu können (1239).

Kommen explizit die **SchülerInnen** in den Blick, dann wird ein zahlreicher Besuch des Religionsunterrichts gewünscht (168), da Wichtiges vermittelt wird, oder werden (mehr) motivierte SchülerInnen gewünscht (179, 215, 372), die den Eindruck haben, für das Leben gelernt zu haben (179). Eher am Rande stehen Voten, in denen der Wunsch nach SchülerInnen mit einem Zugang zum Glauben (961) geäußert wird oder dass bei SchülerInnen die Sehnsucht nach einer persönlichen Beziehung geweckt wird (202).

Schließlich finden sich auch Stimmen, die für eine wissenschaftliche Ausrichtung (354) und einen **Leistungskurs Religionsunterricht** plädieren (589, 861), während andere sich gegen ein Zentralabitur (1048) und für einen **notenfreien Religionsunterricht** aussprechen (317).

Die Wünsche bezüglich **atmosphärischer Bedingungen** beziehen sich an erster Stelle auf **mehr Wertschätzung** des Religionsunterrichts, der akzeptiert und im Schulprogramm verankert ist (165, 669) und dessen Beitrag zur allgemeinen Bildung (56) bzw. dessen Leistung in der Gesellschaft (179) anerkannt ist. Mehr Wertschätzung kann auch von Seiten der Schulleitung (729, 1064), von Eltern (659), von KollegInnen (659, 134, 659) und einiger SchülerInnen (659) gewünscht werden. Darüber hinaus finden sich auch immer wieder Wünsche für einen **offenen und freien Religionsunterricht**, d.h. z. B. Ort des freien Austausches (48), noch offener für gesellschaftliche Entwicklungen (58), von Freiwilligkeit (1083, 38, 156, 393) und einem offenen Unterricht (256) geprägt, der nicht konfessionsgebunden ist, so dass alle SchülerInnen daran teilnehmen können (638) und der eine Hilfe für selbstbewusste Positionen der SchülerInnen ist (68, 212).

3) „Genauso wie jetzt" und eventuell noch...

Nicht wenige Texte bringen eine (große) Zufriedenheit mit der gegenwärtigen Situation zum Ausdruck (25, 37, 49, 63, 66, 76, 79, 97, 102, 148, 176, 177, 182, 184, 216, 236 u. ö.), so dass auch ohne nähere Begründung schlicht „genauso wie jetzt" als Antwort stehen kann. Man ist zufrieden (192, 224, 654), unterrichtet sehr gerne (153) und es läuft gut (193).

Diese allgemeine Zufriedenheit kann in manchen Fällen mit ganz verschiedenen Zusatzwünschen kombiniert sein: So wird der ergänzende Wunsch nach KollegInnen aus dem Islam geäußert (92), eine Kooperation mit PP (210), ein benotetes Ersatzfach Ethik (1087), mehr Exkursionen (169), eine bessere Kooperation mit dem/der PfarrerIn für Gottesdienste (288), ein Ausbau zur Förderung interreligiöser und interkultureller Kompetenz (289) usw.

4) Varia

Schließlich kann es auch Texte geben die keine Wünsche beinhalten, weil es die Schule in einem Jahr nicht mehr gibt (239) oder die Lehrperson nicht mehr im Schuldienst ist (304, 1015). Umgekehrt kann es auch heißen: „Das Leben ist kein Wunschkonzert. Wünsche nach Veränderungen habe ich jede Menge, aber weder Schulpolitik noch Kirchen noch Lehrerverbände teilen meine Wünsche – wer soll also Änderungen in Gang setzen?“ (1042).

Wie facettenreich schließlich manche Antworten generell ausfallen, soll abschließend das folgende Votum dokumentieren (603):

> „Ich wünsche mir - dass der ökumenische Konsens bei der Gestaltung des Religionsunterrichts, der Gottesdienste und des Schullebens insgesamt erhalten bleibt und vertieft wird - genügend Religionsunterrichts-Fachräume, die dem Unterrichtsinhalt entsprechend auch einladend und liebevoll gestaltet und gepflegt werden können - dass die Schülerzahl in den klassenübergreifenden Lerngruppen nicht viel größer als 20 ist, um den/die einzelne/n Schüler/in nicht aus dem Blick zu verlieren - dass für außerunterrichtliches Lernen wieder mehr Zeit zur Verfügung steht (ist im Ganztag kaum mehr möglich) - dass Inklusion an der Schule,(die ich angesichts der finanziellen Begrenztheit und der ideologischen Überhöhung für fragwürdig halte,) nicht als besonderes ethisch-moralisches Anliegen des Religionsunterrichts definiert und betrieben wird - dass die theoretische Arbeit an immer neuen Curricula, die unangemessen viel Zeit und Energie kostet, abnimmt - dass die Kompetenzzentriertheit der Lehrpläne, die ich für theologisch bedenklich halte, wieder zurückgeschraubt wird und verbindliche Inhalte wieder wichtiger werden - dass die Landeskirche als Kooperationspartner des Staates im Blick auf Curriculum (KLP), Bildungsverständnis insgesamt und auch mit ihrer Fürsorgepflicht für die kirchlichen Lehrkräfte dem Staat gegenüber mutiger auftritt (z. B. vor Dienstantritt von SchulpfarrernInnen eine angemessene Zurüstung, auch wenn das nicht refinanziert wird, sondern von der Kirche bezahlt werden muss) - dass die Gestellungsverträge (Refinanzierung) von Pfarrern/innen nicht zur Deckung fehlender gemeindlicher Finanzen herhalten müssen - dass Religionsunterrichts-Gestellungskräfte, die die Kirche dem Staat zur Verfügung stellt, von Kirche und Staat mehr Wertschätzung erfahren (betrifft nicht meine Person, aber entspricht meinen Beobachtungen im Blick auf kirchliche Kollegen an anderen Schulen) - dass es im Blick auf mein eigenes Schulpfarramt für all die Dinge, für die ich an der Schule zusätzlich zum regulären Religionsunterricht und für die ich als Pfarrerin in kirchlichen Gremien Verantwortung übernehme, ansatzweise Entlastung geben würde.“

3.3 Kontexte und Kooperationen

Im Folgenden findet sich die Auswertung der Items 24, 27, 30, 33, 36, 37, 39 und 40. Schule und Kirchengemeinde werden als Kontexte des Religionsunterrichts anhand der Fragen 24 („Welche Bedeutung hat das Fach Religion für ihre Schule?") und 37 („Welchen Stellenwert hat die Kirchengemeinde für Sie als Lehrperson? Welche Rolle spielt sie für den Religionsunterricht?") erhoben. Ein Schwerpunkt der Umfrage liegt speziell auf den diversen religionsunterrichtlichen Kooperationen, wobei das Item stets lautet „Wie beurteilen Sie die gegenwärtige Praxis? Begründen Sie bitte Ihre Meinung!" (27, 30, 33, 36, 40). Die voranstehenden geschlossenen Fragen des quantitativen Teils beziehen sich dabei auf die konfessionelle Zusammenarbeit (26), auf Formen der Kooperation mit Islamkunde/islamischen Religionsunterricht (29), dem Fach (Praktische) Philosophie/Ethik (32) sowie der Kirchengemeinde (35). Einzig bezüglich nichtchristlicher Religionsgemeinschaften wurden keine geschlossene Frage vorab formuliert, sondern mit Item 39 („Ihre Schule kooperiert mit nichtchristlichen Religionsgemeinschaften. Welche Formen der Kooperation gibt es?") gleichfalls eine offene Frage bevorzugt.

3.3.1 Welche Bedeutung hat das Fach Religion für ihre Schule?

Die Rückmeldungen auf das entsprechende Item 24 konzentrieren sich im Wesentlichen auf Bedingungsfaktoren, Kontexte und Gründe für eine hohe Bedeutung des Religionsunterrichts oder zumindest für dessen Akzeptanz oder umgekehrt keine bzw. geringe Bedeutung des Religionsunterrichts.

1) Hohe Bedeutung bzw. Akzeptanz des Religionsunterrichts
Eine positive Bedeutung kann erstens **ohne nähere Begründung** im Sinne einer allgemeinen Akzeptanz zum Ausdruck gebracht werden (71, 225, 349, 548, 586, 625, 729, 816, 884, 1043, 1060, 1084, 1089, 1312: „Alle Akzeptanz muss erarbeitet werden", 1341, 1428, 1496).

Zweitens wird diese Akzeptanz von verschiedenen **Personengruppen** zum Ausdruck gebracht: Sehr häufig wird hier auf die *Schulleitung* Bezug genommen (22, 46, 47, 49, 92, 93, 94, 101, 102, 149, 161, 175, 179, 193, 205, 217, 219, 221, 225, 258, 280 u. ö.), auf *KollegInnen* (12, 22, 46: „Nicht nur den Religionslehrern, sondern auch einem großen Teil der Schulleitung und des Kollegiums ist der RU sehr wichtig!"), 47, 49, 92, 93, 94, 101, 154, 179, 203, 217, 219, 239, 258, 264 u. ö.) sowie auf *SchülerInnen* (21, 24, 92, 94, 101, 110, 171, 179, 225 u. ö.). Gelegentlich werden auch die *Eltern* genannt (166, 365, 512, 549, 586, 664, 704, 908, 1011, 1229) oder zukünftige ArbeitgeberInnen der SchülerInnen (658, 1050, 1063, 1153).

Drittens kann die Wertschätzung auch durch das jeweilige **Schulprofil** bedingt sein, wobei in der Regel entweder pauschal von *kirchlichen Schulen*

(109, 253, 507, 553, 634, 864, 966, 972, 1184, 1468, 1470) gesprochen wird oder spezifisch von evangelischen (385: „Die Schule war früher eine evangelische Schule“, 399, 466, 563, 566, 572, 620, 816, 857, 926, 1016, 1019, 1032, 1041, 1198, 1354) bzw. *katholischen Schulen* (401, 434, 505, 559, 663, 778, 870, 931, 942, 1221, 1291, 1348, 1363, 1398, 1428, 1469, 1490, 1495).

Auf ganz verschiedene Weise werden viertens auch **organisatorische Aspekte** angeführt, die eine positive Bedeutung des Religionsunterrichts zum Ausdruck bringen. So kann darauf verwiesen werden, dass er in der *Stundentafel* fest integriert ist (141, 306, 338, 465 u. ö.), *Randstunden* (223, 236, 291, 581 u. ö.) und *Zusammenlegungen von Religionskursen* vermieden werden (223, 642, 720, 755, 809, 1381), keine oder nur wenige *Ausfallstunden* vorkommen (182, 215, 223, 236, 308, 350, 424, 432, 445, 484, 545, 581 u. ö.), er im Vergleich zu anderen Fächern gleichwertig und *kein irrelevantes Nebenfach* ist (12, 154, 176, 193, 219, 295, 306, 343, 368, 369, u. ö.), ein *eigener Raum* für Religionsunterricht eingerichtet ist (462, 1209, 1472), eine *finanzielle Unterstützung* besteht (1105, 1413), *Lehramtsausbildung für Religion an der Schule* besteht (596, 938, 1011, 1474), *neue Lehrkräfte* für den Religionsunterricht eingestellt werden (1231, 1401, 1450) und *Fortbildungen* unterstützt werden (671). Darüber hinaus besitzt Religion für die Schule über den Religionsunterricht hinaus generell eine Bedeutung und gibt *Impulse für den Schulalltag* durch diverse Aktionen (101, 182, 208, 226, 227, 275, 1336: Israel-Austausch, u. ö.) bzw. durch Gottesdienste, Andachten sowie Veranstaltungen zu Ostern, Weihnachten etc. (59, 64, 66, 101, 110, 135, 155 u. ö.).

Fünftens kommt dem Fach Religion auch eine Bedeutung aufgrund der von ihm behandelten **Inhalte** zu, wobei hier eine (christliche) *Wertebildung* (29, 68, 75, 86, 206, 217, 226, 304, 315, 328, 339, 349, 364, 369, 388, 395, 408, 428, 483, 506, 518, 522, 555, 604, 609, 638, 646, 656, 659, 672, 674, 745, 786, 827, 871, 892, 909, 1016, 1028, 1107, 1149, 1151, 1167, 1201, 1278, 1449, 1456), *persönliche Themen* (60, 157, 256, 304, 378, 438, 483, 600, 607, 627, 666, 837, 916, 921, 926, 1049, 1145, 1150, 1374) bzw. solche zur *Persönlichkeitsentwicklung* und *Identitätsbildung* (63, 104, 478, 678, 827, 916, 937, 941, 947, 1115, 1177) im Vordergrund stehen, aber auch das *interreligiöse Lernen* (450, 485, 1433, 1457) und eine Bandbreite sonstiger Themen oder positiver Wirkungen des Religionsunterrichts genannt werden können (103, 120, 148, 180, 211, 327, 379, 414, 422, 450, 624, 825, 860, 880, 901, 936, 1034, 1041, 1075, 1094, 1117, 1156 (singen), 1236, 1245, 1424, 1494).

Schließlich wird auch die **Rolle der ReligionslehrerIn** genannt, welche zur Relevanz des Faches Religion beiträgt, insbesondere in der Funktion als *BeraterIn* (48, 49, 92, 454, 1276, 1446) und *SeelsorgerIn* (48, 120, 445, 625, 851, 860, 870, 931, 958, 1050, 1164).

2) Keine bzw. geringe Bedeutung des Religionsunterrichts

Eine geringe bzw. fehlende Bedeutung des Religionsunterrichts wird erstens oftmals im **Vergleich zu anderen Fächern** (v.a. Hauptfächern) ausgemacht (14, 23, 38, 52, 74, 75, 158, 176, 215, 216, 217, 230, 293, 315, 394, 401, 432, 439, 460 u. ö.), wobei seine geringe Wertschätzung in diesem Zusammenhang auf vielfältige und auch implizite Weise zum Ausdruck gebracht werden kann (10: Begründungsnot des Religionsunterrichts, 74: nicht prüfungsrelevant, 86, 132, 168: Legitimationsdruck, 202: geduldet, 586, 589: lästiges Anhängsel, 637, 687, 707, 817, 911: Spaßfach, 945, 957: Spaß- und Ausruhfach, 961, 1066, 1097, 1181: Laberfach, 1219: geduldet, 1259: „Religion kann doch jeder unterrichten“, 1357, 1362, 1406: nicht prüfungsrelevant, 1423, 1429, 1432, 1463 u. ö.).

Zweitens werden diverse **Personengruppen** genannt, welche dem Religionsunterricht eine geringe Bedeutung beimessen: die *Schulleitung* (24: „Zwar hat das Fach für die Schülerinnen und Schüler und deren Eltern eine sehr hohe Bedeutung, aber für die Schulleitung und das Kollegium hat es keine Relevanz“, 105, 128, 149, 153, 169, 171, 200, 235, 353, 359, 372, 381, 384, 402, 404, 426, 479, 504, 550, 567 u. ö.), *KollegInnen* (24, 105, 107, 128, 149, 155, 175, 195, 222, 225, 233, 255, 264, 351, 370, 372, 373, 404, 426, 494, 516, 565, 580, 585 u. ö.), *SchülerInnen* (56, 140, 151, 155, 171, 200, 233, 372, 403, 439, 504, 523, 554, 772, 889, 930, 963, 1017, 1094, 1207, 1218, 1266, 1320, 1354, 1471) sowie *Eltern* (56, 155: Bezogen auf die Elternschaft und die Kinder spielt Religion eine sehr geringe bis gar keine Rolle, 171, 233, 504, 601, 772, 911, 957, 1056, 1172).

Drittens kann auch das **Schulprofil** in den Zusammenhang mit einer geringen Bedeutung des Religionsunterrichts gebracht werden. Dabei werden folgende Schultypen genannt: *keine konfessionelle Schule* (134, 457, 793, 961), *staatliche Schule* (192, 656, 1232, 1299), *Berufsschule* (71, 78, 106, 230, 329, 338, 523, 604, 1406), *Schwerpunktschulen* (z. B. naturwissenschaftlich, mathematisch – technische Zielsetzung, Sport etc. (196, 402, 502, 570, 586, 631, 648, 918, 1053, 1176, 1323), *Grundschule* (821: RU ist nicht das Entscheidende), *Gesamtschule* (1347: „viele Linke!“)

Viertens werden ganz verschiedene Facetten **organisatorischer Aspekte** angeführt, welche eine unzureichende Bedeutung des Religionsunterrichts signalisieren: Der Religionsunterricht wird auf *Randstunden* gelegt (101, 222, 353, 356, 407, 597, 631, 720, 796, 822, 841, 933, 1077, 1120, 1179, 1304, 1319), *zusammengelegte Klassengruppen* mit evangelischen und katholischen SchülerInnen (221, 311, 320, 380, 707, 1120, 1134), relativ häufiger *Stundenausfall* (13, 64, 76, 107, 158, 171, 217, 311, 325, 356, 526, 556, 558, 591 u. ö.), *Stundenkürzungen* (28, 320, 340, 426, 452, 473, 509, 529, 833, 933, 993, 1017, 1037, 1166, 1178, 1260, 1315, 1365, 1368, 1492), *kein Religionsunterricht* an der Schule (1200, 1312), *zu wenige bzw. keine weiteren Einstellungen von ReligionslehrerInnen* (107, 564, 704, 861, 997, 1015, 1070, 1166, 1199, 1214), Lehrende des Religionsunterrichts mit *wenig* *oder keiner Ausbildung* (107, 150, 566, 826, 896, 1443), *schlechte finanzielle bzw. materielle Ausstattung des Religionsunterrichts* (951, 976, 1342, 1365, 1408), *keine Impulse des Religionsunterrichts für die Schule* gewünscht (192, 798, 937, 923, 1172, 1301, 1461), *keine bzw. nur wenige Schulgottesdienste, Andachten u. ä.* (380, 468, 707, 798: nicht regelmäßig), 910: wenige, 1162: „Schulgottesdienste werden auf späte Nachmittage verschoben, Lehrer nicht freigestellt“ 1178: „Gottesdienste werden als organisatorisch lästig empfunden“, 1244: „Zeiten der Schulgottesdienste werden oft mit Unterricht belegt, so dass nur wenige Klassen teilnehmen können“, 1361, 1399, 1466).

Punkte wie diese können dazu führen, dass der Religionsunterrichts letztlich als eine zu erteilende Pflicht angesehen wird (156, 253, 493, 554, 634, 685, 799, 811, 992, 1158, 1256, 1432, 1463) oder als ein Alibifach, das zwar angeboten wird, aber oft für andere Dinge wie Förderunterricht verwendet werden kann (358 , 401, 456, 483, 616, 730, 762, 763, 796, 822, 1439).

Bei alledem sollte nicht der Eindruck entstehen, dass an Schulen stets dem Religionsunterricht entweder nur eine positive oder nur eine negative Bedeutung beigemessen wird. So schreibt eine Lehrkraft: „Der Religionsunterricht schwankt in seiner Bedeutung für die jeweilige Schüler- und Lehrerschaft. Von daher habe ich einen Wert im mittleren Bereich gewählt“ (1227, vgl. auch 892, 904, 1303, 1392).

3.3.2 Beurteilung der konfessionellen Kooperation

Von wenigen Ausnahmen abgesehen beurteilen die befragten Lehrpersonen in Item 27 die konfessionelle Zusammenarbeit mit katholischen KollegInnen auf eine (sehr) positive Weise. Dies tritt deutlich an den folgenden Adjektiven bzw. Konzeptbegriffen hervor, mit denen die Kooperation beschrieben wird:

- sehr gut (36, 43, 48, 97, 147, 255, 256, 291, 295, 312, 329, 350, 381, 408, 409, 433, 445, 469, 484, 493, 545, 555, 556, 597, 655, 659, 660, 695, 701, 708, 713, 762, 763, 788, 825, 829, 874, 957, 963, 966, 973, 990, 1054, 1075, 1147, 1368, 1421, 1456, 1471),
- prima (166, 217, 235, 349, 1048, 1175),
- offen und herzlich (192, 545, 730, 1138, 1419, 1429),
- Gut (12, 22, 25, 37, 56, 63, 71, 72, 86, 94, 102, 135, 140, 149, 153, 165, 174, 176, 182, 184, 193, 194, 196, 205, 210, 215, 218, 221, 222, 225, 226, 230, 236, 254, 281, 289, 307, 309, 311, 317, 318, 320, 325, 331, 340, 351, 354, 365 369, 374, 389, 392, 404, 417, 436, 444, 446, 460, 465, 496, 502, 509, 518, 550, 554, 564, 604, 606, 616, 621, 638, 653, 656, 670, 682, 706, 731, 739, 754, 780, 793, 801, 814, 826, 833, 844, 851, 861, 862, 863, 867, 878, 884, 885, 901, 909, 912, 918, 939, 945, 958,961, 972, 981, 1011, 1025, 1050, 1091, 1092, 1096, 1107, 1111, 1123, 1133, 1138, 1139, 1154, 1158, 1162, 1165, 1177, 1179, 1181,

1184, 1225, 1231, 1235, 1238, 1241, 1292, 1311, 1312, 1316, 1317, 1320, 1329, 1330, 1341, 1348, 1349, 1351, 1357, 1376, 1379, 1383, 1384, 1405, 1413, 1415, 1422, 1426, 1434, 1442, 1445, 1446, 1453, 1466, 1469, 1472, 1480, 1483, 1494, 1495, 1508),

- bereichernd (146, 151, 155, 179, 227, 229, 264, 327, 421, 441, 567, 628, 658, 678, 911, 942, 1060, 1072, 1124, 1222, 1227, 1243, 1256, 1354, 1462),
- sinnvoll, weil gut (177, 836, 851, 1065,1173, 1184, 1223),
- sehr zufrieden (29, 106, 179, 338, 549, 642, 759, 1361),
- persönliche Sympathie (22, 128, 666, 672, 685, 1018, 1110, 1218, 1380),
- positiv kooperativ (21, 74, 175, 233, 245, 246, 282, 360, 400, 414, 429, 457, 505, 516, 662, 807, 814, 827, 841, 938, 1088, 1096, 1282, 1289, 1328, 1359, 1486),
- arbeiten gern zusammen (110 358, 432, 664, 757, 844, 949, 1043, 1120, 1151, 1239, 1303, 1322),
- schön und entlastend (157, 629, 1072, 1418),
- fruchtbar (203, 382, 485, 513, 678, 729, 824, 908, 1155, 1176),
- wichtig (134, 522, 671, 729, 1087, 1153, 1155, 1252, 1295, 1474),
- bewährt (94, 477, 510, 640, 836, 880, 1028, 1063, 1496)
- in Ordnung (145, 195, 601, 648, 737, 796, 809, 821, 864, 925, 930, 947, 1050, 1053, 1094, 1150, 1351, 1372, 1516),
- zufriedenstellend (179, 204, 324, 343, 439, 506, 512, 580, 586, 600, 997, 1015, 1047, 1156, 1194, 1335, 1409)

Demgegenüber treten ausbaufähige, defizitäre oder gar kritische Gesichtspunkte deutlich zurück:

- angenehm, noch ausbaufähig (46, 559, 585, 624, 803, 904, 978, 1495),
- ausbaufähig (181, 237, 268, 296, 297, 339, 365, 585, 650, 803, 834, 944, 992, 1010, 1030, 1044, 1064, 1112, 1117, 1145, 1146, 1178, 1207, 1219, 1244, 1306, 1398, 1408, 1409),
- punktueller Austausch (101, 164, 434, 696, 800, 931, 1492),
- nicht befriedigend (75, 370, 380, 401, 402, 589, 663, 669, 975, 1026),
- skeptisch (104, 944),
- Auflösung konfessioneller Trennschärfe problematisch (1457),
- katastrophal (393).

Ungeachtet der insgesamt ausgesprochen positiven Beurteilung der konfessionellen Kooperation bestehen somit gewisse Differenzen, welche durch die Begründungen der Aussagen noch deutlicher herausgearbeitet werden können und durch die folgenden Kategorien näher dargelegt werden.

1) Positive konfessionelle Zusammenarbeit

Die sehr gute bis gute konfessionelle Kooperation wird auf verschiedene Weise begründet:

- Ein entscheidender Punkt ist die **persönliche Ebene**, dass man **gerne** zusammenarbeitet (110, 358, 432, 664, 757, 844, 949, 1043, 1120, 1151, 1160, 1239, 1303, 1322). In diesem Sinne wird auch von **gegenseitiger Rücksichtnahme** (12) und **gegenseitigem Respekt** (72, 168) gesprochen, dass die Kooperation auf **persönlichem Vertrauen** (146, 351, 860) und **Sympathie** (128, 666, 685, 1110, 1218, 1380) basiert bzw. **offen und herzlich** (192, 353, 730) ist.
- Ein weiter Aspekt ist, dass die konfessionelle Zusammenarbeit auch in **beruflicher Hinsicht** als **bereichernd** 146, 151, 155, 179, 227, 229, 264, 327, 421, 441, 567, 591, 628, 658, 678, 911, 942, 1060, 1072, 1124, 1227, 1243, 1256, 1354, 1462) bzw. als **entlastend** (157, 932, 1072, 1245) erfahren wird. Vergleichbares kommt auch in den Texten zum Ausdruck, in denen die Kooperation als **fruchtbar** (203, 382, 485, 494, 513, 678, 581, 729, 824, 908, 1155, 1176, 1182, 1252, 1256) und **hilfreich** (423) beschrieben oder von **Arbeitserleichterung** (1322), **transparenter Arbeitsteilung** (29) und **Synergieeffekten** (22, 63) gesprochen wird. Konkret kann sich dies im **Austausch von Materialien** äußern (161) oder auch durch **gegenseitige Motivation** (567).
- Die positive Einschätzung der konfessionellen Kooperation kann allgemein auch darauf zurückgeführt werden, dass diese sich **bewährt** hat (477, 510, 640, 880, 1063, 1496).
- Des Weiteren wird die konfessionelle Zusammenarbeit mit der **Nähe der Konfessionen** (921) begründet und für die **Ökumene** als wertvoll angesehen (911). In diesem Zusammenhang kann auch von guter Ökumene (674) gesprochen werden oder dass Ökumene gelingen kann (134).
- Die gute bis sehr gute Zusammenarbeit kann schließlich dazu führen, dass man sich als gutes Team (394) versteht und in **organisatorischer Hinsicht** eine **gemeinsame Fachschaft/Fachkonferenz** (14, 1056) bildet. Auch kann dadurch eine **Stärkung gegenüber der Schulleitung** erreicht werden (601).
- Gleichwohl können auch im Zusammenhang einer insgesamt positiven konfessionellen Zusammenarbeit **kritische Punkte** thematisiert werden: So kann kritisiert werden, dass die gute Zusammenarbeit häufig nur von der persönlichen Ebene abhängig ist (230, 552) und **nicht von der katholischen Kirche mitgetragen wird** (1330). Darüber hinaus kann das **Curriculum** zur Frustration führen (149), der **begrenzte zeitliche Rahmen** die Möglichkeiten der Zusammenarbeit einschränken (509) und ein einstündiger Unterricht als Verhinderungsgrund (1105) genannt werden.

2) Ausbaufähige bzw. defizitäre konfessionelle Zusammenarbeit

Vorab ist festzustellen, dass sowohl fließende Übergänge zwischen der positiven und der ausbaufähigen wie auch zwischen der ausbaufähigen und defizitären Zusammenarbeit bestehen. Ersteres tritt beispielsweise dann hervor, wenn die Situation als angenehm, aber ausbaufähig beschrieben wird (181, 237, 268, 296, 297, 339, 365, 585, 650, 803, 834, 944, 992, 1010, 1030, 1044, 1064, 1112, 1117, 1145, 1146, 1178, 1207, 1219, 1244, 1306, 1398, 1408, 1409). Des Weiteren werden die ausbaufähige wie die defizitäre Kooperation hier zusammengefasst, weil manche Begründungsmuster (z. B. Abhängigkeit von katholischen KollegInnen 132, 1052, 1269, 1276, 1336, 1345, 1461) identisch sind, aber auch weil generell relativ wenige Textbelege vorhanden sind, so dass diese Kategorien im Einzelnen weniger differenziert als oben ausgearbeitet werden können. Ungeachtet dessen lassen sich folgende Begründungsmuster festhalten:

- Auch wenn ein Wunsch nach konfessioneller Kooperation oder nach mehr Ökumene (800, 811) bestehen kann, wird diese erschwert oder gar verhindert, wenn ein Wechsel der Lehrpersonen stattfindet (720), auf katholischer Seite ein LehrerInnenmangel vorherrscht (132, 629) oder katholische KollegInnen gegen eine konfessionelle Kooperation sind (1145). Diese **Abhängigkeit von katholischen KollegInnen** findet sich wiederholt (1269, 1276, 1336, 1345, 1461).
- Gleichfalls kann auch der eigene **Lehrplan** (852) als ein Hinderungsgrund für eine konfessionelle Kooperation angeführt werden.
- Des Weiteren kann ein z. B. durch organisatorische Gründe bedingter **Zeitmangel** eine weitere Kooperation verunmöglichen (13, 1460).
- Die Skepsis an konfessioneller Zusammenarbeit kann insbesondere durch die **persönliche Ebene** bedingt sein (104, 1269, 1336), deren Bedeutung gleichermaßen bei der (sehr) positiven Zusammenarbeit hervorgetreten ist. Die Skepsis wird also – von einer Ausnahme abgesehen (1457) – nicht theologisch oder pädagogisch begründet, sondern entscheidet sich daran, ob sich die katholischen und evangelischen Lehrkräfte persönlich verstehen. Ist dies nicht der Fall, ist auch keine Ökumene möglich, auch wenn der Wunsch danach (1336) vorhanden ist.

Abschließend sei noch angeführt, dass sich die Frage nach konfessioneller Zusammenarbeit auch dann nicht stellt, wenn der **Religionsunterricht im Klassenverband** gestaltet wird (107, 169, 38, 47, 49, 478, 479, 501, 523, 657, 884, 1340, 1516; evtl. 107, 169)

3.3.3 Beurteilung der Kooperation mit Islamkunde/islamischem Religionsunterricht

Einleitend ist festzustellen, dass auf Item 30 „Wie beurteilen Sie diese Praxis? Begründen Sie bitte ihre Meinung!" (Item 29: Welche Formen der Kooperation mit Islamkunde/islamischem Religionsunterricht gibt es?") insgesamt nur dreizehn Rückmeldungen vorliegen. Diese können zunächst unverkürzt wiedergegeben werden, da dadurch exemplarisch – und aufgrund der geringen Textmenge nicht ganz unproblematisch – die daraus resultierenden Kategorien als Ergebnis des offenen Kodierens nachvollzogen werden können:

Textnr.	Wörtliche Zitate der LehrerInnen-Aussagen
36	„Sehr gut. Gute und harmonische Zusammenarbeit"
88	„Ganz neu eingesetzt, noch nicht etabliert"
210	„Gut – reger Austausch auch über neue Informationen, die authentisch sind!"
407	„Ausbaufähig, in der Erprobung"
441	„Ich würde mir mehr Zusammenarbeit wünschen"
757	„Ganz gut, weil Dialog möglich ist"
880	„Die gegenwärtige Praxis ist Teil unseres Schulprogramms geworden. So besuchen wir im 4. Schuljahr mit allen Kindern alle Gotteshäuser und thematisieren die verschiedenen Religionen"
1023	„Das Kennenlernen der jeweils anderen Religion (und besonders der Gemeinsamkeiten) ist angesichts des extrem hohen Anteils von Muslimen besonders wichtig"
1047	„Die Lehrkraft pendelt an mehreren Schulen. Das beeinträchtigt das gemeinsame Tun"
1097	„Die Zusammenarbeit ist harmonisch und geprägt von gegenseitiger Toleranz"
1120	„Die Existenz der Islamkunde hat an der Schule zur allgemeinen Beruhigung und Stabilisation des RUs beigetragen. Die Musl. SchülerInnen fühlen sich ernst genommen"
1209	„Noch stark ausbaufähig, da der islamische Unterricht erst seit diesem Schuljahr stattfindet"
1445	„Ausbaufähig, hängt von dem jeweiligen Iman ab"

Tabelle 57: Konkordanz aller Aussagen zu Item 30

Der Prozess des offenen Kodierens führt schließlich zu folgenden zwei Kategorien:

1) Positive Einschätzungen

Diese beruhen auf einer harmonischen (36, 1097) bzw. toleranten (1097) Zusammenarbeit, auf der Möglichkeit zum Dialog (757) sowie auf dem intensiven Austausch, der zu authentischen Informationen (210) führt. Auch kann in Anbetracht eines sehr großen Prozentsatzes von Muslimen das gegenseitige Kennenlernen als sehr bedeutsam eingeschätzt werden, wobei der Akzent auf die Gemeinsamkeiten gelegt wird (1023). Bemerkenswert ist auch, dass die Kooperationen ein Teil des Schulprogramms werden (880) und die Islamkunde zur Beruhigung und Stabilisierung des Religionsunterrichts (1120) beitragen kann.

2) Ausbaufähige Kooperation
Andere Rückmeldungen heben aus verschiedenen Gründen hervor, dass die Zusammenabreit noch ausbaufähig ist (407: in Erprobung, 88: „noch nicht etabliert", 1209: islamischer Religionsunterricht findet erst seit einem Schuljahr statt, 1445: hängt vom Imam ab, 1047: Lehrkraft muss zwischen verschiedenen Schulen pendeln). In diesem Kontext kann auch der Wunsch nach mehr Zusammenarbeit verortet werden (441).

3.3.4 Beurteilung der Kooperation mit (Praktischer) Philosophie/Ethik

Insgesamt betrachtet beurteilen die befragten Lehrpersonen in Item 33 die Kooperation mit dem Fach Praktische Philosophie (=PP)/Ethik in verschiedener Hinsicht als positiv. Gleichwohl zeigen die nachstehenden Kategorien darüber hinaus den Wunsch nach verstärkter Kooperation sowie auch Gründe für eine defizitäre Kooperation.

1) Positive Einschätzungen der Zusammenarbeit
Eine zufriedenstellende, gute bzw. sehr gute Zusammenarbeit äußert sich in verschiedener Hinsicht:

- Auf **persönlicher Ebene** wird hervorgehoben die Sympathie zwischen KollegInnen bzw. im Kolleg (36, 74, 1056), gegenseitiger Respekt (1357, 1508), dass kein oder kaum Konkurrenzverhalten vorherrscht (354) und keine Ausgrenzung besteht (674).
- In **beruflicher Hinsicht** äußert sich die (sehr) gute Kooperation darin, dass ein fruchtbarer Austausch (421, 729, 1454) bzw. eine gegenseitige Unterstützung (86, 1165) erfolgt, der verschiedene Blickwinkel und ein gemeinsames Nachdenken ermöglicht (1227, 1473, 59, 223, 1009); als Begründung kann auch angeführt werden, dass ein offener Austausch zum Wohl der Kinder ist (619, 827, 1182, 1434), dass alle im gleichen Boot sitzen (1471) und dass es um Menschen geht, egal ob sie glauben oder nicht (422).
- **Organisatorisch** kommt eine gute Kooperation durch eine gemeinsame Fachschaft (751) zum Ausdruck sowie durch einen Austausch in Fachkonferenzen (407, 1063). Stellenweise wird auch angedeutet (510, 616), dass das allgemeine Schulklima auf beide Fächer sowie mögliche Kooperationen positiv ausstrahlt und das Kollegium Projekte unterstützt (132). Eine enge Verzahnung kann schlicht auch dadurch gegeben sein, dass beide Fächer von derselben Lehrperson unterrichtet werden (589, 1209, 1426).

2) Pläne für bzw. Wunsch nach mehr Kooperation

Neben diesen postiven Beurteilungen der Kooperation zwischen Religionsunterricht und (Praktischer) Philosophie/Ethik gibt es auch Rückmeldungen, in denen Pläne für eine Zusammenarbeit bzw. der Wunsch nach Kooperation im Vordergrund stehen:

- **engere Kooperation ist geplant** (1465); mehr wäre gut, Zusammenarbeit ist in Vorbereitung (1008); Praxis entwickelt sich, da neue PP-Kollegen (894).
- Praxis ist geprägt von Toleranz und **Wunsch nach mehr Kooperation** (1120), sie ist immer wieder ausbaufähig (289, 792).

3) Gründe für defizitäre Kooperation

Schließlich werden auch verschiedene Gründe genannt, warum kaum bzw. keine Umsetzungsmöglichkeiten für eine Kooperation zwischen Religionsunterricht und (Praktischer) Philosophie/Ethik gesehen werden:

- Mehr wäre gut, aber **organisatorische Gründe**: Alltag anstrengend (128), Zeitmangel (565, 603), steht nicht im Fokus (1146).
- Ausbaufähig, aber **kein Interesse von PP-LehrerInnen** (210).
- Zusammenarbeit gut, aber **zu wenige PP-LehrerInnen** (47, 295); noch keine Praxis, weil zu wenig PP-LehrerInnen (460, 668, 1406).
- Problematisch, da **RU-LehrerInnen wegen Lehrkräftemangel auch PP unterrichten** (800), keine Zusammenarbeit ergibt sich auch daraus, dass RU-LehrerInnen PP unterrichten (963).
- das Verhältnis ist distanziert, weil es zu einem **Konkurrenzdenken** zwischen PP und Religionsunterricht auf LehrerInnen-Ebene kommt bzw. diese vorhanden ist (196 bzgl. PP-LehrerInnen, 1162 für Religionsunterricht-LehrerInnen, 885).
- wegen **Bedenken, den evangelischen Glauben falsch zu vermitteln** (161).
- **Gruppen zu verschieden** (1025).
- **SchülerInnen in PP**: geringe SchülerInnen-Zahl (1349), problematische SchülerInnen häufen sich (957).

Abschließend sei noch folgender Sonderfall erwähnt: Alle nicht-katholischen SchülerInnen einer Schule müssen PP besuchen (442).

3.3.5 Kooperation mit der Kirchengemeinde

Die mit Item 36 thematisierte Kooperation mit der Kirchengemeinde gibt folgende drei Beurteilungsmuster dieser Praxis zu erkennen: 1. (Sehr) gute Kooperation, 2. Gelegentliche Kooperation sowie 3. Verbesserungswürdige Kooperation. Diese werden im Folgenden im Blick auf zugrunde liegende Begründungstypen und teilweise auf daraus resultierende Konsequenzen näher entfaltet.

1) (Sehr) gute Kooperation

Eine fruchtbare Zusammenarbeit mit der Kirchengemeinde wird v.a. mit den folgenden vier Punkten begründet:

- **Unterstützung durch Kirchengemeinde** (24, 309, 451, 436, 485, 49, 79, 161, 177, 237, 317, 402, 565, 423, 438, 597, 800, 1065, 1269). Ganz allgemein kann hier von einer die Unterstützung bei Bedarf (79) oder von einem Rückhalt für die eigene Arbeit (177) gesprochen werden. Konkret werden genannt die räumliche und personelle Unterstützung durch die Gemeinde (485), der Besuch bzw. die Mitwirkung beim Schulgottesdienst durch PfarrerIn/KüsterIn (49, 237), die Unterstützung bei Todesfällen von Schülern (565), die Beratung der Lehrkraft durch den Pfarrer (423), die Teilnahme der Gemeinde an Fachkonferenzen (597) sowie die finanzielle Unterstützung durch den Posaunenchor (1269). Gelegentlich kann auch der wechselseitige Ertrag angesprochen werden, wenn von einer gegenseitigen Unterstützung (438) die Rede ist oder dass der Kontakt auch wertvoll für die Kirchengemeinde (177);
- **gute Kommunikation zwischen Lehrperson und PfarrerIn/ Kirchengemeinde** (u. a. 257, 350, 655, 755, 870, 926). Hier stehen regelmäßige Kontakte (29, 807, 1041: „Kontaktstunde“), gute und verlässliche Absprachen (134/135/161/399, 695) sowie offene und kooperative PfarrerInnen (706) im Vordergrund, die beispielsweise zur Gottesdienstplanung in den Unterricht kommen (833). Darüber hinaus werden genannt eine harmonische Zusammenarbeit (36), Offenheit und Interesse (395), gute Erreichbarkeit der Kirchlichen (631) sowie ein Austausch bzgl. Schulgottesdiensten (678);
- **gemeinsame Gottesdienste und Projekte** (79, 101, 107, 149: Vorstellen der kirchlichen Jugendarbeit in Schule, 166: Kinder lieben Gottesdienstbesuch, da Beteiligung an Vorbereitung, 245: Schulgottesdienste in der Kirche, 254, 349, 370: „Inklusionspraktikum mit Behinderten aus […] Gemeinde“, 468, 473, 505, 661: Einbezug der SchülerInnen und Vorbereitung, 706, 833, 959, 1065, 1317: Berufspraktika);
- **berufliche bzw. ehrenamtliche Verbindungen zur Kirchengemeinde** (215, 299, 918: Lehrer/in ist Presbyter/in, 257, 399: Vikarin im Schuldienst, 421: Lehrerin ist Gemeindediakonin, 468, 580, 621: LehrerIn als JugendgruppenleiterIn, 762: „Ich verstehe mich […] als Bindeglied zwischen Gemeinde und Schule“, 765, 931: Schulseelsorger, 1155, 1239).

Gleichwohl können Organisationsprobleme auftreten, weil SchülerInnen aus sehr verschiedenen Gemeinden kommen (975), eine Vertretung erfolgt (572), Treffen zu selten stattfinden (593) und die zeitlichen Ressourcen begrenzt sind (597, 664).

Positive Konsequenzen dieser guten Kooperation sind

- **gute Kontakte der SchülerInnen, Eltern und Lehrkräften zur Kirchengemeinde**(60, 189: persönliche Begegnungen, 360, 382, 423, 549, 557: Kinder haben engen Kontakt zu ihrer Gemeinde, Freizeitangebote, 388: schülergerechter Gottesdienst, 563: Pfarrerin kann Begeisterung bei Kindern wecken, 957: Schulgottesdienst als Möglichkeit der Begegnung mit Kirche, 512, 522, 632, 662),
- **die Erleichterung von Veranstaltungen** (1285) und eine
- **positive Außenwirkung der Schule** (24).

2) Gelegentliche Kooperation

Eine gelegentliche Kooperation kann mit folgenden fünf Punkten begründet werden:

- **Distanz erwünscht** (56: wenig Einmischung seitens der Kirchengemeinde, Angebote werden genutzt, 493: Religion kann konkret werden, stärkere Vermischung wird aber abgelehnt, 542: „kein Freund der Ökumene“, 724: „Zusammenarbeit zur Vorbereitung von Gottesdiensten genügt“, 757: „in Ordnung, da nicht so überschwänglich“, 936: „Für eine staatliche Schule passend“);
- **Pragmatismus** (484: gemeinsame Gottesdienstplanung zweimal jährlich bietet ausreichend „Kontakt zu Kirche“ und ist „pragmatisch und zeitökonomisch“, 510, 616);
- **knappe zeitliche Ressourcen** (169: viel ist möglich, wegen Zeitmangel aber kaum umzusetzen, 288, 340, 372, 408, 586: G8);
- **knappe personelle Ressourcen** (369: Stellenstreichung, 408, 507: „personeller Engpass“)
- **kirchenpolitische Aspekte bzw. Interesse der Gemeinde** (184, 591).

3) Verbesserungswürdige Kooperation

Nicht selten wird die Kooperation mit der Kirchengemeinde als verbesserungswürdig beschrieben (u. a. 59, 74, 165, 192, 194, 208, 227, 268, 282, 364, 374, 444, 448, 798, 801, 811, 852). Dies kann als sehr bedauerlich (570) oder ungeachtet dessen als ein positives Verhältnis empfunden werden (457). Als wesentliche Gründe für diesen verbesserungswürdigen Zustand werden folgenden Punkte angeführt:

- **problematische Kommunikation** (12: Absprachen bezüglich Konfirmandenarbeit fehlen, 140, 730: unrealistische Erwartungen der Gemeinde, mangelnde Wahrnehmung der Bedürfnisse, 155: kein schülergerechter Gottesdienst, 296: unzuverlässig, 441: Absprachen werden von Gemeinde nicht eingehalten, 506: Chemie stimmt nicht, 701: Probleme mit Zuständigkeiten, 718, 796: mangelnde Offenheit);
- **fehlendes Interesse der Gemeinde** (13: Kirche nutzt Kontaktangebote nicht, 97, 119: Chancen für Kirche vertan, 222, 235: „Pfarrer blocken ab“, 295, 417: „Pfarrerin bringt sich“ kaum ein, Priester unflexibel, 504,

601: Pfarrer will Schulgottesdienste allein planen, 708: Schulgottesdienste für Pfarrer lästige Pflicht;
- **fehlendes Interesse der Schulleitung** (128: Schulleitung nimmt nicht an Schulgottesdiensten teil, 638: Schulleitung blockiert);
- **fehlendes Interesse der SchülerInnen** (256);
- **mangelnder Einbezug der SchülerInnen** (155/417/567/704: kein schülergerechter Gottesdienst, 754);
- **knappe zeitliche Ressourcen** (72, 86, 151: Umstellung auf G8 und Nachmittagsunterricht, 239: Kontaktstunde findet nur selten statt, 256, 304, 417: Kontaktstunde findet gar nicht statt, 429, 465: „aus Zeitgründen kaum mehr machbar", 498, 502: Gemeindepfarrer nur kurze Zeit an Schule, 513, 581, 602, 671, 674, 810, 824, 830);
- **knappe personelle Ressourcen** (365, 409: fehlende personelle Verbindung zur Gemeinde, 545, 814);
- **Organisationsprobleme** (155, 256: keine Fahrgelegenheiten für Schüler, 341: Innenstadtschule mit vielen Gemeinden, 604: großer Einzugsbereich der Schule, 642: Stundenplan, 824, 970: kein Kirchengebäude mehr im Stadtgebiet);
- **Diasporasituation** (559, 941).

Gelegentlich finden sich Hinweise, in der aus der verbesserungswürdigen Kooperation bestimmte Konsequenzen gewünscht werden (439). Dabei handelt es sich konkret um
- **gemeinsame Gottesdienste und Projekte** (22, 545, 803: stärkere Einbeziehung der SchülerInnen, 716: häufigere Schulgottesdienste),
- **Unterrichtsbesuche in Kirchen** (22),
- **Sozial-/Diakoniepraktika für SchülerInnen** (221) sowie der
- **Austausch zu bestimmten Unterrichtsthemen** (516, 802).

3.3.6 Kontext Kirchengemeinde

Über das vorangehende Item bezüglich der Kooperation mit der Kirchengemeinde hinaus wurde speziell ihr Stellenwert für die ReligionslehrerIn sowie für den Religionsunterricht erfragt. Die Texte geben in den Antworten auf Item 37 („Welchen Stellenwert hat die Kirchengemeinde für Sie als Lehrperson? Welche Rolle spielt sie für den RU?") die ganze mögliche Spannbreite zu erkennen, welche die Kirchengemeinde für ReligionslehrerInnen sowie den Religionsunterricht besitzen kann: Sie reichen – aus ganz verschiedenen und noch näher zu erläuternden Gründen – von **keinem Stellenwert** (4, 10: KG ist nicht an schulischen Themen interessiert, will lediglich junge Menschen gewinnen, 13, 28, 37, 38, 48: kommt fast nicht vor im Schulleben und eigenen Leben, 58, 76: persönlich ohne Bedeutung, 78, 80, 92: kein Gemeindekontakt, 97, 102,103, 156, 158, 205, 219, 284, 473: „Nur zwei Kinder der ganzen Schule besuchen den GD vor Ort" u. ö.), über einen **geringen** (56,

79, 132: kaum, 141: nebensächliche Rolle, 147, 148, 165, 184, 195, 216, 268, 288, 526 u. ö.), einen **hohen** (12: aber LehrerInnen sollten Eltern nicht drängen, 21: Schulpfarrerin, 23, 29: selbst Gemeindemitglied, 43: Zusammenarbeit dient den Kindern, 94: Pfarrer, 116: Halt und Zuspruch, damit wichtige Rolle im Hintergrund des Religionsunterrichts, 149, 170, 221, 254, 296 u. ö.) bis zu einem **sehr hohen Stellenwert** (46: eigener Glauben, Religionsunterricht, 256, 384: „ Ich möchte dazu beitragen, dass die Schüler am Gemeindeleben teilnehmen können und die Gemeinde kennen lernen. Außerdem brauche ich den Rückhalt der Gemeinde“, 1301: „Riesig!!! Grundlegend!“ u. ö.).

Als eine Variation ist noch erwähnenswert, dass in einigen Texten zwischen dem hohen Stellenwert für die Lehrperson und den niedrigen für den Religionsunterricht unterschieden wird (47, 63 101, 192, 194, 212, 291, 329, 388, 434, 435 u. ö.), wobei die entgegengesetzte Alternative (niedrig für LehrerInnen, hoch für Religionsunterricht) nie genannt wird.

Als **Gründe für den hohen bzw. niedrigen Stellenwert** werden im Grunde genommen die gleichen Faktoren angegeben: die Lehrperson selbst, SchülerInnen, Themen des Religionsunterrichts sowie die Kirchengemeinde. Diese Punkte werden im Folgenden näher dargelegt:

1) Lehrperson

Vor allem drei Motive führen dazu, dass die Kirchengemeinde einen **hohen Stellenwert** für ReligionslehrerInnen besitzt:

- Sie gibt erstens auf der **persönlichen Ebene** einen Rückhalt und Zuspruch (z. B. 46, 49, 82, 116, 696),
- ReligionslehrerInnen nehmen zweitens **diverse Rollen in der Gemeinde** wahr (z. B. PfarrerIn: 36, 49, 176, 289 u. ö.; Presbyterium/Kirchenvorstand: 22, 89, 104, 180, 192, 226 u. ö.; Ehrenamt: 25, 161, 230, 254, 264 u. ö.; aktives Gemeindeglied: 29, 47, 164 u. ö.) und
- es besteht drittens eine **geographische Identität** von der Kirchengemeinde der ReligionslehrerIn sowie der Schulgemeinde (z. B. 66, 182, 193: daher Absprachen leicht, 299: SchülerInnen im Gottesdienst, 443: „positiv, da ich so viel authentischer bestimmte Angebote vermitteln kann und die Kinder mich auch dort erleben“).

Ein **niedriger Stellenwert** der Kirchengemeinde für ReligionslehrerInnen kann dadurch bedingt sein, dass

- erstens eine **geographische Trennung** von Wohnort und Schule besteht (92, 166 u. ö.),
- sich zweitens die Lehrperson in der/den konkreten Kirchengemeinde/n **persönlich nicht beheimatet** fühlt (157: kaum Leute in gleichen Alter, 567: überalterte Gemeinde, geistig flache Pfarrer, 685: „als Lehrer, nicht als Mensch wahrgenommen“, 708),

- drittens **konzeptionell ein kirchenunabhängiger Religionsunterricht** vertreten wird (566: unterrichte ‚kirchenunabhängigen' Religionsunterricht, 569: trenne zwischen Religion und Kirche, 936: „brauche keinen unbedingten Anhang an eine bestimmte Kirchengemeinde, um Religion unterrichten zu können", 1233: „muss nicht aktiv in einer Kirchengemeinde sein, um religiöse Inhalte vermitteln zu können") oder
- viertens ein **negatives Kirchenbild der Lehrkraft** besteht (10: „nicht an schulischen Themen interessiert ist", will „lediglich junge Menschen gewinnen").

2) SchülerInnen

Auch die SchülerInnen selbst können als ein Grund angeführt, warum die Kirchengemeinde einen hohen bzw. niedrigen Stellenwert besitzt. Zwei Aspekte treten als Argumente für einen **hohen Stellenwert** hervor:

- Zum einen wird auf SchülerInnen verweisen, die **in der Kirchengemeinde eingebunden** sind (72: Jugendarbeit, lokaler CVJM, 75: fühlen sich gut aufgehoben, 86: KonfirmandInnen „bringen ihre neuen Impulse und Fragen im Unterricht ein, das ist horizonterweiternd und regt Diskussionen an", 149: SchülerInnen in Konfirmandenarbeit, 181, 203, 215, 225: Jugendgottesdienste, 239: Kinderbibelwochen, Gemeindefest u. ö.), und
- zum anderen werden die SchülerInnen von den ReligionslehrerInnen **in die Kirchengemeinde eingeladen** (25: Gottesdienst, 545: Besucher der Kindergottesdienste, 556, 580, 621, 810, 874, 925, 1089 u. ö.).

Umgekehrt werden zwei Gründe für einen **niedrigen Stellenwert** der Kirchengemeinde angeführt:
- Wenn SchülerInnen **keinen bzw. ein geringer Bezug zur Kirchengemeinde** besitzen (738, 833, 1199, 1409 u. ö.) oder
- sie aus einem **größeren Gebiet mit mehreren Kirchengemeinden** stammen (580, 610, 782, 857, 912, 959 u. ö.).

3) Themen des Religionsunterrichts

Ein weiteres Motiv für den hohen/niedrigen Stellenwert der Kirchengemeinde sind die Themen des Religionsunterrichts. So wird hinsichtlich der Sekundarstufe II aufgrund der geringen thematischen Bezüge nur ein niedriger Stellenwert wahrgenommen (581), während insbesondere bei Unterrichtsthemen wie Kirche bzw. Gemeinde (21, 338, 454, 513, 755) oder im Rahmen der Unterrichtsreihe ‚evangelisch-katholisch'oder ‚diakonischer Themen' (1056) die konkrete Kirchengemeinde vor Ort einen hohen Stellenwert besitzt.

4) Kirchengemeinde

Die Kirchengemeinde besitzt einen **hohen Stellenwert** für ReligionslehrerInnen oder den Religionsunterricht, wenn sie ein Interesse am

Religionsunterricht besitzt bzw. diesbezüglich engagiert ist (784: großes Interesse am Religionsunterricht, 961: PfarrerIn kommt gut bei SchülerInnen an, 1335: PfarrerIn immer ansprechbar und sehr kooperativ u. ö.) oder wenn die PfarrerIn der Kirchengemeinde zugleich SchulreferentIn ist (223).

Umgekehrt kommt der Kirchengemeinde nur ein **niedriger Stellenwert** zu, wenn sie ein mangelndes Interesse am Religionsunterricht zeigt, mangelnde Ressourcen vorhanden sind oder aus welchen Gründen auch immer Differenzen bestehen (48: undeutlich, welche Angebote KG für Schule und LehrerInnen machen kann/will, 105: keine Reaktion auf Vokation, 128: „Zelebrierung einer mystischen Zweitwelt“, 239: kein aktives Engagement trotz Einladungen, 545: „Zusammenarbeit mit Gemeindepfarrer nicht einfach“, 554, 646, 792: PfarrerIn ohne Interesse an Kooperation, 864: Differenzen zwischen PfarrerIn und ReligionslehrerIn, 1004: Zeitnot der PfarrerIn, 1029: PfarrerIn für sieben Schulen zuständig, 1112: kaum Interesse an Kindern, 1221: Pfarrstellen zu sparsam besetzt). Schließlich spielt die Kirchengemeinde auch dann eine geringere Rolle, wenn sie geographisch zu weit von der Schule entfernt liegt (745: nicht zu Fuß erreichbar, 853, 942 u. ö.)

Im Zusammenhang dieses Items werden auch ganz **konkrete Bezüge zwischen Religionsunterricht und Kirchengemeinde** thematisiert, wobei drei Punkte hervortreten:

- Erstens der **Besuch von kirchlichen Räumen** im Religionsunterricht (107: z. B. Kreuzweg ansehen, 155, 188, 200, 229, 382, 409, 417, 755 u. ö.) einschließlich der Feier von Schulgottesdiensten in der Kirche (246 u. ö.) sowie generell der Nutzung kirchlicher Räume für Unterrichtsveranstaltungen (75, 179).
- Zweitens stehen damit teilweise im Zusammenhang **spirituelle Aktivitäten** wie z. B. Schulgottesdienste (60, 119, 147, 200 u. ö.), gemeinsame Gottesdienste (513: SchülerInnen gestalten Gemeindegottesdienst im Rahmen des Unterrichtsthemas ‚Kirche/Kirchengeschichte‘, 988 u. ö.), die gemeindliche Unterstützung bei spirituellen Angeboten der Schule (211: religiöse Einkehrtage, 225: finanzielle Unterstützung bei Besinnungstagen) sowie der Kirchentagsbesuch (340, 438).
- Und drittens werden **PfarrerInnen sowie kirchliche MitarbeiterInnen in den Religionsunterricht eingeladen** (21: Organistin, Vorsitzender einer Kirchenasyl-Gruppe etc., 340: Pfarrer, 429 Pfarrer, 454: ‚Fachpersonal‘, 468: Pfarrerin u. ö.).

Am Rande sei schließlich bemerkt, dass relativ selten die umgekehrte Perspektive anklingt, dass die Gemeinde Impulse aus dem Religionsunterricht erfährt (445: Einbringen von Gedanken, Ideen und Trends aus der Schule in die Gemeinde, 502).

3.3.7 Formen der Kooperation mit nichtchristlichen Religionsgemeinschaften

Hinsichtlich Item 39 („Ihre Schule kooperiert mit nichtchristlichen Religionsgemeinschaften. Welche Formen der Kooperation gibt es?") lassen sich sieben unterschiedliche Kategorien herausarbeiten:

1) Besuche religiöser Einrichtungen und Gemeinden
In diesem Zusammenhang werden erwähnt der Besuch

- von **Moscheen bzw. der islamischen Gemeinde** (12, 14, 23, 36, 46, 47, 49, 56, 66, 75, 89, 147, 151, 157, 165, 166, 180, 202, 205, 224, 226, 234, 253, 254, 289, 295, 304, 306, 317, 331, 334, 340, 350, 355, 358, 365, 369, 372, 381, 389, 392, 413, 429, 433, 439, 445, 464, 518, 556, 557, 585, 589, 596, 615, 616, 655, 658, 659, 661, 662, 663, 685, 691, 800 u. ö.). Dabei kann extra die Teilnahme am Mittagsgebet (205, 445, vgl. 658) oder am Tag der offenen Moschee (596) hervorgehoben und als Ziel genannt werden, Toleranz und Respekt vermitteln zu wollen (151),
- von **Synagogen** (46, 49, 147, 151, 166, 224, 226, 253, 254, 295, 304, 317, 340, 350, 358, 372, 381, 389, 518, 557, 615, 659, 663, 800),
- von **jüdischen Erinnerungsorten** (12: Führung Friedhof, „Namen von Straßen", 591: Gedenkstätte Synagoge),
- eines **buddhistischen Zentrums** (14, 46, 49: Buddhistische Gemeinde, 589, 800, 1110),
- eines **Hindutempels** (49: Hinduistische Gemeinde, 445: „mit Teilnahme an Zeremonie", 1128: „falls Hindus in der Klasse") sowie
- eines **Esoterikzentrums** (616).

2) Gemeinsames Feste
Gemeinsame Feiern (465) bzw. gemeinsames Essen (753) finden insbesondere statt

- aufgrund der **Einladung zu islamischen Festen** (152, 180, 229: Fastenbrechen, 1419: Einladung zu muslimischen Festen, Teilnahme durch Delegation, 1454: Einladung zu muslimischen Veranstaltungen, da viele muslimische Schüler), darüber hinaus auch
- bei **„internationalen Festen"** (157, 904 Besuch des Hodschas beim jährlichen Friedensfest) sowie
- beim **Schulfest** (353: Stand der muslimischen Gemeinde, 556: Beteiligung des „türkisch-muslimischen Jugendvereins").

3) Interreligiöse Schulfeiern/Beteiligung anderer Religionen am Schulgottesdienst
Bei diesem Punkt spielen **Einschulungs-** (392, 810, 1371) **und Entlassfeiern** (441, 1056, 1286, 1371) bzw. entsprechende

Schulgottesdienste (596, 1321, 1328, 1371) eine wichtige Rolle. So können konkret genannt werden

- die Segnung der neuen Schulkinder und Abschluss für 4.-Klässler in der Moschee (392),
- dic Teilnahme des Imams an Schulgottesdiensten zu Weihnachten, Schulabschluss und Schulbeginn, wo er ein Grußwort spricht und einen Teil der Kollekte erhält (1371),
- parallele Einschulungsgottesdienste in Moschee (1328) bzw. die Einladung zur Einschulungsfeier in der Moschee (810) und
- die Einbeziehung der islamischen Gemeinschaften bei Gottesdiensten (1321), z. B. bei ökumenischen Entlassgottesdiensten (1056).

Schließlich wird auch als negative Erfahrung berichtet, dass die Beteiligung islamischer Vertreter an ökumenischen Gottesdiensten zu Schulstart und Entlassfeiern gescheitert ist (1146).

4) Allgemein „Kontakte"/„Dialog"/„Besuche"

Angeführt wird hier der **Kontakt zum Imam bzw. Muslimen** (63: Moscheeverein, 210, 236: neuer Imam stellt sich in Fachkonferenz Religion vor, 557: „Hilfe bei schwierigen islamischen Schülern"), der **Dialog mit der muslimischen Gemeinde** (169, 355, 409, 1233) und der **jüdischen Gemeinde** (169, 209, 289).

Darüber hinaus wird allgemein von **Besuchen** gesprochen (58: "gegenseitige Besuche", 132, 446: „von Vertretern anderer Religionsgemeinschaften").

5) Teilnahme am Religionsunterricht/Unterrichtsbesuch

In den Blick kommt bei diesem Punkt konkret die Teilnahme am Religionsunterricht von Muslimen und anderen Gläubigen (479) bzw. Unterrichtsbesuche (140, 606, 433: Kinder stellen eigene nicht christliche Religion im Religionsunterricht vor, 1155: jüdische Referenten im Religionsunterricht).

6) Gemeinsame oder gegenseitige Hilfeleistungen

Als gemeinsame bzw. gegenseitige Hilfeleistungen werden genannt

- die Hilfestellung durch Imam in Notsituationen (161),
- an SchülerInnen mit Migrationshintergrund (438: „Nachhilfeprojekt für muslimische Schüler") sowie
- durch Kooperationen (593: gemeinsame Arbeit für Integration, 1035: Aktionsbündnis für sicheren Stadtteil).

7) Sonstiges

Schließlich werden vereinzelt auch folgende Punkte genannt:

- eine **Schulpartnerschaft** mit einer Schule in Israel (208),
- ein **Austausch** mit Israel und Istanbul (1179),
- **interreligiöse Projekttage** (1139),

- ein **interreligiöses Schulprogramm** (1145: alle SchülerInnen besuchen alle Religionsgemeinschaften „im Laufe ihrer Schullaufbahn“) sowie auch
- ein gemeinsames **Lehrerfortbildungsangebot** (223, 509, 1056).

3.3.8 Beurteilung der Kooperation mit nichtchristlichen Religionsgemeinschaften

Die Beurteilung der Kooperation mit nichtchristlichen Religionsgemeinschaften fällt in Item 40 überwiegend (sehr) positiv aus, kritische Stimmen sind kaum zu vernehmen. Allenfalls wird darauf hingewiesen, dass die gegenwärtige Praxis ausbaufähig ist. Insgesamt lassen sich zwei Kategorien unterscheiden:

1) Positive Einschätzung der Kooperation
Häufig wird die Kooperation im positiven Sinne als gut bzw. positiv bzw. wichtig (12, 14, 36, 46, 47, 75, 89, 157, 210, 254, 304, 317, 331, 358, 369, 372, 389, 392, 429, 518, 569, 585, 589, 658, 663, 800, 963, 1056, 1084, 1089, 1096, 1139, 1145, 1155, 1160, 1328, 1401, 1419, 1450, 1471) oder gar als sehr gut bzw. sehr wichtig beurteilt (36, 120, 147, 161, 166, 439, 445, 479, 659, 1004, 1080, 1265, 1371). Weitere positive Einschätzungen der Kooperationen mit nichtchristlichen Religionsgemeinschaften lauten lehrreich (132), bereichernd (151, 1268), gelingend (596), unterrichtsdienlich (616) sowie hilfreich für die Lerngruppe (834). Schließlich können auch noch diejenigen Texte dieser Kategorie zugeordnet werden, welche die Kooperation als angemessen (685, 1210), ausreichend (226, 306, 433, 1330) und in Ordnung (663, 1475) einschätzen.

Diese positiven Einschätzungen werden auf ganz verschiedene Weise begründet: So kann das Vorhandensein von 50 % muslimischer Kinder als ein ‚kontextuelles‘ Argument angeführt werden (1419). Des Weiteren wird darauf verwiesen, dass die Kooperation Informationen (12) und Einblicke (157) gewährt, um andere Religionen kennen zu lernen. Auch bietet sie unterrichtliche Anschaulichkeit (254) sowie thematische Vertiefungsmöglichkeiten (1089), dient der wechselseitigen Horizonterweiterung (49), der Toleranzbildung (147), dem Vorurteilsabbau (304, 662, 1328), dem interreligiösen Dialog (518) und fördert das Schulklima (1371).

Selbst unter positiven Vorzeichen wird angemerkt, dass die Kooperation auf persönlichen Kontakten basiert und ansonsten schwierig ist (63, 372, 1010). Auch wird auf ihre weitere Ausbaufähigkeit hingewiesen (389, 392, 659), wobei hier speziell die Extremismusprophylaxe angesprochen wird (1056). Schließlich wird auch die Notwendigkeit einer guten Vorbereitung hervorgehoben (616).

2) Ausbaufähige Kooperation

Die bereits angeklungene Ausbaufähigkeit kann zu einem Hauptmotiv in einer anderen Textkategorie werden. Ausgangslage ist einerseits die zunehmende Bedeutung interkultureller Kompetenz (56), andererseits eine wie auch immer als unzureichend empfundene Kooperation (800 u. 1286: Kooperation unregelmäßig, 381: „Von Kooperation zu sprechen, wäre zu viel"). Diese kann durch Kapazitätsgrenzen (169, 1128) bedingt sein, aber auch durch ein Scheitern an sprachlicher Verständigung (441) oder am Organisatorischen (1380).

Die Reaktion darauf ist häufig ein Konjunktiv nach dem Motto ‚könnte ausgebaut werden' (58, 140, 165, 169, 208, 224, 289, 295, 340, 353, 438, 441, 557, 564, 591, 661, 904, 921, 1094, 1128, 1287, 1368, 1445), könnte besser sein (180) sowie könnte mehr sein (56) oder der Optativ ‚mehr ist wünschenswert' (223, 1380). Gleichwohl kann gelegentlich auch ‚muss ausgebaut werden' (409) oder gar ‚besteht im Aufbau' (1321) festgestellt werden.

3.4 Fortbildungsangebote

3.4.1 Gründe für Teilnahme/Nichtteilnahme

Das entsprechende Item 49 lautet: „Welche Gründe gibt es für Ihre Teilnahme/Nichtteilnahme? [am Fortbildungsangebot des PTI, der Schulreferate, der Bezirksbeauftragten oder anderer Fortbildungsveranstalter für das Fach Religion]".[52]

1) Gründe für Teilnahme

Als Gründe für die Teilnahme an Fortbildungen kristallisieren sich vor allem vier Hauptmotive heraus:

1.1) Inhalte und Themen der Fortbildungsangebote

Diese werden in verschiedenen Facetten als **interessant, aktuell, bereichernd und praxisorientiert** gewürdigt (12, 43, 64, 65, 89, 116, 119, 140, 156, 164, 218, 233, 257, 284, 288, 291, 311, 317, 359, 373, 380, 381, 384, 422, 428, 436, 457, 459, 460, 479, 512, 513, 526, 564, 585, 587, 601, 607, 609, 621, 632, 653, 678, 687, 695, 738, 803 u. ö.). Dabei resultiert die Aktualität u. a. aus neuen Anforderungen für den Religionsunterricht, wobei hier insbesondere neue Richtlinien und Bildungspläne (60, 93, 230, 434, 811,

---

52 Gelegentlich Angabe, dass ‚Ankreuzfragen' davor nicht passend (925: alles angekreuzt, da das Programm nicht zulässt, nichts anzukreuzen, 1042: Kreuz nur gesetzt, weil ich musste.

871, 1004 u. ö.) sowie generell der kompetenzorientierte Paradigmenwechsel (402) hervorgehoben werden.

1.2) Interesse an Weiterbildung

Des Weiteren wird das Interesse an (fachlicher) Weiterbildung als Motiv der Teilnahme genannt. Dies kann **allgemein** zum Ausdruck gebracht werden (49, 72: „to be up to date and informed", 75, 92, 94: Weiterentwicklung eigener Kompetenz, 174, 175: „Professionalisierung", 178, 181, 193, 195, 196, 202, 226, 236, 256, 268, 280, 289, 315, 331, 338, 379: „Perspektiverweiterung", 389, 433, 451, 465, 620, 784, 793, 794, 809), **fachspezifisch** im Blick auf Theologie (47, 101, 177, 223 u. ö.) bzw. Religionspädagogik (79, 101 u. ö.) oder auch in Bezug auf Pädagogik/Didaktik/Methodik (47, 74, 169, 223 u. ö.).

1.3) Verbesserung der Unterrichtspraxis

Darüber hinaus wird die Verbesserung der Unterrichtspraxis intendiert, wobei hier insbesondere die **Erweiterung des Methodenspektrums** (107: „Godly Play", 225, 282, 380: „z. B. Kamishibai, Schattentheater", 409, 414, 662 u. ö.: „Bodenbilder, Kettmaterialien"), **neue Materialien** (76, 188, 176, 217, 282, 434, 465, 638, 662, 680, 708 u. ö.) und generell **neue Impulse** (38, 245, 364 u. ö.) genannt werden, welche den Religionsunterricht bereichern, anregen und optimieren können (z. B. 56, 66, 672 u.ö.).

1.4) Kollegiale Verbundenheit und kollegialer Austausch

Ein weiteres Hauptmotiv für die Teilnahme an Fortbildungen ist die kollegiale Verbundenheit sowie der kollegiale Austausch (23, 38, 47, 60, 74, 89 u. ö.), die sich insbesondere auf die **soziale Ebene** (78: „interessant und nette Kollegen", 604: „Kontakte", 631: „Wiedersehen vertrauter Gesichter" u. a.m.) sowie auf den **fachlichen Erfahrungsaustausch** beziehen (93, 421, 554, 603).

1.5) Weitere Gründe

Neben diesen vier Hauptmotiven werden weitere Gründe für die Teilnahme angeführt, die jedoch eher am Rande zu stehen scheinen. So werden

- explizit die **ReferentInnen** genannt (64, 89, 465, 695, 1065),
- die **eigene Rolle als ModeratorIn** u.ä. (37: Leitung der AG, 203: „Bezirksbeauftragte", 226: „multiplikatorische Aufgaben durch den Fachvorsitz", 404: „Fachberater", 408: „Moderatorin"),
- eine **Teilnahmeverpflichtung** (46: „in Berufseinstiegsphase", 181, 230, 418: „Dienstanweisung", 424: „Seminarausbildung", 439: durch Referendariat, 949, 1414),
- **organisatorische Aspekte** wie Erreichbarkeit (532: in eigener Schule, 584: „vor Ort" u. ö.), gute Unterbringung und Verpflegung (235), Freistellung vom Unterricht (451) und schließlich auch

– die **Auszeit vom Alltag** (235, 792: „Kraft tanken“) oder der Spaß bzw. die Freude am Lernen (21, 47, 585).

2) Gründe für Nichtteilnahme

Richtet man das Augenmerk auf die Gründe, warum keine Teilnahme an Fortbildungen erfolgt, so treten v.a. zwei Hauptpunkte hervor:

2.1) Zeit- und Terminprobleme

Aus beruflichen, familiären und privaten Gründen spielen Zeit- und Terminprobleme eine wesentliche Rolle für die Nicht-Teilnahme. Betrachtet man die **beruflichen Gründe**, so kommt ein breites Spektrum an zusätzlichen schulischen Anforderungen in den Blick: z. B. Konferenzen und Projekte (63), besondere Funktion wie stellvertretende Schulleitung oder Beratungslehrertätigkeit (71), Praxisbesuche der Studierenden (436) oder Unterrichtsvertretungen (145). Darüber hinaus kann auch generell die mangelnde Möglichkeit der Freistellung (145) genannt werden oder dass das Pfarramt nur eine Fortbildung pro Jahr zulässt (309). **Familiäre Gründe** bzw. Belastungen werden ganz allgemein oder auch speziell im Blick auf Kinder (333) genannt. Dabei wird die zeitliche Ansetzung von Fortbildungen insbesondere an Nachmittagen (97, 151, 216, 269, 441, 445 u. ö.) negativ hervorgehoben, weil dies u. a. Probleme im Blick auf Familie (479) und speziell Kinderbetreuung (677 u. ö.) nach sich zieht. **Persönliche Motive** kommen insbesondere dann zum Ausdruck, wenn von Stress (u. a. 48, 570), Ruhebedürfnis (157) oder Überbelastung im Schulalltag (308) die Rede ist.

2.2) Inhalte und Themen der Fortbildung

Als ein wichtiger Hinderungsgrund können aber auch die Inhalte und Themen der Fortbildung angeführt werden. Dabei kann ganz allgemein kritisiert werden, dass die Fortbildungsthemen **wenig oder nicht interessant** sind (155, 566, 660, 707 780), bzw. können diese als nicht relevant (320, 358 u. ö.), nicht ansprechend (399, 416 u. ö.), abwegig (393), zu professionell (799) und sehr theoretisch (552) empfunden werden. Darüber hinaus wird das Angebot als **unpassend für die Schulform** eingeschätzt (z. B. 22: „zu wenig passendes Angebot für BRU“, 141: kaum übertragbar auf Schulformen außerhalb der Regelschule, 351: „Oft keine Angebote für Gesamtschule“, 385: „Wenig sinnvolle Angebote für Grundschule“, 692: nicht für Gymnasium, 857: wenig für Sonderpädagogik). Des Weiteren kann auch die Kritik geäußert werden, dass die Angebote **wenig oder nicht hilfreich für die Praxis** sind (189, 215: keine konkreten Unterrichtshilfen, 569: Themen unbrauchbar, 618: für Praxis irrelevant) oder aber eine mangelnde Qualität aufweisen (215: häufig „langer Einleitungsteil mit Vorstellung und Theorie“, 403: häufig enttäuscht, 656 häufig belanglos, lächerlich, 807: „Zeitverschwendung“).

2.3) Weitere Motive
Neben diesen beiden Hauptpunkten treten noch sechs weitere Motive hervor, warum keine Teilnahme erfolgt:

- **Kaum oder kein Einsatz als ReligionslehrIn wegen anderer Fächer** (29, 59, 82, 150, 208, 212, 333, 372, 432, 454, 597, 624, 753),
- **Nutzung alternativer Angebote** (29: „Fachzeitschriften", 324: Angebot anderer Landeskirche, 401: „Fortbildung für PrädikantInnen", 616: „Studium Generale", 1092: „Online gibt es bessere Angebote", 1413: katholische Fortbildungsangebote),
- **schulorganisatorische Gründe** wie Unterrichtsausfall (151), keine Freistellung (165, 478, 1029, 1037), Mehrbelastung für KollegInnen (151, 674) oder ein ausgeschöpfter Etat (763),
- **Erreichbarkeit** (552: „weite Fahrt bis nach Speyer", 713: „ungünstige Veranstaltungsorte", 720: selten ortsnah, 745, 772, 807: „Zeitaufwand in der Diaspora", 921: zu wenig regional, 932: „zu weite Anreise", 957: kein Auto),
- **mangelnde Information** (103, 147, 473, 921: „nicht hinreichend publik gemacht", 1098, 1240, 1413: wünsche mir gedruckte Fortbildungshefte) und schließlich
- **berufsbiografische Gründe**, weil z. B. die Ausbildung noch nicht lange her ist (106: „noch auf dem neusten Stand" 645: „mache gerade erst den Zertifikationskurs"), bereits viele Fortbildungen gemacht wurden (312, 498, 1335) oder aber das Ende des Berufslebens bevorsteht (299, 417, 489, 1075).

3.4.2 Feedback zum Fortbildungsangebot

Bei der Auswertung von Frage 53 („Welche Vorschläge zur Verbesserung des FB-Angebotes haben Sie für die kirchlichen Anbieter? Was schätzen Sie besonders am bisherigen kirchlichen FB-Angebot, was soll unbedingt bleiben/fortgeführt werden?")[53] kann entsprechend der Fragestellung zwischen wertschätzenden Rückmeldungen und Verbesserungsvorschlägen unterschieden werden.

1) Wertschätzende Rückmeldungen
Ein positives Feedback zum bisherigen Angebot erfolgt in vierfacher Hinsicht:

[53] An den Antworten ist nicht immer unterscheidbar, ob ein Wunsch auf Veränderung besteht oder ein Statement vorliegt, das den aktuellen Stand beschreibt. Darüber hinaus könnten bestimmte Punkte quantitativ auswerten, z. B. ob Fortbildungen am Nachmittag oder nicht am Nachmittag stattfinden sollen.

1.1) Allgemeine Einschätzungen
Auf allgemeine Weise werden die Fortbildungsangebote als **vielgestaltig bzw. gut** beurteilt (56, 94, 72, 75, 169, 175, 177, 194, 202, 275, 312, 341, 365, 380, 382, 421, 457, 532, 580, 619, 620, 646, 671 u. ö.), wird **Zufriedenheit** zum Ausdruck gebracht (557, 559, 625, 634, 680, 687) und **kein Bedarf an Verbesserungsvorschlägen** gesehen (71, 79, 268, 281, 431, 550, 708, 729 u. ö.).

1.2) Spezifische Aspekte
In konkreter Hinsicht können positiv hervorgehoben werden **ReferentInnen** (177, 516, 572), methodische Vielfalt (177, 716), Praxisbezug (423, 465, 687, 794) sowie **Materialien**, insbesondere wenn diese gleich zum Kauf bzw. zur Ausleihe zur Verfügung gestellt werden (177, 465, 516, 584, 631). Darüber hinaus werden die **Möglichkeit zum kritischen Diskurs** (z. B. 402: „über die kompetenzorientierte Religionsdidaktik“) und die **Zeit für Gespräche** über den persönlichen Glauben und Zweifel (1275) hervorgehoben. Auch werden generell das **nette Miteinander und die freundliche Atmosphäre** geschätzt (311, 441, 457, 584, 695, 708, 798). Positive Hinweise finden sich schließlich hinsichtlich der ökumenischen Zusammenarbeit (379, 1345), Supervision (161, 297) sowie günstiger Kosten (169, 765).

1.3) Fortbildungsstätten
Auch werden konkrete Einrichtungen bzw. Stellen, abgesehen von kleineren Kritikpunkten, als wichtig und gut erfahren:

- **PTI Bonn:** 169: „sehr gut“, 178, 217: „schulformspezifische FOBIS“ fortsetzen, 226: „am liebsten“, 235: „sehr wichtig“, 308: „immer gut“, 339: jährliche Tag sehr wichtig, 428: Angebote sollten breiter gefächert sein, 439: schöner Ort, gute und inspirierende FB, 501: „begeistert mich sehr (bes. Methoden-Seminare)“, 1120: „wichtig“, 1227: „sinnvoll...informativ“, 1242: „Kontakt zu den Schulen intensivieren“,
- **PI Villigst:** 1120: „wichtig“, 1351: gute FB,
- Schulreferat: 157: sehr gut, 210: „aktuelle, hilfreiche Themen [...] zeitlich kompakt“, 235: „sehr wertvoll, sollten unbedingt intensiviert werden“, 254: persönlich und fachlich kompetent, 255: „Anbindung an das Schulreferat finde ich gut und sollte bleiben, da man im Laufe der Zeit die anderen Kollegen kennenlernt“, 258: Einzelberatung wichtig, 282: weiter thematische Einheiten durch Schulreferat, 308: „immer gut“, 601: „Die Schulreferate sollten unbedingt gestärkt werden!“ [...] Auch als Berufsanfängerin aber auch im fortgeschrittenen Berufsleben sind die Angebote der Schulreferate eine echte Bereicherung für die unterrichtliche Praxis, aber auch für die persönliche Stärkung! [...] Anknüpfungspunkt an ‚Kirche‘“, 368: „Praxisnähe“, 372: Angebot oft interessant, 378: durch Zusammenlegung schlechter zu erreichen, 392: lohnen sich für schnelle Inputs, 428: Angebote sollten breit gefächert

sein, 477: FB fortsetzen!, 502: „Gute Arbeit“, 607: Angebote hervorragend, 640: Vielfalt ist vorbildlich, 673: „unbedingt erhalten“, 754: bestmögliches Programm mit wenig Mitarbeitern und unter Sparzwang, 1021: „sinnvolle und sehr hilfreiche Institution“, muss bleiben, 1043: „engagiertes Schulreferat“, 1228: „überfordert“, 1490: sollen unbedingt bleiben,
- **Schulreferat Bonn:** 384: gutes Angebot, 1242: FB besonders geschätzt,
- **Schulreferat Essen:** 501: inspirierende FB, 604: „vielseitige und fachlich qualifizierte FB. Unser Schulreferent ist vorbildlich!“, 1219: „bietet stets interessante Fortbildungen an, auf Wünsche wird gerne reagiert“,
- **Schulreferat Wuppertal:** 195: „ausgezeichnet“.
- Nicht kategorisierbar sind dagegen die wenigen Rückmeldungen bzgl. Bezirksbeauftragte (217, 339, 609).

1.4) Bestehende Angebote

Schließlich werden positive Rückmeldungen auch im Blick auf konkret bestehende Angebote geäußert, die geradezu unter dem Motto „soll bleiben“ stehen. In dieser Hinsicht werden genannt

- die Tagung zum Berufskolleg im Pastoralkolleg (171),
- monatliche oder zweimonatliche Fortbildungen organisiert durch die Bezirksbeauftragten und von allen Teilnehmenden mit verantwortet (176),
- BS-Tag (203),
- Pastoralkolleg in der Osterwoche muss bleiben (219),
- Jahrestagungen zu bestimmten Themen (235),
- evangelischer Lehrertag (557, 570),
- ganztägige religionspädagogische Tage (572, 603),
- Jahrestagungen Berufskolleg (658),
- Hilfen für Seiteneinsteiger (871),
- Realschullehrertag (975),
- pädagogische Woche in Köln (1197: „verbindet hervorragend Theorie, Praxis und Möglichkeiten zum kollegialen Austausch“),
- ganztägige Fortbildungstag am Buß- und Bettag (1224, 1409),
- Neujahrsempfang (1445) sowie
- Supervision: sollte fortgeführt werden (161, 297, 1218)/ist Wunsch (222).

2) Verbesserungsvorschläge

Darüber hinaus werden in verschiedener Hinsicht auch **Verbesserungsvorschläge** genannt. Folgende Punkte treten dabei hervor:

2.1) Mehr Praxis

Ein wichtiger Punkt ist der Wunsch nach mehr Praxis. Dieser Wunsch kann eher allgemein zum Ausdruck gebracht werden (12: „Workshops sind wichtiger als Theorie!“, 304: „Anregungen für die praktische Arbeit“, 438: „Je praxis- und unterrichtsbezogener, desto besser“, 516, 549, 618, 628, 655, 657, 663, 701, 744 u. ö.) oder sich auf bestimmte Aspekte der konkreten Unterrichtsgestaltung beziehen (182: „z. B. wie unterrichte ich Judentum in der 5./6. Klasse?“, 237: Fokus auf „Unterrichtsentwicklung und -verbesserung“, 1368: Konkrete Unterrichtseinheiten, 56: Orientierung an den neuen Lehrplänen, 320: „FB zu den einzelnen Unterrichtsreihen mit neuen Materialien“, 701: Ausarbeitung von Materialien, 110: Austausch Praxismaterial, 388: „konkrete Hinweise zur Unterrichtsdurchführung“).

2.2) Kennenlernen aktueller Forschung
Zugleich wird auch der Wunsch zum Ausdruck gebracht, neuere Forschung kennenzulernen (513, 1066 u. ö.). In diesem Zusammenhang können konkret theologische Forschung genannt werden (116: „anspruchsvolle Vorträge von Theologen zu unterrichtsrelevanten Themen“, 307, 706), aktuelle Forschungsergebnisse zu Kindheit und Jugend (1182) sowie die Verbindung von Theologie und alltagstauglicher Psychologie (1266). Diesem Anliegen korrespondiert schließlich auch der Wunsch nach professionellen ReferentInnen (179, 650) bzw. ReferentInnen aus Forschung und Lehre (834).

2.3) Themenvorschläge
Blickt man auf Themenvorschläge, so zeichnet sich einerseits ein Wunsch nach **mehr Themen** ab (324: „Landeskirchen sollen sich zusammentun, um gemeinsam ein möglichst vielfältiges und ausführliches Fortbildungsprogramm zu gestalten“, 353, 548, 669). Andererseits lässt sich **kaum eine klare Tendenz hinsichtlich konkreter inhaltlicher Themen** erkennen. U. a. finden sich hier Fortbildungswünsche hinsichtlich historischem Jesus (799), biblischer Themen (662, 706), traditioneller Kirchenlieder und Gebet (799), mehr aktuelle Themen (706), Theologie und Naturwissenschaft (284), Weltethos (164), Politik (1292), Wirtschaft und Ethik (164), Godly Play (930: „jedes Jahr“), ästhetischem Lernen (564), Reli mit allen Sinnen (304) und Filmeinsatz (63: aktuelle Kinofilme, 744 und 815: „Kurzfilme“).

Mit einer gewissen Vorsicht kann man sagen, dass sich **zwei Themenschwerpunkte** abzuzeichnen scheinen: Der eine bezieht sich auf den *interreligiösen Dialog* (164, 451, 786: Besuche von Synagoge, Moschee u. a., 792, 799) in verschiedenen Facetten, wobei hier auch der Islamische Religionsunterricht genannt werden kann (473), Salafismus und anderer religiöser Fundamentalismus (1292) und generell multikulturelle bzw. -religiöse Klassen (857). Der letztgenannten Punkt leitet über zu den *SchülerInnen* als zweiten Themenschwerpunkt für Fortbildungen. Dementsprechende Themen lauten: Religionsunterricht mit schwierigen SchülerInnen (792), SchülerInnen ohne traditionell kirchlichen Hintergrund (295), lernschwache SchülerInnen (1142), Inklusion (473), Schüleralltag

(1256: „z. B. Trennung der Eltern, Mobbing, Leistungsdruck, Freundschaft und Liebe“) sowie Weiterbildung Schulseelsorge (901).

Obwohl auch Wünsche hinsichtlich mehr schulübergreifender Angebote (179, 631) geäußert werden, finden sich deutliche Stimmen für **mehr schulartspezifische Fortbildungen** (364, 597, 603, 631, 833, 853). In dieser Hinsicht werden auch konkret genannt das Berufskolleg (4: „Mehr“, 171: Tagung zum Berufskolleg im Pastoralkolleg soll bleiben, 894), die Förderschule (1070), die Grundschule (66, 385, 638: „häufiger“, 663: „mehr“, 713, 720: v.a. „Anfangsunterricht“, 951), die Sekundarstufe I (161: „gemeinsame Reihenplanung z. B.“, 256: „mehr Angebote im SekI-Bereich“ (so auch 468, 782), die Sekundarstufe II (811). Speziell werden hier auch das Zentralabitur (158, 215, 513, 1361) sowie das mündliche Abitur (1048, 1166) genannt.

2.4) Gestaltung der Fortbildungsangebote

Hinsichtlich der Gestaltung der Fortbildungsangebote wird der Wunsch nach einer **komprimierteren Information** geäußert (110, 584: manchmal „schneller, kompakter“ gestalten, 788: „zu viel Leerlauf“), der umgekehrt mit dem Wunsch nach weniger ‚Spielen‘ korrespondieren kann (110, 516), oder dass Teilnehmende alles aus sich selbst heraus leisten sollen (149). Darüber hinaus findet sich auch der Wunsch nach **‚zweckfreien Angeboten**‘ (580), wozu möglicherweise auch die Voten gerechnet werden können, die sich auf mehr Erfahrungsaustausch (409, 616), auf Zeit für Gespräche über den persönlichen Glauben und Zweifel (1275), auf Förderung des seelischen Gleichgewichts (659) sowie das eigene spirituelle Leben (1050) beziehen.

2.5) Organisatorische Rahmenbedingungen

Darüber hinaus finden sich auch diverse Wünsche hinsichtlich der organisatorischen Rahmenbedingungen. Diese beziehen sich auf

- **Ort**: Hier werden ortsnahe Fortbildungen (58, 119, 239, 379, 384, 412, 444, 597, 739 u. ö.) bzw. Angebote an den Schulen (225, 245: speziell für PfarrerInnen, 1330: Beratung für LehrerInnen in den Schulen) bevorzugt. Des Weiteren werden auch Online-Fortbildungen angeregt (444, 841, 1028, 1092).
- **Zeit**: Diesbezüglich finden sich zu all den genannten Zeiten entgegengesetzte Wünsche, die kaum miteinander harmonisierbar sind. Es finden sich unterschiedliche Voten zu Vormittagen (200, 389, 600, 668), Nachmittagen (384, 631, 445, 554), frühen Nachmittagen (134, 226), späten Nachmittagen (469), Abenden (365, 918), Wochenenden (384, 210, 462) und Ferienzeiten (210: nicht in den Ferien; 356, 852, 1239: mehrtägige Veranstaltung in der letzten Ferienwoche der Sommerferien). Wenn, dann lässt sich überhaupt nur eine Tendenz für Ganztage erkennen (29, 48: „Kirche sollte stärker auf das Recht ganztägiger Veranstaltungen pochen“, 295, 445: „oder über 2 Tage“,

zugleich Atempause im Schulstress, 514: „mehr Austausch", 554: kurze Fortbildungen lohnen nicht, weite Anreise).

- **Informationen/Einladungen**: Entsprechende Hinweise beziehen sich auf mehr Online-Werbung (59, 64, 103), Email-Hinweise (477: für „besondere Veranstaltungen"), Fortbildungsangebot als festes Heft (1413), persönlichere Einladungen (408), systematischere Information (147), frühzeitige Einladungen (1362) und keine kurzfristigen Absagen (731, 757).
- **Ambiente**: Hier wird der Wunsch nach guter Qualität von Übernachtung und Essen geäußert (179), der oftmals als bestehende Realität gewürdigt wird (132: „schätze das kirchliche Ambiente, Essen, schöne Räume, Material, Vieles kostenlos und großzügig ausgegeben").

3.4.3 Zusätzliche Fortbildungswünsche

Die Frage 55 („Haben Sie darüber hinaus noch andere FB-Wünsche an das PTI, die Schulreferate und die Bezirksbeauftragten?") wird häufig mit ‚nein' beantwortet bzw. gar nicht beantwortet, so dass im Vergleich zu den voranstehenden Fragen bezüglich Fortbildung kaum neue Aspekte hervortreten. Viele Einzelvorschläge werden dementsprechend bereits unter Frage 53 genannt. Als zusätzliche Fortbildungswünsche an das PTI werden genannt:

- **Thema Inklusion, v.a. angesichts heterogener Lerngruppen** (445: „Es wird an der Realschule zunehmend problematischer, die unterschiedlichen Lernniveaus der Schüler zu berücksichtigen. [...] Das habe ich nicht gelernt und bringt mich gerade in der Klasse 5 an meine Grenzen. Es bedarf dringend Fortbildungen, die das Lehren und Unterrichten in verschiedenen Niveaus zum Thema haben. Im Hinblick auf die anstehende Inklusion wird dieses in den nächsten Jahren von noch größerer Bedeutung werden. Hier wünsche ich mir dringend Rat und konkrete Unterstützung gerade für den Religionsunterricht"; 1145: „Formen des inklusiven Unterrichtens – eine Herausforderung, zu der es noch viel zu wenig Informationen und Angebote gibt"; 1429: „Realisierungsmöglichkeiten des Inklusionsansatzes konkret!")
- **Supervision und kollegiale Beratung** (169: „wir bräuchten mehr Geld/weniger Stunden, um mehr Zeit in die Vor- und Nachbereitungen, Supervision, kollegiale Beratungen, Fortbildung investieren zu können"; 975: „Ähnlich wie es das für Pfarrer gibt, sollte es ein Supervisionsprogramm für Lehrkräfte geben"; 1275: „Durch die immer größer werdenden Belastungen in Schule und den Anspruch stärkerer kollegialer Zusammenarbeit könnte kollegiale Beratung und Supervision eine wichtige Rolle spielen. Hier würde ich mir mehr Angebote und Unterstützung von kirchlicher Seite wünschen").

- **Gruppendynamik/Psychologie/TZI** (666: „Stärkere Berücksichtigung von Themen wie Gruppendynamik und Individualpsychologie bei besonderer Berücksichtigung von Glaubensprozessen“; 799: „TZI“),
- **geistliches Leben/eigener Glaube/persönliche Glaubenskrisen/ Glaubensprozesse** (580: „Einkehrtag(e) für Religionslehrer_innen“; 695: „Austausch über: Wie steht es mit unserem eigenen Glauben? Welche Erfahrungen ([, TW] Glaubenskrisen haben wir selbst durchgemacht? Was hat uns bestärkt oder vom Glauben abgebracht? Welche außergewöhnlichen Erfahrungen haben wir gemacht?“; 1308: „geistliches Leben“),
- **Schulseelsorge** (47: „Schulseelsorge!“; 49: „Thema Schulseelsorge/als Seelsorger an der Schule“; 235: „Die Schulseelsorge sollte in allen Schulen bekannt sein, damit nicht nur in Notfällen, sondern auch in alltäglichen Situationen/Gesprächen angemessen agiert werden kann“; 1110: „Das Thema Schulseelsorge finde ich wichtig, hier könnte mehr passieren“).

3.5 Varia

Unter diesem Punkt werden zwei Items verhandelt, die gewissermaßen eine Sonderstellung besitzen. Zum einen wurde eine Frage getestet, wie sich Religionslehrkräfte bei der Behandlung anderer Konfessionen und Religionsgemeinschaften in ihrem Unterricht fühlen würden (Item 45). Zum anderen wurde am Ende des Fragebogens noch der offene Impuls „Was sie sonst noch mitteilen möchten...“ (Item 56) formuliert.

3.5.1 Emotionale Aspekte bei der Behandlung anderer Konfessionen und Religionsgemeinschaften

Vorab ist einzuräumen, dass die Frage „Wie fühlen Sie sich, wenn Sie Themen anderer Konfessionen/Religionsgemeinschaften unterrichten?“ (Item 45) oftmals **mit Fragezeichen versehen** und kritisiert wurde (z. B. 154, 200, 404: „blöde Frage“, 947: „Frage unverständlich“, 1008: Frage nicht gelungen, 1042: „sind nicht mehr im Jahr 1618, oder?“, 1228: „Gefühle? Unsinniges Wort!“, 1252: „Wie soll ich mich fühlen?“, 1320: „gut – warum nicht?, Komische Frage“).

Wird spezifisch auf die Gefühlslage eingegangen, dann werden auf verschiedene Weise **positive Gefühle** zum Ausdruck gebracht: Es wird mit gut (4, 12, 56, 59, 60, 66, 68, 72, 94 u. ö.) oder sogar sehr gut (46, 63, 120, 289, 793 u. ö.) beschrieben. Des Weiteren wird in positiver Hinsicht zum Ausdruck gebracht, dass man sich kompetent bzw. sicher fühlt (25, 52, 75, 92, 93, 101, 160, 169, 230, 307, 351, 369, 403 u. ö.) und/oder interessiert bzw. aufgeschlossen ist (58, 74, 86, 89, 104, 153, 176: „Da bin ich selbst Lernender", 181, 188, 192, 227, 233, 246, 255, 280, 291, 313, 332, 333, 378, 444 u. ö.) und Spaß macht (36, 370, 384 u. ö.).

Das eigene Gefühl kann aber auch so beschrieben werden, dass es sich **von der Behandlung anderer Themen im RU nicht unterscheidet** (79, 110, 192, 368: „Wie immer!", 372, 563: „Das ist [...] bei uns Alltag", 564: „Kein Unterschied", 596: „Selbstverständlichkeit", 625, 663, 709: nicht anders als mit eigener R, 780) oder es einfach in Ordnung bzw. kein Problem ist (28, 37, 134, 141, 147, 148, 149, 174, 184, 204, 254, 312, 320, 354, 360 u. ö.).

Gleichwohl werden auch in verschiedener Hinsicht **negative Gefühle** zum Ausdruck gebracht. So kann man sich z. B. unzureichend informiert (10, 21, 48, 64: „überfragt", 103: „fachfremd", 107, 155: „teilweise", 217: „zum Teil", 308, 656: „Inkompetent"), unwohl (23: wenn Fachwissen fehlt, 71: unsicher, 382: fällt schwer, 402: „überfordert", 446, 949: „gestresst, weil ich Negativseiten geschickt ‚verpacken' möchte", 1075: lehne Islam ab) oder unsicher fühlen (z. B. 24, 71: gehört zum Job, 78, 97, 157, 208, 215, 219: „Unterschiedlich unsicher", 223: nicht sicher, ob objektiv genug, 235: Experten, 257, 264, 324: „oft das Gefühl, etwas falsch zu machen", 502: „vorsichtig", 624: bei Buddhismus/Hinduismus, 668: „bei fernöstlichen Religionen").

Darüber hinaus beziehen sich **zahlreiche Rückmeldungen weniger auf die gewünschte emotionale Ebene**, sondern es wird mehr auf die eigene Rolle eingegangen, welche in ganz verschiedener Hinsicht ausgeübt werden kann:

- als sachliche und neutrale InformatorIn und WissensvermittlerIn (102, 135, 168, 179, 412, 506, 580 u. ö.), wobei hier kritisch angemerkt werden kann, dass zur Religion auch Emotion gehört (1021, 1485) bzw. nur die ‚äußere' Ebene in den Blick kommt (z. B. 1006, 1014),
- als ErzieherIn für Respekt und Toleranz (12, 49, 297, 313 u. ö.),
- als VermittlerIn (22: „Vermittler zwischen den Welten", 317: „Vermittler zwischen Glaubensgemeinschaften", 671: „Vermittlerin", 841: „Informantin und Vermittlerin", 936: Vermittler von Kenntnissen, die Aufeinanderzugehen ermöglichen, 1151: Brücken schlagen, „glaube an den EINEN Gott"),
- als HerausarbeiterIn von Gemeinsamkeiten und Unterschieden mit der eigenen Religion (29, 74, 309, 456, 557, 606 u. ö.),
- als Lehrperson, die eigenen Standpunkt erkennbar macht (z. B. 128: ohne zu diskriminieren, 239: betone das Besondere des christlichen Glaubens – nicht der gleiche Gott, 616: „eigene Pro-/Kontra-/ oder Neutralstellung muss dabei objektiv gemacht werden", 685: „unterrichte [...] immer evangelisch", 860: „kann und will meinen eigenen Standpunkt nicht verbergen", 1414: L gefordert, Position zu beziehen, „Wischi-Waschi-Geschwätz" verhängnisvoll).

Nicht berührt ist die emotionale Ebene ebenso bei Rückmeldungen hinsichtlich der Bedeutung des Themas (z. B. 584: Toleranz entwickeln, 642: Verständnis entwickeln, 662: Abbau von Vorurteilen, 810) bzw. umgekehrt seiner Bedeutungslosigkeit (76: SchülerInnen kennen sich in der eigenen Religion nicht aus, 178: Konzentration auf christliche Inhalte, 441, 819: „unterrichte nur das, für das ich einstehen kann"). Gleiches gilt für Antworten, die sich auf die in der Regel aufwändigere Vorbereitung und Planung des Unterrichts (38, 119: „intensive Auseinandersetzung", 150, 225, 254, 474, 512, 685, 701, 792: „sehr zeitintensiv") beziehen sowie auf die Einbeziehung von externen ExpertInnen (21, 132, 166: „reale Vorbilder", 196: „Authentizität", 225, 235, 246, 254, 284 u. ö.: konfessionsfremde SchülerInnen, 468: „Rabbi, Imam, Eltern", 786, 1396).

3.5.2 „Was Sie sonst noch mitteilen möchten ..."

Erfreulicherweise ist für zahlreiche ReligionslehrerInnen dieses letzte Item 56 noch einmal der Ort, an dem sie ihre eigenen **positiven Erfahrungen mit dem Religionsunterricht** zum Ausdruck bringen, wobei immer wieder auch die positive und besondere Beziehung mit SchülerInnen zum Ausdruck kommt:

> „Religion ist mein Lieblingsfach, weil es absolute Vielfalt bietet und oft einen anderen Zugang zu den Schülern ermöglicht und es sehr lebendig ist" (429).
> „Das Fach Religion war lange Jahre für mich das Fach, in dem ich mit den Schülern am ehesten in persönlichen Kontakt kam. Jetzt, kurz vor Ende meiner Dienstzeit, weiß ich, dass es eines der Fächer sein wird, an die ich am liebsten zurückdenken werde" (863).

Gleichwohl wird auch Frustration deutlich, wenn abschließend die **mangelnde Wertschätzung für den Religionsunterricht** von Seiten der Schulleitung oder KollegInnen genannt wird:

> „Ich bin es leid, dass im Gesamtschulumfeld das Religiöse nicht nur abgetan wird, sondern sogar lächerlich gemacht wird. Schulen, die in der Oberstufe die SchülerInnen so beraten, dass keine Religionskurse mehr gebildet werden können/müssen, sollten mal gezielt fortgebildet werden" (235).

Verschiedentlich kommt auch das **Verhältnis zur Kirche/Gemeinde** abschließend in den Blick, wobei die Einschätzungen hier sehr unterschiedlich sind. Auf der einen Seite wird wertschätzend eine gute Unterstützung von der Landeskirche angeführt (380: „Ich fühle mich von meiner Landeskirche gut unterstützt"), auf der anderen Seite stehen kritische Voten gegenüber Kirche generell bzw. Kirchengemeinde vor Ort:

> „So einiges, vor allem aber, dass Kirche nach meiner langjährigen Erfahrung von Schule immer nur dann wissen will, wenns nützlich sein könnte, also aus missionarischen Gründen oder wenns um die Eliten geht oder wenn es diakonisch wirkt. Es ist sehr ärgerlich, dass die Erfahrungen von Wahrnehmung von Kirche im nichtkirchlichen Umfeld so wenig wert sind" (140).

„Ich bin gerne Rel. lehrerin und bedauere sehr das mangelnde Interesse unserer Kirchengemeinde" (417).

Schließlich ist dies auch der Ort, an dem der **Fragebogen und die vorliegende Umfage selbst reflektiert werden**. Häufig finden sich hier positive Rückmeldungen (59: „Gut, dass Sie dies alles erfragen. Schön wäre es, Ihre Mühe und die der Teilnehmer an der Befragung hätte Folgen. Viel Erfolg!“; 237: „ Die Befragung ist eine sehr gute Idee, die ich sehr gern unterstützen möchte. Effektive Unterrichtsentwicklung beginnt m.E. von unten und nicht von oben“) und es wird der Wunsch zum Ausdruck gebracht, über die Ergebnisse und Konsequenzen der Befragung informiert zu werden (132: „mich würde sehr ein kompakter Bericht in schriftlicher Form über die Umfrage interessieren“).

Gelegentlich findet sich jedoch auch Kritik an der Umfrage, wobei Fragestellungen teilweise als „unglücklich“ (295) bezeichnet werden oder auch Ärger zum Ausdruck kommt:

> „Ich habe mich über die \“weibliche\“ Seite Gottes geärgert und nicht geantwortet. Warum fragen sie nicht auch nach der männlichen? Ach nee, die männliche Seite Gottes wird von ihnen vorausgesetzt - und die weibliche Seite muss gesondert von ihnen durch diese Frage hervorgehoben werden... Die Frage impliziert ein männliches Gottesbild, tatsächlich versuche ich meinen SchülerInnen ein dynamisches Gottesbild nahe zu bringen. Männlich, weiblich? beides hat sein Recht, also fragen sie auch nach dem männlichen Gottesbild? Oder wie sie es nennen: männliche Seite Gottes. Hat er diese Seiten denn überhaupt? Oder spielt uns hier unsere männliche bzw. weibliche Wahrnehmung nur einen Streich?“ (485).

Vereinzelt wird auch eine Skepsis über das „Kosten-Nutzen-Verhältnisses dieser Umfrage“ (788) geäußert und angefragt, „ob solche Fragebogenaktionen wirklich förderlich sind“ (177).

3.6 Wesentliche Ergebnisse im Überblick

Der nachfolgende zusammenfassende Rückblick kann allenfalls in einer sehr vereinfachten Form die Vielschichtigkeit und Differenziertheit der durch die offenen Items veranlassten Rückmeldungen wiedergeben. Die nachstehende Zusammenfassung konzentriert sich dabei analog zur obigen Analyse erstens auf die Einschätzungen der ReligionslehrerInnen zu den Organisationsformen des Religionsunterrichts (3.1), zweitens auf dessen Kontexte und Kooperationen (3.2) und drittens auf die Beurteilung der Fortbildungsangebote einschließlich entsprechender Wünsche (3.3).

3.6.1 Organisationsformen des Religionsunterrichts

Die Einschätzung der Organisationsformen durch die befragten ReligionslehrerInnen wird aus drei verschiedenen Perspektiven in den Blick genommen: Es wird erstens in Item 20 nach ihrer Zufriedenheit mit der gegenwärtigen Situation gefragt, wobei das voranstehende Item die Aufmerksamkeit auf die Zufriedenheit mit Organisationsformen lenkt. Zweitens wird in Item 42 unter Bezugnahme auf vorgegebene Organisationsformen (konfessioneller Religionsunterricht, konfessionell-kooperativer Religionsunterricht, interreligiös-kooperativer Religionsunterricht, Fächergruppe mit verbindlichen Kooperationsphasen, Religionskunde, kein eigenes Fach) danach gefragt, welcher dieser Gestaltungsformen warum am besten den aktuellen gesellschaftlichen Herausforderungen gerecht wird und drittens wird mit Item 46 gewissermaßen nach der Wunschform des Religionsunterrichts in fünf Jahren gefragt. Die nachstehende Bündelung wird zeigen, dass sich diese drei Perspektiven auf die Organisationsform des Religionsunterrichts vorzüglich ergänzen.

1) Die Frage nach der **Zufriedenheit mit der aktuellen Situation in Item 20** offenbart eine Pluralität von Organisationsformen des Religionsunterrichts, die faktisch auf dem Gebiet der Evangelischen Kirche im Rheinland vorherrschen: Es variiert u. a. der Zeitpunkt der konfessionellen Trennung (z. B. ab Orientierungsstufe), die Teilnahme von nicht-evangelischen SchülerInnen, das Vorhandensein von alternativen Fächern und je nach Kontext kann die Größe von Lerngruppen die Gestaltungsform des Religionsunterrichts beeinflussen.

Die **Zufriedenheit** selbst ist bedingt durch die *Organisationsform* des Religionsunterrichts, *Bezugsgruppen* des Religionsunterrichts (u. a. interessierte SchülerInnen, gutes Kollegium, Teamarbeit der RL, Wertschätzung von Schulleitung, gute Kooperation mit PfarrerIn/Kirche) sowie *strukturellen und atmosphärischen Faktoren* (u. a. genügend RL, Größe und Zusammensetzung der Lerngruppe, Freiheit im Umgang mit dem Lehrplan, Stellung des Religionsunterrichts in Stundentafel).

Dabei ist es bemerkenswert, dass hinsichtlich der Zufriedenheit mit der Organisationsform der Religionsunterricht im Klassenverband eine wesentliche Rolle spielt. Als Begründung dafür werden facettenreich ganz unterschiedliche didaktische (u. a. Vielfalt belebt, Einübung religiöser Toleranz, vertiefter Dialog, schärft die eigene Überzeugung, entspricht gesellschaftlicher Realität) und organisatorische Motive (u. a. Klassengemeinschaft bleibt erhalten, kaum Abmeldungen, interreligiöses Lernen statt Religionskunde, Klassenverband in 1. und 2. Klasse, Berufskolleg besser im Klassenverband) genannt. Demgegenüber sind bei diesem Item die ‚Zufriedenheitsargumente' für den ökumenischen (u. a. offene und vertrauensvolle Meinungsaustausch, Notwendigkeit religiöser Kenntnis angesichts des Traditionsabbruchs) sowie für den konfessionellen Religionsunterricht (u. a. Profilierung, freiwillige und bereichernde Teilnahme von konfessionslosen bzw. muslimischen SchülerInnen, gute Betreuungssituation bzw. Alternativfach) weniger facettenreich.

Die **Unzufriedenheit** von ReligionslehrerInnen steht gleichfalls mit den obigen drei Faktoren im Zusammenhang. So wird im Blick auf die *Organisationsform* insbesondere das Fehlen eines Alternativfachs, ein unzureichender Ersatzunterricht sowie der Zwang zu konfessionsübergreifendem Religionsunterricht oder fachfremden Ethikunterricht kritisiert. Hinsichtlich der *Bezugsgruppen* werden u. a. unmotivierte, disziplinlose und wenig wissende SchülerInnen angeführt, Konflikte mit der Schulleitung sowie Probleme mit dem Kollegium und eine unzureichende Kooperation mit der Kirche. Schließlich führen *strukturelle und atmosphärische Bedingungen* z. B. dann zu Unzufriedenheit, wenn der Religionsunterricht gekürzt wird und an Randstunden liegt und der Lehrplan an der SchülerInnenwirklichkeit vorbei geht.

Interessant ist der Sachverhalt, dass in den Texten **ohne Klassifizierung** (d.h. es wird weder Zufriedenheit noch Unzufriedenheit zum Ausdruck gebracht) eine neue Facette hervortritt: Hier wird zum einen der Wunsch nach einem islamischen Religionsunterricht zum Ausdruck gebracht und werden zum anderen Probleme mit muslimischen SchülerInnen geäußert.

2) Eine beeindruckende Vielzahl an Argumenten für bestimmte Organisationsformen des Religionsunterrichts gibt **Item 42** zu erkennen. Im Unterschied zur obigen Frage nach der Zufriedenheit finden sich hier auch facettenreich **Argumente für den konfessionellen Religionsunterricht**: v.a. gute Erfahrungen, immer geringeres Wissen der SchülerInnen von der eigenen Religion, örtliche und konfessionelle Rahmenbedingungen, Grundrecht der SchülerInnen, Bedeutung des Protestantismus, christliche Wertvermittlung, Identitätsbildung, Glauben festigen sowie pro/contra Mission. Gleichzeitig werden auch Gegenargumente hinsichtlich anderer Organisationsformen vorgebracht: u. a. bleiben oberflächlich, gegen eine Vermengung, Lehrplankonformität und die konfessionelle Ausbildung der Lehrkräfte.

Ähnlich vielschichtig werden **Argumente für den konfessionell-kooperativen Religionsunterricht** vorgebracht: u. a. gute Erfahrungen, konfessionelle Erkennbarkeit, konfessionelle Identität der Lehrperson notwendig für glaubwürdigen Religionsunterricht, Orientierungs- und Entscheidungshilfe, eigene Religion kennen und verstehen lernen, im Klassenverband bleiben, gesellschaftliche Veränderungen und Zeitgemäßheit, Unterschiede sowie Gemeinsamkeiten aufzeigen, Förderung von Toleranz und voneinander lernen, Ökumene fördern und organisatorische Gründe.

Vergleichbar lauten auch die **Argumente für den interreligiös-kooperativen Religionsunterricht**: v.a. gute Erfahrungen, konfessionelle Rolle der Lehrperson, Kennenlern- und Bekenntnisfunktion, Zeitgemäßheit und Entsprechung zur Lebensrealität, Unterricht im Klassenverband, Möglichkeit zum Dialog, Vorurteile verhindern, Förderung von Respekt und Toleranz und Erarbeitung gemeinsamer Werte. Gegen den konfessionellen Religionsunterricht wird auf die organisatorische Verbesserung verwiesen sowie auf die problematische Trennung von SchülerInnen.

Für die Fächergruppe mit Kooperationsphasen werden v.a. folgende Argumente genannt: Erhalt des konfessionellen Profils und interreligiöse Erfahrungen, Beteiligung aller vs. Nischendenken, inhaltliche Vorteile wie Synergieeffekte, organisatorische Vorteile, Entsprechung zum gesellschaftlichen Kontext, Positionalität der Lehrkraft, Identitätsbildung der SchülerInnen, Interesse der SchülerInnen und Lebensrealität der SchülerInnen.

Folgende **Argumente werden für die Religionskunde** angeführt: Zeitgemäßheit, Erhöhung von Toleranz und Akzeptanz, Prävention von Vorurteilen, Integrationsförderung, Dialogförderung, Vermittlung bon Inhalten, eigenen Glauben fördern. Bemerkenswert ist, dass hier insbesondere auch gegen den konfessionellen Religionsunterricht argumentiert wird: Sinkende Relevanz von Konfessionalität, Nichtentsprechung der Lebensrealität der SchülerInnen, Vereinfachung der Organisation, problematische rechtlich-politische Fundierung und Zielvorstellung Religionsunterricht ungleich Glaubenshinführung.

Bei der Antwortkategorie **„Kein eigenes Fach"** ist aufgrund der wenigen Belege keine Ausarbeitung von Argumentationstypen möglich.

3) Grundsätzlich zeigen die Rückmeldungen auf **Item 46** (Wie wünschen Sie sich den Religionsunterricht an ihrer Schule in fünf Jahren?) eine **relativ hohe Zufriedenheit**, was sich daran erkennen lässt, dass sich eine Kategorie mit dem Titel „Genauso wie jetzt" herauskristallisiert. Neue Facetten werden abermals hinsichtlich der Organisationsform des Religionsunterrichts schon allein insofern deutlich, als sich **für den religionskundlichen und für den konfessionellen Religionsunterricht kaum Begründungsmuster** herausarbeiten lassen und bei beiden eine Verbindung mit alternativen Gestaltungsformen bedacht wird. Dies lässt auf einen gewissen Pragmatismus von ReligionslehrerInnen hinsichtlich der Organisationsform schließen, der nicht zuletzt auch durch verschiedene regionale Gegebenheiten bedingt ist. Für den konfessionellen Religionsunterricht können erstens regionale Gegebenheiten wie eine kleine Dorfschule angeführt werden, bei der kein anderer Bedarf besteht, zweitens als arbeitstechnisches Argument, dass dieser mit Fachwissen gut bewältigbar ist und drittens in didaktischer Hinsicht, dass man damit an den Wurzeln arbeiten kann.

Insgesamt betrachtet beziehen sich die Wünsche in der Regel auf den konfessionell-kooperativen bzw. ökumenischen bzw. interreligiösen Religionsunterricht. Dabei werden nicht selten fließende Übergänge zwischen diesen Formen gesehen bzw. gewünscht. In diesem Zusammenhang spielen wiederum regionale Aspekte eine Rolle, wenn etwa in einem Text für einen ökumenischen Religionsunterricht plädiert wird, weil kaum rein evangelische oder katholische Familien in dieser Gegend leben, oder in einem anderen Text für einen konfessionell-kooperativen Religionsunterricht votiert wird, weil von über 200 SchülerInnen nur maximal vier Kinder muslimisch sind.

Schließlich werden auch hier nochmals Wünsche bezüglich organisatorischer und atmosphärischer Bedingungen genannt, z. B. kleine Klassen bzw. Lerngruppen, eigene Religionsräume, gute Materialien, gegen

Randstunden und generell mehr Zeit für den Religionsunterricht, genügend ReligionslehrerInnen sowie ein zahlreicher Besuch des Religionsunterrichts von motivierten SchülerInnen.

3.6.2 Kontexte und Kooperationen

An dieser Stelle werden zunächst die Schule (Item 24) und die Kirchengemeinde (Item 37) als Kontexte zusammengefasst, bevor der Blick auf diverse Kooperationen des evangelischen Religionsunterricht (konfessionelle Zusammenarbeit, Islamkunde/islamischen Religionsunterricht, Philosophie/Ethik, Kirchengemeinde) gerichtet wird.

1) Folgende Faktoren werden in **Item 24 als Gründe für eine Akzeptanz bzw. positive Bedeutung des Religionsunterrichts an einer Schule** angeführt: Unter den genannten *Personengruppen* werden insbesondere die Akzeptanz von Schulleitung, Kollegium und SchülerInnen genannt, teilweise auch von Eltern. Eine Wertschätzung kann auch durch das *Schulprofil* (z. B. kirchliche Schule) bedingt sein sowie durch ganz verschiedene *organisatorische Aspekte* (z. B. feste Integration in Stundentafel, keine Randstunden, keine oder wenige Ausfallstunden, kein irrelevantes Nebenfach). Schließlich kann die Bedeutung des Religionsunterrichts auch auf seine *Inhalte* (v.a. Wertebildung, persönliche Themen, Identitätsbildung, interreligiöses Lernen) sowie auf die *Rolle der ReligionslehrerIn* (BeraterIn, SeelsorgerIn) zurückgeführt werden. Unter umgekehrten Vorzeichen werden diese Faktoren wiederum als Gründe genannt, warum der Religionsunterricht **keine bzw. eine geringe Bedeutung** besitzt. Als neuer Faktor tritt hier der *Vergleich mit anderen Fächern* hervor, wobei die mangelnde Wertschätzung des Religionsunterrichts u. a. mit Legitimationsdruck, nicht prüfungsrelevant sowie Spaß- und Laberfach zum Ausdruck kommt.

In **Item 37 wird der Stellenwert der Kirchengemeinde** für die ReligonslehrerIn sowie den Religionsunterricht völlig unterschiedlich eingeschätzt und reicht von ‚kein', ‚gering', ‚hoch' bis ‚sehr hoch'. Als **Gründe für hohen bzw. niedrigen Stellenwert** treten folgende vier Aspekte hervor: *Lehrperson* (hoher Stellenwert: persönliche Ebene, Rolle in der Kirchengemeinde, geographische Identität; niedriger Stellenwert: geographische Trennung von Wohnort und Schule, persönlich nicht in Kirchengemeinde beheimatet, konzeptionell für kirchenunabhängigen Religionsunterricht, negatives Kirchenbild des RL), *SchülerInnen* (hoher Stellenwert: in Kirchengemeinde eingebunden bzw. eingeladen; niedriger Stellenwert: kein oder geringer Bezug zur Kirchengemeinde, aus Region mit mehreren Kirchengemeinden), *Themen Religionsunterricht* (hoher Stellenwert: Themen wie Kirche bzw. Gemeinde, Diakonie, evangelisch-katholisch; niedriger Stellenwert: fehlende Bezüge in Sekundarstufe II) sowie die *Kirchengemeinde* selbst (hoher Stellenwert: v.a. Interesse an Religionsunterricht, niedriger Stellenwert: v.a. mangelndes Interesse und diverse Differenzen). Als konkrete Bezüge zwischen Religionsunterricht und Kirchengemeinde kommen dabei der Besuch von kirchlichen Räuen, spirituelle Aktivitäten sowie die Einladung von kirchlichen VertreterInnen in den Religionsunterricht genannt.

2) In **Item 27 wird die konfessionelle Kooperation** insgesamt betrachtet auf eine ausgesprochen **positive** Weise beurteilt. Die (sehr) gute Kooperation wird v.a. mit Hinweis auf die *persönliche Ebene* (z. B. Respekt, Sympathie, Vertrauen), auf *berufliche Vorteile* (z. B. bereichernd, entlastend), auf die *konfessionelle Nähe und Ökumene* sowie auf *gemeinsame Fachschaften bzw. Fachkonferenzen* begründet oder schlicht damit, dass sie sich *bewährt* hat.

Als **problematisch** kann empfunden werden, dass diese Kooperation von der *katholischen Kirche* nicht mitgetragen oder gar verhindert wird, der *Lehrplan* die Zusammenarbeit erschwert, ein *Zeitmangel* besteht oder die *persönliche ‚Chemie'* nicht stimmt.

Kaum Belege finden sich dagegen in **Item 30 hinsichtlich der Kooperation mit Islamkunde/islamischen Religionsunterricht**. Diese schätzen die Zusammenarbeit entweder als **positiv** ein (u. a. harmonische Zusammenarbeit, Möglichkeit zum Dialog) oder weisen darauf hin, dass sie **ausbaufähig** ist.

Auch die **Kooperation mit dem Fach (Praktische) Philosophie/Ethik in Item 33** bringt eine **positive** Einschätzung der Zusammenarbeit zum Ausdruck. Diese äußert sich auf der *persönlichen Ebene* (u. a. Sympathie, gegenseitiger Respekt, kein bzw. kaum Konkurrenzverhalten, keine Ausgrenzung), in *beruflicher Hinsicht* (u. a. fruchtbarer Austausch) sowie auch *organisatorisch* (u. a. gemeinsame Fachschaft, Austausch in Fachkonferenzen). Des Weiteren bestehen auch Pläne für bzw. der **Wunsch nach mehr Kooperation**. Schließlich werden auch Gründe genannt, warum die Kooperation als **problematisch** empfunden wird (u. a. organisatorische Gründe, keine Interesse, Konkurrenzdenken, Lehrkräftemangel).

Die Rückmeldungen zur **Kooperation mit der Kirchengemeinde in Item 35** geben drei Beurteilungsmuster zu erkennen: Erstens wird eine **(sehr) gute Kooperation** insbesondere mit der Unterstützung durch die Kirchengemeinde, einer guten Kommunikation zwischen Lehrperson und PfarrerIn/Kirchengemeinde, gemeinsamen Gottesdiensten und Projekten sowie die beruflichen bzw. ehrenamtlichen Verbindung zur Kirchengemeinde begründet. Eine **gelegentliche Kooperation** ist v.a. durch fünf Punkte bedingt (Distanz erwünscht, Pragmatismus, knappe zeitliche oder pesonelle Ressourcen, Interesse der Gemeinde), wobei diese Punkte in teilweise zugespitzter Form sowie ergänzt durch weitere Aspekte (u. a. problematische Kommunikation, fehlendes Interesse der SchülerInnen,

Organisationsproblem) auch angeführt werden, wenn die Kooperation als **verbesserungswürdig** beurteilt wird.

Hinsichtlich der **Kooperationsformen mit nichtchristlichen Religionsgemeinschaft treten in Item 39** besonders sechs Hauptpunkte hervor: Besuche religiöser Einrichtungen und Gemeinden, gemeinesame Feste, interreligiöse Schulfeiern/Beteiligung anderer Religionen am Schulgottesdienst, allgemeine Dialoge und Besuche, Teilnahme am Religionsunterricht und gemeinsame bzw. gegenseitige Hilfeleistungen.

Diese **Kooperation mit nichtchristlichen Religionsgemeinschaften wird in Item 40** unter Anführung ganz verschiedener Argumente als **positiv** (u. a. Kennenlernen anderer Religion, Toleranzbildung, Vorurteilsabbau, Förderunge des interreligiösen Dialogs und des Schulklimas) bzw. als **ausbaufähig** (u. a. wg. Kapazitätsgrenzen, Scheitern an sprachlicher Verständigung) beurteilt.

3.6.3 Fortbildungsangebote

Gründe für die Teilnahme sind erstens Inhalte und Themen der Fortbildungen, die als interessant, aktuell, bereichernd und praxisorientiert beurteilt werden, zweitens das eigene Interesse an Fortbildung, drittens die Verbesserung der Unterrichtspraxis (Erweiterung des Methodenspektrums, neue Materialien sowie Impulse) und viertens die kollegiale Verbundenheit sowie kollegialer Austausch. Als **Gründe für die Nichtteilnahme** werden insbesondere genannt Zeit- und Terminprobleme (aus beruflichen, familiären oder persönlichen Gründen) und Themen der Fortbildung (wenig bzw. nicht interessant, unpassend für die Schulform, wenig bzw. nicht hilfreich für die Praxis). Offensichtlich bestehen hinsichtlich der Praxisrelevanz von Fortbildungsangeboten unterschiedliche Erwartungen, da diese positiv wie negativ beurteilt werden kann.

Das **positive Feedback hinsichtlich des Fortbildungsangebotes** bezieht sich auf dessen Vielgestaltigkeit und gute Qualität, es wird Zufriedenheit geäußert und kein Bedarf an Verbesserungsvorschlägen gesehen. Erfreulich ist, dass die konkret genannten Forbildungsstätten (PTI Bonn, PI Villigst, diverse Sculreferate) durchweg in einem positiven Licht erscheinen. In anderen Voten kommen **Verbesserungswünsche** zum Ausdruck, wobei folgende an dieser Stelle hervorgehoben werden sollen: Mehr Praxis, mehr schulartspezifische Fortbildungen, Kennenlernen aktueller Forschung sowie ortsnahe Fortbildungen. Ein Dilemma zeigen die zeitlichen Vorschläge für Fortbildungen, da die Wünsche zu unterschiedlich und nicht harmonisierbar sind.

Rückblickend lässt sich feststellen, dass ungeachtet aller Diversität, die gleichfalls bei den Rückmeldungen zu den Fortbildungsangeboten zum Ausdruck kommt, **insgesamt eine hohe Zufriedenheit** mit den bestehenden Fortbildungsangeboten zum Ausdruck kommt.

4. Qualitative Teilstudie 2: Gruppendiskussionen mit ReligionslehrerInnen an Grundschulen

Philipp Klutz

Für die qualitative Teilstudie, in der drei Gruppendiskussionen mit ReligionslehrerInnen an Grundschulen durchgeführt wurden, waren folgende Forschungsfragen leitend: 1. Wie nehmen evangelische ReligionslehrerInnen an Grundschulen im Rheinland den Religionsunterricht wahr? 2. Wie begründen sie seine Praxis? 3. Welche Einstellungen haben sie gegenüber einem Religionsunterricht im Klassenverband, und wodurch wird diese geprägt? Im Folgenden werden die Analysen ausgewählter Passagen der Gruppendiskussionen anhand von Diskursbeschreibungen dargestellt (4.1 bis 4.3) und die Ergebnisse dieser Teilstudie gebündelt präsentiert (4.4).

4.1 Analyse der Gruppendiskussion ‚Gruppe Gummersbach'

4.1.1 Gruppenportrait

Die ‚Gruppe Gummersbach' setzt sich aus fünf Gruppenmitgliedern zusammen, allesamt weiblich. Hinsichtlich der Altersverteilung und Berufserfahrung ist sie heterogen. Drei der Gruppenmitglieder sind zwischen 41 und 60 Jahre alt – sie verfügen über eine mehr als 10-, teilweise 30-jährige Berufserfahrung –; die beiden anderen sind bis zu 30 Jahre alt und haben bereits bis zu fünf Jahre Religion unterrichtet. Alle sind grundständig ausgebildete Religionslehrerinnen bzw. auf dem Weg dorthin (Lehramtsanwärterin) und haben mehr als eine halbe Stelle inne. Sie unterrichten Religion in verschiedenen Funktionen: ausschließlich als Klassen- oder Fachlehrerin bzw. auch in beiden Funktionen. Von daher ergeben sich bei der ‚Gruppe Gummersbach' Unterschiede in der Anzahl der Lerngruppen und in den Wochenstunden, in denen sie Religion unterrichten. Das Spektrum reicht von einer Lerngruppe und zwei Wochenstunden bis hin zu vier Lerngruppen und fünf bzw. sechs Wochenstunden. Die SchülerInnen an ihren Schulen gehören verschiedenen Konfessionen und Religionen bzw. keiner Religionsgemeinschaft an. An ihrem Religionsunterricht nehmen auch SchülerInnen teil, die nicht einer evangelischen Kirche angehören. So besuchen auch freikirchliche, römisch-katholische, orthodoxe und muslimische SchülerInnen sowie jene, die einer anderen oder gar keiner Konfession bzw. Religion angehören, ihren Religionsunterricht.

4.1.2 Diskursbeschreibung

a) Passage ‚Der Religionsunterricht als ein offenes Fach, das für alle SchülerInnen Bedeutung hat' (1–92)

Mit einer erzählgenerativen Frage initiiert der Diskussionsleiter das Thema der Passage. Er bittet die Gruppe eine Situation zu erzählen, in der Religion an der Schule zum Thema geworden ist (Gruppe Gummersbach, 1–44):

Y1: Vielleicht können Sie mir eine Situation an Ihrer Schule auch erzählen (.) wo Religion zum Thema geworden ist
(4)
Af: Für alle? jetzt nicht nur im Religionsunterricht. (2)
Bf: Bei uns ist immer das Proble:m (2) dass es zum Beispiel Zeugen Jehovas gibt, die nicht möchten, dass die Kinder am Religionsunterricht teilnehmen. und da ist immer wieder die Diskussion; was wird denn überhaupt gemacht? ä:h (2) und warum möchten die Eltern nicht, dass die Kinder teilnehmen? und weil wir=ne Konfessionsschule sind, **müssen** die eigentlich teilnehmen. und da (2) ist jedes Mal wieder die Diskussion; was wird denn eigentlich gemacht im Religionsunterricht? und äh (2) warum können die Eltern sich nicht vorstellen, dass an einer Konfessionsschule so ein Religionsunterricht (2) ähm gegeben wird, dass, dass das für ihre Kinder nicht gut sein könnte. (2) das fällt mir so ad hoc darauf ein.
(4)
Cf: Ich könnte sagen Reliunterricht wird dann immer wieder aktuell, wenn Weihnachten und Ostern anstehen und der nächste Gottesdienst geplant werden muss (.) und dann kommt es immer darauf an auf die Relilehrer zu, die dann ja was macht ihr dann mit euren Gruppen? könnt ihr was @vorstellen@, was präsentieren, also ich hab' es eher so erlebt, dass es dann ganz oft °präsent ist, wenn ein kirchliches Fest ansteht°. (2)
Df: Ja und das betrifft dann ja nicht nur die Religionslehrer (.) sondern in der Grundschule ja gerade auch die Klassenlehrer, dass die im Grunde auch mit=eingebunden werden und (.) ja auch mit in den Gottesdienst gehen müssen, auch wenn sie sonst keinen (Religionswert) teilen oder auch da sehr distanziert sind. (.) und dann gehört das jedenfalls in der Grundschule mit zum Schulleben und dann werden Feste auch religiös gestaltet (2) und das wird dann **manchmal zu=nem Problem auch** ähm in XXX gibt es halt auch recht (2) ä::hm rechte Gruppierungen, die also sehr extrem auch ihren Glauben leben und vertreten und die dann auch (.) ä::hm sagen; äh unsere Kinder sollen an dem Religionsunterricht nicht teilnehmen, weil wir in der Gemeinde das noch ganz anders sehen und auch Texte (.) die Bibel wörtlich auslegen und dann (.) ä::hm im Religionsunterricht das zu (.) offen gehandhabt wird.
?f: └ °Zu lasch°
Df: ja. (.) das ist mir zum Beispiel beim Thema Schöpfung mal passiert, dass dann (.) die Eltern °die Kinder abgemeldet haben, weil das nicht (.) ihrer Lehre entspricht.° (3)
Cf: Da hab' ich mal so=n Buch in die Hand bekommen (2) zum Thema Schöpfung, von einer aus einer Freikirche (.) ich weiß gar nicht wie der Titel hieß, aber es war so=n von so=ner Freikirche verfasstes Buch zum Thema Schöpfung und wie die Schöpfung zu verste:hen ist. und da wurde das dann auch biologisch (.) so erklärt, dass das (.) Wortwörtliche stimmt. das war @sehr faszinierend@. (3) es sah aus wie ein Schulbuch (2)
Bf: Ich glaub' das is=immer wieder der der Widerstand (2) ähm, dass manche Eltern nicht damit einverstanden sind, was im Religionsunterricht unterrichtet wird (2) das hab=ich auch in den Jahren immer wieder erlebt. (2) jetzt egal ob von baptistischen Gruppierungen oder eben wie gesagt die Zeugen Jehovas oder (2) **Freikirchen**.
Af: └°Ja ich denke hier ist das auch° ne extre:me Gegend ne, da sind viele Freikirchen und so, na
Bf: └ Viele freikirchliche Gruppierungen.

Nachdem Af mit ihrer Nachfrage das Diskussionsthema konkretisieren möchte (4), begibt sich Bf in den Diskurs, ohne direkt auf Af Bezug zu nehmen. Bf kommt auf den Religionsunterricht zu sprechen und bringt ihn mit Problemen in Verbindung, in denen das Verständnis der Gruppe in Bezug auf den Religionsunterricht deutlich wird. Diese Probleme konkretisiert sie mit dem Adverb „immer“ (5.6) und mit „jedes Mal wieder“ (9), womit sie diese nicht als bloße Einzelfälle abtun möchte. Zur Veranschaulichung dieser andauernden und sich wiederholenden Problematik führt sie die ablehnende Einstellung von Eltern, die den Zeugen Jehovas angehören, gegenüber dem Religionsunterricht an. Dass diese Eltern die Teilnahme ihrer Kinder am Religionsunterricht sowie seine inhaltliche Ausrichtung in Frage stellen bzw. anfragen, wird von Bf als problematisch empfunden. Für sie sind diese Infragestellungen und Anfragen unverständlich („und warum möchten die Eltern nicht, dass die Kinder teilnehmen?“, 9–10), wozu sie eine zweifache Argumentation anführt. Zum einen ist an ihrer Schule die Teilnahme am Religionsunterricht verpflichtend, da es sich um eine Schule in konfessioneller Trägerschaft handelt (8–9), zum anderen habe der Religionsunterricht für Kinder etwas zu bieten („dass, dass das für ihre Kinder nicht gut sein könnte.“, 11–12). In weiterer Folge greift Cf Bf auf, führt ebenso den Religionsunterricht an und das mit ihm wiederkehrende Thema der Schulgottesdienste, die sie ebenso mit Problemen in Verbindung bringt. Dabei steht für Cf die Organisation der Gottesdienste im Mittelpunkt („geplant werden muss (.) und dann kommt es immer darauf an auf die Relilehrer zu“, 15-16). Es wird deutlich, dass für sie eine enge Verbindung zwischen den Gottesdiensten und den Religionslehrern besteht, da von diesen die Organisation erwartet wird („was macht ihr dann mit euren Gruppen?“ 16). Wer jedoch diese Erwartung hat, wird in Cfs Aussage nicht erkennbar. Gleichwohl sind die Gottesdienste keine exklusive Angelegenheit für Religionslehrer, vielmehr sind „in der Grundschule ja gerade auch die Klassenlehrer“ (19–20) in Gottesdienste involviert, auch wenn diese teilweise „da sehr distanziert sind.“ (22) So führe für Df, die Cfs Wortmeldung aufgreift und weiterführt, die selbstverständliche Abhaltung von Schulgottesdiensten und die Einbeziehung distanzierter Klassenlehrer zu Problemen mit Religion an der Schule (21-24). Eine weitere Problematik ergebe sich Dfs und Cfs Ansicht nach durch „rechte Gruppierungen“ (24-25), die einen rigiden Glauben und ein wortwörtliches Bibelverständnis aufweisen (30-36) und somit eine Teilnahme ihrer Kinder am Religionsunterricht ablehnen. Die Ablehnung des Religionsunterrichts rühre daher, dass für diese Eltern der Religionsunterricht inhaltlich „zu (.) offen“ (28) konzipiert und mit ihren eigenen Lehrvorstellungen nicht vereinbar sei („weil wir in der Gemeinde das noch ganz anders sehen und auch Texte (.) die Bibel wörtlich auslegen“, 27–28). Diese inhaltliche Differenz – Df und Cf konkretisieren sie mit dem Thema Schöpfung, die von freikirchlicher Seite im biologischen Sinn und wortwörtlich verstanden werde (30–36) – führte bei Df zu Abmeldungen freikirchlicher

Kinder vom Religionsunterricht. Bf meldet sich nochmals zu Wort und bringt die Polarisierungen und Frontstellungen zwischen Eltern mit rigiden Glaubensvorstellungen und dem Religionsunterricht nochmals auf den Punkt. Sie erachtet sie als wiederkehrend und bezeichnet sie mit dem Wort „Widerstand“ (37). Demnach werden in der Eingangspassage bestimmte ‚rechte Glaubensgruppierungen‘ mit rigiden Glaubensvorstellungen (39–40) als negativer Gegenhorizont zum Religionsunterricht dargestellt, der sich hingegen durch inhaltliche Offenheit auszeichne. Dadurch wird eine klare Gegenüberstellung/Polarisierung aufgespannt: hier die Enge und Rigidität in Form ‚rechter Glaubensgruppierungen‘, dort die inhaltliche Offenheit des Religionsunterrichts. So wird in der Thematisierung von Problemen, mit denen der Religionsunterricht konfrontiert ist, das Verständnis der Gruppe in Bezug auf den Religionsunterricht ausgedrückt, das sich im weiteren Diskursverlauf noch differenzierter darstellt. In weiterer Folge wird deutlich, dass sich nach Ansicht der Gruppe der Religionsunterricht generell durch Offenheit auszeichne und eine Orientierung an den Kindern aufweise (Gruppe Gummersbach, 45–92):

Af: Ich weiß nicht ob man da jetzt so allgemei:n in Deutschland das davon ausgehen kann na. also was ich ä::h jetzt kürzlich (.) e- erlebt hab', das war ganz lustig, ich hab' ne ne 15 köpfige Religionsgruppe dann sind fünf oder vier sind im F- katholischen Religionsunterricht und zwei sind im Förderunterricht (.) das heißt, ich hab' nich immer alle im Religionsunterricht da (.) ich singe aber sehr viel und die Lieder, die singen=wa dann dann auch so (.) schon mal. und jetzt hab' ich halt ne CD mit meiner Klasse aufgenommen und hab' den Kindern gesagt (2) ä::hm: schreibt doch mal alle Lieder auf, die euch gut gefallen. und die @(2)@ über die Hälfte waren Religionslieder. (2) und ä::h: mhm::: hab' ich gesagt, okay (.) ist ja schön, aber das geht nicht, na, wir können jetzt nicht nur so=n (2) frommen=Kram singen auf der CD, das kommt nicht so gut (.) bei allen, und dann mussten=wa streichen, aber (.) ich fand das wirklich interessant, dass selbst die Kinder, die (.) nicht im Religionsunterricht dabei sind (2) das denen das **was gibt**. na, so=n Segenslieder oder ä::h (kurze Lieder) oder When Israel was in Egypt's land finden sie ganz toll, na und ä::h Laudato Si wollten sie auch drauf haben (.) **ja das sind und das fand ich schön**, na das fand ich hat mir gut gefallen, dass die:: (.) ä::hm selbst wenn die davon fern sind, sag' ich jetzt mal so, dass se=sich da trotzdem was rausho:len.
(6)
Bf: Ja das zeigt aber, über welche Wege Kinder begeisterungsfähig sind, na. wenn man mit Liedern arbeitet (2)
Af: Ja, aber die auch richtig ei:nsetzt also zum Beispiel hab=ich so=n Segenslied, das haben=wa bei dem Abschlussgottesdienst für die vierten Schuljahre gesungen, als die Pastoren die gesegnet haben, das haben wir jetzt beim Einschulungsgottesdienst auch wieder gesungen, als die Kleinen gesegnet worden sind und das war der absolute Hit, das wollten=se unbedingt haben, ne (2) da haben sie jetzt schon ganz viel Schönes miterlebt und ä::hm (2) ich find da(rüber) kann man unheimlich viel machen.
Bf: Mhm (3)
Df: Also dann begleitet Religio:n alle Kinder
Af: Genau
Df: Und nicht nur die am Religionsunterricht teilnehmen
Af: Genau
Df: (2) Da sind wir dann (.) doch, alle anderen dann auch mit dabei und erleben das einfach.
Af: Wobei ich dann natürlich auch mal die Diskussionen hab' ä::hm (.) dass beim Abschluss- und Einschulungsgottesdienst zum Beispiel die mislum- muslimischen Kinder gar nicht in der Kirche dabeisitzen.
Df: Mhm
Af: Zumindest nicht (.) ä:hm beim Absch- (2) ja wie war das denn (2) ja beim

Einschulungsgottes- Gottesdienst kommen die dann hinterher in die Turnhalle ((Husten im Hintergrund)) mit der Tüte, die hast du dann vorher nicht gesehen, ne (.) das finde ich dann auch mal n=bisschen scha:de. oder es gibt dann halt so=welche, die dann auch nicht zum Abschlussgottesdienst gehen dürfen, denen wird das dann verboten. (2) mh (2)
Df: Aber zwischendurch die Lieder singen=se mit?
Af: **Es ist nicht** in meiner Klasse gewesen,
Df: Ahso
Af: Es war in=ner anderen Klasse, na, also.
Bf: °Ich weiß nicht, bei mir dürfen die (da sein)°
@(4)@
(4)

Auch wenn der Religionsunterricht zum Teil abgelehnt werde, zum Beispiel durch KollegInnen an der Schule und streng religiöse Eltern, so stellt sich das Binnengeschehen und die Akzeptanz des Religionsunterrichts durch die SchülerInnen ganz anders dar. In Afs kurzer Erzählung über eine CD-Produktion mit ihrer Klasse kommt dies besonders zum Ausdruck. Nachdem Af die Zusammensetzung ihrer Religionsunterrichtsgruppe kurz beschrieben (46–48) und einen kleinen Einblick in ihren Unterricht gegeben hat („ich singe aber sehr viel", 49), erzählt sie von der CD-Produktion, die sie mit ihrer gesamten Klasse durchgeführt hat. Für diese CD haben ihre SchülerInnen hauptsächlich „Religionslieder" (52) gewählt. Afs Reaktion auf diese Liedauswahl ist zweierlei gewesen. Einerseits hat sie zurückgerudert, den Überhang an religiösen Liedern insofern kritisiert, als er „nicht so gut (.) bei allen" (54) ankomme, und eine Reduzierung dieser Lieder („frommen=Kram", 53) vorgenommen. Andererseits erachtet sie es als außergewöhnlich, dass diese Lieder selbst bei jenen Kindern beliebt sind, die nicht am Religionsunterricht teilnehmen, diese Lieder jedoch aus anderen Unterrichtsfächern kennen (49). Für Af ist die Beliebtheit dieser Lieder ein Hinweis, dass der Religionsunterricht nicht nur für die am Religionsunterricht teilnehmenden Kinder etwas zu bieten hätte, sondern für alle, insofern „se=sich da trotzdem was rausho:len." (59–60) So kommt in Afs Erzählung deutlich zum Ausdruck, dass der Religionsunterricht und seine Inhalte polarisieren. Diese werden zum Teil (von außen) abgelehnt, hingegen von den SchülerInnen – unabhängig davon, ob sie am Religionsunterricht teilnehmen bzw. „fern sind" (59) – sehr geschätzt. Das Ende von Afs Erzählung beinhaltet eine erste Konklusion, die in späterer Folge in dieser Diskurspassage mit anderen Worten und von den anderen Diskursteilnehmerinnen wechselseitig erneut auftritt, womit der gemeinsam geteilte Orientierungsrahmen der Gruppe ersichtlich wird.

Nach einer kurzen Gesprächspause (61) begibt sich Bf erneut in den Diskurs, greift Af thematisch auf und betont ebenso die positive Resonanz bei SchülerInnen, wenn im Unterricht Lieder eingesetzt werden. Sodann schließt Af an Bf an, konkretisiert den Einsatz von Liedern mit didaktischen Überlegungen („aber die auch richtig ei:nsetzt", 64) und führt für diese Überlegungen exemplarisch den Einsatz von Segenslieder an, die während der Segnung von Kindern beim Abschluss- bzw. Einschulungsgottesdienst gesungen worden sind. Ihr Beispiel veranschaulicht, dass sich der „richtig[e]“ (64) Einsatz von Liedern durch eine Kongruenz zwischen Inhalt und Form auszeichne. Ein solcherart didaktischer Einsatz von Liedern habe Afs SchülerInnen äußerst positiv angesprochen, wozu sie superlative Wörter verwendet („das war der absolute Hit, das wollten=se unbedingt haben“, 67–68). Auch dieses Beispiel veranschauliche für Af die hohe Bedeutung von Religion für SchülerInnen („da haben sie jetzt schon ganz viel Schönes miterlebt“, 68). Im Anschluss an dieses Beispiel leitet Df die Konklusion der Passage im Modus einer Generalisierung ein und schlussfolgert aus dem bisher Gesagten, dass Religion für alle SchülerInnen, ob sie nun am Religionsunterricht teilnehmen oder nicht, ein wesentlicher Bestandteil sei (71.73.75–76). Durchaus validiert Af diese Konklusion, führt zudem eine Explikation an (77–79), in der erneut ein negativer Gegenhorizont und somit der gemeinsam geteilte Orientierungsrahmen der Gruppe zu erkennen sind. Af führt ihre Beobachtung an, dass im Rahmen der Schulgottesdienste an ihrer Schule beispielsweise muslimische SchülerInnen ganz und gar fehlen und erst im Anschluss an diese in die Schule kommen würden. Ihre Abwesenheit bzw. auch das Verbot, an diesen Schulgottesdiensten nicht teilzunehmen, erachtet sie als „n=bisschen sch:ade“ (84), womit der negative Gegenhorizont zum Ausdruck kommt. So wird auch hier in ähnlicher Weise wie vorhin, als über ‚rechte Gruppierungen‘ gesprochen wurde, das Verbot, am Religionsunterricht bzw. am Gottesdienst teilzunehmen, als negativer Gegenhorizont der Gruppe erkennbar. Nachdem Df nachfragt, ob diese SchülerInnen dennoch die Lieder mitsingen, und Af mit Verweis darauf, dass es sich nicht um ihre Klasse gehandelt habe, nicht näher auf diese Frage eingeht, bringt Bf erneut den gemeinsam geteilten Orientierungsrahmen der Gruppe knapp auf den Punkt (90). So bestehe bei Bf kein solches Teilnahmeverbot, vielmehr dürften alle anwesend sein („°Ich weiß nicht, bei mir dürfen die (da sein)°“, 90).

Insgesamt lässt sich in dieser Passage das Verständnis der Gruppe in Bezug auf den Religionsunterricht rekonstruieren. Für die Gruppe zeichnete sich der Religionsunterricht durch Offenheit aus, was sich im Diskursverlauf in mehrfacher Hinsicht erkennen lässt. Zum einen sei er durch inhaltliche Offenheit geprägt und werde deshalb von ‚rechten Glaubensgruppierungen‘ abgelehnt („°Zu lasch°“, 29), zum anderen habe er für alle SchülerInnen etwas zu bieten, da „Religio:n alle Kinder“ (71) begleite und begeistere. Von daher betrachtet die Gruppe auch ein Teilnahmeverbot an den Gottesdiensten insgesamt als negativ.

b) Passage ‚Von Offenheit geprägt – auch in Bezug auf einen Religionsunterricht im Klassenverband‘ (363–451)

Mit einer immanenten Frage knüpft der Diskussionsleiter an ein bereits angesprochenes Thema der Gruppe an und fragt diese nach ihrer Einstellung zur Praxis eines Religionsunterrichts im Klassenverband (Gruppe Gummersbach, 363–380):

Y1: Wenn Sie das jetzt so angesprochen haben, die Praxis Religionsunterricht im Klassenverband (2) wie sehen Sie das? (2)
Bf: Fänd' ich super.
Cf: Ich fänd=s auch wünschenswert
Af: Ich fänd=s super, wenn das möglich wäre. (3)
Bf: In XXX wird das nie:mals möglich sein @(2)@, weil die katholischen Schulen (2) a:hm werben mit einem Flyer für ihre Schulen unter dem Motto **das Plus für unsere Kinder**. (2) ist die katholische Erziehung an den katholischen Schulen. (3) und ähm, wenn wir auch dafür offen wären und wir haben ja viele andersgläubige Kinder auch bei uns an der Schule, also auch katholische Kinder ä:hm (2) so sind die katholischen Grundschulen doch da so:: streng, dass sie sagen, also (.) das geht gar nicht, ne, also, zusammen unterrichten. und wenn evangelische Kinder an die katholischen Grundschulen gehen, (2)
?f: °Müssen sie katholisch sein° (2)
Bf: Müssen sie äh untersch- müssen die Eltern unterschreiben, dass die Kinder, dass **sie wünschen** dass ihre Kinder im katholischen Glauben erzogen werden. (3) ja ((seufzt)) und das ist so unser ständiger Kampf. ä:hm ich würde das für sehr vernünftig halten, die Kinder zusammen zu unterrichten und dann kann man auf die Unterschiede ja aufmerksam machen. (2)

Nahezu wortident antworten drei Gruppenmitglieder auf die Frage des Diskussionsleiters. In ihren Antworten bewerten sie diese Praxisform des Religionsunterrichts eindeutig positiv (365–367). Jedoch deuten ihre Antworten – es werden jeweils Verben im Konjunktiv verwendet (365–367) – darauf hin, dass diese Organisationsform in ihren Tätigkeitsfeldern nicht regulär ist, auch wenn in der Diskussion etwas früher von einem konfessionsübergreifenden Religionsunterricht in den ersten beiden Jahrgängen berichtet worden ist. Dass es sich um eine nicht reguläre/allgemein verbreitete Praxis in dieser Region handelt, wird in Bfs Argumentation deutlich. Eine solche Praxis des Religionsunterrichts werde insofern für Bf „nie:mals möglich sein" (368), als Schulen in katholischer Trägerschaft einen Hindernisgrund darstellen. In ihrer Argumentation spannt sie eine klare Gegenüberstellung zwischen katholischen Schulen und ihrer evangelischen Schule auf. Demnach zeichnen sich katholische Schulen durch Strenge und Werbung für ihr klar konturiertes Profil aus, weshalb ein gemeinsam verantworteter Religionsunterricht („zusammen unterrichten", 373) trotz potentieller Offenheit ihrer Schule prinzipiell ausgeschlossen ist („wenn wir auch dafür offen wären", 370–371). Die Pole von Strenge hier und Offenheit dort spinnt Bf in ihrer Argumentation noch weiter, womit sie diese deutlicher definiert. Katholische Schulen gehen soweit, dass Eltern andersgläubiger SchülerInnen zu bekunden verpflichtet werden, ihre Kinder mögen im katholischen Glauben erzogen werden (374–377). Mit dieser Konkretisierung verdeutlicht sie die Strenge und Vereinnahmung andersgläubiger SchülerInnen an katholischen Schulen, an denen letztendlich keine Offenheit für andere Glaubensrichtungen bestehe. Sich von diesem negativen Gegenhorizont abgrenzend („das ist so unser ständiger Kampf", 378) beschreibt sie die von ihr bevorzugte Praxis eines Religionsunterrichts im Klassenverband als „sehr vernünftig" (378). Dieser Religionsunterricht ziele nicht wie die Praxis an katholischen Schulen auf Vereinnahmung, vielmehr ermögliche er, auf „Unterschiede ja aufmerksam" (379) zu machen.Die Art und Weise, wie über die Praxis eines Religionsunterrichts im Klassenverband gesprochen wird, insbesondere in Abgrenzung zur Praxis an katholischen Schulen, veranschaulicht, dass die Gruppe wesentlich vom Orientierungsrahmen der Offenheit geprägt ist. Demnach bestehen in dieser Passage Anzeichen, dass für die Gruppe ein derart organisierter Religionsunterricht in Frage käme, zumal sie einen Religionsunterricht für alle SchülerInnen, unabhängig ihres Religionsbekenntnisses, als wichtig erachten. Sodann begibt sich Df in den Diskurs, knüpft validierend an Bf an und beschreibt in ausführlicher sowie verallgemeinernder Weise die polarisierenden Positionen (Gruppe Gummersbach, 381–426):

Df: Ja aber so einfach geht das ja nicht, ne. also (.) der evangelische Religionsunterricht (.) ä::h versteht sich ja so, dass er sagt, bei uns sind alle herzlich eingeladen, jeder darf teilnehmen, wer möchte. und definiert den Religio- also den evangelischen Religionsunterricht, dadurch, dass die Religionslehrerin evangelisch ist. (.) das heißt, die muss die Vokation haben. also es darf auch nicht jeder jetzt Religio:n unterrichten, der jetzt ich sag ich bin Klassenlehrer und mach' das im Klassenverband (2) und die katholische Kirche versteht ihren Religionsunterricht ja anders. (2) die sagen ja; die Lehre muss katholisch sein, der Lehrer muss katholisch sein und die Kinder müssen katholisch sein, die haben ja die Trias. von daher haben die ein anderes Grundverständnis, als die evangelische Kirche. und das (.) harmonisiert überhaupt nicht. und dann müsste ja im Grunde auch n=evangelisch also ne Klasse von einem Katholischen unterrichtet werden und die anderen vom Evangelischen. und ich hab' (.) manchmal auch so=n bisschen Einblick gekriegt auch durch andere (.) äh so Besuche, wie katholischer in=ner katholischen Schule der Unterricht beginnt. (2) und da habe ich wirklich die Luft angehalten und hab' nochmal gesagt, ja, ich will, würde auch nicht n=Kind an ner katholischen Schule haben wollen, weil die standen dann auf, drehten sich zu ihrem Kruzifix (2) und beteten dann ihr Gebet. also ich sa- ich will nicht sagen, dass ich was gegen=n Gebet am Morgen habe, aber wie das gemacht worden ist; **das war katholisch**. (2) das würde ich nicht unterstreichen können. insofern denk' ich (2) ä::hm die auch ihr Katholisch-Sein ernst nehmen als Schule (2) ist das schon eine andere Erziehung auch. die die da äh durchführen. oder auch (.) sie haben nach XXX so=ne Wallfahrt gemacht unsere katholische Schule und das sind Sachen, die kann sich nur=ne katholische Schule erlauben, die also ihr Katholisch-Sein (.) auch **lebt als Schule**. (2) und da kann man nicht einfach sagen, ja man macht das halt zusammen
Bf: Nur die Ernsthaftigkeit ist find' ich in vielen Fällen nicht, steht nicht dahinter. (2) das ist (.) oft nur so=n Mäntelchen nach außen. (3) also, wenn ich sehe (.) ä::h, dass sich die katholischen Grundschulen (2) häufig zu einem Drittel, wenn nicht sogar bis zur Hä:lfte auch aus Muslimen und Evangelischen und (2) oder gar=nicht Gläubigen äh (.) ihre Schüler
Df: ⌊Ja ja
Bf: rekrutieren (.)ähm dann dann seh' ich das nicht mehr dahinter. dieses wirklich Katholische, dieser diese katholische Erziehung. (.) für mich, ist das an vielen Punkten so=n Mäntelchen, das nach außen immer noch hochgehalten wird, aber hinter der Fassade läuft das anders. (2)
Df: Die katholische Kirche achtet da jetzt ja auch viel verstärkter da drauf. (2) und das ist immer die Frage; wenn Religionsunterricht, wer darf den dann machen? und ich denke, das ist ja auch noch mal=n Schutz jetzt für uns auch, dass wir ä::hm die Unterstützung der Kirche haben für unseren evangelischen Religionsunterricht. und damit auch die Chance mehr Fortbildungen angeboten zu haben bekommen, **Gelder** zu kriegen, oder auch, dass wir ins XXX fahren könnten, wo Kirche auch wirklich ihre Religionsunter- Lehrerinnen unterstützt und ihnen Mut macht und (.) ja. dass sie die spannende und anstrengende Aufgabe auch durchführen können, denn der Religionsunterricht ist nochmal=ne besondere Herausforderung für alle. eben einmal zu kämpfen, dass er überhaupt stattfindet, dann vom ganzen Aufwand her, ä::hm das ganze Setting ist halt (.) ja, das Fach Religion sollte ja auch was Besonderes sein und die meisten kriegen das ja auch hin, dass die Kinder gerne zum Religionsunterricht kommen und (.) °Freude daran haben°. und das ist=n anderer Unterricht als Mathe und Deutsch.
(4)

Df löst sich in ihrer Argumentation von der Mesoebene der Schulen in dieser Region und beschreibt das grundsätzliche Verständnis des Religionsunterrichts aus evangelischer und katholischer Perspektive. Mit diesem Argumentationsschritt werden die polarisierenden Positionen verallgemeinert, weshalb ein Religionsunterricht im Klassenverband kein regionales, sondern ein prinzipielles Tabu ist („so einfach geht das ja nicht, ne.", 381), wobei nicht die Gruppe, sondern die katholische Kirche die Praxis eines Religionsunterrichts im Klassenverband ablehne. Df beschreibt zunächst das evangelische Verständnis des Religionsunterrichts, das durch Offenheit in Bezug auf die TeilnehmerInnen („bei uns sind alle herzlich eingeladen, jeder darf teilnehmen, wer möchte.", 382–383) und durch die Konfessionalität der Lehrperson gekennzeichnet ist. Von diesem Verständnis hebt sie das katholische mit seiner konfessionellen Trias ab. In Dfs Gegenüberstellung wird erneut der Orientierungsrahmen der Gruppe erkennbar. Für die Gruppe zeichnet sich der evangelische Religionsunterricht – eine klare Identifikation mit diesem ist zu erkennen („bei uns", 382) – durch Offenheit aus, sodass ein Religionsunterricht im Klassenverband auch positiv bewertet wird. Währenddessen ist der katholische Religionsunterricht mit seiner konfessionellen Trias durch „ein anderes <u>Grundverständnis</u>" (389) geprägt. Dieses ist für Df insofern ein Bild für Strenge, als sie es mehrmals mit dem Modalverb „müssen" in Verbindung bringt (387–388). Konsequenterweise sind für Df diese Grundverständnisse miteinander nicht zu vereinbaren („harmonisiert überhaupt nicht", 390). Jedoch ist für Df nicht nur das Grundverständnis des Religionsunterrichts der beiden Kirchen nicht miteinander zu vereinbaren, sondern auch seine Praxis und das religiöse Schulleben unterscheiden sich fundamental voneinander. In einer kurzen Erzählsequenz berichtet Df von ihren Erfahrungen an einer katholischen Schule. Die Art und Weise, wie an dieser Schule das Morgengebet verrichtet worden ist (393–398), und die durchgeführte Wallfahrt (400–401) veranschaulichen für Df exemplarisch „schon eine andere Erziehung" (399–400). Eine solche Erziehung bzw. ein derart gestaltetes Schulleben lehnt sie entschieden ab („da habe <u>ich</u> wirklich die Luft angehalten", 394; „das würde ich nicht unterstreichen können", 398). Insofern katholische Schulen ein derart profiliertes Schulleben aufweisen und „ihr Katholisch-Sein <u>ernst nehmen als Schule</u>" (399), bestehen grundlegende Schwierigkeiten, einen Religionsunterricht gemeinsam zu verantworten (402-403). Mit diesen Beispielen skizziert Df ihr Bild von katholischen Schulen, die strikt an ihren Grundhaltungen festhalten, weshalb ein Religionsunterricht im Klassenverband nicht vorstellbar ist. Für Bf – ihre Aussage wird zudem von Df validiert (408) – ist diese Grundhaltung in vielen Bereichen bloß ein Schein, da im konkreten Schulleben von dieser vielfach abgewichen werde bei gleichzeitiger Hochhaltung derselben („das ist (.) oft nur so=n Mäntelchen nach außen", 404-405; „aber hinter der Fassade läuft das anders", 411–412). Als Beleg führt sie die konfessionelle bzw. religiöse Vielfalt an diesen Schulen an, die als Widerspruch für „dieses wirklich

Katholische, dieser diese katholische Erziehung“ (410) gesehen wird. Dieser von Bf konstatierte Widerspruch lässt sich im Kontext des Diskurses insofern verstehen, als sie wohl auf die konfessionelle Trias des Religionsunterrichts mit ihrer konfessionellen Homogenität rekurriert (386–389), womit ein weiterer Hinweis für den gemeinsam geteilten Erfahrungshorizont der Gruppenmitglieder besteht.

Df teilt Bfs Einschätzung, dass die katholische Kirche zumindest nach außen hin ihr Profil verstärkt hochhalte. Dies bringt sie sogleich zur Frage, wer den Religionsunterricht erteilen darf. Für Df handelt es sich dabei um eine besonders virulente Angelegenheit, in der „Schutz“ (415) für die ReligionslehrerInnen und „Unterstützung der Kirche“ (415) für den evangelischen Religionsunterricht notwendig seien. Indem Df darlegt, dass durch Fortbildungsveranstaltungen, Bereitstellung von Geldern und Zuspruch ReligionslehrerInnen entsprechende Unterstützung erhalten (416–419), wird der Religionsunterricht nochmals als ein Fach besonderer Art ausgewiesen. Dieser bedarf gesonderter Unterstützung, da nicht nur seine Organisationsform, sondern auch sein Vorhandensein grundlegend in Frage gestellt werde („der Religionsunterricht ist nochmal=ne besondere Herausforderung für alle. eben einmal zu kämpfen, dass er überhaupt stattfindet“, 420-421). Demnach stehe der Religionsunterricht in einem spannungsreichen Verhältnis. Zum einen habe er für die SchülerInnen „was Besonderes“ (422) darzustellen, womit abermals die Orientierung an den Kindern/SchülerInnen rekonstruiert werden kann; zum anderen unterscheidet er sich in mehrfacher Hinsicht grundlegend von anderen Fächern (419–421.423–425). Mit einer kurzen Erzählung begibt sich Af erneut in den Diskurs, wodurch der gemeinsam geteilte Orientierungsrahmen weiter elaboriert wird (Gruppe Gummersbach, 427–451):

Af: Also ich hab’ ein muslimisches Mädchen, die (.) in Förder geht und ä:hm (.) die Eltern sind **eigentlich gar nix** also die weiß nix, die weiß nicht was Ramada:n ist, die frag’ ich schon mal, na (.) wie ist das denn jetzt? und dann, ohmm (2) keine Ahnung. na dann, komm doch mal zu mir, dann lernst du wenigstens @noch wat über deine Religion, so ungefähr demnächst, na@ (2) und ä:hm die unterhielt sich mal mit ihrer Nachbarin und sagte, was macht ihr denn da gerade? ja wir machen, ich weiß nicht mehr was wir da a::h das sieht aber gu::t aus, meinte sie so na, macht das Spaß? das macht tota::l Spaß, @meinte die dann@ (.) a:ch ich würde auch so gerne in den Religionsunterricht gehen, na, das find’ ich dann irgendwie (2) tja.
Bf: **Aber warum deshalb** nicht alle zusammen unterrichten? (2) na?
Cf: └ Aber weil dann die Katholischen die Macht hätten. das hab’ ich jetzt nochmal bei den Stelleneinschreibungen gedacht, **bei katholischen Schulen dürfen auch nur Katholische unterrichten**. an=ner evangelischen Bekenntnisschule dürften, dürften doch auch Katholische eingestellt werden, solang=sie Christen sind.
Df: └ **Ne:: also**, Schulschaft nicht.
Cf: └ Schulschaft nicht? und dann dacht’ ich mir, es gibt so viele Schulen, Katholische werden so bevorzugt und wenn wir das mit denen zusammen machen, kriegen wir gar keine (Stellen) mehr.
Df: Ja, es gibt ja auch fast keine evangelische Schulen, das ist wirklich ne absolute Ausnahme, das andere sind Gemeinschaftsgrundschulen und da dürfen alle sich bewerben.
Cf: °Ja, ja:°
Df: Und gerade im XXX Raum gibt es eben noch ganz viele katholische Schulen, die ja jetzt auch keine Schulleitungen finden, weil so viele Katholen gibt’s ja nicht, die das machen wollen.
(10)

Af erzählt von einem muslimischen Mädchen, das nicht am Religionsunterricht teilnimmt. Mit einigen Konkretisierungen beschreibt sie dieses Mädchen. Dieses sei nicht religiös sozialisiert und verfüge über kein Wissen über seine eigene Religion (427–429), weshalb Af es zukünftig ermutigen möchte, an ihrem Religionsunterricht teilzunehmen, damit es überhaupt etwas über seine eigene Religion erfahre. Dieses Mädchen sei dem Religionsunterricht gegenüber durchaus aufgeschlossen, da es im Gespräch mit ihrer Nachbarin auf ihn neugierig geworden sei und gerne an ihm teilnehmen möchte. Mit einer rhetorischen Frage reagiert Bf auf Afs Erzählung und gibt zu erkennen, dass die Gruppe für einen Religionsunterricht im Klassenverband aufgeschlossen ist (436). Afs kurze Erzählung sowie Bfs rhetorische Frage lassen im Diskurskontext die Orientierungsrahmen der Gruppe abermals aufleuchten. Die Gruppe ist durch Offenheit in Bezug auf den Religionsunterricht geprägt. Zudem lässt sich eine Orientierung an Kindern/SchülerInnen rekonstruieren, zumal für die Gruppe feststeht, dass alle Kinder, unabhängig ob sie am Religionsunterricht teilnehmen und welcher Konfession/Religion sie angehören, sich für die Inhalte des Religionsunterrichts interessieren. Mit der Konjunktion „Aber“ (437) bringt Cf nahezu zeitgleich mit Bfs rhetorischer Frage einen Einwand ein, in dem nochmals der negative Gegenhorizont ersichtlich wird. In ihrem Argument stützt sie sich darauf, dass ansonsten „die Katholischen die Macht hätten“ (437), womit das Bild der Vereinnahmung mitschwingt, ohne Kooperationen einzugehen. Cf konkretisiert ihre Argumentation mit Hilfe eines Beispiels, das die katholische Perspektive bzw. den negativen Gegenhorizont verdeutlicht. Auch bei Stellenausschreibungen an katholischen Schulen ziele die katholische Kirche auf konfessionelle Homogenität, währenddessen an evangelischen Schulen eine solche Enge nicht bestehe. An diesen dürfen auch KatholikInnen arbeiten, da zu den Einstellungsvoraussetzungen kein katholisches, sondern ein christliches Bekenntnis ausreiche („solang=sie Christen sind“, 440). Auch wenn Df Cf in ihrer Argumentation korrigiert (441), Cf dies auch zur Kenntnis nimmt (442), so kommt in ihren weiteren Ausführungen die Orientierung der Gruppe wieder zum Vorschein. Cf konstatiert zunächst eine große Anzahl an katholischen Schulen und erachtet eine eindeutige Bevorzugung von KatholikInnen. Diese Bevorzugung habe zur Folge, dass bei Kooperationen evangelische ReligionslehrerInnen „gar keine (Stellen) mehr“ (444) bekämen, womit der negative Gegenhorizont der Vereinnahmung /‚Katholisierung‘ rekonstruiert werden kann und somit einen Gegenpol zum Orientierungsrahmen der Offenheit darstellt.

Mit einer Beschreibung der schulischen Landschaft (wenige evangelische und viele katholische Schulen) und den verschiedenen Einstellungsvoraussetzungen leitet Df eine Konklusion ein, in der der negative Gegenhorizont ein weiteres Mal aufscheint. Das strenge Grundverständnis katholischer Schulen als negativer Gegenhorizont der Gruppe führe dazu, dass diese Schulen keine Schulleitungen finden. Dadurch erscheinen diese

Schulen nochmals als ein Gegenbild zur Orientierung der Gruppe, die durch Offenheit geprägt ist, während das katholische Verständnis als eng und geschlossen bezeichnet werden kann.

c) Passage ‚Mit Freude Religion unterrichten – bei SchülerInnen Interesse für das Fach wecken' (830–936)

Der Diskussionsleiter wiederholt Dfs Redebeitrag, der Religionsunterricht sei „das wichtigste Fach in der Schule" (830–831), womit er ein diskursimmanentes Thema initiiert (Gruppe Gummersbach, 830–860):

Y1: Sie haben vorhin auch gesagt, äh (.) Religionsunterricht ist (.) das wichtigste Fach in der Schule. (2)
Df: Finde ich @ja. ja.@
@(3)@ ((Gemeinsames Lachen aller Diskussionsteilnehmerinnen))
?f: °Das ist schön gesagt°
Y1: °Was sagen° die anderen so dazu? (3)
Cf: Mit ner tollen Religionsgruppe ist Reli was fürs Herz (2) ich hatte eine Gruppe, das waren Erstklässler und mit denen konnt' ich teilweise arbeiten (2) wie mit Drittklässlern. die hatten so viele Anliegen (.) ich hab ne (.) **Gebe:tsbox mit denen gebastelt**, so= n Schuhkarton beklebt und dann haben die wirklich auch (.) während des Klassenalltags, hat mir die Reliecke, die wollten die selber (.) mit nem=Kerzchen und ner=Blume und (2) wenn die irgendwas hatten und für irgendwen beten wollten, haben die das da reingeschmissen und einmal in der Woche, sie hatten zwei Relistunden, (.) haben wir die Gebetskiste geleert und alle waren auch wirklich (.) andächtig (2) das war wirklich gelebter (.) Reliunterricht, na. dann haben wir zusammen gebetet und das kam von denen. und dann (2) hab' ich die auch; was möchtet ihr denn noch machen? und auch ( ) und ich möchte wissen, was interessiert euch? und wo kann ich euch da (.) mal ein bisschen weiterhelfen? dann wollten die über den To:d reden, dann haben wir wirklich im zweiten Schuljahr über Tod gesprochen. (2) obwohl ich auch, ich mein' das war jetzt nicht lehrplankonform, war mir klar, aber für die Kinder war=s (2) wichtig (.) und das hat uns allen (.) echt viel gebracht und ich hatte nie so schöne Stunden. das war=n also wirklich so (2) meine Wohlfühl=zwei=Stunden. ich hab' die vorbereitet, aber es war keine Arbeit und dann da reinzugehen war einfach nur (.) Seelenbalsam so. (3) war echt schön.
Af: └ So sollte das sein.
Df: Ja und Hilfe für gelingendes Leben, wenn man das Stichwort da nochmal einbringt. also praktisch für die Kinder ne=Chance (.) sich da zu Hause zu fühlen, für ihre Fra:gen eine Ansprechpartnerin haben (2) und auch (.) ihre (.) ja (2) Dinge dazu äußern zu dürfen und zu wissen; ja, ich werd' hier ernstgenommen (2) ich darf hier Fra:gen einbringen (2) manchmal werden sie beantwortet, aber nicht immer, na (.), sondern ich darf auch mit diesen Fragen leben (.) und das denk' ich, ist toll, wenn das gelingt, na
(4)

Df validiert ihre Aussage (832), woraufhin die gesamte Diskussionsgruppe zu lachen beginnt und Dfs Aussage von einer weiteren Diskussionsteilnehmerin validiert wird (834). Danach richtet sich der Diskussionsleiter an die anderen Gruppenmitglieder und fragt sie nach ihrer Einschätzung, womit das Thema nicht auf Df hin fokussiert bleibt, sondern für die gesamte Gruppe eröffnet wird. Daraufhin ergreift Cf als Erste das Wort, stellt thesenartig eine positive Korrelation zwischen der Religionsgruppe und der Bedeutung des Religionsunterrichts her, indem der Religionsunterricht mit einer guten Religionsgruppe „was fürs Herz" (836) sei, und konkretisiert diesen Zusammenhang mit einer Erzählung. Cf erzählt von einer ersten Klasse, die sich durch besonderes Engagement im und Interesse am Religionsunterricht ausgezeichnet hat. Mit Hilfe eines Vergleichs („mit denen konnt' ich teilweise arbeiten (2) wie mit

Drittklässlern", 837), eines unbestimmten Zahlenwortes („so viele Anliegen", 838) und dem Beispiel der Gebetsbox („die wollten die selber", 840), die für die Gebetsanliegen der SchülerInnen bereitgestanden ist, verdeutlicht sie dieses besondere Engagement der Klasse. Gleichzeitig bringt das Beispiel der Gebetsbox auch auf einer anderen Ebene zum Ausdruck, dass „Reli was fürs Herz" (836) ist; denn dieser sei nicht nur für sie als Religionslehrerin, sondern auch für ihre SchülerInnen insofern eine Herzensangelegenheit gewesen, als der Religionsunterricht auf die persönlichen und intimen Anliegen der SchülerInnen eingeht und sich an diesen orientiert. Ein derart ausgerichteter Religionsunterricht entspricht Cfs Zielperspektive und Selbstverständnis des Religionsunterrichts („das war wirklich gelebter (.) Religionsunterricht, na", 843). Bei der Auswahl der Inhalte und Gestaltung des Religionsunterrichts orientiert sich Cf an den Interessen, Bedürfnissen und Anliegen ihrer SchülerInnen (845–847), auch wenn die Themenauswahl dem Lehrplan teilweise nicht entspricht (848–849). Dennoch ist diese Orientierung für Cf legitim, da die Thematisierung und Bearbeitung dieser Inhalte für ihre SchülerInnen und die gesamte Klasse von hoher Bedeutung sind („aber für die Kinder wars=s (2) wichtig (.) und das hat uns allen (.) echt viel gebracht", 849–850). Cf schließt ihre Erzählung erneut mit einer Beschreibung des Religionsunterrichts, womit formal und inhaltlich eine Klammer ihrer Erzählung zu erkennen ist (836; 850–852). Ein Religionsunterricht, der sich durch hohes Engagement einer Klasse und Orientierung an den SchülerInnen auszeichne, entspricht Cfs Idealbild eines Religionsunterrichts. So sei für sie als Religionslehrerin der Religionsunterricht mit seinen Vorbereitungsarbeiten letztendlich „keine Arbeit" (851), sondern „Seelenbalsam" (852) und „echt schön" (852) gewesen.

Der von Cf in den Diskurs eingebrachte Orientierungsrahmen (Orientierung an den Bedürfnissen, Interessen und Anliegen der SchülerInnen/Kinder) wird sodann von Af validiert (853) und von Df im Modus einer Beschreibung weiter elaboriert und somit geteilt. Dabei bringt Df die Orientierung auf den Punkt, indem sie das Selbstverständnis und die Zielperspektive des Religionsunterrichts als „Hilfe für gelingendes Leben" (854) bezeichnet. Damit erfährt der Religionsunterricht eine diakonische Dimension. In ihrer Beschreibung des Religionsunterrichts wird erkennbar, dass auch sie diesen auf SchülerInnen/Kinder hin denkt; ihnen gilt der Religionsunterricht. So solle der Religionsunterricht den SchülerInnen/Kindern einen geschützten Raum bieten („sich da zu Hause zu fühlen", 855), in dem sie mit ihren Anliegen und Fragen „eine Ansprechpartnerin haben" (855–856) und wo sie sich „ernstgenommen" (857) fühlen. Sodann begibt sich Df in die Perspektive/Rolle eines Kindes und spricht an seiner Stelle über den Religionsunterricht, womit abermals die Orientierung an den Kindern/SchülerInnen deutlich zu erkennen ist. Aus dieser Perspektive/Rolle des Kindes zeigt sich, wie Df den Religionsunterricht als „Hilfe für gelingendes Leben" (854) versteht. Er zeichne sich dadurch aus, dass sich das Kind mit seinen Fragen „ernstgenommen“ (857) fühlt, auch wenn sie nicht immer beantwortet werden. Vielmehr gebe es ein Recht, auch mit den unbeantworteten Fragen zu „leben“ (859) und diese Spannung auszuhalten, wozu der Religionsunterricht einen geschützten Raum biete.

Af fügt der Diskussion eine neue Facette hinzu, indem sie im Modus des Vergleichs die Besonderheit des Religionsunterrichts verdeutlicht (Gruppe Gummersbach, 861–904):

Af: Ich find' es gibt auch in keinem anderen Fach soviel zu lachen. also ich ich schreib mir schon mal so, (sag' so Kloppe auf) na, (2) und es ist fast immer Religio:nsunterricht (2) da kommt wieder irgendwas, na (2) und ä::hm (.) das find' ich einfach su:per. (3) also (.) sowas gibt's in Mathe nicht. (3)
Cf: Ich fang' meine Religruppen auch mei:sten so an, dass ich die Mitte schön gestalte und sag', boah wir haben jetzt was ganz ganz ganz Besonderes. und in dem Fach geht's nicht darum, ob du die richtige Lösung weißt, und (2) dass du mir ganz schnell das Ergebnis nennst, und dass du den Text super aufschreibst, und dass er ohne Rechtschreibfehler ist (.) das fänd' ich schön (.) aber darum geht's nicht. (2) es geht um dich und das was du denkst und was du fühlst (2) und ich möchte mir dir darüber reden, was dich bewe:gt (.) und deshalb haben wir hier die Chance dafür. und ich sag' denen auch klar (2), kommen die, na es gibt doch Noten und ich so, klar gibt's Noten, aber es gibt keine Note, ob du das Gleiche sagst, was ich sage und ob du das glaubst, was ich hier vorne sage, sondern es geht darum, ob du aufgepasst hast, und ob du noch weißt, was ich erzählt habe (.) und ob du dich meldest und ob du mir deine Meinung sagst und mir einfach erzählst, was du so denkst und (2) dann haben wir echt ne schöne Zeit und (2) ich hab' immer so das Gefühl, wenn ich das auch wirklich so anfange und auch so mit, na, ich find' das toll und das wird schön und das ist echt tota:l besonders und ich freu' mich auf euch (2) dann fängt es auch gleich ganz anders an. (3) dann hat das irgendwie schon was Besonderes und dann wenn dann die Relikerze rauskommt und dann a:ngemacht werden darf (3) ist das schon (2) nicht immer, aber oft auch echt dann nett.
@(3)@ ((Gemeinsames Lachen aller Diskussionsteilnehmerinnen))
Ef: Man geht auf jeden Fall mit nem anderen Gefühl aus den Religionsstunden, finde ich, °hab' jetzt ja nicht so viel Erfa:hrung wie ihr aber°, als jetzt aus Deutschstunden, oder wenn man mal Mathe gemacht hat oder so. das ist (2) man hat immer nochmal ne andere Intentio:n (.) in so=ner Stunde, auch was rüberzubringen (.) und man hat auch einfach die Möglichkeit an (.) ja mit Geschichten und so zu arbeiten und das macht Spaß, also (2) Frau XXX war jetzt am Dienstag noch da und die Kinder waren (2) jetzt in der ganzen Reihe, es ging um Mose, tota:l engagiert und die kamen heute noch mit nem Atlas und @wollten mir den Nil zeigen@ und wie lang der ist und hatten noch (.) ä:hm, die Bibel in Bildern dabei (.) und, Frau XXX dürfen wir noch mal, sind rum=gegangen, ich hab das nochmal na:chgelesen die Geschichte und (.) das freut mich dann. wenn man den Anstoß gibt (.) und die freiwillig zu Hause auch da nochmal nachlesen und sagen, Frau XXX ich hab mir da nochmal Gedanken gemacht. ich hab nochmal auf der Karte gekuckt. (2) dann hat man das Gefühl (.) @hüpft einem das Herz@, (2) weil man das Gefühl hat, Mensch, da hast=e was erreicht, das interessiert die
Af: Ja. (2) den Anstoß geben, na. das find' ich auch so wichtig, wenn man so=n Anstoß
Ef: ⌊ Ja, ganz toll
Af: gegeben hat (2) dann fällt denen doch allen auf einmal ein; wir haben zu Hause doch auch so=n so=ne Bi:bel stehen und dann holen die die raus und bringen die mit in die Schu:le (2)
Ef: ⌊ Ja, ja
Af: und zeigen dann; da, da hab' ich das schon mal drinnen gesehen, na. (2) das ist also (.) so=n ganz wichtiger Aspekt.
Bf: Ja, dann auf einmal sind (.) kommen die Bibel-Kinderbibeln dann alle an, na?
Af: ⌊ Genau. **die haben die nämlich alle zu Hause**, aber keiner kuckt rein. (3)

Af streicht die Besonderheiten des Religionsunterrichts heraus. Demnach gibt es für Af im Religionsunterricht vergleichsweise außerordentlich viel zu lachen, sodass er auch aufgrund dieses Moments über andere Fächer herausrage („es gibt auch in keinem anderen Fach so viel zu lachen“, 861; „sowas gibt's in Mathe nicht", 863–864). Cf knüpft an Afs neue Facette des Diskurses an und betont ebenfalls die Besonderheit des Religionsunterrichts. Eine solche erfahre er durch seine Gestaltung und Inszenierung. Dabei gewährt Cf einen Einblick in ihren Religionsunterricht, indem sie ihre Redeweise mit ihren SchülerInnen zitiert. Mit der Interjektion „boah" (866) als Ausdruck des Staunens und Wortwiederholungen, die der Steigerung dienen („ganz ganz ganz", 866), möchte sie ihren SchülerInnen die Besonderheit des Religionsunterrichts vor Augen führen. Diese Besonderheit kommt auch durch eine negative Abgrenzung von bestimmten Leistungskriterien zum Ausdruck („in dem Fach geht's nicht darum, ob du", 866–867), die zwar nicht komplett verworfen werden, jedoch im Religionsunterricht nicht im Vordergrund stehen („dass du den Text super aufschreibst, und dass er ohne Rechtschreibfehler ist (.) das fänd' ich schön (.) aber darum geht's nicht.", 868–869). Mit dieser Abgrenzung setzt Cf zunächst den einen Pol fest, während sie den zweiten durch eine positive Beschreibung näher bestimmt. In der Beschreibung, worum es ihrer Ansicht nach im Religionsunterricht gehe, lässt sich abermals die Orientierung der Gruppe an den Gedanken, Gefühlen und Anliegen der SchülerInnen/Kinder rekonstruieren (869–870); diese stehen im Vordergrund des Religionsunterrichts. Eine solche Orientierung habe auch zur Folge, dass andere Kriterien zur Leistungsbenotung herangezogen werden, womit erneut die Besonderheit des Faches in Abgrenzung zu ‚lehrerInnenzentrierten' Leistungskriterien (872–873) zum Ausdruck gebracht wird. In Kontrastierung zu diesen Kriterien erfolgt die Benotung im Religionsunterricht auf der Basis ‚subjektorientierter' Kriterien („ob du dich meldest und ob du mir deine Meinung sagst und mir einfach erzählst, was du so denkst", 874–875). Cf schließt ihre Beschreibung mit einer Klammer. Dabei betont sie ein weiteres Mal die Inszenierung des Religionsunterrichts, die durch eine besondere Redeweise (876–879) und für den Religionsunterricht eigens bestimmte Elemente gekennzeichnet ist („Relikerze", 879). Dass sich der Religionsunterricht klar von anderen Fächern unterscheidet, wird auch in Efs Wortmeldung ersichtlich, wozu sie Deutsch und Mathematik als Vergleichshorizonte anführt (883–884). So liege der Unterschied für Ef in der anderen „Intentio:n" (885), die sie mit diesem Fach habe, sowie in der Gestaltung des Unterrichts („ja mit Geschichten und so zu arbeiten", 886). In einer kurzen Erzählung einer Unterrichtsstunde verdeutlicht sie ihre Zielperspektive des Religionsunterrichts. Diese bestehe darin, bei ihren SchülerInnen Interesse zu wecken, sodass sie angestoßen werden, über den Religionsunterricht an der Schule hinaus sich „freiwillig" (891) mit seinen Inhalten zu beschäftigen und diese zu vertiefen. Ef erzählt hierzu vom außerordentlichen Engagement ihrer SchülerInnen, das sich insbesondere jenseits dieser Unterrichtsstunde gezeigt habe (888–893), und zu dem sie in ihrem Unterricht „den Anstoß" (891) gegeben hat. Hat ihr Unterricht einen solchen Effekt, so ziele er auf ihre Unterrichtsintention und löst bei ihr Freude aus („@hüpft einem das Herz@", 894). Diese Intention wird ebenso von Af geteilt, was sich im wechselseitigen Diskurs von Af und Ef deutlich zeigt, insofern sich konkretisierende Beschreibungen Afs und Bfs sowie Validierungen Efs im Diskursverlauf ineinander verschränken (896–904). In dieser interaktiv dichten Sequenz ist die Beschäftigung der SchülerInnen mit der Bibel, die sie zwar besitzen, jedoch ohne Anstoß des Religionsunterrichts wohl nicht zur Hand nehmen würden, außerhalb des schulischen Religionsunterrichts eine zentrale Zielperspektive der Gruppe.

Dass sich SchülerInnen ohne den Religionsunterricht sonst nicht mit der Bibel zu Hause beschäftigen würden, wird von Cf negativ betrachtet („Aber das fand ich auch so schlimm“, 905). Deshalb habe der Religionsunterricht das Ziel, Gegenteiliges zu bewirken. Dies wird in einer weiteren Erzählung Cfs nochmals deutlich, in der nun das hohe Engagement der SchülerInnen in puncto Schöpfungsbewahrung thematisiert wird, wozu ebenfalls der Religionsunterricht seinen Anstoß geleistet hat (Gruppe Gummersbach, 905–936):

Cf: Aber das fand ich auch so schlimm, (.) ich mein das war super passend, weil=s die Prüfungsstunde war, aber es war ja das Thema Schöpfung (.) Schöpfung bewahren (.) und dann hatten wir auch überlegt und dann kamen wir halt auch zu dem Schluss, wir müssen (2) wir schreiben Plakate und hängen die im Dorf auf. (.) ich wollte die (.) mein Ziel war so, wir machen die in der Schule ne, jeder guckt und ä:h (.) wir informieren die dann im Kreis, die Stunde hat auch echt zehn Minuten länger gedauert (2) kam eine Idee nach der anderen, nein, wir müssen die auch beim XXX, beim Bäcker aufhängen und wir müssen die laminieren, damit die nicht nass werden und wir dürfen die aber nicht lochen, weil sonst geht das doch wieder rein und (2) wir müssen das da aufhängen und hier (2)aufhängen

@(3)@ ((Gemeinsames Lachen aller Diskussionsteilnehmerinnen))

Cf: Die haben sich nicht mehr eingekriegt. dann hatten die zum Schluss von mir so=n Lesezeichen; auch du hast den Schlüssel zur Schöpfung gekriegt. und dann hatt' ich natürlich Prüfung auch mehr, dann hat sich ein, dann haben die, der XXX ein eigentlich total interessanter Schüler, sehr verhaltenskreativ, hat dann wirklich diese Anhänger, Frau XXX hast du noch welche, die Prüfer brauchen auch welche? (.) die müssen sich doch auch dran erinnern und dann ist der da hingegangen, hier für dich, für dich und dann hatt' ich einen zu wenig, weil ich ja nicht für die fünf Prüfer auch noch einen gebastelt hatte, und dann meinte er (.) Frau XXX ist das schlimm, ich weiß, ich krieg' noch einen, ich geb die dem, die sind ja nicht nochmal da. dich seh' ich ja morgen nochmal (3) °ich war so°, wie cool ist das denn? also das war echt, ich hab mir gedacht; boah manchmal kann man echt so viel reißen (3) das war echt schön. und die dann zu machen und aufzuhängen (2) die waren so mit Herzblut dabei (2) ihre Plakate richtig schön, dass alle Welt weiß, dass die Schöpfung bewahrt werden muss (2) war schon schön. (3) war echt gut.

Af: ⌊Ja, was die behalten, wie die das abspeichern, das find' ich auch immer gut. (3) also bei mir kann, wir hatten ä:h (2) Esau und Jakob und Esau gemacht und dann (.) n=paar Wochen später kam einer, ich hab' mir ne Kinderbibel (.) da ist auch diese Eintopfgeschichte drinnen

@(8)@ ((Gemeinsames Lachen aller Diskussionsteilnehmerinnen))

?f: @Eintopf@

Af: Ich so, hä::? (2) **achso ja::**, mhm ah

Bf: ⌊ Also: Linsengericht können sie sich immer sehr gut be- behalten, ne, das hab ich auch schon festgestellt.

(11)

Das hohe Engagement der SchülerInnen in Efs Erzählung ähnelt jenem in Cfs Erzählung, womit eine Parallelität und somit ein gemeinsamer Erfahrungshorizont zu erkennen sind. Auch in Cfs Erzählung nimmt der Religionsunterricht die Funktion ein, das Engagement und Interesse der SchülerInnen anzustoßen, die jedoch größer als Cfs Erwartungen gewesen sind („kam eine Idee nach der anderen“, 910; „Die haben sich nicht mehr eingekriegt.“, 915) und mit einem allgemeinen Lachen ratifiziert werden (914). Cf erzählt zudem den Unterrichtsschluss, der bei ihr Verwunderung ausgelöst hat und ebenso als Beispiel für den unerwarteten Effekt des Religionsunterrichts und seiner Zielperspektive verstanden werden kann. Als sich „ein eigentlich total interessanter Schüler, sehr verhaltenskreativ,“ (917–918) durch sein besonders engagiertes und zuvorkommendes Verhalten gegenüber den Prüfern, die Cfs Unterricht hospitiert und zu beurteilten gehabt hatten, ausgezeichnet hat (917–923), ist Cf über ihren Schüler („wie cool ist das denn?“, 923) und den Effekt ihres Unterrichts sehr erstaunt gewesen („boah manchmal kann man echt so viel reißen“, 924). Von diesem kurzen Beispiel kehrt Cf wieder zurück und bettet es in den größeren Zusammenhang ihres Unterrichts ein, indem sie das hohe Engagement ihrer SchülerInnen abermals betont („die waren so mit Herzblut dabei, 925–926) und ihre Freude zum Ausdruck bringt (926–927).

In Efs und Cfs beispielhaften Erzählungen sowie in den Validierungen dieser Erzählungen durch die anderen Gruppenmitglieder lassen sich das Selbstverständnis und die Zielperspektiven des Religionsunterrichts der Gruppe noch weiter konkretisieren. Für die Gruppe sei der Religionsunterricht ein besonderes Fach. Er unterscheidet sich wesentlich von anderen Unterrichtsfächern, was sich in der Gestaltung, Inszenierung und Leistungsbeurteilung niederschlägt. Zudem bewirke der Religionsunterricht, dass sich SchülerInnen mit den Inhalten des Religionsunterrichts über den schulischen Kontext hinaus beschäftigen, insofern er es vermag, Interesse zu wecken. Dieses Erstaunen über die Effekte des Religionsunterrichts wird sodann von Af validiert und mit einem Beispiel über die biblische Geschichte über Jakob und Esau veranschaulicht (928–930), womit sie die Konklusion dieser Passage einleitet und den gemeinsam geteilten Orientierungsrahmen der Gruppe auf den Punkt bringt. Mit diesem Beispiel werden ein weiteres Mal die unerwarteten Effekte des Religionsunterrichts zum Ausdruck gebracht, insofern „n=paar Wochen später“ (929–930) diese Geschichte bei einem ihrer Schüler weiterhin präsent ist und dieser die „Eintopfgeschichte“ (930) in seiner Kinderbibel entdeckt hat. In dieser äußerst knappen Erzählung bringt Af zum Ausdruck, dass der Religionsunterricht bei SchülerInnen Interesse weckt und persönliches Engagement über den schulischen Religionsunterricht befördere. Im ausgedehnten gemeinsamen Lachen (931) und der Wortmeldung Bfs (934–935) wird die Konklusion von den anderen Gruppenmitgliedern validiert, insofern sie das Selbstverständnis und die Zielperspektive des Religionsunterrichts gemeinsam teilen.

4.2 Analyse der Gruppendiskussion ‚Gruppe Trier'

4.2.1 Gruppenportrait

Zur ‚Gruppe Trier' gehören vier Religionslehrerinnen, die über 30 alt sind – ein Gruppenmitglied ist über 60 Jahre alt – und bereits zwischen 11 und 20 Jahren Religion unterrichten. Für dieses Fach sind sie teilweise grundständig ausgebildet und verfügen über die Fakultas. Ein Gruppenmitglied hat sich für dieses Fach über einen Neigungsfachkurs/Zertifikatskurs qualifiziert. Die Mitglieder der ‚Gruppe Trier' unterrichten Religion in verschiedenen Funktionen, entweder ausschließlich als Fachlehrerin oder sowohl als Klassen- als auch als Fachlehrerin. Demnach ist die Anzahl der Lerngruppen und Wochenstunden unterschiedlich, beginnend von einer Lerngruppe und zwei Wochenstunden bis hin zu drei Lerngruppen und sechs Wochenstunden. Alle Gruppenmitglieder der ‚Gruppe Trier' haben mindestens eine halbe Stelle inne. Die SchülerInnenschaft an ihren Schulen gehören verschiedenen Konfessionen und Religionen bzw. keiner an. Neben evangelischen SchülerInnen besuchen auch SchülerInnen, die einer Freikirche oder freikirchlichen Gemeinschaft angehören bzw. ohne religiöses Bekenntnis sind, den evangelischen Religionsunterricht.

4.2.2 Diskursbeschreibung

a) Passage ‚Persönliche Verbundenheit mit dem Religionsunterricht' (119–224)

Nach der Eingangspassage, in der die Gruppe über Religion und die Bedeutung des Kirchenjahrs im Schulleben diskutiert hat, bringt Hf ein neues Thema in die Diskussion ein (Gruppe Trier, 119–134):

119 Hf: Ich weiß nicht, wie ihr das erlebt, abe:r (.) ich hab' (2) so in meiner Schullaufzeit bis
120 jetzt °erfahren°, **wenn=s** irgendwelche zusätzlichen Projekte gibt; wir machen zum Beispiel,
121 nehmen Teil am Ich Du Wir=Programm °Gewaltprävention is das° dann muss diese Stunde ja
122 Ff: ⌊ **M:::hm**
123 Hf: irgendwo aus dem Verteilungsplan abgezwackt werden, °das is° die Religionsstunde, die
124 dann dran=glauben muss, weil ja dann die **Begründung** is, ha das is doch ein
125 Gemei::::nschaftsfe::ld ah (.) wir **stärken doch** Soziales Lernen und ich seh' das **nicht** als
126 ?f: ⌊ (Passt zum Thema (.) ja)
127 Hf: Gleichgewicht, °ich° Sozia:les Lernen ist nicht gleich Religio::nsunterricht oder, (.) es
128 bedient nur einen (2) **Teil** (.) des Religionsunterrichtes und da muss ich ganz ehrlich sagen,
129 das trifft mich schon, weil ich (.) wirklich mit Überzeugung Religion unterrichte, trifft
130 mich das. (.) warum sagt man nicht; **Sportunterricht wäre genauso legitim**? Oder
131 Musikunterricht. (.) gut, das kann ich leicht sagen (.) Sport und Musik liegen mir halt eben
132 nicht
133 Gf: @(2)@
134 Hf: @Deshalb wär ich da **generell eher bereit**@

Zunächst stellt Hf klar, dass sie von ihren bis jetzt gemachten eigenen Erfahrungen berichtet und die Erfahrungen der Gruppe nicht kenne („Ich weiß nicht, wie ihr das erlebt“, 119). Nichtsdestotrotz wird im weiteren Diskursverlauf ersichtlich, dass die Gruppe einen gemeinsam geteilten Erfahrungshorizont aufweist, auch wenn die einzelnen Gruppenmitglieder einander kaum bzw. nicht kennen. Dieser gemeinsam geteilte Erfahrungshorizont, der sich bereits in dieser Passage rekonstruieren lässt, macht deutlich, dass sich die Gruppenmitglieder dieser Gruppe wohl aufgrund des gemeinsam ausgeübten Berufs der Religionslehrerin an Grundschulen verstehen, ohne einander interpretieren zu müssen.
Mit Hilfe eines Konditionalsatzes („**wenn=s** [...] dann muss“, 120–121) bringt Hf zum Ausdruck, dass der Religionsunterricht insofern ein schulorganisatorisch fragiles Fach ist, als durch „zusätzliche[n] Projekte“ (120) an der Schule – sie konkretisiert dies beispielhaft mit dem Gewaltpräventionsprojekt an ihrer Schule (120–121) – das Stundenkontingent des Religionsunterrichts beschnitten wird. Diese Stundenreduzierung wird wohl von Seiten der Schule mit der Förderung des ‚Sozialen Lernens‘ begründet (121.123–125). Wer genau eine solche Begründung an Hfs Schule anführt, lässt sich in ihrer Wortmeldung nicht feststellen („wir **stärken doch** Soziales Lernen“, 125). Eine derartige Argumentation ist für Hf jedoch nicht hinreichend, da ‚Soziales Lernen‘ und der Religionsunterricht trotz gemeinsamer Schnittmenge nicht äquivalent sind („Sozia:les Lernen ist nicht gleich Religio::nsunterricht oder, (.) es bedient nur einen (2) **Teil**“, 127–128). Die schulorganisatorisch fragile Stellung des Religionsunterrichts (Reduzierung des Stundenkontingents) bildet für Hf somit den negativen Gegenhorizont („das trifft mich schon“, 129; „trifft mich das“, 129–130). Währenddessen wird deutlich, dass für Hf der Religionsunterricht eng mit der persönlichen Einstellung und Verbundenheit zusammenhängt („weil ich (.) wirklich mit Überzeugung Religion unterrichte, trifft mich das“, 129–130). Demnach ist auch die Reduzierung des Stundenkontingents des Religionsunterrichts Hfs Ansicht nach letztendlich von der persönlichen Einstellung/Verbundenheit und weniger von der sachlichen Argumentation abhängig. Der Zusammenhang von persönlicher Einstellung/Verbundenheit zum Religionsunterricht und seinem Standing an der Schule ist durch die mehrmalige Verwendung des Personalpronomens ‚ich‘ in den verschiedenen KaSchülerInnen in Hfs Ausführungen augenscheinlich („das trifft mich schon“, 129; „trifft mich das“, 129–130; „das kann ich leicht sagen (.) Sport und Musik liegen mir halt eben nicht“, 131–132; „@Deshalb wär ich da generell eher bereit@“, 134). Dieser Zusammenhang lässt sich im weiteren Diskursverlauf ebenso bei der gesamten Gruppe rekonstruieren. Zunächst wird im Diskurs jedoch erneut auf den negativen Gegenhorizont eingegangen (Gruppe Trier, 135–167):

Ff: Ne, aber °ich weiß noch°, als der Herr XXX sagte; mh=ja wir wollen (denn) über=n Religionsunterricht sprechen, hab ich gesagt, ja oder über den, der ausfällt vielleicht auch, (.) weil bei uns fällt auch (2) viel Religion aus (2) gerade wenn=n Kollege krank is, dann fällt **automatisch** dadurch dass die Lehrer ja=ah (2) praktisch dreigleisig fahren müssen in °dem=Moment° (.) **zack** (2) kommt einer weg, dann bleiben alle in ihren Klassen und Religion is ausgefallen, das=is jetzt beispielsweise (?) jetzt für die Zweitklässler (2) erst also die Erstklässler sind=ja=noch=nicht dabei, für die Zweitklässler (.) ich weiß nicht; (2) weiß gar nicht was ich den Eltern ä::h gut ich muss jetzt kein Zeugnis schreiben, aber=wenn ich eins schreiben müsste, (2) ich wüsste gar nicht, was ich da **reinschreibn** würde, weil=ich die so selten gesehen habe jetzt. (2) also das ä::h, das find ich eigentlich=n gro:ßes ä::h Drama, das eigentlich immer zulasten des Religio:nsunterrichts- ähm (.) wenn jemand fehlt, (is=es) der Religionsunterricht fällt aus, gerade weil (.) alles gleich=gesteckt sein muss. in etwas (.) ä::hm (2) ich mein, auch in=ner kleinen Schule
Hf: °M:::hm°
Ff: Aber in=ner großen Schule, oder **größeren** Schule, is ja auch keine riesen=Schule, da sch-, (.) da muss man halt drei Kollegen parallel haben, (2) und wenn da einer wegfällt (.) dann sind nicht nur die einen aufgeteilt, sondern dann=fällt komplett der Religionsunterricht aus. (2) das find=ich auch sehr schade.
Gf: Also bei uns war=es ne Weile so, dass dann (2) immer leicht der **Evangelische** ausfiel, weil eben ich aus allen (.) Jahrgangsstufen dann gesammelt hab
Ff: Mhm ja klar
Gf: Und dann: (.) ach ja (um kurz nach=acht) kannst du nicht dann=da in die Klasse gehen? (2) und ä::hm (2) ich hab mich ((Glas wird abgestellt)) (.) dann mal dagegen gewehrt und=nu hab ich auch ne=Chefin, die darauf **hört** der=des (.) doch auch n=Anliegen is (2) und das war natürlich äh (.) auch ne gute Voraussetzung, also manchmal denke ich, fehlt einem so=n=bisschen die Argumentation (3) **warum** Religionsunterricht eine Bedeutung hat und doch auch n=Stellenwert im, im ä::h Schulprogramm haben sollte. (2) das äh (.) das fällt mir immer wieder so auf (2) und dass (.) so=dass ich denke, **mhm** (.) wenn jetzt mal=so diese Selbstverständlichkeit der (.) Schulgottesdienst und der (.) der eigenständigen Vorbereitung wegfallen **wü:rde**, (3) m:::h, würde es glaub' ich sofort sehr schwierig, das so in dem Maße aufrecht zu erhalten, oder auch (.) dieses (.) dieses Leben mit dem, mit dem Kirchenkrei- ä::hm Kirchenjahr oder so, das ähm (3) da würde mir dann wahrscheinlich auch leicht die Argumentation ausgehen. (3)

Wurde die fragile Stellung des Religionsunterrichts vorhin noch von Hf anhand seiner Stundenreduzierung zugunsten schulischer Projekte erkennbar und von ihr beklagt, kommt sie nun in Ffs Wortmeldung durch den häufigen Stundenausfall zum Ausdruck. Für Ff gehört dieser negative Gegenhorizont zum Alltag des Religionsunterrichts (136–137). Mit dem unbestimmten Zahlenwort „viel" (137) bringt sie deutlich zum Ausdruck, dass es sich nicht bloß um Einzelfälle handelt. Auch Ff bringt die fragile Stellung des Religionsunterrichts mit Hilfe eines Konditionalsatzes zum Ausdruck („gerade wenn=n Kollege krank is, dann fällt **automatisch** […] dann bleiben alle in ihren Klassen und Religion is ausgefallen", 137–140). So habe vor allem ein Krankenstand eines Kollegen zwangsläufig und sofort einen Stundenausfall des Religionsunterrichts zur Folge. Ebenso Ffs Hinweis, sie könne ihren SchülerInnen kein Zeugnis ausstellen bzw. den Eltern keine Auskunft geben (141–144), wie auch das Adverb „immer" (145) machen deutlich, dass der Religionsunterricht an ihrer Schule nicht bloß vereinzelt ausfällt. Damit drückt Ff wiederum die schulische Randposition/Fragilität des Religionsunterrichts klar aus, erachtet sie ebenso wie Hf negativ („eigentlich=n gro:ßes ä::h Drama", 144; „das find=ich auch sehr schade", 152) und verortet den Grund in der notwendigen stundenplantechnischen Verwobenheit mit dem Religionsunterricht anderer Konfessionen/Religionen („gerade weil (.) alles gleich=gesteckt sein muss“, 146). Diese Konstellation des Religionsunterrichts führe an kleinen Schulen schnell zum Ausfall des evangelischen („dann sind nicht nur die einen aufgeteilt“, 151), an größeren zum Totalausfall des Religionsunterrichts („dann=fällt komplett der Religionsunterricht aus“, 152), sodass es sich um ein allgemeines Problem des Religionsunterrichts unabhängig der Schulgröße handelt. Ebenso berichtet Gf von häufigen Stundenausfällen des evangelischen Religionsunterrichts an ihrer Schule und begründet diese mit dem jahrgangsübergreifenden Unterricht, der vermutlich aufgrund der Diasporasituation der evangelischen Kirche in dieser Region derart organisiert ist. Mittlerweile jedoch haben sich diese Ausfälle eingestellt („war=es ne Weile so“, 153), wozu sie eine zweifache Begründung anführt. Einerseits habe sie sich gegen eine solche Tendenz „gewehrt“ (157), andererseits habe sie nun „auch ne=Chefin, die darauf hört der=des (.) doch auch n=Anliegen is“ (158). Mit dieser Begründungsfigur wird abermals erkennbar, dass für diese Gruppe das Engagement für den bzw. die Verbundenheit mit dem Religionsunterricht wichtige Faktoren dafür darstellen, welchen Platz der Religionsunterricht an der Schule einnimmt, ob er letztendlich durch schulische Projekte teilweise ersetzt, durch Krankenstände von KollegInnen gestrichen werde, oder ob er „doch auch n=Stellenwert im, im ä::h Schulprogramm“ (161) habe. In Gfs Wortmeldung wird ebenso erkennbar, dass der Religionsunterricht in Bezug auf seinen Stellenwert an der Schule auf wackeligen Beinen steht. Als besonders begründungspflichtiges Fach fehlen aus Gfs Perspektive hinreichende Begründungen für sein Vorhandensein an der Schule (159–162), sodass seine Existenz nicht länger gesichert ist, sobald die religiöse Dimension im Schulleben bzw. das durch das Kirchenjahr geprägte Schuljahr an „Selbstverständlichkeit“ (163) verliert („da würde mir dann wahrscheinlich auch leicht die Argumentation ausgehen.“, 166–167).

Der Diskurs wendet sich nun der Praxis des Religionsunterrichts zu, wobei auch in diesem Themengebiet das persönliche Engagement für den und die Verbundenheit mit dem Religionsunterricht den positiven Horizont bilden (Gruppe Trier, 168–224):

Ff: Bei uns is=denn halt so, wie gesagt, sind viele Kollegen, die=s nicht gerne (geben), die
froh sind über jede Stunde die dann auch ausfällt (.) na? (.) die=dann kurz vor=m Zeugnis
Gf: ⌊ **Genau** ⌊ **Richtig, genau ja**
Ff: na,:°oh ich müsste doch=ma Religion machen° und, das=is aber ä:hm (3) also da is
überhaupt ke- **also im Moment** war=es jetzt aber auch viel, also=is nich immer so viel (3)
ä::hm (.) man braucht da ja auch ne Kontinuität gerade auch, wenn man so=ne gemischte
Gruppe hat find=ich
Gf: Ja
Ff: Weil die ähm (2) müssen ja immer wieder °neu=anfangen° (3) ich finde ja auch
Doppelstunden super, (2) haben wir aber nicht.
Gf: Mhm
Ff: °Weil das° den andern zu lang is @(3)@ also ich find das ne sehr gute Sache °ne
Doppelstunde Religion°
Gf: Ja. doch (.) das macht Sinn (.) mhm
Hf: Ich denk=da triffts aber dann auch gerade wieder; was würden wir uns wünschen, ich
denke das hat auch was damit zu tun (.) wenn ich das Fach studiert habe, und das Fach in dem
Ff: ⌊ Mhm

Hf: Fach ausgebildet worden bin, dann habe ich ein **Methodenrepertoire** an der Hand, was
Ff: └ Mhm
Hf: mir die Planung erleichtert, dann is=es egal, ob ich 50 Minuten plane oder 100 Minuten,
dann hab=ich ja von mir aus einen affinen Zugang dazu.
Ff: Mhm
Hf: Ich unterrichte=es n=Stück weit und ich **denke**, jemand der sich (2) mit seinem Studium
dafür entschieden hat, ja gerade dieses Fach nicht zu wä::hlen (2) hat das ja mit=m
bestimmten Hintergrund getan und wenn er dann auf einmal in=dieser Schulwirklichkeit
drinnen steht und wir wissen alle; es gibt viele Kollegen die unterrichten das **ohne**
Lehrbefähigung weil sie=s machen müssen (2) dann mauert ma=da ja auch n=Stück weit
Ff: └ Mhm
Hf: dagegen oder sagt (2) ne; das is nicht das wo=dran mein He:rzblut hängt, da besuch=ich
keine Fortbildungen, besuch=ich lieber ne Fortbildung in Spo::rt, oder in Mathe, oder in
Deutsch, weil mir das erstmal mehr bringt (.) und nimm' das so; (2) ja Stunden die ich halten
(.) **muss** mhm
Ff: └ **Muss** ja:: genau (2) ja das find=ich auch schade, dass da ä:hm (.) doch sehr viele
Kollegen (3) ohne Lehrbefähigung ä::h (.) wurschteln, die ä::h (2) sich auch alleingelassen
fühlen natürlich ne (2) die dann jedes Schuljahr bangen, ob sie jetzt @Religion geben
müssen@ oder nicht und dass is dann °natürlich ä:h (2) ja (.) nicht schön°. (also) find ich
auch sehr (2) wird dem Fach nicht gerecht.
Hf: Es wird ja dann auch se:hr von der Methode her sehr monoto:n, es kommt,
Ff: └ °Wird auch den Kindern nicht=gerecht°
Hf: ne=Bibelgeschichte und dann kommt das Au::smalblatt, ohne das den Kollegen ankreiden
Ff: └Wenn die die Bibelgeschichten
überhaupt kennen also=kommt=ja
Hf: zu wollen, ja aber das is=dann=so dieser Rettungsanker, wenn man die=dann
n=Stück=weit irgendwo übernimmt, dann sieht ma=ja auch, was is=in diesen
Religionsmappen drinnen, dann is (2) Mose von A bis Z durch mit=m Arbeitsblatt (2) ä:h
Josef, (2) Jakob, so die Kla:ssiker, ohne dass die Kinder n=Stück=weit (2) was davon
mitgenommen haben, in dieser (2) Qualität dessen, wo ich denke, das bringt
Religio:nsunterricht auch mit=sich. du hast schon es schon mal angesprochen mit diesem
Gemei::nschaftsgefühl, dieses **wir=treffen=uns** (.) aufgrund eines bestimmten U::mstandes
Ff: └ °Mhm°
Hf: wir versammeln uns hier (.) über das Soziale=Lernen hinaus, weil uns eine Mitte wichtig
Ff: └°Mhm°
Hf: is. das fehlt dann so=n=Stück=wei::t dass die Kinder da im Prinzip ne=nette Sammlung
Ff: └ Ja
Hf: von Geschichten ha:ben.
Ff: Mhm, ja.
(6)

Ff begibt sich abermals in den Diskurs und berichtet von ihren schulischen Erfahrungen, die sodann von Gf validiert werden (170). So hätten viele von Ffs Kollegen eine Aversion gegenüber dem Unterrichten von Religion und seien froh „über jede Stunde die dann auch ausfällt" (169). Eine solche Einstellung zum Religionsunterricht habe zur Folge, dass dieser an den Rand des Schulalltags und -jahres gedrängt und das Fach erst „kurz vor=m Zeugnis" (169) erteilt werde. Diese Einstellung und Praxis des Religionsunterrichts sind für Ff weit verbreitete Phänomene an ihrer Schule („viele Kollegen", 168; „**also im Moment** war=es jetzt aber auch viel", 172) und stehen quer zur religionsdidaktischen Einsicht, dass der Religionsunterricht zeitliche „Kontinuität" (173) benötige. Dieser vorgebrachten religionsdidaktischen Argumentation verleiht Ff mit einer konkretisierenden Argumentation Nachdruck, indem sie in besonderer Weise auf gemischte Lerngruppen hinweist („gerade auch, wenn man so=ne gemischte Gruppe hat find=ich", 173–174;

„Weil die ähm (2) müssen ja immer wieder °neu=anfangen°", 176). Mit Blick auf diese spezifischen Lerngruppen und der für Religion notwendigen „Kontinuität" (173) erachtet Ff Doppelstunden als „ne sehr gute Sache" (179). Mit Ffs religionsdidaktischer Argumentation – diese wird zunächst von Gf ratifiziert (175.178) und zuletzt auch validiert (181) – lässt sich abermals die Orientierung der Gruppe rekonstruieren. Die Gruppe misst der persönlichen Einstellung der Lehrpersonen zum Religionsunterricht eine hohe Bedeutung zu. Sie sei ein wesentlicher Faktor dafür, welchen Stellenwert der Religionsunterricht im Schulalltag und -jahr einnimmt. Gleichzeitig wird mit dieser Orientierung der Gruppe auch die Fragilität des Religionsunterrichts erkennbar, steht und fällt er doch an der jeweiligen Schule mit den Einstellungen der (Religions-)LehrerInnen und Schulleitung.

Hf führt Ffs Gedanken zur Praxis des Religionsunterrichts weiter aus und hebt erneut die von der Gruppe als notwendig empfundene und als notwendig und wünschenswert empfundene Verbundenheit der Lehrperson zum Religionsunterricht hervor. Diese Verbundenheit mit dem Religionsunterricht zeige sich bereits in der Wahl des Studiums, das zum religionsdidaktisch verantworteten Unterrichten des Faches befähigt, unabhängig unter welchen Umständen der Religionsunterricht stattfindet, ob er ein- oder doppelstündig erteilt werde (185–188). Dass Hf die persönliche Verbundenheit der Lehrperson mit dem Religionsunterricht als wünschenswert und somit als positiven Horizont erachtet, lässt sich auch in der Wortwahl ihrer Argumentation rekonstruieren. Mehrmals verwendet sie das Personalpronomen ‚ich' in den verschiedenen Kasus (183–190) und drückt so ihre persönliche Verbundenheit mit dem Religionsunterricht aus, zu dem sie von sich „aus einen affinen Zugang" (188) habe. Eine solche Verbundenheit fehle jedoch bei jenen, die sich im Studium bewusst entschieden haben, „dieses Fach nicht zu wä::hlen" (191), wozu sie bezeichnenderweise auf das Indefinitpronomen „jemand" (190) zurückgreift und so eine Distanz zwischen diesem Personenkreis und dem Religionsunterricht aufbaut. Nichtsdestotrotz haben auch viele dieser Lehrpersonen Religion zu unterrichten („es gibt viele Kollegen die unterrichten das ohne Lehrbefähigung weil sie=s machen müssen", 193–194). In ihrer Argumentation bezieht sie sich somit auf einen Personenkreis, der eine zu ihrer Position konträre Einstellung zum Religionsunterricht aufweist, auch wenn letztendlich beide dieses Fach unterrichten. Der markante und grundlegende Unterschied besteht in der Verbundenheit mit bzw. in der Distanzierung vom Religionsunterricht. Während Hf „einen affinen Zugang" (188) zum Religionsunterricht und Religion als Lehramt studiert hat, verfügen jene, die dem von ihr konstruierten Personenkreis angehören, über keine Lehrbefähigung, haben dennoch Religion zu unterrichten, drücken die Distanzierung zum Religionsunterricht in mehrfacher Weise aus (196–197), da die persönliche Verbundenheit mit Religion fehle (196), und finden sich letztendlich mit der Situation ab, Religion erteilen zu müssen („und nimm' das so; (2) ja Stunden die ich halten (.) **muss** mhm", 198–199).

Ff teilt Hfs Erfahrungshorizont, validiert diesen und elaboriert die Proposition nun dahingehend, dass sie stärker auf jene Personen zu sprechen kommt, die Religion ohne Lehrbefähigung erteilen müssen. Letztendlich fühlen sich diese mit dem Religionsunterricht überfordert („wurschteln, die ä::h (2) sich auch alleingelassen fühlen natürlich ne", 201–202); jedes Schuljahr hoffen sie, Religion nicht erteilen zu müssen. In Ffs Beschreibung kommt nochmals eine weitere Akzentuierung des negativen Gegenhorizonts zum Vorschein, da er sich nun durch Überforderung und Aversion gegenüber dem Erteilen von Religion zusammensetze („wird dem Fach nicht gerecht"; 204). So wird auch in dieser Sequenz deutlich, dass der Religionsunterricht auf das Engste mit der Lehrperson zusammenhängt sowie damit, in welchem Maß sie sich mit ihm verbunden fühlt. Fehle eine solche persönliche Verbundenheit – sie nimmt insofern bereits bei der Studienwahl ihren Anfang, als mit ihr ein grundlegender Kompetenzerwerb für dieses Fach verbunden ist –, so hat dies gravierende Folgen in der Praxis des Religionsunterrichts. Eine solche Praxis werde nicht nur dem Fach, sondern „auch den Kindern nicht=gerecht" (206) und ist somit in mehrfacher Hinsicht abzulehnen. Sodann führt Hf Folgen in der Praxis des Religionsunterrichts an, womit die Elaboration der Proposition weiterhin zwischen Hf und Ff wechselseitig vollzogen wird und ein weiterer Beleg für einen gemeinsam geteilten Erfahrungshorizont im Diskurs vorhanden ist. Hf benennt in diesem Zusammenhang methodische Monotonie im Religionsunterricht, verstärkt diese Monotonie mit dem gestreckt ausgesprochenem Adverb „se:hr" (205) bzw. mit „sehr monoto:n" (205) und konkretisiert sie mit dem schemenhaften Ablauf einer Unterrichtseinheit („es kommt, ne=Bibelstelle und dann kommt das Au::smalblatt", 205–207). Während Ff erneut die fachliche Kompetenz dieser Lehrpersonen in Frage stellt (208–209), bringt Hf ihnen gegenüber zunächst Verständnis auf („ohne das den Kollegen ankreiden zu wollen; ja aber das is=dann=so dieser Rettungsanker", 207–210), benennt aber sogleich auch klar die Problematik. Zwar werden grundlegende Inhalte im Religionsunterricht behandelt („so die Kla:ssiker", 213), jedoch komme eine tiefere Dimension des Religionsunterrichts, die er ebenso beinhaltet, nicht zur Geltung („Qualität dessen, wo ich denken, das bringt Religio:nsunterricht auch mit=sich", 214–215).

In der abschließenden Konklusion streicht Hf die „Qualität" (214) des Religionsunterrichts heraus, die bei Lehrpersonen ohne persönliche Verbundenheit mit Religion nicht zu Tage komme. Damit wird ein Bogen zum Anfang dieser Passage geschlagen, in dem der Religionsunterricht vom ‚Sozialen Lernen' abgegrenzt und sein Mehr betont worden ist. Wurde dieses Mehr des Religionsunterrichts am Anfang der Passage primär negativ in Abgrenzung vom ‚Sozialen Lernen' beschrieben, so wird es nun auch positiv formuliert. Diese „Qualität" (214) des Religionsunterrichts beschreibt Hf mit sozialen Kategorien (216), merkt jedoch gleichzeitig an, dass diese „über das Soziale=Lernen hinaus" (218) gehe. So kommt dieses Mehr „aufgrund eines bestimmten U::mstandes“ (216), einer „Mitte“ (218) zustande und bildet das Spezifikum des Religionsunterrichts. In Hfs Konklusion wird der Unterschied zwischen einem Religionsunterricht, der von Lehrpersonen mit persönlicher Verbundenheit zu ihm und seiner „Mitte“ (218) erteilt wird, und einem Religionsunterricht von Lehrpersonen, die eine solche Verbundenheit nicht haben, herausgestrichen. Eine solche persönliche Verbundenheit mit dem Religionsunterricht, näherhin mit seiner „Mitte“ (218), wird durch Hfs Verwendung des Personalpronomens ‚wir‘ in verschiedenen Kasus erkennbar („**Wir=treffen=uns**“, 216; „wir versammeln uns hier“, 218; „weil uns eine Mitte wichtig is“, 218–220). Fehle eine solche Verbundenheit, so habe dies Konsequenzen für die Praxis des Religionsunterrichts. Das Spezifikum des Religionsunterrichts komme nicht zur Geltung, stattdessen würde der Religionsunterricht lediglich durch „ne=nette Sammlung von Geschichten“ (220–222) bestehen.

b) Passage ‚Religionsunterricht spricht Kinder an‘ (280–336)

Nachdem die Gruppe erneut über den Mehrwert des Religionsunterrichts im Vergleich zu ‚Sozialem Lernen‘ kurz ins Gespräch gekommen ist, initiiert Gf ein neues Thema. Gf hebt nun die Bedeutung des Religionsunterrichts für Kinder hervor (Gruppe Trier, 280–302):

Gf: Also ich finde es=is für die Kinder auch einfach ne=ganz große Chance, denn es gibt immer wieder Kinder, (2) ähm, das sind oft auch solche die sonst vielleicht (.) viel stören oder Blödsinn machen, (2) die dann im Religionsunterricht so=n (.) wie so=ne Art (2) ja so=ne **mystische Ader** (2) äh (.) entdecken. und die da total darauf ansprechen (.) und da **gerne** dabei sind und des **genie::ßen** und (2) das Geprä:ch genießen aber auch mitmachen und (.) einfach (2) tolle, tolle Aussagen machen und ähm
(6)
Gf: Also ich habe jetzt im Moment in meiner Gruppe auch einige Kinder ((Telefonklingeln)) von denen, ich weiß, dass sie einfach genie::ßen in diesem (.) **anderen Kreis** zusammen zu sein und
Hf: °Mhm°
Gf: Und äh diese Andersartigkeit des Unterrichts ä:hm (2) ä:hm total schätzen.
Ff: Ja, °find ich auch° (3) auch so=n ä::hm (.) Gefühl, man kann sich da fallen lassen, auch wenn=mans=nich-, wenns=nich die eigene Lehrerin oder die eigene Gruppe is und ä::hm (2)
Gf: Mhm (3)
Ff: Ja, man kann Vieles ansprechen und man kann (3) ja also ich find, die stellen auch ganz tolle (.) Fragen ((Gespräch im Hintergrund))
Gf: **Ja**
Ff: Und, (3) also ich find das auch sehr (3) ((Gespräch im Hintergrund)) ja (2) richtig (.) also was Mystisches kommt da schon also (.) ist manchmal richtig sind richtig ä:h tolle Erlebnisse °die man da hat°. also **nicht immer**, aber (.) aber manchmal, dass man denkt, boa:h (.) toll, des (.) des wollte man grad.
Y1: Mhm

Gfs Ansicht nach ist der Religionsunterricht „für die Kinder auch einfach ne=ganz große Chance“ (280). Damit wird bereits am Anfang dieser Passage erkennbar, dass die Gruppe insofern eine klare Orientierung an den Kindern aufweist, als die Bedeutung des Religionsunterrichts von der Perspektive der Kinder her betrachtet wird. Diese „ganz große Chance“ (280) für Kinder konkretisiert Gf im Modus einer Argumentation. Gfs Ansicht nach hat der

Religionsunterricht für Kinder etwas zu bieten. Nicht selten wecke der Religionsunterricht die „**mystische Ader**“ (283) bei Kindern, selbst bei jenen, die „viel stören oder Blödsinn machen“ (281–282). Der Religionsunterricht sei für sie ein besonders ansprechendes Schulfach, das sie gerne besuchen. Mehrmals betont Gf die herausragende Bedeutung des Religionsunterrichts, jedes Mal aus der Perspektive der Kinder und was er ihnen zu bieten hat (282–285). Dennoch wird der Religionsunterricht nicht als Einbahnstraße verstanden, bei dem die Kinder lediglich ‚konsumieren‘ und „**genie::ßen**“ (284); vielmehr rege er die Kinder auch zum Mitmachen an, sodass sie bei Gesprächen „tolle, tolle Aussagen machen“ (285). Nach einer Gesprächspause von sechs Sekunden setzt Gf erneut an und konkretisiert die Bedeutung des Religionsunterrichts für Kinder, indem sie von der Praxis ihres Religionsunterrichts berichtet und ihn mit anderen Schulfächern kontrastiert. Gerade dadurch, dass sich der Religionsunterricht von anderen Unterrichtsfächern unterscheidet – eine genauere Differenzierung wird von Gf nicht vorgenommen („in diesem (.) anderen Kreis zusammen zu sein“, 288–289; „diese Andersartigkeit des Unterrichts“, 291) –, habe er für manche ihrer SchülerInnen eine besondere Bedeutung („einfach genie::ßen“, 288; „total schätzen“, 291). Sogleich begibt sich Ff in den Diskurs, validiert das bisher Gesagte und elaboriert die von Gf eingebrachte Proposition. Die „Andersartigkeit des Unterrichts“ (291) wird durch Ff konkretisiert und im Diskursverlauf von Gf auch validiert (297). So zeichne sich der Religionsunterricht durch eine bestimmte Atmosphäre aus, die SchülerInnen erlaube, „sich da fallen [zu] lassen“ (292). Auch für Ff biete der Religionsunterricht in gewisser Weise einen geschützten und vertrauten Raum, um miteinander ins Gespräch zu kommen, selbst wenn Religion nicht von der Klassenlehrerin bzw. im Klassenverband erteilt werde (292–293); denn im Religionsunterricht habe „Vieles“ (295) Platz und Kinder „stellen auch ganz tolle (.) Fragen“ (295–296). Neben dem diskursiven Element, dem Raum für Gespräche und Fragen, eröffnet der Religionsunterricht ebenso einen Raum für „was Mystisches“ (299). Solche mystischen Momente gehören nicht zu seinem Alltag („manchmal“, 299). Sie sind für Ff etwas ganz Besonderes („sind richtig ä:h tolle Erlebnisse“, 299–300), Unvorhergesehenes („boa:h“, 301) und kommen ihrer Zielperspektive des Religionsunterrichts nach („des wollte man grad“, 301). Die Bedeutung des Religionsunterrichts ist auch weiterhin Gegenstand des Diskurses, als nun Hf sich zu Wort meldet (Gruppe Trier, 303–336):

Hf: Ja:: ((Gespräche im Hintergrund)), wobei ich im Religio:nsunterricht auch überra:scht bin
über die Kinder, mehr als in anderen Unterrichten (2) weil Texte sprechen die Kinder
nochmal auf ne=andere Art und Weise an, als ich mir das **verkopft** am Schreibtisch pla:ne
Ff: └ Ja
Hf: und da kommen ja so verdichtete Erfahrungen °hoch°, wo die Kinder ne=ganz eigenen
Zugang haben, das auf ihr Leben sehr gut bezie::hen können (2) wenn im
Deutschunterricht doch eher so ((Gespräche und Begrüßungen))
(4)
Hf: So sta:tisches Wissen bisweilen einfach ä:h (.) produziert wird, wo man sagt, **okay** genau

das wo:llt=ich wissen (2) Namenwort heißt No:men, abgehackt. und im Religionsunterricht
(2) auf einmal sprudelt das aus denen heraus °und=man=denkt°: (2) da stehst du jetzt (.) und
so hast du das für dich versta:nden.
Ff: Wobei ä::hm (2) ich find' sprudeln tun die Ideen schon aber von den ((Geräusche im
Hintergrund)) von den Geschichten selber (2) wissen nich=mehr sehr viele (2) also das is
schon ä::h (2) find ich das nimmt ab (.) Vorwissen, das is wirklich sehr ä::h (3) gering zum
Gf: ⌊ Sehr zurückgegangen, sehr
Ff: Teil (2) also (3)
Hf: Ja. ja das (.) stimmt
Ff: Allei::n (2) klar, von Jesus haben=se mal gehört aber hm (2)va- **vage** @(.)@
Gf: ⌊ @(3)@
Ff: @Es is schon ä:h (.) dann ä:h@ also=ma also deswegen (.) ist der Religionsunterricht
schon auch sehr wichtig (2) oder gerade auch be- in den Familien wahrschei- (2) meiner
Meinung nach so aus meiner mh (2) Erfahrung heraus zumindest nicht mehr sehr vie:l (2)
Grundwissen angelegt wird.
Y1: Mhm
Gf: °Mh°
Hf: Aber die Kinder lassen sich trotz alle dem (3) °von diesen alten Geschichten ansprechen°
Gf: ⌊ Ja
Ff: die lassen sich auch gerne darauf ein, ja
(8)
Hf: °Sollten wir kurz unterbrechen, um die Kollegin noch mit rein zu=nehmen?°
Gf: ⌊ Ja genau @ **Guten Tag**@
(4)
((If stößt zur Diskussionsrunde dazu))

Mit Hfs Proposition validierenden und elaborierenden Wortmeldung wird erkennbar, dass die Gruppenmitglieder über einen gemeinsam geteilten Orientierungsrahmen verfügen, denn auch Ff validiert das von Hf Gesagte (306), während diese noch redet. Hf erachtet den Religionsunterricht ebenso als ein besonderes Unterrichtsfach, bezieht sich vergleichend auf andere Fächer (304), führt exemplarisch den Deutschunterricht an (309) und begründet die Besonderheit des Religionsunterrichts schließlich mit ihrer Erfahrung (305). Der Religionsunterricht spreche aufgrund seiner Inhalte („Texte“, 304; „verdichtete Erfahrungen“, 307) – letztendlich unverfügbar – „die Kinder nochmal auf ne=andere Art und Weise“ (304–305) an. Abermals wird in dieser Passage deutlich, dass die Besonderheit des Religionsunterrichts in der existentiellen Bedeutung für Kinder („**auf ihr Leben sehr gut bezie::hen können**“, 308; „für dich versta:nden“, 314) und ihrem „ganz eigenen **Zugang**“ (307–308) zu seinen Inhalten bestehe. Im Modus des Vergleichs hebt Hf die Besonderheit des Religionsunterrichts hervor, womit auch eines seiner Ziele zur Sprache kommt. Während im Deutschunterricht „sta:tisches Wissen bisweilen einfach ä:h (.) produziert“ (311) und „abgehackt“ (312) wird, stehe im Religionsunterricht die existentielle Auseinandersetzung der Kinder mit seinen Inhalten im Mittelpunkt. Der Religionsunterricht habe mit dem Leben der Kinder zu tun und verfüge aufgrund seiner anregenden Inhalte über ein lebendiges Binnengeschehen („auf einmal sprudelt das aus denen heraus“, 313). Demnach wird ersichtlich, dass die Gruppe die Besonderheit des Religionsunterrichts im Gegensatz zu anderen Schulfächern darin sieht, dass er existentielle Bedeutung für Kinder hat. Sie stehe im Mittelpunkt des Religionsunterrichts, womit die Orientierung der Gruppe an Kindern rekonstruiert werden kann.

Sogleich hakt Ff mit dem Pronominaladverb „Wobei“ (315) ein, stimmt zunächst Hf zu, dass Kinder am Religionsunterricht engagiert teilnehmen („sprudeln tun die Ideen schon“, 315), und führt einen ergänzenden Einwand an. Auch wenn Kinder die im Religionsunterricht behandelten Texte für Gespräche als anregend empfinden, so haben sie „von den Geschichten selber“ (316) kaum Ahnung. Ff konstatiert – Gf und Hf stimmen ihr zu (318.320) – ein weitgehendes Schwinden religiösen Wissens („wirklich sehr ä::h (3) gering zum Teil“, 317–319); dieses sei lediglich oberflächlich („va-**vage**“, 321). Auch aufgrund dessen erachtet Ff den Religionsunterricht als bedeutsam und führt zudem eine weitere Begründung für den Religionsunterricht an, indem sie nun auf die Familien zu sprechen kommt, bei denen ebenso religiöses „Grundwissen“ (326) kaum vorhanden sei.

Die Passage wird durch eine zweifache Konklusion beendet. Hf leitet die erste Konklusion ein und hebt hervor, dass trotz des von Ff eingebrachten Einwands der Religionsunterricht mit seinen Inhalten („alten Geschichten“, 329) Kinder anspreche, womit die gemeinsam geteilte Orientierung der Gruppe ein weiteres Mal zur Sprache kommt. Dass es sich um eine gemeinsam geteilte Orientierung der Gruppe handelt, ist durch Gfs Validierung (330) und Ffs Konkretisierung (331) belegbar, die die engagierte Teilnahme der Kinder betont. Diese erste Konklusion wird durch eine performatorisch rituelle abgelöst. Die Gruppenmitglieder brechen die Diskussion ab, da ein weiteres Gruppenmitglied, das sich verspätet hat, zur Diskussion stößt und von ihnen begrüßt wird.

c) Passage ‚Evangelischer Religionsunterricht als ein gefährdetes Fach an der Schule – Sorge um evangelische Identität‘ (657–828)

Nachdem die Gruppe über religiöse Vielfalt kurz ins Gespräch gekommen ist, bringt Gf ein neues Thema in den Diskurs ein und spricht nun die Organisationsform des Religionsunterrichts an (Gruppe Trier, 657–671):

Gf: Also ich überlege ja immer wieder, ob es nicht Sinn machen würde in der Grundschule äh
ökumenischen Religionsunterricht zu machen, weil ich es einfach eine große Chance finde
den Religionsunterricht so (.) aus dem Klassen- Klassenleben heraus ä:hm (2) zu gestalten (.)
also im ersten Schuljahr habe ich das sehr genossen (2) wie, wie alle, dann dabei blieben und
?f: └ (...)
Gf: wir dann die selbstverständlich irgendwie dann so in den **Religionsunterricht** übergingen
und **das gemeinsam erlebt** haben und dann haben wir das Andere gemeinsam erlebt (2) und
ä::hm (.) wenn ich sehe, wie meine katholischen Kolleginnen vorbereiten und sich gerne bei
@meinen Materialien bedienen@ (2) wie wir uns absprechen, wie, wie äh Schulgottesdienste
vorbereitet werden und eigentlich das dritte Schuljahr so das Schuljahr ist, wo es sich
unterscheidet, weil äh (2) der Pfarrer halt kommt ä:hm (2) da denk=ich manchmal; mh (.)
warum soll man das nicht im Klassenverband machen?
Ff: Nein ich hätte das auch gerne, nur es sind so viele ähm Muslime dann doch dabei, dann ist
man ja doch nicht in seinem werden ja doch vier, fünf raus (.) und damit ist es ja doch wieder
nicht die eigene Klasse und dann ist es für die vier fünf umso schlimmer

Gf präferiert an der Grundschule einen ökumenischen Religionsunterricht (658) – an späterer Stelle bezeichnet sie ihn als Religionsunterricht im Klassenverband (668) –, da für sie der Religionsunterricht ein selbstverständlicher Teil des alltäglichen Klassenlebens sein sollte und so zur Erfahrung von Gemeinschaft beiträgt. Ihre Präferenz ist durchwegs vom positiven Horizont des Gemeinsamen geprägt und spiegelt sich in ihren Argumentationsschritten. Zunächst stellt sie ihre mehrfach durchdachte Überlegung eines ökumenischen Religionsunterrichts an der Grundschule zur Diskussion („ob es nicht Sinn machen würde", 657) und führt sogleich Argumente für diese Organisationsform an. In diesen wird erkennbar, wozu ihrer Ansicht nach der Religionsunterricht zu dienen habe (Aufgabe und Ziel des Religionsunterrichts). Da der Religionsunterricht für Gf mit der Erfahrung von Gemeinschaft zu tun hat („**das gemeinsam erlebt**". 663), ist ein „Religionsunterricht so (.) aus dem Klassen- Klassenleben heraus" (659) ihre bevorzugte Organisationsform („einfach eine große Chance", 658). Gleichzeitig führt sie weitere Argumente an, die die Praxis der Kooperation mit ihren katholischen Kolleginnen betreffen. Auch diese Argumente sind vom positiven Horizont des Gemeinsamen bestimmt und von einem guten Miteinander geprägt, wozu sie den Austausch von Unterrichtsmaterialien, gemeinsame Absprachen und die Vorbereitung von Schulgottesdiensten als Beispiele anführt (664–666). Die gemeinsam erlebten Erfahrungen der SchülerInnen im Religionsunterricht sowie die gemeinsame Kooperation der Religionslehrerinnen erfahren durch das dritte Schuljahr eine Zäsur, „weil äh (2) der Pfarrer halt kommt" (667). Vermutlich spricht Gf damit die (Vorbereitung auf die) Erstkommunion an, sodass nun das Unterscheidende in den Vordergrund tritt. Gf beendet ihre Argumentationsfigur mit einer Frage (668), womit insofern eine Klammer zu erkennen ist, als sie ihre Argumentation mit einer Frage eingeleitet hat (657–658). Während sie zu Beginn ihrer Wortmeldung einen ökumenischen Religionsunterricht bevorzugt, stellt sie nun einen Religionsunterricht im Klassenverband zur Debatte, womit noch deutlicher ihre Orientierung am Gemeinsamen zu erkennen ist. Ff stimmt Gf zunächst zu („ich hätte das auch gerne", 669), führt jedoch sogleich einen Einwand an, womit Gfs Proposition eine antithetische Proposition gegenübergestellt wird. Für Ff sind Gfs Präferenzen nicht denkbar – auch wenn sie nicht zu erkennen gibt, auf welche Organisationsform sie sich bezieht (ökumenischer Religionsunterricht bzw. Religionsunterricht im Klassenverband)–, da es „viele ähm Muslime" (669) gibt und Gemeinsames mit ihnen nicht vorhanden wäre („dann ist man ja doch nicht in seinem", 669–670). In ihrer weiteren Argumentationsführung stellt sie eine Konsequenz eines ökumenischen Religionsunterrichts fest. Gäbe es einen solchen, so würden muslimische SchülerInnen an diesem nicht teilnehmen können, gemeinsame Erfahrungen der gesamten Klasse wären letztendlich nicht möglich und für muslimische SchülerInnen wäre eine solche Form „umso schlimmer." (671)

Bevor jedoch die von Ff eingebrachte antithetische Proposition im Diskurs elaboriert wird, vergewissert sich If über das Vorhandensein eines

Ethikunterrichts bei den anderen Gruppenmitgliedern (Gruppe Trier, 672–702):

672 If: Haben Sie auch alle parallel Ethik dazu?
673 Ff: Ja mhm
674 Gf: ⌊ Ne: wir nicht, wir haben gar kein Ethik.
675 If: Und Sie auch? Ethik dazu?
676 Hf: Ja.
677 If: Also mit dem ä:h; alles lässt man in der Hand des Klassenlehrer na (.) das kommt dann
678 darauf an, wie der Klassenlehrer gestrickt ist
679 Gf: Ja, das hatten wir vorhin schon, ja.
680 If: Das fällt nämlich dann (2) ach so gern hinten unter, na.
681 Gf: Das hatten wir schon, ja.
682 If: Sie hatten jetzt zum Beispiel ganz letzte Woche (2) die Diskussion ä:::hm (2), ä:hm
683 Klassenrat haben wir jetzt eingeführt na. (2) och, meinte die eine, **das ist fein dafür**
684 **nehm=ma jetzt die Religionsstunden,** na. und dann (.) also (.) haben wir gesagt, ne:, das ist
685 genauso=gut **Deutsch**, na, dafür nehm=ma=ned die Religionsstunden. aber dann (.) wenn man
686 das machen wü:rde, na, zumal die Kirchen dem nicht zustimmen, na, würde es vielleicht bei
687 ?f: ⌊ Ja, das stimmt ⌊ Richtig, ja
688 If: Ihnen noch ne äh, äh Religio:nsstunden ge:ben und bei mir vielleicht auch, und bei Ihnen,
689 aber bei ganz viel würden die sagen ausfallen (°das sind=ma jetzt noch los°)
690 Gf: Das ist natürlich wahr. ne:, es ist (2) ähm. wir haben das da ausgiebig diskutiert, als eben,
691 meine Klasse ins zweite Schuljahr ging und ä::h ich bin eigentlich davon überzeugt gewesen,
692 dass meine Eltern da in meiner Klasse dem zustimmen würden (2)
693 If: Die wären dann bei Ihnen geblieben?
694 Gf: Ja es, dann hätte ich eben alle zusammen gehabt.
695 If: Ja, dann haben die die Eltern Sie aber gekannt, die Eltern haben gewusst
696 Gf: ⌊ Jaja, aber das ist ä::hm (2) ist noch nicht so (.)
697 tragbar (2) nur ich denke, es gibt ja hier in XXX auch viele Schulen, die haben gar keinen
698 evangelischen Unterricht, da sind die Kinder immer im katholischen Unterricht oder auch gar
699 nichts, oder die müssen dann automatisch in Ethik, weil=s keine evangelische Fachkraft gibt,
700 oder die Gruppe zu klein ist, um sie bilden zu können (.) und dann denk=ich=ma; hm::: das
701 Hf: ⌊ Ja aber dann sind das ja
702 Gf: kann=s auch nicht sein.

Die Elaboration der antithetischen Proposition wird von If vorgenommen. Mit Hilfe eines Mengenverhältnisses gibt sie zu bedenken, dass durch eine Veränderung der Organisationsform dem einzelnen Klassenlehrer – If verwendet den Singular („in der Hand des Klassenlehrers", 677) – die Gesamtverantwortung für den Religionsunterricht aller Kinder überlassen wird („alles", 677) und so von seiner Person abhängig ist („wie der Klassenlehrer gestrickt ist", 678). Obwohl Gf zwei Mal anmerkt, dass Ifs Bedenken in dieser Diskussion bereits zur Sprache gekommen sind (679.681) – If kann dies aufgrund ihres verspäteten Eintreffens nicht wissen –, führt sie diese weiter aus, womit sie einen negativen Gegenhorizont aufspannt. Eine Veränderung der Organisationsform des Religionsunterrichts habe zur Folge, dass der Religionsunterricht ins Abseits geraten würde (680), wozu sie ein konkretisierendes Beispiel anführt, das an jenes von Hf erinnert (127–132). Durch die Einführung des Klassenrats an ihrer Schule ist die Idee aufgekommen, die dafür notwendigen Stunden aus dem Deputat des Religionsunterrichts zu nehmen. In einem gemeinsamen Einspruch – If führt nicht an, wen sie unter „wir" (684) subsumiert – ist ein Gegenvorschlag in die Diskussion um die Stundenbeschaffung eingebracht worden. Die Stunden könnten ebenso von einem anderen Fach beschafft werden, jedenfalls nicht vom Religionsunterricht. Mit diesem Beispiel veranschaulicht If die Fragilität des Religionsunterrichts und wie sehr seine Stellung und sein Vorhandensein an der Schule von der persönlichen Einstellung der an Schulen agierenden Personen abhängig sind. Im Anschluss an dieses Beispiel formuliert If die Konsequenzen, wenn sich die Organisationsform des Religionsunterrichts verändern und die Verantwortung des Religionsunterrichts ausschließlich dem Klassenlehrer obliegen würde. Solchen Veränderungen würden die Kirchen nicht zustimmen, der Religionsunterricht würde vermutlich nur bei vereinzelten Personen vorhanden sein und weitgehend verschwinden. Dies verdeutlicht If abermals in einer Gegenüberstellung: hier der vereinzelt stattfindende Religionsunterricht, indem sie die anderen Gruppenmitglieder einzeln aufzählt („würde es vielleicht bei Ihnen noch ne äh, äh Religio:nsstunden ge:ben und bei mir vielleicht auch, und bei Ihnen", 686–688), dort sein nahezu gänzlicher Ausfall („aber bei ganz viel würden die sagen ausfallen (°das sind=ma jetzt noch los°)", 689).

Zunächst stimmt Gf If zu (690), verdeutlicht dann jedoch ihre eigene Position, die sich aus ihrer Erfahrung mit ihrer Klasse speist. Gf berichtet, dass im zweiten Schuljahr über die Fortsetzung des Religionsunterrichts im Klassenverband „ausgiebig diskutiert" (690) worden sei. Sie hat fest mit der Zustimmung der Eltern gerechnet, die dann doch nicht vorhanden gewesen ist. If knüpft an Gf an und bringt sich mit einer Nachfrage abermals in den Diskurs ein (693). Im Anschluss an Gfs Antwort, sie hätte „eben alle zusammen gehabt" (694), führt If eine Argumentation an. In dieser wird erkennbar, dass ihrer Ansicht nach die Akzeptanz des Religionsunterrichts bei den Eltern wesentlich mit dem Vertrauen zusammenhänge, das sie der Lehrperson entgegenbringen („Ja, dann haben die die Eltern Sie aber gekannt, die Eltern haben gewusst", 695). Dass die Eltern in Gfs Klasse dennoch keine Zustimmung gegeben haben, wird sodann von Gf kommentiert, ohne auf Ifs Wortmeldung einzugehen. Für Gf sei eine Veränderung der Organisationsform des Religionsunterrichts „noch nicht so (.) tragbar" (697) gewesen. In ihrer Begründungsfigur wird jedoch erkennbar, dass ihre Präferenz hinsichtlich einer Veränderung der Organisationsform durch den negativen Gegenhorizont der weitgehend festgefahrenen Randständigkeit des evangelischen Religionsunterrichts in dieser Gegend geprägt ist. So benennt sie die Folgen, die sich aus dieser Randständigkeit ergeben. Da es an vielen Schulen keinen evangelischen Religionsunterricht gebe, ist die Teilnahme evangelischer SchülerInnen am katholischen Religionsunterricht geradezu selbstverständlich („da sind die Kinder immer im katholischen Unterricht", 698). Ebenso sei es selbstverständlich, wenn sie keinen Religionsunterricht bzw. den Ethikunterricht besuchen („die müssen dann automatisch in Ethik", 699). Nachdem Gf die Konsequenzen der Randständigkeit des Religionsunterrichts angeführt hat, benennt sie die Gründe, wieso der Religionsunterricht randständig sei: einerseits gebe es einen Mangel an evangelischen Lehrpersonen, andererseits zu wenig evangelische SchülerInnen, die für eine Gruppenbildung notwendig wären (699–700). Aufgrund dieser Situation ist Gf mit der gegenwärtigen Lage des evangelischen Religionsunterrichts nicht zufrieden („das kann–s auch nicht sein", 700–702) und präferiert für eine Veränderung der Organisationsform.

Während Gf aufgrund der randständigen Lage des evangelischen Religionsunterrichts eine Veränderung des Religionsunterrichts wünscht, distanziert sich Hf von dieser Position und führt die antithetische Proposition in dieser Passage weiter aus (Gruppe Trier, 703–727):

Hf: Das sind ja dann aber ganz andere Sachen, dann würden wir ja nur aus einer Notwendigkeit heraus sagen; wir wollen einen ökumenischen U:nterricht (2) haben, weil es sowieso schon de facto (.) ähm ökumenischen Unterricht gibt, anstatt es andersrum zu sagen; es ist uns wichtig konfessionellen Unterricht zu haben, dann sollten wir aber auch an entsprechender Stelle das auch einfach einfordern, dass das (2), dass wenn wir konfessionellen Unterricht haben, das auch festgeschrieben ist, dass dann auch dafür konfessionell ausgebildete Fa:chkräfte haben.
Ff: Richtig (.) wenn, dann ja.
Hf: Und das ist denk=ich=ne andere Fo:rderung, dadurch dass wir das an der Schule immer wieder auffangen und sagen; wir lassen das so laufen, auch die Schulleitung sagt dann gehen die drei Evangelischen eben in den katholischen Unterricht mit hinein (.) und die Eltern auch nichts sagen, dass, uns ist aber wichtig, dass wir evangelischen Religio:nsunterricht haben. wenn sich niemand beschwert oder, da gar kein Leidensdruck ist
Ff: Ich glaub=man kann aber erst die Gruppe eröffnen ähm ab irgend=einer Zahl
?f: └ Ab ab acht
?f: └ Sieben
If: Ne:ne: der Passus heißt; es kann auch kleinere Gruppen sein, wenn der Stunden-, wenn die Stundenplangestaltung das erlaubt, oder wenn
Gf: └ Ja: aber dann braucht man glaub ich nur eine Stunde pro Woche (.) für diese Gruppe bereitzustellen. das hatte ich ne ganze Zeit=lang (°für=n Jahr°) das war.
If: Ne:: also wir haben jetzt, ich hab dann auch ich hatte n=bisschen schlechtes Gewissen und dann hab ich zu der (.) Konrektorin, also die den Stundenplan macht, gesagt, wei::ßt du, dass die Gruppe so klei:n ist? **ja das weiß sie und es gibt ja** (2) **und das steht da, also wenn die schulische Situation das erlaubt, dü:rfen die Gruppen kleiner sein**. (3) hat es es erlaubt.

Für Hf ist Gfs Präferenz insofern eine pragmatische Vorgangsweise, als „nur aus einer Notwendigkeit heraus" (703–704) und der bereits bestehenden Praxis ein ökumenischer Religionsunterricht angestrebt werde. Stattdessen würde sie einen anderen Weg einschlagen und sich für den konfessionellen Religionsunterricht stark machen. Dass dieser für Hf gemeinsames Engagement verlange, zeigt sich in ihrer Sprechweise. Durchwegs spricht sie in der ersten Person Plural (706–709.711–715), womit wohl ReligionslehrerInnen gemeint sind. Dieses notwendige gemeinsame Engagement hat sein Fundament darin, dass der konfessionelle Religionsunterricht als „wichtig" (706) erachtet wird. Zudem weise dieses Engagement ein politisches Moment auf. So ist die Förderung des konfessionellen Religionsunterrichts mit der politischen Forderung verbunden, ausgebildete Lehrpersonen von „entsprechender Stelle" (707) bereitzustellen und strukturell abzusichern („das auch festgeschrieben ist", 708). Nachdem Ff diese Proposition validiert (710), ergreift Hf erneut das Wort und verdeutlicht die antithetische Proposition, die durch die Beibehaltung und Förderung des konfessionellen Religionsunterrichts gekennzeichnet ist. Hfs Ansicht nach fordere die gegenwärtige Praxis heraus – seitens der Schulleitung und der Eltern bestehe ohnehin kein Einsatz hinsichtlich einer Förderung des konfessionellen Religionsunterrichts (712–714) –, sich für den konfessionellen und somit für den evangelischen Religionsunterricht unentwegt zu engagieren und gegebenenfalls Beschwerden vorzubringen, „da gar kein Leidensdruck“ (715) wahrgenommen werde. Hfs Thema wird durch die Klärung, wie viele SchülerInnen für die Bildung von Religionsgruppen notwendig seien, abgelöst. Aber auch in der Thematisierung dieser Frage richtet sich der Blick der Gruppe abermals – nun in formaler Hinsicht – auf die Fragilität bzw. Randständigkeit des Religionsunterrichts, insofern der Fokus auf kleine Religionsgruppen gerichtet ist, die nicht ohne Weiteres gebildet werden dürfen (716–723). In der Gruppe bestehen diesbezüglich unterschiedliche Meinungen. If möchte Klarheit schaffen und zitiert frei einen „Passus“ (719), der keine genaue Zahl benennt, sondern kleinen Gruppen einen Religionsunterricht ermöglicht, falls dies aus schulorganisatorischer Perspektive gewährt werden kann. In der Thematisierung der notendigen Gruppengröße und in der Zitation dieses Passus’ wird erkennbar, dass die gesamte Gruppe durch die Orientierung geprägt ist, der evangelische Religionsunterricht sei ein randständiges und schulorganisatorisches fragiles Fach. Denn auch dieser Passus gewährt lediglich unter besonderen Bedingungen kleinen Religionsgruppen einen Religionsunterricht. Sein Vorhandensein ist nicht per se gesichert. Welche Konsequenz aus seiner Randständigkeit gezogen werden soll, ob ein ökumenischer Religionsunterricht bzw. ein Religionsunterricht im Klassenverband (Hfs Proposition), oder doch das unermüdliche Engagement für die Förderung des konfessionellen und somit des evangelischen Religionsunterrichts im Vordergrund stehen sollte (antithetische Proposition der anderen Gruppenmitglieder), ist in der Gruppe zu diesem Zeitpunkt der Passage noch strittig.

In weiterer Folge erzählt If von einer Situation an ihrer Schule, wo der von ihr frei zitierte Passus Anwendung gefunden hat. Auch in dieser Erzählung drückt sich der evangelische Religionsunterricht, insofern er wenige SchülerInnen umfasst, als randständig aus. So hat If „n=bisschen schlechtes Gewissen“ (724), dass trotz der kleinen SchülerInnenzahl an der Schule evangelischer Religionsunterricht stattfindet, womit If diese Praxis als nicht rechtskonform betrachtet hat („wie::ßt du, dass die Gruppe so klei:n ist?“, 725–726). In einem klärenden Gespräch mit der Konrektorin, die für die Erstellung des Stundenplans verantwortlich ist, ist If auf den PasSchülerInnen hingewiesen worden, der für kleine Religionsgruppen einen Religionsunterricht unter bestimmten Bedingungen ermöglicht, jedoch nicht sicherstellt („**also wenn die schulische Situation das erlaubt, dü:rfen die Gruppen kleiner sein**“, 726–727).

Im weiteren Diskursverlauf kommt nun Hf wieder auf die Organisationsform des Religionsunterrichts zu sprechen. Gemeinsam mit Ff entfaltet sie die antithetische Proposition, in der die Vorzüge des konfessionellen Religionsunterrichts betont werden (Gruppe Trier, 728–785):

Hf: Also ich habe überhaupt nichts dagegen, Zusammenarbeit; ich arbeite mit meinen katholischen Kollegen auch zusammen, wir haben eine Fachkonferenz (2) ich hab' auch gar nichts dagegen was was mir vielleicht näher liegen würde anstatt zu sagen, wir machen komplett ökumenischen Unterricht, man kann doch gemeinsam vorbereiten und eine Gruppe, evange:lische Gruppe besucht halt eben die katho:lische Gruppe, man macht mal **zu zweit** Unterricht und stellt sich da vorne hin: (.) wir sind zwei (2) die (2) aus einer anderen konfessionellen Gebundenheit ein=und=denselben Gott in den Mittelpunkt stellen, das wäre für mich noch e::her tragbar, anstatt zu sagen; weil uns organisatorische Notwendigkeiten eh schon überrollen sagen=ma, wir machen=s und (.) so eine (2) ja, organisatorische Ökumene. es ist ja keine Ökumene, die wir von uns aus von unten heraus vertre:ten haben, sondern die ist einfach so (.) gekommen und so, in so=n Schulalltag eingeschlichen. das man sagt, zwischen den 25 Stunden, nehm=ich dann die zwei Stunden ökumenischen Unterricht, wie auch immer noch mit.

Ff: Also ich finde, ökumenischen Unterricht zwar auf der einen Seite gut, auf der anderen Seite ist das ja hier ä::hm (2) sehr katholisch dominiert, würd' ich sagen, auch gerade das dritte Schuljahr beispielsweise (2) und, da find=ich=ne Trennung schon ganz sinnvoll, weil die Evangelischen da auch ähm (2) oft schon, sind **ja eh in der Minderheit** und dann (.) spielen sie auch gar keine Rolle mehr sozusagen, ist ja nur noch diese Kommunion, das ist ja wirklich ein Riesending (2) und ä::hm, da würden die mir glaub=ich sonst untergehen. also die die Drittklässler die muss man immer besonders tütteln, weil die sonst ähm (2) ja sonst (2) also es ist ja so:: wichtig diese Kommunion, das ist ja (2) @allumfassend@ quasi °mal ein bisschen übertrieben°, aber gut ä::hm (3) und das sind ä::h (2) also die paar Evangelischen, die dann da sind, wenn die jetzt noch im ökumenischen Unterricht wären (2) und dieses Thema so umgreifend wäre, ja dann (.) brauchen auch so ihre Identität dann, also die brauchen auch ihre (3) ja, dann, also dann ist auch grad=das Besprechen gut, halt die Unterschiede und warum und: ä::h (2) was ist gut daran? Und (.) klar gibt=s ganz vieles Gemeinsames (3) und deswegen würde, da grad=wär=der ökumenische Unterricht glaube ich ä::hm, da täten mir dann die Evangelischen ein bisschen leid. also in dem Fall.

Gf: ⌊ Ja, das ist die andere Sache (2) ich denke da so, vor allen Dingen so auch an die (2) anderen Kinder meiner Klasse (.) die dann immer da stehen und sagen, o::h, ihr macht so schöne Sachen und wir müssen, wir müssen noch @einen Test schreiben oder so@ jajaja, weil ich hab', ich hab' mir

?f: ⌊ Also die katholischen müssen den Test schreiben

Gf: das eigentlich abgewö:hnt, ich mache das überhaupt nicht mehr mit Testschreiben, aber (2) das äh, das (2) ja ich denke, ja eigentlich eigentlich solltet ihr die Gemeinschaftserfahrung **haben** und natürlich seh=ich

Ff: ⌊ Ja also ich sehe das schon. als Klasse ist das auch sehr schön (2) eine Klasse, seine eigene Klasse zu haben, das stimmt, aber ä::hm (2) dadurch, dass das ja noch sehr schwierig ist, mit der Annäherung, also beziehungsweise bei den Kindern ist das sowieso kein Thema und ich finde **die Kirchen nähern sich ja auch an**, aber (.) solange das noch so ä::hm herausgehoben wird, ä::h diese,

?f: ⌊ Mhm, ja, das ist immer dann

Ff: diese beispielsweise die Kommunion, dann find=ich, das ist schwierig.

Hf: Aber wenn wir jetzt von Gemei:nschaft reden, ich weiß nicht, in meinem evangelischen Religio:nsunterricht erlebe ich Gemeinschaft. also ich hab=ja Kombiklassen, ich hatte auch davor in meiner anderen Schule ne=Kombiklasse, die hat zwei=bis=vier umgriffen und da hat sich eine a:ndere Form von (.) Gemei:nschaft gebildet, das ist dann die Religionsgemeinschaft, es muss ja nicht immer Klassengemeinschaft sein. ich finde das spiegelt ja auch real wider, was=ma haben (2) wenn ich in die Kirche gehe, habe ich nicht einen Altersjahrgang da sitzen.

Gf: Ne::, darum geht=s mir auch nicht. also ich ich seh=das auch mit der Gemeinschaft und wir, weil wir so=ne kleine Schule sind, da kennt auch jeder jeden, (.) das ist überhaupt kein Problem, da jahrgangsübergrei:fend zu arbeiten. (2) es ist nur für mich diese Sache, dass ich (2) das im ersten Schuljahr als etwas sehr sehr Schönes erlebt habe, mit **allen Kinder, aus** dem Unterricht heraus in den Religionsunterricht überzugehen. und sie gemeinsam,

Hf: ⌊ Gut, die Erfahrung hab ich nich

Gf: gemeinsam anzufangen und (2) und das muss ich sagen, das hat mir sehr sehr gut gefallen. und (2) und es gibt doch viele Themen, da denk=ich mmh (2) das wäre jetzt eigentlich für meine **ganze Klasse was**.

Bevor Hf für den konfessionellen Religionsunterricht Argumente hervorbringt, betont sie, sie habe keine Aversion gegen eine Zusammenarbeit im Religionsunterricht, vielmehr arbeite sie mit ihrem katholischen Kollegen zusammen, wozu sie veranschaulichend die gemeinsame Fachkonferenz als Beispiel anführt (728–730). Trotz dieser Haltung und kooperativen Praxis distanziert sie sich von einem „komplett ökumenischen Unterricht" (731). Stattdessen präferiere sie nicht voll und ganz, jedoch im Vergleich zum „komplett ökumenischen Unterricht" (731) dann doch eher konfessionelle Kooperationen („was was mir vielleicht näher liegen würde", 730; „das wäre für mich noch eher tragbar", 735) wie zum Beispiel gemeinsame Unterrichtsvorbereitung (731), wechselseitige Besuche der Religionsgruppen (731–732) und Teamteaching unter Wahrung und Betonung der jeweiligen „konfessionellen Gebundenheit" (734). Eine solche Form der Zusammenarbeit wäre für sie „noch eher tragbar" (735) als eine „organisatorische Ökumene" (736). Diese werde bloß aus pragmatischen Gründen und aufgrund von „Notwendigkeiten" (735) der Schulwirklichkeit betrieben, habe sich in den „Schulalltag eingeschlichen" (738) und sei letztendlich von den ReligionslehrerInnen – mit „wir" (737) bezieht Hf sich wohl auf die ReligionslehrerInnen – gewollt („es ist ja keine Ökumene, die wir von uns aus von unten heraus vertre:ten haben", 737). In Hfs Distanzierung zur „organisatorische[n] Ökumene" (736), womit ein negativer Gegenhorizont zu erkennen ist, zeigt sich auch in dieser Sequenz, dass der Diskurs der Gruppe von der Orientierung geprägt ist, der evangelische Religionsunterricht stehe vor der Gefahr, aufgrund der Schulwirklichkeit an den Rand gedrängt bzw. unterwandert zu werden (739–740). Auch Ff distanziert sich nicht sogleich von einem ökumenischen Unterricht, bezeichnet ihn sogar als „gut" (741), gibt aber deutlich ihre Bedenken zu erkennen und bevorzugt letztendlich einen konfessionellen Religionsunterricht. Auch in ihren Begründungen lässt sich die Orientierung rekonstruieren, der evangelische Religionsunterricht sei in dieser Region ein fragiles Fach an der Schule. Die Fragilität des evangelischen Religionsunterrichts ergebe sich aufgrund des spezifischen Kontextes, da diese Region „sehr katholisch dominiert" (742) sei und sich insofern auch im Schulleben zeige, als im dritten Schuljahr die Erstkommunion „wirklich ein Riesending" (746) und „@allumfassend@" (748) sei. In ihrer Argumentation greift sie auf Mehrheits- und Minderheitsverhältnisse zurück: auf der einen Seite die katholische Mehrheit mit ihrer Dominanz, auf der anderen Seite die evangelische Minderheit. Aufgrund der Sorge, evangelische SchülerInnen würden gänzlich an den Rand gedrängt werden („weil die Evangelischen da auch ähm (2) oft schon, sind **ja eh in der Minderheit** und dann (.) spielen sie auch gar keine Rolle mehr sozusagen", 743–745), erachtet sie die Beibehaltung des konfessionellen Religionsunterrichts als „schon ganz sinnvoll" (743), da evangelische SchülerInnen „sonst untergehen" (746) würden. Damit dies nicht geschehe, präferiert Ff für die Beibehaltung des konfessionellen Religionsunterrichts. Gleichzeitig ist mit dieser Präferenz die Zielvorstellung verbunden, konfessionelle Identität – die Thematisierung konfessioneller Unterschiede ist durchwegs positiv konnotiert (752–753) – zu bilden und zwar mit Blick auf evangelische SchülerInnen (751–752.755).

In Gfs Wortmeldung drückt sich die Orientierung an Kindern aus, jedoch richtet sich ihr Blick nicht auf evangelische SchülerInnen („das ist die andere Sache", 756–757), sondern auf „die (2) anderen Kinder" (757) ihrer Klasse. In ihrer Argumentation ist ein weiteres Mal erkennbar, dass ihre Präferenz einer Veränderung der Organisationsform des Religionsunterrichts mit der Zielvorstellung verbunden ist, der Religionsunterricht solle bei Kindern „Gemeinschaftserfahrung" (762) fördern. Stattdessen weiche die gegenwärtige Praxis des nichtevangelischen Religionsunterrichts – ?f vermutet, dass es sich um den katholischen Religionsunterricht handelt (760) – an ihrer Schule von dieser Zielvorstellung ab („ihr macht so schöne Sachen und wir müssen, wir müssen noch @einen Test schreiben oder so@", 758–759). Ff stimmt Gf durchaus zu (764–765), führt gleichzeitig jedoch einen theologischen Einwand an. Dabei bringt sie die ökumenischen Beziehungen der Kirchen mit der Etablierung eines ökumenischen Religionsunterrichts in Verbindung, auch wenn sie ihn nicht derart benennt („das", 770), und bewertet ihn vom Grad dieser Beziehungen. Ebenso wie sich die ökumenische Annäherung der Kirchen als „noch sehr schwierig" (766) darstelle – für Kinder sei dies „sowieso kein Thema" (767) – und die katholische Kirche weiterhin dominant sei, indem sie „beispielsweise die Kommunion" (770) betone, sei auch ein ökumenischer Religionsunterricht „schwierig" (770) und für sie somit nicht denkbar. Neben diesem Einwand führt auch Hf einen an, indem sie Gfs Argument, der Religionsunterricht solle Gemeinschaft fördern, aufgreift und ein Gegenargument in den Diskurs einbringt. Für sie gebe es auch im Religionsunterricht, selbst wenn dieser jahrgangsübergreifend besteht, Gemeinschaft. Diese klassifiziert sie durchaus als „eine a:ndere Form von (.) Gemeinschaft" (774) und parallelisiert sie mit der Gemeinschaft im Gottesdienst („ich finde das spiegelt ja auch real wieder, was=ma haben (2) wenn ich in die Kirche gehe, habe ich nicht einen Altersjahrgang da sitzen.", 776). Gf fühlt sich nicht verstanden („Ne:::, darum geht=s mir auch nicht.", 777) und verdeutlicht ihre Sichtweise. Ihr gehe es nicht ausschließlich um die Erfahrung von Gemeinschaft, die durch einen ökumenischen Religionsunterricht bzw. einen Religionsunterricht im Klassenverband ermöglicht werden könnte. Die Erfahrung von Gemeinschaft könne auch in jahrgangsübergreifenden Religionsgruppen gemacht werden, wozu sie ihrer Schule als Beispiel anführt („weil wir so=ne kleine Schule sind, da kennt auch jeder jeden", 778). In Gfs Argumentation wird von Neuem erkennbar, dass ihr Fokus auf alle Kinder ungeachtet ihrer Religionszugehörigkeit liegt. Diese Orientierung drückt sich in ihrer Erfahrung mit einem Religionsunterricht im

Klassenverband, den sie im ersten Schuljahr durchgeführt hat und positiv besetzt ist („das hat mir sehr sehr gut gefallen", 783), aus. Für sie habe ein Religionsunterricht im Klassenverband eine besondere Qualität, da die Kontinuität der Klassengemeinschaft gewahrt bleibe („mit **allen** Kinder, **aus** dem Unterricht heraus in den Religionsunterricht überzugehen. und sie gemeinsam, gemeinsam anzufangen", 780–783) und der Religionsunterricht an sich allen SchülerInnen etwas zu bieten habe (784–785). Dass diese Orientierung von den anderen Gruppenmitgliedern nicht geteilt wird und kein gemeinsam geteilter Erfahrungshorizont in dieser Hinsicht besteht, wurde in dieser Passage an mehreren Stellen bereits sichtbar. Sie zeigt sich in der nächsten Sequenz ein weiteres Mal (Gruppe Trier, 786–810):

If: Die gibt=s, aber das erfordert Disziplin
Gf: **Ja**
If: Also das hat im ersten Schuljahr, also (.) das ist bei uns generell im ersten Schuljahr auch so na (.) und ich mach eigentlich auch **gerne** Religionsunterricht, aber das erfordert einfach viel mehr Disziplin na dann, na, man hat keinen zeitlichen Druck und man hat keinen ä::h (3)
Ff: └ Richtig, richtig.
If: und und (2) es gehen ja manche noch weiter, die sagen; da machen=ma=s doch wie=s in der, in der ä::h (2) früher, also Lebens in allen Bundesländern aus der DDR und dann Lebenskunde, Ethik, Religion da machen=ma alles zusammen und dann ä::hm und dann können=ma (2) dann ist das bald alles
Gf: Ja, das ist natürlich wahr. (2) naja auf diesem Hintergrund da denk=ich auch ne:: da sollten=ma lieber @dran festhalten@
If: Also ich bin jetzt keiner, der der die Konfessionen hochhalten will, überhaupt nicht, na, also wir, das ist bei uns eher, so wie Sie sagen, man tauscht das Material aus, man versteht sich auch gut, aber irgendwie ä:hm so (2) alles (.) wir machen alles nur noch zusammen und dann, na
Hf: Ne, das mö:cht ich auch nicht, also jeder darf von seinem Standpunkt aus etwas (.) in diese Ökumene ei::ntragen und beitragen, aber man muss, sollte sich bewusst sein, wo wir herkommen. wir hatten das Thema heute schon n=Stück öfter mal. Identität, Selbstverortung wo stehe ich? und warum stehe ich da? wo: steh=ich da in so=ner langen Reihe von Kultur und Allgemeinbildung mit=drinnen?
If: Das is=n ganz ganz schwieriges Thema:: also mit der (2) auch die Umgebung die die (2), wie=soll ich das sagen, die saugt einen ja auf, na also man man weiß ja bald gar nicht mehr wirklich; was habe ich denn jetzt für=ne Identität, na? wenn alles um einen herum
(6)

Die Gruppe hat in Bezug auf die Organisation des Religionsunterrichts keinen gemeinsamen Erfahrungshorizont. Einerseits wird dies in Hfs Äußerung, sie verfüge nicht über die Erfahrung eines derart organisierten Religionsunterrichts wie Gf, deutlich (782), andererseits in Ifs Argumentation, mit der sie die antithetische Proposition fortführt. If – sie teilt mit Gf die Erfahrung eines Religionsunterrichts im Klassenverband (788–789) – stimmt Gf zu, dass es Themen im Religionsunterricht gebe, die für alle SchülerInnen relevant seien. Gleichzeitig betont sie – Gf (787), später auch Ff validieren dies (791) –, dass ihre Thematisierung „Disziplin" (786), „einfach viel mehr Disziplin" (789–790) erfordere. Diese „Disziplin" (786) bestehe darin, diesen Themen als KlassenlehrerIn und zugleich ReligionslehrerIn die entsprechende Zeit einzuräumen (790), womit sich in ihrer Argumentation erneut die Sorge ausdrückt, der Religionsunterricht bzw. seine Themen laufen Gefahr, an den Rand gedrängt zu werden bzw. zu verschwinden. Diese Sorge faltet sie noch weiter aus und verortet eine Gefahr des Religionsunterrichts darin, dass der Forderung stattgegeben werde, der Religionsunterricht sollte zukünftig nach dem Vorbild des Faches ‚Lebensgestaltung, Ethik und Religionskunde' umgewandelt werden, womit er in seinem Profil aufgelöst wäre („dann ist das bald alles", 795). Auch Gf teilt diese Sorge, womit in gewisser Weise eine Konklusion im Modus einer Synthese der einander gegenüberstehenden Propositionen vollzogen wird. Die Sorge einer vollkommenen Umwandlung/Auslösung des Religionsunterrichts in Richtung ‚Lebensgestaltung, Ethik und Religionskunde' stellt auch für Gf einen negativen Gegenhorizont dar, womit an dieser Stelle nun die gemeinsame Orientierung der gesamten Gruppe rekonstruiert werden konnte. Vor „diesem Hintergrund" (796) ist auch für sie die Beibehaltung des konfessionellen Religionsunterrichts wünschenswert („da sollten=ma lieber @dran festhalten@", 796–797). In einem nächsten Schritt führt If die Konklusion aus und wiederholt die antithetische Proposition. In dieser zeigt sich die Distanzierung zu einem ökumenischen Religionsunterricht bzw. einem Religionsunterricht für alle, der unter den Vorzeichen steht, „alles nur noch zusammen" (800) zu machen. Nichtsdestotrotz betont sie, sie sei nicht konfessionalistisch (798) eingestellt, wozu sie Kooperationen und Sympathie mit ihren KollegInnen als Belege anführt („man tauscht das Material aus, man versteht sich auch gut", 799–800). Auch Hf distanziert sich nochmals von einem Religionsunterricht, bei dem man „alles nur noch zusammen" (800) macht. Vielmehr sollen der jeweilige konfessionelle „Standpunkt" (802) sowie „Identität, Selbstverortung" (804) in Kooperationen Platz haben und vertreten werden dürfen. Schließlich sei konfessionelle Identität Teil von „Kultur und Allgemeinbildung" (805–806). In ihrer Aussage schwingt bereits die Sorge mit, die von If ausgesprochen wird und sich in dieser Passage an mehreren Stellen rekonstruieren ließ und einen weitgehend gemeinsam geteilten Erfahrungshorizont der Gruppe darstellt. If befürchtet, dass in dieser katholisch dominierten Region („wenn alles um einen herum", 809) Evangelisch-Sein verschwinden kann, insofern es durch „die Umgebung" (807) assimiliert wird („die saugt einen ja auf, na also man man weiß ja bald gar nicht mehr wirklich; was habe ich denn jetzt für=ne Identität, na?", 808–809). Indem die Gruppe von der Sorge geprägt ist, dass das Profil evangelischer Identität verblassen könnte – das Fach ‚Lebensgestaltung, Ethik und Religionskunde' ist ein Bild für diese Option – wird die Beibehaltung des evangelischen Religionsunterrichts präferiert.

4.3 Analyse der Gruppendiskussion ‚Gruppe Duisburg'

4.3.1 Gruppenportrait

Die ‚Gruppe Duisburg' umfasst sechs Religionslehrerinnen und einen Religionslehrer. Die Mehrheit der Gruppe ist zwischen 31 und 50 Jahre alt. Zwei Gruppenmitglieder sind bis zu 30, eines ist über 60 Jahre alt. Die meisten können eine bis zu 10-jährige Lehrerfahrung vorweisen. Zwei Religionslehrerinnen unterrichten Religion bereits deutlich länger, eine von ihnen seit über 30 Jahren. Sämtliche Gruppenmitglieder sind grundständig ausgebildet und im Besitz der Fakultas. Nahezu alle verfügen über eine volle Stelle und erteilen Religion sowohl als Klassen- als auch als FachlehrerInnen. Eine Person unterrichtet Religion ausschließlich als Fachlehrerin. Während diese in vier Lerngruppen und acht Wochenstunden Religion unterrichtet, tun dies die anderen in jeweils einer Lerngruppe und zwei Wochenstunden. An ihren Schulen besuchen auch SchülerInnen, die nicht evangelisch sind, ihren Religionsunterricht. So nehmen an diesem auch freikirchliche, römisch-katholische, muslimische, jüdische, alevitische SchülerInnen teil sowie jene, die ohne religiöses Bekenntnis sind.

4.3.2 Diskursbeschreibung

a) Passage ‚Distanzierung und Berührungsängste gegenüber dem evangelischen Religionsunterricht und christlicher Religion an der Schule' (67–158)

Nach der Eingangspassage, in der die Gruppe knapp über die Bedeutung des Religionsunterrichts ins Gespräch gekommen ist, bringt Nf die Gottesdienste an der Schule zur Sprache. Im Anschluss an eine immanente Nachfrage des Diskussionsleiters und zwei kurzen Situationsbeschreibungen der Gottesdienste, beginnt auch Kf die Situation an ihrer Schule darzustellen (Gruppe Duisburg, 67–86):

Kf: Also, das geht mir jetzt die ganze Zeit durch den Kopf, ich bin an einer Schule schon

Mm: ⌊( ) Ja

Kf: wesentlich länger und das is eigentlich auch das, was mich an der Frage jetz grad so=n bisschen (.) traurig gemacht hat, weil ich, ähm, noch die Zeiten kenne, als vor 15 Jahren, (.) wir im Heiligabendgottesdienst unser Krippenspiel aufgeführt haben und damit im Stadtteil, also unser Religionsunterricht einfach auch ähm, n Thema war und die Schüler eben (.) über die Schule hinaus einfach auch mit Kirche in Kontakt waren und die Eltern dann auch kamen und die Kirche voll war (.) ähm, also=n ganz anderer, ähm, ((räuspert sich)) ja Zugang auch zu Religion damals stattgefunden hat und, ((holt Luft)) ja, im, im ganz Kleinen seh ich das jetzt noch, wenn ah, die ähm, Kinder in meiner Klasse dann in den Raum kommen, wo vorher der Religionsunterricht war und da is noch die gestaltete Mitte und da läuft noch Musik, dass die fragen; was habt ihr denn gerade gemacht? also das sind die kleinen Momente jetzt noch, wo man so merkt, das strahlt schon so=n bisschen aus, da ist schon irgendwie Intresse da, aber es sind auch ganz große Berührungsängste grad von den muslimischen, äh, Eltern, und auch Schülern, naja also ((räuspert sich)) da mitmachen is ja vielleicht nicht erlau:bt und auch wenn man sich da öffnet, und den Eltern gegenüber das ja auch immer als Angebot formuliert bei Elternabenden oder so, (.) ähm, ja kommt da auch immer weniger Resonanz, das, ah, ist meine Erfahrung °auch im Hinblick auf Gottesdienste° aber auch im Hinblick auf das, was Religion an der Schule so ausmacht, ne, da is, das ist doch ne Insel mehr, noch mehr als früher.

Kf kann aufgrund ihrer vergleichsweise langen Berufserfahrung von Veränderungen in der Bedeutung von Religion, näherhin des Gottesdienstes und des Religionsunterrichts an ihrer Schule berichten. Diese Veränderungen stimmen sie „so=n bisschen (.) traurig" (69–70). Haben Gottesdienste und der Religionsunterricht früher eine große Ausstrahlungskraft gehabt („Stadtteil", 71), sind SchülerInnen auch jenseits der Schule mit Kirche in Kontakt gekommen und haben ebenso Eltern an Schulgottesdiensten teilgenommen (72–74), da „ja Zugang auch zu Religion damals stattgefunden hat" (74–75), sieht die gegenwärtige Situation nun vollkommen anders aus. Diese Veränderung drückt Kf mit Hilfe von Größenunterschieden aus. Früher sind der Religionsunterricht aufgrund eines Krippenspiels „im Stadtteil [...] n Thema" (71–72) und die Kirche „voll" (74) gewesen, mittlerweile hat sich der Ausstrahlungsradius des Religionsunterrichts deutlich verringert. Zwar bestehe auch weiterhin eine Ausstrahlung („das strahlt schon so=n bisschen aus", 79), jedoch ist sie nun „im ganz Kleinen" (75) wahrnehmbar, wenn Kinder ihr Interesse am Religionsunterricht äußern („was habt ihr denn gerade gemacht?", 78). Gleichzeitig betont Kf, dass der Religionsunterricht nicht ausschließlich Interesse hervorrufe; es bestehen ihm gegenüber „auch ganz große Berührungsängste" (80), die Kf in erster Linie bei muslimischen Eltern und Schülern verortet. Im Modus einer Beschreibung baut sie eine Gegenüberstellung zwischen muslimischen Eltern und Schülern auf der einen Seite und sich auf der anderen Seite auf. Während das Verhalten muslimischer Eltern und Schüler eine Distanzierung vom Religionsunterricht ausdrückt (80–81.83), sei Kf durch Offenheit geprägt; sie kommuniziere den Religionsunterricht „ja auch immer als Angebot" (82). Trotz dieser Offenheit gebe es „auch immer weniger Resonanz" (83). Die gegenwärtige Situation des Religionsunterrichts, des Gottesdienstes und „das, was Religion an der Schule so ausmacht" (84–85), drückt sie im Bild der „Insel" (85) aus, womit sie veranschaulicht, dass Ausstrahlungskraft und Berührungsflächen ab-, jedoch Berührungsängste und Distanzierung zugenommen haben.Dass eine Distanzierung gegenüber Religion an der Schule auch von anderen Gruppenmitgliedern wahrgenommen wird und diese Wahrnehmung Teil des gemeinsam geteilten Erfahrungshorizonts der Gruppe ist, zeigt sich im weiteren Diskursverlauf (Gruppe Duisburg, 87–129):

Lf: Dazu würde ich auch gerne auch noch was sagen, so, so beim Einschulungsgottesdienst bei uns is so, dass natürlich alle Kinder eingeladen sind und ihre Eltern, aber dass ((räuspert sich)) leider die muslimischen Eltern da auch nicht, also, nicht viele sind, weil sind immer die gleichen, die kommen, da haben wir schon Geschwisterkinder, die ganz taff sind, und die kommen nich und wenn sie kommen, also das hab also ich selbst schon erlebt, sitzen die

@Kinder dann und@ halten sich die Ohren zu. also, das ist die eine Sache und ich hab zum
Beispiel ein-ein, ähm, Kind jetzt in meinen Religionsstunden weils Randstunden sind gehabt,
ähm, das hab ich betreut, weil die Mutter ähm, beruflich alleinerziehend war und=und=und,
also, wir ham uns wirklich n Ast abgebrochen, damit dieses Kind da betreut wurde, wir haben
nämlich keine Ganztagsschule, und der saß halt immer im Religionsunterricht, hab ihn dann
auch so=n bisschen ignoriert, er hat mal was mitgemalt oder so; und dann kam er nicht mehr.
Jf: ⌊Mhm
Lf: und, ähm, dann hat die Mutter gesagt, sie hat Angst, dass er doch zu viel, ähm,
mitbekommt. das war, also da hab ich persönlich doch echt dran zu knacken gehabt, weil ich
lass jeden so leben wie er möchte, und, ähm, statt @froh zu sein@, dass er betreut wurde
?f: ⌊Mhm
Jf: ⌊M::: ⌊°Ah schade°
Lf: hat sie dann=n Fass aufgemacht und ähm, wollte eben nicht mehr, dass er kommt und bin
dann noch mal versucht zu erklären, dass er wirklich, er braucht ja nichts mitmachen, er saß
da einfach nur und war ganz glücklich auch mit den anderen Kindern, waren wenig Kinder, er
(.) °ne, er durft nich mehr kommen°.
Jf: ⌊ (Schade)
Of: Also ich hab ähnliche Erfahrung gemacht, aber auch dann, ahm, wenn die Kinder sich
einmal getraut haben, dass sie dann unheimlich intressiert waren. dass sie ganz viele Fragen
Pf: ⌊ Ja
Of: gestellt haben, ( ) den Unterricht auch nochmal (.) ganz intensiv, ahm, auch bereichert
haben. und bei uns is=es dann so, dass wir hingegangen sind, um einfach auch die
muslimischen Familien, die ja bei uns auch ein Großteil der, ahm, ahm, Kinder, ahm, (.)
stellen, gebeten haben, dann vielleicht im Einschulungsgottesdienst nochmal=n Segen dann
(.) auch mitzusprechen, das hat also unser der Pfarrer
Pf: ⌊Da werden die Kinder runtergeholt bei
uns (.) vom Podest. rennt die Mutter schnell da hin?
Of: ⌊Mhmh, also wir hatten eine Mutter gebeten weil die
?f: ⌊@(.)@
Pf: ⌊Also
Of: war=n dann manchmal auch ein bisschen schwierig; vielleicht is ne, denn wen lädt man
?f: ⌊ @(Ich weiß)@
Of: dann da wieder ein, und ahm, der Pfarrer hatte uns dann gebeten ob=s nicht vielleicht ne
Mutter gibt, die dann einfach nochmal in arabischer Sprache auch nochmal=nen Segen für die
Kinder spricht und ich hatte auch den Eindruck, dass das sehr gut angekommen ist. also die
Jf: ⌊Ah. is schön ⌊ M:::
Of: Mutter fand das ganz toll und hat sich sofort bereiterklärt und °ich glaub auch den
Kindern ganz gut getan°

Lf knüpft an Kfs Ausführungen an, spricht ebenfalls über die Gottesdienste an ihrer Schule und betont, dass zu diesen „natürlich alle Kinder eingeladen sind und ihre Eltern“ (88). Ebenso wie Kf beschreibt Lf die Praxis des Einschulungsgottesdienstes mit Hilfe einer Gegenüberstellung: hier die einladende Offenheit, dort die geringe Teilnahme muslimischer Eltern an diesen Gottesdiensten. Lf versteht die geringe Teilnahme seitens muslimischer Eltern insofern als bewusste Distanzierung, als Kontakt zur Schule über Geschwisterkinder bereits bestehe („da haben wir schon Geschwisterkinder, die ganz taff sind, und die kommen nich“, 90–91). Die von der Gruppe wahrgenommene distanzierte Haltung (gegenüber christlicher Religion) – sie bildet den negativen Gegenhorizont – drücke sich auch im Verhalten muslimischer Kinder im Gottesdienst aus, wenn sie sich die Ohren zuhalten (92). Der negative Gegenhorizont wird zudem in einer Erzählung Lfs ein weiteres Mal zum Ausdruck gebracht („da hab ich persönlich doch echt dran zu knacken gehabt“, 100). Dabei erzählt Lf von einem Kind, das am Religionsunterricht im Großen und Ganzen nicht teilgenommen hat (97.105–106), jedoch bei diesem anwesend gewesen ist, da es aufgrund der Berufstätigkeit seiner alleinerziehenden Mutter von Lf betreut werden hat müssen. Bereits eine geringe/sporadische Beteiligung des Kindes am Religionsunterricht („er hat mal was mitgemalt oder so", 97) ist Anlass gewesen – „und dann" (97) im Sinne eines Kausalzusammenhangs –, dass es nicht mehr zur Betreuungsstunde im Religionsunterricht gekommen ist, da ihm dies von seiner Mutter verboten worden ist (107). Der Grund ist in ihrer „Angst" (99) gelegen, dass ihr Kind „doch zu viel, ähm, mitbekommt." (99–100) Auch Lfs Versuch, in einem Gespräch mit der Mutter zu klären, dass ihr Kind „ja nichts mitmachen" (105) müsse und es sich in der Betreuungsstunde auch wohl fühle (106), hat das Verbot nicht aufgehoben. In dieser Erzählung zeigt sich in gleicher Weise wie in Kfs Redebeitrag die Wahrnehmung, dass Religion bzw. dem Religionsunterricht – hier von Seiten einer Mutter – Distanz entgegengebracht wird, gleichwohl sich Lf als der Mutter entgegenkommend („wir ham uns wirklich n Ast abgebrochen, damit dieses Kind da betreut wurde", 95) und ihrem Kind gegenüber als nicht übergriffig („hab ihn dann auch so=n bisschen ignoriert", 96–97), sondern als tolerant empfindet („weil ich lass jeden so leben wie er möchte", 100–101). Somit lassen sich bei Kf und Lf – wohl auch bei Jf aufgrund ihrer Validierungen (103.108) – gleichermaßen die Pole von Distanzierung als negativer Gegenhorizont und Offenheit als positiver Horizont ihres Orientierungsrahmens rekonstruieren.

Sogleich schließt Of an den Diskurs an, gibt zu erkennen, sie teile gemeinsam mit ihren Vorrednerinnen den Erfahrungshorizont („Also ich hab ähnliche Erfahrung gemacht", 109), und betont, dass Kinder, die im Religionsunterricht betreut werden – vom Kontext her kann angenommen werden, dass sie sich auf diese Kinder bezieht –, für die Themen des Religionsunterrichts offen sind, Interesse zeigen und das Unterrichtsgeschehen bereichern (109–113). Selbst in der Beschreibung dieser Kinder wird die Wahrnehmung Ofs erkennbar, dass dem Religionsunterricht eine vorsichtige/distanzierte Haltung bzw. „Berührungsängste" (80) entgegengebracht werden („wenn die Kinder sich einmal getraut haben", 109–110). In weiterer Folge erzählt Of ebenso vom Einschulungsgottesdienst an ihrer Schule. In dieser Erzählung wird der positive Horizont der Offenheit sowie der Wunsch nach Begegnung und Gemeinsamkeit mit muslimischen Familien erkennbar, insofern diese gebeten worden sind, beim Gottesdienst „nochmal=n Segen dann (.) auch mitzusprechen" (115–116). Noch bevor Of zu Ende gesprochen hat, begibt sich Pf in den Diskurs. In überlappender Sprechweise mit Of beschreibt Pf die Praxis des Einschulungsgottesdienstes an ihrer Schule – muslimische Kinder werden bei der Segnung vom Podest geholt (117–118) – und stellt eine Nachfrage, die zu erkennen gibt, dass sie eine ähnliche Praxis bei Of vermutet („rennt die Mutter schnell da hin?", 118). In Pfs Beschreibung und Nachfrage lässt sich auch bei ihr die Wahrnehmung rekonstruieren, dass gegenüber der christlichen Religion ein distanziertes Verhältnis besteht. In ähnlicher Weise ist diese Wahrnehmung auch bei Of zu erkennen, da sie im Bereich von Schulgottesdiensten Schwierigkeiten andeutet (119–122). Folglich sei die Idee aufgekommen, eine Mutter zu bitten, ob sie beim Schulgottesdienst nicht „einfach nochmal in arabischer Sprache auch nochmal=nen Segen für die Kinder spricht“ (125–126). Of bezeichnet den Segen der Mutter in mehrfacher Weise positiv (126–129), womit sich der positive Horizont der Gruppe (Wunsch nach Begegnung und Gemeinsamkeit mit muslimischen Familien) – Jf validiert dies (127) – ausdrückt.

Dass auch in einem schulischen Kontext mit geringer religiöser Pluralität ein distanziertes Verhältnis zum Religionsunterricht wahrgenommen wird, zeigt sich in Nfs Beschreibung ihrer Schule (Gruppe Duisburg, 130–160):

130 Nf: Ja bei (.) uns is=es ja so, dass wir eben wenig Kinder haben, die eben nicht evangelisch
131 oder katholisch zugeordnet werden können, ahm aber wir bieten eben auch keine andere
132 Betreuung an, das heißt, ähm, wir müssen eben auch die Zeiten überbrücken, weil das nicht
133 Randstunden sind, (.) ahm, in der Regel funktioniert das und die Eltern sind dazu bereit ahm,
134 wir haben aber eben auch jetzt mittlerweile Ausnahmen, die eben nicht (.) am
135 Religionsunterricht teilnehmen dürfen und die dann eben auch so (.) untergebracht werden
136 müssen. am Gottesdienst nehmen in der Regel alle Kinder teil bei uns.
137 Lf: Bei uns is=es auch so, dass äh in meiner ersten Klasse, in der ersten, oder in der
138 Religionsgruppe der ersten Klasse is ein Junge, der die Zeit überbrücken muss, und dort is-,
139 is=es so, er würde gerne bestimmte Dinge mitmachen, aber er darf nicht; also, ich wurde auch
140 von der Klassenlehrerin gestern angesprochen, dass ich etwas vorsichtig sein soll, eben keine
141 Blätter mitausteilen soll, weil es da nicht ganz klar ist, die Eltern (.) wollen nicht dass der
142 Nf: ⌊Schön für die Kinder, ne?
143 Lf: Junge mitmacht; also er sitzt dann, und ( ) total. also (.) tut mir total leid, aber ich darf
144 ihm eben keine Arbeitsblätter geben, ähm, wenn etwas gemalt wird, er würde total gerne, er
145 darf nicht. °das ist bei uns leider auch°
146 Jf: Ich hab drei Kinder auch genau derselbe Fall die jetzt morgens, äh, eigentlich betreut
147 werden müssten, unsere Betreuung beginnt aber erst um zwölf Uhr, dadurch sitzen also drei
148 muslimische Kinder im Religionsunterricht, sonst sind die woanders morgens um acht, da
149 sind sie dann eben mit im Religionsunterricht eine Stunde auch nur, sie verpassen dann
150 eigentlich auch immer @eine@ Stunde, sie sind also nur die Hälfte der Zeit anwesend (.) in
151 der Woche, ((räuspert sich)) ja, und die hatten am Anfang andere Materialien bekommen, mit
152 denen sie sich beschäftigen können und inzwischen sitzen die selbstverständlich mit im Kreis
153 und machen mit und sprechen mit und machen da, also, ähm, ich glaube sie hatten den
154 inneren Impuls, sie wollen da schon irgendwie mitmachen; sie möchten jetzt nich=so:
155 ausgegrenzt woanders irgendwo sitzen und was anderes machen, (.) ja und öhm ich lass das
156 jetzt im Moment auch einfach so geschehen und denke, wenn die Eltern n Problem haben,
157 werden sie sich bei mir melden, ansonsten machen wir ja keine religiöse Unterweisung oder
158 irgendwas Verbotenes, ähm, dass ich denke, die Kinder solln das mal selber entscheiden. (2)
159 Kf: Das g- (.) gehe nocheinmal stärker auf den Schulgottesdienst, äh, zurück, ich hab ja sehr
160 viel::e (.) Jahre schon die unterschiedlich gelaufen sind, die ersten fünfzehn Jahre hab ich [...]

Zunächst gewährt Nf einen Einblick in die Religionszugehörigkeit der SchülerInnen an ihrer Schule. Im Modus einer Negativformulierung streicht sie heraus, es gebe an dieser kaum religiöse Pluralität (130–131) und „eben auch keine andere Betreuung“ (131–132) für jene SchülerInnen, die keinen Religionsunterricht besuchen. Folglich werden diese im Religionsunterricht betreut, was „in der Regel“ (133) von den Eltern auch akzeptiert wird („und die Eltern sind dazu bereit“, 133). Von dieser Regel gebe es „auch jetzt mittlerweile Ausnahmen“ (134), sodass die Betreuung im Religionsunterricht seitens der Eltern nicht erlaubt ist (134–136). Nf beschränkt ihre

Wahrnehmung insofern auf den Religionsunterricht, als sie im Rahmen von Schulgottesdiensten nicht von derart gelagerten Ausnahmen spricht und die absolute Teilnahme der SchülerInnen an diesen betont (136). Lf knüpft an Nfs Wahrnehmung an und teilt den Erfahrungshorizont, dass die Teilnahme von SchülerInnen am Religionsunterricht nicht unhinterfragt ist, sondern teilweise von Seiten der Eltern nicht erlaubt wird. Konkretisierend führt sie ein ähnliches Beispiel wie Nf an und beschreibt mit dessen Hilfe die Situation des Religionsunterrichts an ihrer Schule. In diesem Beispiel wird erkennbar, dass die Distanzierung vom Religionsunterricht nicht vom Kind selbst ausgeht – dieses „würde gerne bestimmte Dinge mitmachen“ (139) –, sondern von den Eltern, die eine Teilnahme dezidiert nicht erlauben (139–143). Lfs Beispiel weist somit eine Gegenüberstellung auf: hier der Wunsch des Kindes am Religionsunterricht teilzunehmen – zumindest teilweise (139.144) –, dort das Verbot der Eltern. Bei dieser Gegenüberstellung stellt sich Lf eindeutig auf die Seite des Kindes („tut mir total leid“ 143), womit eine Orientierung am Kind zu erkennen ist. In der rhetorischen Frage Nfs – das Frageanhängsel „ne“ (142) und der Kontext ihrer Frage lassen auf eine solche schließen – zeigt sich ebenso die Orientierung an Kindern. Mit dieser Frage kommentiert sie Lfs Beschreibung, womit sie sich auf das Verbot der Eltern bezieht. Es kann angenommen werden, dass Nf ihre rhetorische Frage mit einem Nein beantworten würde, sodass gemeinsam mit Lf in dieser Passage erneut im Verbot und in der Distanzierung vom Religionsunterricht seitens der Eltern der negative Gegenhorizont der Gruppe rekonstruiert werden kann („°das ist bei uns leider auch°“, 145).

Auch in Jfs Beispiel, das sie im Anschluss an Lf in den Diskurs einbringt, lässt sich die Wahrnehmung rekonstruieren, dass dem Religionsunterricht Distanz entgegengebracht wird. Diese komme von Elternseite, jedoch nicht von den Kindern, die für die Inhalte des Religionsunterrichts aufgeschlossen sind. Somit wird in dieser Passage ein weiteres Beispiel eingebracht, das einen gemeinsam geteilten Erfahrungshorizont der Gruppe erkennen lässt. Jf erkennt eindeutige Gemeinsamkeiten zwischen Lfs Beispiel und ihrem („genau derselbe Fall“, 146). In diesem Beispiel erzählt sie von drei muslimischen Kindern, die laut Plan nicht am Religionsunterricht teilnehmen, jedoch aufgrund organisatorischer Gründe im Religionsunterricht betreut werden sollten (146–148). Anfangs sind diese Kinder im Religionsunterricht noch betreut worden („die hatten am Anfang andere Materialien bekommen, mit denen sie sich beschäftigen können“, 151–152), mittlerweile nehmen sie an ihm „selbstverständlich“ (152) teil. Den Grund für die Veränderung von der Betreuungssituation hin zur aktiven Teilnahme dieser Kinder am Religionsunterricht liege für Jf im „inneren Impuls“ (154) der Kinder selbst. Dieser Impuls weise zwei Momente auf, einerseits ein inhaltliches, da diese Kinder „da schon irgendwie mitmachen“ (154) wollen, andererseits ein soziales, da sie „jetzt nich=so ausgegrenzt woanders irgendwo sitzen und was anderes machen“ (154–155) mögen. Diese veränderte Situation weise für Jf durchaus Konfliktpotential auf, da „Eltern n Problem“ (156) damit haben könnten. Mit diesem vermuteten Konfliktpotential werden in dieser Passage ein weiteres Mal Eltern mit Distanzierung vom Religionsunterricht in Verbindung gebracht. Ein derart distanziertes Verhältnis zum Religionsunterricht ist für Jf nicht nachvollziehbar, da sie zum einen muslimische Kinder an ihrem Religionsunterricht teilnehmen lässt („ich lass das jetzt im Moment auch einfach so geschehen“, 155–156), zum anderen den Religionsunterricht nicht als „religiöse Unterweisung“ (157) versteht, bei dem „irgendwas Verbotenes“ (158) praktiziert werde. Auch bei Jfs Beispiel lässt sich neben der Wahrnehmung, dass dem Religionsunterricht von Elternseite Distanz entgegengebracht werde, auch eine Orientierung an Kindern rekonstruieren, insofern die Teilnahme am Religionsunterricht zur religiösen Mündigkeit von Kindern beitrage („die Kinder solln das mal selber entscheiden“, 158). Die Passage wird durch eine rituelle Konklusion beendet, indem Kf das Thema verschiebt und von ihren Erfahrungen mit ökumenischen Schulgottesdiensten zu sprechen kommt, die über Jahre hinweg von ihr und einem katholischen, jedoch ohne evangelischen, Pfarrer gestaltet worden sind.

b) Passage ‚Religionsunterricht im Klassenverband als Potential, einander zu begegnen‘ (643–733)

Mit der Praxis eines Religionsunterrichts im Klassenverband greift der Diskussionsleiter ein Thema der Gruppe auf. Er benennt dieses, ohne eine Frage zu formulieren. Jf meldet sich sofort zu Wort und beginnt über dieses Thema zu sprechen (Gruppe Duisburg, 643–663) :

643 Y1: Sie haben vorher auch die Praxis eines Religionsunterrichts im Klassenverband
644 angesprochen.
645 Jf: °Ja: das wär schön° das wär ein großer Wunsch, also:. wobei das natürlich unheimlich
646 schwierig is, äh (.) wobei ich immer finde, m:::, wenn wir an so=nem Standort arbeiten wie
647 jetzt hier viele; wir sind ja schon recht fit. also, ich hab n Koran zuhause, ne? ich weiß schon
648 ungefähr, dass-m:::, welche Rolle Jesus und Maria im Koran spielen, welche Propheten da
649 sonst noch so vorkommen, so dass ich ja so schon immer zu den Kindern sage, ähm. letztens
650 kamen wa so am Gruppentisch ins Gespräch; ja, der Jesus is ja bei euch auch wichtig und er
651 heißt ja Isa-, ja, das stimmt, das hat meine Mama auch gesagt, und ähm, ich find (.) sowieso
652 immer wichtig zu zeigen, ich weiß was über deine Religion, willst du nicht auch was über
653 meine erfahren. und so würde ich auch im Religionsunterricht gestalten, wenn ich da alle
654 hätte. ich würde niemals versuchen, irgendwas überzustülpen, mach ich ja jetzt auch schon
655 nich, weil die ja sowieso ohne religiöse Vorbildung in die Schule kommen, ich versuche erst
656 mal ne Grundlage zu schaffen. und das kann ich au noch n bisschen breiter tun. und diese
657 ganzen sozialen Themen, die ja auch im Religionsunterricht tei-ähm, äh, st- ähm,
658 vorkommen; die würd ich auch gern allen zukommen lassen. also es is schon gan-bei mir=n
659 ganz starker Wunsch. ich will gerne Religionslehrerin für alle Kinder sein; und ich wäre
660 bereit, mich da auch ganz stark nochma weiterzuentwickeln in meinem Wissen über alle
661 Gruppen, die ich da hab; ich mein, es gibt ja auch Schulen, wo jüdische Kinder sind. da hab
662 ich jetzt gar keine Berührungspunkte, aber Kollegen, die das hätten, müssten sich damit
663 natürlich dann beschäftigen, ne? also (.) i-ich fänd das super. ich würd das gerne machen. (1)

Die Organisationsform eines Religionsunterrichts im Klassenverband wird von Jf durchaus und mehrmals positiv gesehen (645.663), gleichwohl sie einen Vorbehalt anführt („wobei", 645). Ein derart organisierter Religionsunterricht weise Schwierigkeiten auf, die – wie sich etwas später in ihrer Wortmeldung deutlicher entdecken lässt (659–663) – wohl bei den Lehrpersonen und ihrem Wissen über andere Religionen bestehen. Unabhängig von einem Religionsunterricht im Klassenverband („wobei ich immer finde", 646) fordere ein religiös pluraler Schulkontext heraus, sich entsprechendes Wissen anzueignen. Gleichzeitig betont Jf, die Gruppe sei diesbezüglich „ja schon recht fit" (647), wozu sie als Beleg sich selbst und ihr Wissen über den Islam – dieses sei für Jf durchaus noch erweiterbar („ich weiß schon ungefähr", 647–648; „mich da auch ganz stark nochma weiterzuentwickeln in meinem Wissen", 660) – exemplarisch anführt (647–649). In einer kurzen Erzählung über eine Unterrichtssequenz wird deutlich, dass Jf dieses Wissen bereits in ihrem gegenwärtigen Unterricht, und somit unabhängig von der Organisationsform eines Religionsunterrichts im Klassenverband („so dass ich ja so schon immer zu den Kindern sage", 649), für wichtig erachtet (649–653). Zugleich lassen sich in dieser kurzen Erzählung jene Ziele rekonstruieren, die Jf mit ihrem Religionsunterricht verfolgt, und die für sie in einem Religionsunterricht im Klassenverband ebenso leitend wären (653). Für Jf diene das Wissen über andere Religionen dazu, im Unterricht miteinander ins Gespräch zu kommen, bei SchülerInnen eine Vertrauensbasis aufzubauen („ja, das stimmt, das hat meine Mama auch gesagt", 651) sowie bei diesen Interesse über andere Religionen zu wecken, Begegnung zu ermöglichen und einander kennenzulernen („ich weiß was über deine Religion, willst du nicht auch was über meine erfahren", 652–653). Jf verleiht ihren Zielvorstellungen dadurch mehr Konturen, indem sie sich von einem anderen Ziel deutlich distanziert. Für sie komme es nicht in Frage, ihren SchülerInnen im Religionsunterricht „irgendwas überzustülpen" (654), womit Jfs Zielvorstellungen insgesamt das Moment der Offenheit gewinnt. Dieses Moment zeigt sich auch darin, wie sie einen Religionsunterricht im Klassenverband inhaltlich anlegen würde. Dieser wäre „noch n bisschen breiter" (656) angelegt, um religiöse Grundbildung bei SchülerInnen zu ermöglichen, „die ja sowieso ohne religiöse Vorbildung in die Schule kommen" (655). Das Moment der Offenheit drückt sich auch in ihrem Wunsch aus, „Religionslehrerin für alle Kinder" (659) zu sein und die „ganzen sozialen Themen" (657) als Teil des Religionsunterrichts eben „allen zukommen [zu] lassen." (658). Für Jf hat ein derart organisierter Religionsunterricht die Konsequenz, sich als Lehrperson entsprechend fortzubilden, da es einer eingehender Kenntnisse über all jene Religionen bedarf, die an der Schule durch SchülerInnen vertreten sind (660–663).

Während Jf vom Religionsunterricht im Klassenverband als ihr präferiertes, jedoch nicht an ihrer Schule praktiziertes Modell spricht, kann Kf von einer mehrjährigen Praxis eines solchen Religionsunterrichts berichten (Gruppe Duisburg, 664–686):

Kf: Also, ich habs ja viele Jahre gehabt, da hatten wir so wenig islamische Kinder gehabt, (.) und die haben, da war vielleicht ne Ausnahme, dass ma ein Kind dann, ein islamisches Kind am Anfang nicht, äh, am Religionsunterricht teilgenommen (.) hat; weil die Eltern auch immer sachten(.) mir, Sie sind vorsichtig, und ähm, so, ich vertraue Ihnen und was zu hören fänd ich einfach gut. also jüdische Kinder waren auch immer mal da, also es, äh, (.) mittlerweile, ähm, ja is (.) auch bei den islamischen Eltern unserer Schule so (.) beliebt, dass viele wegen unserer Schule in den Sch-äh, Schulbezirk gezogen sind, weil sie nämlich dann ein Anrecht haben auf n Schulplatz. ähm, bei uns is, ähm (.) wird, manchmal, muss manchmal ein Drittel bis zur Hälfte abgelehnt werden, weil wir keine Plätze haben. äh, und durch die Ganztagskons-konzeption sind wir eben halt doch dann sehr beliebt dann. und einige sachten schon, boah, schade. ähm, jetzt haben wir so viele Freunde geholt, jetz sind drei Viertel @(.)@ nee, jetz is äh so ein (.) mm, n Viertel dann auch muslimisch dann, äh (.) äh, ja. ich (1) ich hab es fast mit dem Klassenunterricht am Anfang, äh, und äh, (.) und merk aber auch immer mehr, (.) jetzt, fünf Kinder waren nich dabei, das fand ich eben mal, also im ersten

Jf: ⌊Mhm

Kf: Schuljahr dann, ne. ähm, das war schade, bei einigen Themen sind einzelne Kinder eben halt, Sankt Martin, dann durften sie, dann gabs so Eltern, die haben dann gefragt, was machen Sie? und dann durften sie, und äh, so ähm, ja. (2) manchmal wars dann betreuungsmäßig immer dann ne Rolle dann, äh, ich hab so zwei Seelen. meine evangelische Seele, die äh, (.) dann sagt, (.) m:::, es ist gut, auch nur die evangelischen Kinder zu haben, es ist dann dritte=vierte, und dann so (.) die christliche, ähm, und das ist einfach schön, so im Klassenverband gemeinsam religiös als Angebot so Lebenserfahrungen machen zu können dann und den Alltag (.) zu erleben dann

Ein Religionsunterricht im Klassenverband hat an Kfs Schule bestanden, als an ihr noch „wenig islamische Kinder" (664) gewesen sind, von denen zudem nahezu alle am Religionsunterricht teilgenommen haben (665–666). Die Teilnahme muslimischer Kinder an ihrem Religionsunterricht ist von den muslimischen Eltern zumindest akzeptiert, wohl auch gewünscht gewesen („was zu hören fänd ich einfach gut", 667–668). In Gesprächen haben diese Eltern Kf bescheinigt, sie sei in Sachen Religion „vorsichtig" (667), weshalb ihr Vertrauen entgegengebracht worden ist. Diese Gespräche mit Kf lassen erneut die Wahrnehmung der Gruppe rekonstruieren, dass muslimische Eltern mit dem evangelischen Religionsunterricht „Berührungsängste" (80) haben. In weiterer Folge berichtet Kf von Veränderungen an der Schule und in der Organisation des Religionsunterrichts. Mittlerweile hat sich zum einen aufgrund der hohen Attraktivität der Schule der Anteil muslimischer SchülerInnen deutlich erhöht (669–675), zum anderen ist eine nahezu absolute Teilnahme am Religionsunterricht nicht mehr gegeben. Eine solche Entwicklung findet Kf bedauerlich („schade"; 679). Auch in dieser veränderten Situation bestehen seitens muslimischer Eltern weiterhin „Berührungsängste" (80) bzw. ein distanziertes Verhältnis zum evangelischen Religionsunterricht. So haben „einzelne Kinder" (679) bei bestimmten Themen am Religionsunterricht teilnehmen dürfen – Kf führt „Sankt Martin" (680) an –, nachdem Kf mit muslimischen Eltern gesprochen und sich so über den Unterricht informiert hatten. Neben einer solchen Teilnahme ist auch die Frage nach der Betreuung der SchülerInnen im Religionsunterricht an Kfs Schule hin und wieder ein Thema, ohne dass sie näher auf diese Frage eingeht. Insgesamt wird deutlich, dass Kf „Berührungsängste“ (80) gegenüber dem Religionsunterricht wahrnimmt, und dass für sie Vertrauen und Sensibilität zentrale Kategorien sind, um diesen zu begegnen. Ebenso wie Jf hat Kf den Wunsch, Religion im Klassenverband zu unterrichten. Diesen Wunsch setzt Kf jedoch nicht absolut. Vielmehr sei sie in ihrer Präferenz zwiespältig, wozu sie das Bild von „zwei Seelen“ (682) verwendet, die sie in ihr trage. Während in ihr die „evangelische Seele“ (682) einen Religionsunterricht mit ausschließlich evangelischen SchülerInnen, insbesondere in der dritten und vierten Schulstufe, als „gut“ (683) befindet, präferiert ihre „christliche“ (684) für einen Religionsunterricht im Klassenverband. Das Bild der christlichen Seele weist insofern das Moment der Offenheit auf – dies wird alleine durch die Bezeichnung erkennbar – , als sie damit für einen Religionsunterricht plädiert, der jenseits der Konfessionsgrenzen organisiert ist und „als Angebot“ (685) verstanden wird. Zudem lässt sich Kfs Zielvorstellung eines derart organisierten Religionsunterrichts erkennen. In einem solchen Religionsunterricht bestehe für sie die Möglichkeit („Angebot“, 685) nun jenseits einer Religionsunterrichtsgruppe und -stunde „im Klassenverband gemeinsam“ (684–685) religiöse „Lebenserfahrungen“ (685) zu machen und „den Alltag (.) zu erleben“ (686), womit grundsätzlich breit angelegte Ziele verfolgt werden und das gemeinsame Erleben ins Zentrum gerückt wird.

Nachdem Kf skizziert hat, wie ein solcher Religionsunterricht ihrer Vorstellung nach gestaltet sein könnte, führt Jf weitere Möglichkeiten aus (Gruppe Duisburg, 687–722):

Jf: Was ich mir auch vorstellen könnte wäre wirklich, dass man diesen Unterricht, ähm, fest in, in=son Stundenplan, äh integriert und Experten hat, die phasenweise kommen und eben auch nochmal sich mit der jeweiligen Religion besonders gut auskennen und nochmal so=n,(.) äh, in Kursen oder in Projekten oder so dann nochmal ähm die Kinder anders zusammenfassen an der Schule und dann vielleicht auch nochmal intensiv in der einen Religion da mit denen arbeiten, ne, wo ich dann auch mein evangelisches Profil @schon auch
?f: └ @(2)@ Ja
Jf: mal loswerden dürfte@, ähm, also, ich glaube auch, es-es ist schön, sich auch immer wieder auf den Weg zu machen, was, was wäre denkbar oder möglich oder was kann ich mir auch vorstellen, ne? damit es (.) mehr Menschen einfach auch erreicht, ne? und wenn man sich eben mit den muslimischen Eltern unterhält, (.) merkt man schon, wenn das Kind vielleicht n andern Namen hätte, oder wenn es irgendwie (.) noch transparenter wäre oder über ne Zeitlang vielleicht auch die Eltern einfach dazukommen dürften, würde vielleicht auch das gar nicht so schwierig sein, s umzusetzen, °weiß ich nicht°. (3) aber das ist jetzt sehr in die Zukunft gedacht.
Nf: Also, ich bin auch eher für einen Religionsunterricht, in, in der Klasse, also klassenintern und dann eben ökumenisch angelecht oder für alle Religionen offen, ähm, ich finde, in den anderen Fächern ähm wird immer gesagt, wir sollen von den Unterschieden profitieren und das tun die Kinder ja auch. ähm, ne, von den äh, von ihren verschiedenen Erfahrungen und grade in Religion bietet sich das ja auch an; ähm, gemeinsam da, ähm, au- sich auf den Weg zu machen, und eben von den Unterschieden, ähm, her zu profitieren. denn ich grenze mich dadurch natürlich auch zu anderen ab, ich kann aber auch Gemeinsamkeiten herausfinden und, ähm, ich f- finde, es könnte einer Klasse viel mehr geben ahm, als diese-dieser getrennte Unterricht. ich, äh, kann das nachvollziehen, dass das jetz noch nich angesagt ist, sondern sehr weit in die Zukunft, äh, gedacht oder gewünscht ist, aber, ähm, also ich bin eher christlich in meinem Denken auch, und ähm, würd das sofort unterstützen und, ähm, lade eben auch gerne immer katholische Kinder ein oder wir machen mal was zusammen auch, ahm, und das kommt einfach auch bei den Kindern gut an.
Kf: Also die katholischen Kinder gehen sehr ungern. und wenn die wieder reinkommen,

?f: └ °Ja, bei uns auch°
?f: └ °(...)°
Kf: empfinden das auch immer so als, ähm (.) ja, die formulieren dass das schade, ähm, das was wir bei uns, äh, bei mir auch in der Klasse in der Ausbildung so, dass wir nicht dabei bleiben können und so, ähm ja. und das, ähm, die (2) sagen es auch immer wieder. wir wollen eigentlich zusammen bleiben.
Jf: └Mhm

Für Jf wäre es denkbar, diesen Religionsunterricht als fixen Bestandteil in den schulischen Fächerkanon aufzunehmen („fest in, in=son Stundenplan, äh integriert", 687–688). Seine Praxis könnte dadurch geprägt sein, dass „Experten" (688) verschiedener Religionen in den Unterricht kommen und eine intensive Beschäftigung mit der jeweiligen Religion erfolgen könnte. In dieser Sequenz ist deutlich zu erkennen, dass Jf nicht für eine Aufweichung der Inhalte plädiert, sondern für eine eingehende Auseinandersetzung mit den verschiedenen Religionen, in denen diese auch jeweils zur Geltung kommen dürfen („wo ich dann auch mein evangelisches Profil @schon auch mal loswerden dürfte@", 692–694). In Jfs Wortmeldung wird ein weiteres Mal deutlich, dass sie einem derart organisierten Religionsunterricht, dem Wissen über andere Religionen und der Bereitschaft, sich als Lehrperson „immer wieder auf den Weg zu machen" (694–695) und sich weiterzuentwickeln, einen hohen Stellenwert einräumt. Denn Jfs erklärtes Ziel sei es, religiöse Bildung letztendlich einem größeren Kreis zu ermöglichen („damit es (.) mehr Menschen einfach auch erreicht, ne?", 696). Zudem hätte ihrer Ansicht nach diese Organisationsform des Religionsunterrichts das Potential auch bei muslimischen Eltern Akzeptanz zu finden, indem mit ihnen über dieses Konzept gesprochen und „noch transparenter" (698) nähergebracht werde. Dies könne beispielsweise dadurch geschehen, dass „über ne Zeitlang vielleicht auch die Eltern einfach dazukommen dürfen" (699). Ihre Zukunftsvision betrachtet Jf durchaus als umsetzbar, auch wenn sie eine solche Umsetzung in weiter Zukunft sieht (699–701). Indem Jf in ihrer Vision muslimische Eltern anführt, wird abermals auf die Wahrnehmung der Gruppe aufmerksam gemacht, dass dem Religionsunterricht von muslimischer Elternseite Distanz entgegengebracht werde. Dieses distanzierte Verhältnis – es bildet den negativen Gegenhorizont der Gruppe – solle durch Offenheit und Transparenz überbrückt werden, womit der positive Horizont der Gruppe angesprochen ist und – wie im weiteren Diskursverlauf noch zu erkennen ist – Begegnung ermöglichen.

Auch Nf schließt sich Jfs Präferenz eines Religionsunterrichts im Klassenverband an, der ihrer Vorstellung nach „ökumenisch angelecht oder für alle Religionen offen" (703) wäre. Für diese Organisationsform führt sie ein pädagogisches bzw. differenztheoretisches Argument an. Die Forderung, die in anderen Unterrichtsfächern besteht, Kinder „sollen von den Unterschieden profitieren" (704) – für Nf steht es fest, dass Kinder tatsächlich von Unterschieden profitieren (705) –, verwendet Nf als Argument für einen derart organisierten Religionsunterricht („gerade in Religion bietet sich das ja auch an“, 706). Mit Blick auf die SchülerInnen und dem Lernpotential angesichts von Differenz Unterschiede wahrzunehmen und Gemeinsamkeiten zu entdecken, weise diese Organisationsform einen pädagogischen Mehrwert gegenüber einem konfessionell getrennten Religionsunterricht auf. Obwohl sie eine Veränderung der Organisationsform gegenwärtig als nicht realistisch betrachtet (710–711), optiert sie dennoch für einen Religionsunterricht im Klassenverband. Sie bezeichnet sich selbst in ihrem Denken als „eher christlich“ (711), womit sie auf Kfs Unterscheidung zwischen evangelischer und christlicher Seele anspielt (682–684) und ihre Präferenz für einen Religionsunterricht im Klassenverband bekundet („würd das sofort unterstützen“, 712). Auch sie verwendet dieses Bild, um ihre Offenheit gegenüber anderen Konfessionen und Religionen zum Ausdruck zu bringen. Diese Offenheit zeigt sich gegenüber katholischen SchülerInnen, die sie in ihren Unterricht einlädt (712–713), und in Kooperationen („wir machen mal was zusammen“, 713). Indem Nf betont, dass solche Initiativen positive Resonanz bei Kindern bewirke, führt sie ein weiteres Argument für einen Religionsunterricht im Klassenverband an und lässt ihre Orientierung an Kindern erkennen. In ähnlicher Weise konnte diese Orientierung bereits bei Jf rekonstruiert werden, die einen Religionsunterricht im Klassenverband präferiert, damit für mehr Kinder religiöse Bildung ermöglicht werde (696), womit ein weiterer Beleg für eine weitgehend gemeinsam geteilte Orientierung der Gruppenmitglieder vorhanden ist. Diese Orientierung ist auch bei Kf zu entdecken, die sich nun ebenfalls auf katholische SchülerInnen bezieht, wodurch eine klare Orientierung an Kindern über die eigene Konfession hinweg zu erkennen ist. Katholische SchülerInnen, so Kf und ein weiteres Gruppenmitglied (716), würden ihren eigenen Religionsunterricht „sehr ungern“ (715) besuchen. Diese empfinden die Trennung im Religionsunterricht „schade“ (718) und hätten mit Blick auf Kfs Religionsunterricht viel lieber einen Unterricht im Klassenverband („dass wir nicht dabei bleiben können“, 719–720; „wir wollen eigentlich zusammen bleiben“, 720–721).

Dass die Gruppe in ihrer Orientierung an alle Kinder, und somit unabhängig von ihrer jeweiligen Konfession und Religion, ausgerichtet ist – gleichzeitig schwingt hier auch das Moment der Offenheit mit –, zeigt sich am Ende der Passage ein weiteres Mal, wenn sich nun Lf zu Wort meldet (Gruppe Duisburg, 723–733):

Lf: Ich hab das eben auch erlebt an der Schule in den ersten beiden Schuljahren, dass es, dass der Religionsunterricht im Klassenverband is und ich finde, allein stimmungsmäßig is=es etwas ganz anderes. es is ein (.) ganz persönlicher Unterricht der Religionsunterricht und das im Klassenverband macht es nochmal wesentlich persönlicher, als wenn dann auf einmal, F-, ja, Fremde, obwohl, fremd sind die Kinder dann doch nicht, aber (.) es ist für die Stimmung und für das Persönliche (.) auf jeden Fall was anderes, obs in der Klasse stattfindet oder (.) nicht in der Klasse und; ich denke, dass andere Religionen dann dadurch profitieren könnten, dass es im Klassenverband stattfindet und dass dadurch ein (.) Austausch einfach auch stattfinden könnte. also der Klassenverband spielt eigentlich ne große Rolle; dieses Vertraute. dieses Persönliche. die Umgebung.

(7)

Lf hebt die Besonderheiten eines Religionsunterrichts im Klassenverband hervor, die bereits in der Atmosphäre des Unterrichts zu entdecken sind („allein stimmungsmäßig“, 724). Im Modus des Vergleichs (726–727) betont sie seine grundlegende Andersartigkeit („etwas ganz anderes“, 725; „auf jeden Fall was anderes“, 728) und sieht ihn insofern stärker an den Kindern orientiert, als er „nochmal wesentlich persönlicher“ (726) konzipiert sei (726–728). Lfs Wortmeldung bildet zugleich das Ende dieser Passage, in der sie die Bedeutung eines derart organisierten Religionsunterrichts für die Kinder (einander begegnen) generalisiert und auf „andere Religionen“ (729) ausweitet. So stelle diese Organisationsform nicht bloß für Kinder einen Mehrwert dar, vielmehr habe er das Potential, Begegnung der Religionen zu initiieren („Austausch“; 730) und womöglich „Berührungsängste“ (80) abzubauen, da in ihm „dieses Vertraute. dieses Persönliche. die Umgebung“ (731–732) einen zentralen Stellenwert einnehmen.

c) Passage ‚Herausforderungen und Bedeutung des Religionsunterrichts angesichts geringer TeilnehmerInnenzahlen‘ (849–937)

Der Diskussionsleiter greift das diskursimmanente Thema „Abzweigen von Religionsstunden“ (849) auf. Seine Wortmeldung ist vage formuliert, wodurch er die Gruppe zu weiteren Ausführungen anregt (Gruppe Duisburg, 849–897):

Y1: Sie haben da was gesagt, mit Abzweigen von Religionsstunden, oder so etwas?
Lf: Ja, das kommt immer wieda: mal vor, dass eben, ahm, also wir hatten halt zu wenig
Stundenkontingent im letzten Schuljahr und, ahm, dann wurden eben bei einigen Fächern
Stunden ge(.)strichen. das heißt ich hatte nur noch eine, ähm, Stunde pro Woche Religion,
ahm, Musik wurde auch gestrichen, (.) ahm, a-also auf eine Stunde Religion, äh=äh, auf eine:
Jf: └ M:::
Lf: Unterrichtsstunde pro Woche, und, ähm, das is immer (.) nur pha:senweise gewesen, aber,
m:::, (1) ich denke schon, dass dieses Fach halt (.) öfter davon betroffen ist als jetzt andere
Fächer. (2)
Jf: Mhm. also wir hatten auch ne Phase weiß ich, in, in der Ausbildung der letzten
Lehramtsanwärterin, (.) ähm, wo es hieß, wir können nur noch einstündig Religionsunterricht,
äh, anbieten in Klasse eins=zwei und in Klasse drei=vier, (.) ne, in drei=vier war noch
zweistündig. also, in-in im kleineren, im unteren Jahrgang, (.) in der Schuleingangsphase nur
noch einstündig; und da hab ich mich also dann persönlich an den Stundenplan gestellt und
gekuckt ob die zweite Stunde nicht doch noch irgend**wo::** (.) organisatorisch reinpasst, weil
ich gesacht hab, also, erstens für das Fach, aber zweitens natürlich auch für die Ausbildung ist
das wichtig, dass das zweistündig erteilt wird, und (.) es war dann also auch mö:glich; also ich
merk schon noch=ma muss schon dafür auch kämpfen dass es so bleibt. und wenn man
bedenkt, dass wir noch vor einigen Jahren im Grunde drei Religionsstunden hatten, und
eigentlich diese dritte Stunde ja durch diese (1) wie hieß das nochmal so schön?
?f: Kontaktstunden
Jf: Danke, Kontaktstunden, die eigentlich ausgeglichen werden sollte, die inzwischen ja so gut
wie kaum noch irgendwo wirklich regelmäßig stattfindet, find ich schon, dass diese
Zweistündigkeit, also da besteh ich dann schon drauf, dass das irgendwo noch möglich is,
dass die wenigstens diese zwei Stunden haben, die Kinder. ähm, ja und wir sind jetzt nicht
mehr Ausbildungsschule für Religion, weil wir zu wenig Schüler haben und unsere letzte
Lehramtsanwärterin is abgesprungen nach n paar Wochen, ähm, auch weil wir sehr ne sehr
schwierige Schülerschaft haben, aber auch weil sie natürlich wenig Möglichkeiten hat, sich da
auszuprobieren. wenns von zwei
Lf: └ Ja; ist schwierig, mit
sieben Kindern bei mir mit=nem Krippenspiel is schon, ah ja.
Jf: └ Ja, genau └ @(.)@ └ Sehr minimalistisch dann

?f: └@(4)@
Lf: Ja, also ist schon kritisch, ich hab so quasi n paar Rollen intus dann; also
Jf: └@(4)@
Lf: **Ja**, also=man wird pragmatisch jetzt. scheitert da echt dran, ne? ode:r (1) tja. **ja.**
Jf: └@(3)@
?f: └@(3)@
Jf: is dann sehr dicht das Krippenspiel
?f: └ @(3)@
?f: └@(3)@
Kf: Und ich spiel dann doch meine (Engelein) ladadi @(4)@ ( )
Jf: └@(2)@
?f: └@(2)@
?f: (Verkleiden wir uns als) König, ne? @(2)@
?f: Schön ist auch mal singen mit sieben.
?f: └@(.)@
Jf: └Mhm
?f: └N Kanon @(.)@

Als Erste geht Lf auf dieses Thema ein. Sie entfaltet es, indem sie im Modus einer Beschreibung die Situation an ihrer Schule im vergangenen Schuljahr darstellt. Demnach komme es aufgrund von Stundenkontingentengpässen regelmäßig (850.855), jedoch nicht durchgehend („nur pha:senweise", 855), zu Kürzungen von Unterrichtseinheiten „bei einigen Fächern" (851). In Lfs Beschreibung der Stundenkürzung nimmt der Religionsunterricht jedoch eine besondere Stellung ein. Auch wenn Lf betont, dass Stundenkürzungen ebenso bei anderen Fächern vorgenommen werden („Musik wurde auch gestrichen", 853), sei der Religionsunterricht jedoch vergleichsweise „öfter davon betroffen" (856). Auch Jf kann über Stundenkürzungen an ihrer Schule berichten, die sie genauso wie Lf als keine generelle Praxis beschreibt („ne Phase", 858). In ihrer Erzählung scheint bereits in Ansätzen die Orientierung der Gruppe an Kindern auf, die im weiteren Diskursverlauf von ihr und auch von den anderen Gruppenmitgliedern elaboriert wird. Denn der Religionsunterricht habe für Kinder eine hohe Bedeutung, die selbst durch organisatorische und inhaltliche Herausforderungen, mit denen der Religionsunterricht konfrontiert ist, besteht. Zunächst kommt Jf auf solche Herausforderungen zu sprechen und erzählt von der Stundenreduzierung des Religionsunterrichts in den ersten beiden Jahrgängen. In ihrer Erzählung wird erkennbar, dass sie den Religionsunterricht als ein gefährdetes Fach an der Schule sieht (859–862.866–871). Dieser bedarf des persönlichen Einsatzes/Engagements, sodass er Stundenreduzierungen nicht anheimfällt („persönlich an den Stundenplan gestellt", 862; „schon dafür auch kämpfen, dass es so bleibt", 866). In mehrfacher Weise betont sie, dass für den Religionsunterricht ein Minimum an Stunden vorzusehen ist. Ein solches Minimum hat sie durch Stundenreduzierungen an ihrer Schule gefährdet gesehen. Für das Mindestmaß an Religionsstunden führt Jf mehrere Begründungen an: „erstens für das Fach, aber zweitens natürlich auch für die Ausbildung" (864) von LehramtsanwärterInnen und schließlich, „dass die wenigstens diese zwei Stunden haben, die Kinder." (873) In ihrer letzten Begründung („die Kinder", 873) wird rudimentär bereits an dieser Stelle die Orientierung der Gruppe an Kindern erkennbar, die jedoch erst im weiteren Diskursverlauf deutlicher zu Tage tritt. Einstweilen werden in dieser Passage nochmals die inhaltlichen und organisatorischen Herausforderungen des Religionsunterrichts thematisiert. Diese ergeben sich aufgrund der geringen Teilnahme am Religionsunterricht, sodass die letzte Lehramtsanwärterin an Jfs Schule unter anderem, jedoch nicht ausschließlich („auch weil wir sehr ne sehr schwierige Schülerschaft haben", 875–876), auch deshalb die Schule verlassen hat, „weil sie natürlich wenig Möglichkeiten hat, sich da auszuprobieren." (876–877). Die Herausforderungen, mit denen der Religionsunterricht angesichts der geringen TeilnehmerInnenzahl konfrontiert ist, kommen in besonderer Weise in der Thematisierung der beschränkten Gestaltungsmöglichkeiten im Religionsunterricht zur Geltung. In einer interaktiv dichten Sequenz – sie zeichnet sich durch mehrfach überlappendes Reden und Lachen aus – kommt die Gruppe auf ein Krippenspiel zu sprechen. So erscheint seine Durchführung durchaus als „schwierig" (878), „minimalistisch" (880), „kritisch" (882) und aufgrund der geringen TeilnehmerInnenzahl am Religionsunterricht letztendlich als nicht möglich („scheitert da echt dran, ne", 884). Die besonderen Schwierigkeiten in der Gestaltung des Religionsunterrichts werden durch einige Gruppenmitglieder zudem dadurch zum Ausdruck gebracht, dass sie selbst beim Krippenspiel Rollen übernehmen müssten (882.890.893) und das gemeinsame Singen im Religionsunterricht, insbesondere eines Kanons, an Grenzen gerät (894–897). Das fortwährende Lachen in dieser Sequenz veranschaulicht, dass bestimmte Gestaltungsmöglichkeiten (Krippenspiel, Singen eines Kanons) das Moment der Absurdität erfahren, insofern sie aufgrund der geringen TeilnehmerInnenzahl am Religionsunterricht nicht durchführbar sind. Nach dieser interaktiv dichten Sequenz über die begrenzten Gestaltungsmöglichkeiten des Religionsunterrichts meldet sich Kf zu Wort (Gruppe Duisburg, 898–937):

898 Kf: Aber der (.) Religionsunterricht fällt nicht aus? der wird nicht gestrichen, ne?
899 Lf: └ Nein.
900 Jf: Auch zweistündig?
901 Lf: Der findet zweistündig statt. die Kinder genießens, ich auch
902 ?f: └ Ja
903 Jf: └ Und du machst auch Klasse eins=zwei
904 und drei=vier gemischt?
905 Lf: └ Eins=zwei ( ) nee, ich mach eins=zwei.
906 Jf: └ Ah=ja. also habt ihr noch, eine Religions:
907 (.) lehrerin. trotz der wenigen
908 Lf: └Wir haben einen Kollegen und eine katholische; äh, Kollegin.
909 Jf: └Mhm.
910 Of: Aber dann hats ja dann doch den Stellenwert, den jeder so dem Fach auch beimisst. grade
911 Jf: └Ja. das s doch schön.
912 Of: dann auch von Seiten der Schulleitung oder demjenigen, der die (.) der den Stundenplan
913 macht und
914 Lf: Ja=ja ( ) genau. das, das bleibt auch bestehen und (.) wie gesagt, die Kinder genießen
915 diese Stunden, ich genieß die und wirklich auch total mit sieben Kindern, es ist so schön, die
916 Of: └ Ja. man begegnet den Kindern auch nochmal
917 ganz anders.

Lf: erzählen mir so viele Dinge, auch ich bin für die in dem Moment so, Ansprechpartnerin,
Jf: ⌊ Mhm
Lf: (2) schon toll.
?f: ⌊ Ja
Jf: ⌊ Schön
Of: Und (euer) pos- persönliche Probleme als jetzt die Frage; wie viel sind zwei plus fünf. (2)
?f: ⌊ Mhm, also is
Of: na, da ist so diese Frage so, wie geht es dir überhaupt; was, was is grade los;
Lf: ⌊ Ja, oder wenns ( )
dann kommen sie an, erzähln mal oder fragen, oder haben; ne? ich hab ein, ein (2) Kind da ist,
Of: ⌊ Möchtest du was erzähln (.) ja
Lf: da tobt grad so=n Sorgerechtsstreit, der erzähl dann und, °braucht er dann auch so° (2) die
Zeit
Jf: ⌊ Mhm (.) ja, der Raum is da dafür, ne
?f: ⌊ Mhm
Lf: ⌊ Ja:, ich genieß
das echt auch, also kann mich dann zu denen hinsetzen und (.) dann überlegen wa was; und
wir haben so=n ganz tolles Religionsheft gestaltet; is immer schön. (2) °genießen die Kinder°
(3) wie gesacht, ( ) Krippenspiel °nicht möglich°
?f: ⌊@(3)@

Wurde vorhin noch über Stundenreduzierungen des Religionsunterrichts gesprochen, erkundigt sich Kf nun in zwei Nachfragen, ob der Religionsunterricht an Lfs Schule angesichts dieser herausfordernden Situation (geringe TeilnehmerInnenzahl) überhaupt bestehe und er nicht zur Gänze gestrichen werde (898). Dass Kf durchaus mit einer verneinenden Antwort rechnet, kann aufgrund zweier Hinweise in ihren Fragen angenommen werden. Zum einen leitet sie ihre erste Frage mit der Konjunktion „Aber“ (898) ein und drückt damit wohl den Vorbehalt aus, der Religionsunterricht würde ausfallen. Zum anderen schließt sie ihre zweite Frage mit dem Frageanhängsel „ne“ (898), womit sie vermutlich auf Zustimmung hofft. Nachdem Lf Kfs Fragen verneint hat, werden in Form von Nachfragen das Stundenausmaß (900–901) sowie die Organisation des Religionsunterrichts an Lfs Schule geklärt (903–908). All diese Fragen veranschaulichen, dass die Gruppe den Religionsunterricht unter bestimmten Umständen an der Schule als nicht selbstverständlich ansieht („also habt ihr noch, eine Religions: (.) lehrerin. trotz der wenigen“, 906–907). Als klar ist, dass an Lfs Schule „trotz der wenigen“ (907) SchülerInnen im Religionsunterricht der Religionsunterricht dennoch bestehe, führt Of eine Argumentation an. In dieser wird erkennbar, dass für Of der Religionsunterricht an Lfs Schule offensichtlich dennoch einen „Stellenwert“ (910) habe, was auch von Jf positiv kommentiert wird (911). Ofs Ansicht nach habe der Religionsunterricht an der Schule einen „Stellenwert“ (910), weil ihm dieser von Personen beigemessen wird, in besonderer Weise „von Seiten der Schulleitung oder demjenigen, der die (.) der den Stundenplan macht“ (912–913). So wird auch in Ofs Argumentation deutlich, dass die Gruppe den Religionsunterricht als ein nicht selbstverständliches Fach an der Schule erachtet. Letztendlich sei sein Vorhandensein davon abhängig, ob ihm Bedeutung an der jeweiligen Schule beigemessen wird. Lf validiert Ofs Einschätzung, sieht den Religionsunterricht an ihrer Schule fest verankert

(„das, das bleibt auch bestehen", 914) und wiederholt (901), dass sowohl die Kinder, als auch sie selbst den Religionsunterricht „genießen" (914). Nachdem die Gruppe vorhin die geringe TeilnehmerInnenzahl als eine besondere Herausforderung in der Gestaltung des Religionsunterrichts herausgestrichen hat, führen Lf und Of diesbezüglich nun positive Aspekte an. Diese werden von den anderen Gruppenmitgliedern ratifiziert (919.924) und zum Teil auch validiert (921–922). Auch diese Sequenz zeichnet sich durch eine hohe Interaktion der Gruppenmitglieder aus und kann ebenso als ein Hinweis verstanden werden, dass sich in dieser Sequenz in besonderer Weise gemeinsam geteilte Orientierungsmuster entdecken lassen.

Lf und Of begründen die Besonderheit eines Religionsunterricht in kleinen Gruppen („mit sieben Kindern", 915) – er wird von Lf als „so schön" (915) und „toll" (920) bezeichnet –, indem sie einen Einblick in seine Praxis gewähren. In einem solchen Religionsunterricht ist die Beziehung der Lehrpersonen zu den SchülerInnen von besonderer Qualität („ganz anders", 917) und zeichne sich durch persönliche Begegnung und Vertrauen aus. Lf und Of führen als Konkretisierung einige Beispiele an, die die Orientierung der Gruppe verdeutlichen. Indem sich Lf selbst als „Ansprechpartnerin" (920) für ihre SchülerInnen sieht und Of die Probleme der SchülerInnen (923) und ihr Wohlbefinden (925) in den Mittelpunkt stellt, wird die Orientierung der Gruppe an den Bedürfnissen und Problemen der Kinder deutlich erkennbar. Of baut in ihrer Beschreibung eine Gegenüberstellung auf, durch die die Orientierung der Gruppe nochmals deutlicher akzentuiert wird. So stehen für Of die Probleme sowie die persönlichen Fragen der SchülerInnen im Mittelpunkt des Religionsunterrichts (923–925) und nicht Fragen nach ihrem Wissen („wie viel sind zwei plus fünf", 923). Diese Akzentuierung Ofs wird durch Lf validiert (926). Auch sie konkretisiert die Orientierung der Gruppe, indem sie wechselseitig mit Of die Praxis des Religionsunterrichts beschreibt (926–930). In diesem haben SchülerInnen die Möglichkeit, über ihre Probleme zu reden und Fragen zu stellen. Ein derart angelegter Religionsunterricht entspreche den Bedürfnissen der SchülerInnen, wozu Lf ein Beispiel eines Kindes anführt, das in einem Sorgerechtsstreicht verwickelt ist. Dieses Kind habe im Religionsunterricht die Möglichkeit, darüber zu reden, was ihm auch gut tue („°braucht er dann auch so° (2) die Zeit", 929–930). Insgesamt wird in dieser Sequenz deutlich, dass die Gruppe in der Gestaltung des Religionsunterrichts sich an den Bedürfnissen der SchülerInnen orientiert. Der Religionsunterricht biete ihnen „Raum" (931) und „Zeit" (930), über ihre Fragen und Probleme zu sprechen. In der abschließenden Konklusion wird nochmals deutlich, dass ein solches Verständnis des Religionsunterrichts zum positiven Horizont der Gruppe zählt, denn Lf betont, auch sie selbst genieße diesen Unterricht, wozu sie das schön gestaltete Religionsheft als einen zusätzlichen Beleg anführt (934–935). So weist der Religionsunterricht mit einer geringen TeilnehmerInnenzahl für die Gruppe dennoch etwas Positives auf, da er sich in besonderer Weise den Bedürfnissen der SchülerInnen widmen kann, währenddessen bestimmte Gestaltungsmöglichkeiten an Grenzen geraten bzw. nicht möglich sind („Krippenspiel °nicht möglich°“, 936). Da Lf am Ende dieser Passage nochmals das „Krippenspiel“ (936) anführt, werden die beiden Seiten des Religionsunterrichts nochmals deutlich auf den Punkt gebracht. Für die Gruppe befindet sich der Religionsunterricht in einer Spannung. Zum einen empfinden sie ihn als ein gefährdetes Fach, das durch Stundenreduzierungen besonders betroffen sei und aufgrund geringer TeilnehmerInnen in der Gestaltung der Unterrichtspraxis an Grenzen gerät. Gleichzeitig betont die Gruppe, der Religionsunterricht habe dennoch etwas für SchülerInnen zu bieten, insofern die Gruppe sich an den Bedürfnissen der Kinder orientiert und diese in den Mittelpunkt ihres Unterrichts stellen.

4.4 Bündelung der Ergebnisse

Nachdem die kollektiv geteilten Orientierungsrahmen der Gruppen in Diskursbeschreibungen detailliert nachgezeichnet wurden, werden sie nun fallübergreifend gebündelt. Durch diese Bündelung wird ein weiterer Abstrahierungsgrad erreicht, ohne eine Homogenisierung der rekonstruierten Orientierungsrahmen vornehmen zu wollen. Gleichzeitig wird durch die Bündelung die komparative Analyse, die für die dokumentarische Methode immanent ist und bereits in der Diskursbeschreibung angewendet worden ist, deutlicher erkennbar. Als qualitativ-empirische Untersuchung vermag sie in Komplementarität mit den beiden anderen Teilstudien jedoch ein differenziertes Bild zu entwerfen, wie evangelische ReligionslehrerInnen an Grundschulen im Rheinland den Religionsunterricht wahrnehmen (4.5.1), wie sie seine Praxis begründen (4.5.2) und welche Einstellung sie gegenüber einem Religionsunterricht im Klassenverband haben und wodurch sie geprägt ist (4.5.3). Der Fokus dieser Bündelung richtet sich demnach auf jene empirisch gewonnenen Erkenntnisse, die für die Religionspädagogik im Allgemeinen und für die Diskussion mit den Ergebnissen der beiden anderen Teilstudien dieser Untersuchung von besonderem Interesse sind.

4.4.1 Zur Wahrnehmung des Religionsunterrichts

Die analysierten Gruppendiskussionen ermöglichen einen Einblick, welches Grundverständnis evangelische ReligionslehrerInnen an Grundschulen im Rheinland in Bezug auf den Religionsunterricht haben und wie er ihrer Ansicht nach von anderen Bezugsgrößen gesehen wird. Letztendlich geben jedoch beide Perspektiven Aufschluss darüber, wie der Religionsunterricht seitens dieser ReligionslehrerInnen wahrgenommen wird, da auch die vermutete Fremdwahrnehmung der anderen Bezugsgrößen Teil der eigenen Wahrnehmung ist.

Von Offenheit geprägt, mit Distanzierungen konfrontiert

Die rekonstruierten Orientierungsrahmen der Gruppendiskussionen weisen darauf hin, dass der Religionsunterricht von Seiten der ReligionslehrerInnen als einladend und offen gesehen wird. Gleichzeitig nehmen die ReligionslehrerInnen in den analysierten Gruppendiskussionen von anderen Bezugsgrößen des Fachs eine Distanzierung wahr. Diese zweifache Wahrnehmung des Religionsunterrichts drückt sich in der Diskussion der ‚Gruppe Gummersbach' aus, wenn sie ihn im Kontext von Problemen thematisiert. Für diese Gruppe werde der Religionsunterricht in seiner Existenz und inhaltlichen Ausrichtung von ‚rechten Glaubensgruppierungen' angefragt bzw. in Frage gestellt, womit die Gruppe eine Distanzierung vom, ja sogar einen „Widerstand" (Gruppe Gummersbach, 37) gegen den Religionsunterricht wahrnimmt. Seine Inhalten seien für ‚rechte Glaubensgruppierungen' „zu (.) offen" (Gruppe Gummersbach, 28) und „°Zu lasch°" (Gruppe Gummersbach, 29). Während die ‚Gruppe Gummersbach' solche Glaubensgruppierungen insofern mit Enge und Rigidität in Verbindung bringt, als sie ein wortwörtliches Bibelverständnis aufweisen, zeichne sich der evangelische Religionsunterricht durch (inhaltliche) Offenheit aus. Dieses Verständnis des Religionsunterrichts kommt auch in der Thematisierung katholischer Schulen und des katholischen Religionsunterrichts, die für die ‚Gruppe Gummersbach' ebenso wie ‚rechte Glaubensgruppierungen' als negative Gegenhorizonte dienen, zum Ausdruck. Katholische Schulen werden aufgrund ihres Schulprofils mit Strenge verbunden, was sich beispielsweise in der Praxis der Personalrekrutierung für diese Schulen zeige, da diese Schulen konfessionelle Homogenität anstreben würden. Gleichzeitig dient für die ‚Gruppe Gummersbach' auch der katholische Religionsunterricht als ein Gegenbeispiel für das offene Profil des evangelischen Religionsunterrichts, da seine Inhalte und Praxis mit dem evangelischen Verständnis nicht vereinbar seien („das würde ich nicht unterstreichen können", Gruppe Gummersbach, 398).

Eine solche Wahrnehmung des Religionsunterrichts (Offenheit und Distanzierung) konnte auch in der ‚Gruppe Duisburg' rekonstruiert werden. Diese zeigt sich, als die Gruppe über andersgläubige, insbesondere muslimische Eltern und Kinder ins Gespräch kommt. Die Gruppe ist in Bezug auf Schulgottesdienste und den Religionsunterricht von einer einladenden Offenheit geprägt. Sie hat den Wunsch, dass ebenso andersgläubige SchülerInnen und Eltern am Schulgottesdienst teilnehmen bzw. diesen auch mitgestalten, indem sie beispielsweise „einfach nochmal in arabischer Sprache auch nochmal=nen Segen für die Kinder" (Gruppe Duisburg, 125–126) sprechen. Die Offenheit in Bezug auf den Religionsunterricht drücke sich dadurch aus, dass nichtevangelische SchülerInnen eingeladen sind, an ihm teilzunehmen. Demnach werde der Religionsunterricht „ja auch immer als Angebot" (Gruppe Duisburg, 82) und somit als Einladung kommuniziert.

Gleichwohl nimmt die ‚Gruppe Duisburg' bei andersgläubigen Eltern und SchülerInnen ein distanziertes Verhältnis zu den Schulgottesdiensten und zum evangelischen Religionsunterricht wahr. So bestehen ihnen gegenüber „auch ganz große Berührungsängste" (Gruppe Duisburg, 80). Dies wird beispielsweise im Verbot einer Mutter deutlich. Diese möchte nicht, dass ihr Kind im Religionsunterricht betreut werde, da sie die Befürchtung habe, ihr Kind könne von den Inhalten des Religionsunterrichts zu viel mitbekommen. Demnach baut auch die ‚Gruppe Duisburg' in der Wahrnehmung des Religionsunterrichts eine Gegenüberstellung auf: hier die einladende Offenheit der Gruppe, dort das distanzierte Verhältnis und die „Berührungsängste" (Gruppe Duisburg, 80) andersgläubiger Eltern und SchülerInnen.

Schulorganisatorisch fragil

Die Analyse der Gruppendiskussionen lässt erkennen, dass der Religionsunterricht als ein schulorganisatorisch fragiles Fach wahrgenommen wird. Die ‚Gruppe Trier' benennt einige Beispiele, in denen dies deutlich wird. Sie diskutiert über zusätzliche Projekte im Bereich des ‚Sozialen Lernens', die ein erhöhtes Stundenausmaß an Schulen erfordern. Da an Schulen das Profil des Religionsunterrichts mit ‚Sozialem Lernen' in Verbindung gebracht und nahezu gleichgesetzt werde, stehe das Stundenkontingent des Religionsunterrichts schnell zur Diskussion. Außerdem berichtet sie über teilweise häufige Stundenausfälle des Religionsunterrichts. Diese ergeben sich aufgrund organisatorischer Umstände (Krankenstände, Stundenplangestaltung) und betreffen den evangelischen Religionsunterricht besonders häufig, wohl auch deshalb, weil sich die evangelische Kirche in Trier in einer Diasporasituation befindet. In der Begründung der Gruppe, wieso der Religionsunterricht in diesen Beispielen als ein schulorganisatorisch fragiles Fach gesehen wird, konnte Folgendes rekonstruiert werden: Die ‚Gruppe Trier' sieht einen engen Zusammenhang zwischen persönlicher Einstellung/Verbundenheit zum Religionsunterricht und seinem Standing an der Schule. So seien Stundenreduzierungen des Religionsunterrichts aufgrund des erhöhten Stundenausmaßes im Bereich des ‚Sozialen Lernens' an Schulen selten sachlich begründet, vielmehr hängen diese Reduzierungen mit der persönlichen Einstellung bzw. geringen Verbundenheit zum Religionsunterricht zusammen. In analoger Weise komme dem Religionsunterricht „doch auch n=Stellenwert im, im ä::h Schulprogramm" (Gruppe Trier, 161) zu, wenn er von den agierenden Personen an der Schule (z. B. SchulleiterIn) als wichtig erachtet wird und ihnen „auch n=Anliegen is" (Gruppe Trier, 158).

In der Gruppendiskussion der ‚Gruppe Duisburg' konnte rekonstruiert, dass die Gruppe den Religionsunterricht als ein gefährdetes Fach an der Schule wahrnimmt. Sie berichtet über Stundenreduzierungen des Religionsunterrichts, die ihn im Vergleich zu anderen Fächern besonders häufig betreffen würden. Damit dies nicht geschehe, bedarf es – ähnlich wie in der ‚Gruppe Trier' – des persönlichen Einsatzes und Engagements für den Religionsunterricht, denn man müsse „schon dafür auch kämpfen, dass es so bleibt" (Gruppe Duisburg, 866). Gleichzeitig lässt sich in der Analyse der Gruppendiskussion erkennen, dass die ,Gruppe Duisburg' den Religionsunterricht als kein selbstverständliches Fach an der Schule betrachtet. Als die Gruppe über die geringe TeilnehmerInnenzahl am Religionsunterricht eines Gruppenmitglieds diskutiert, lässt sich diese Wahrnehmung insofern rekonstruieren, als mehrmals nachgefragt wird, ob der Religionsunterricht unter diesen Umständen denn überhaupt bestehe und wie viele Stunden er umfasse. Dass der Religionsunterricht angesichts geringer TeilnehmerInnenzahlen an der Schule dennoch vorhanden sei, habe für die Gruppe den Grund darin, dass ihm ein „Stellenwert" (Gruppe Duisburg, 910) von den an der Schule agierenden Personen beigemessen werde, insbesondere „von Seiten der Schulleitung oder demjenigen, der die (.) der den Stundenplan macht" (Gruppe Duisburg, 912–913). Mit dieser Argumentationsfigur sei – so wie in der ,Gruppe Trier' – die Stellung, und sogar das Vorhandensein des Religionsunterrichts von der Entscheidung und persönlichen Präferenz bestimmter Personen an der Schule abhängig. Indem die ,Gruppe Duisburg' den Religionsunterricht unter diesen Vorzeichen an der Schule sieht, lässt sich die Wahrnehmung rekonstruieren, dass er für sie ein schulorganisatorisch fragiles Fach ist.

4.4.2 Zur Begründung der religionsunterrichtlichen Praxis

In den Gruppendiskussionen wurde ausgiebig über2 die Praxis des Religionsunterrichts diskutiert. Diese Passagen geben einen Einblick, welche Inhalte im Religionsunterricht thematisiert und welche Ziele mit ihm verfolgt werden und wie er gestaltet ist. In der Analyse dieser Passagen stand die Begründung der religionsunterrichtlichen Praxis – seiner Inhalte, Ziele und Gestaltung – durch evangelische ReligionslehrerInnen an Grundschulen im Vordergrund.

An den Interessen, Bedürfnissen und Anliegen der Kinder orientiert
Die rekonstruierten Orientierungsrahmen lassen in Bezug auf die Ziele des Religionsunterrichts eine Orientierung an den Kindern erkennen. Eine solche Orientierung drückt sich in der Diskussion der ,Gruppe Gummersbach' aus, als sie über die Praxis des Religionsunterrichts diskutiert. In der Auswahl der Inhalte und Gestaltung des Unterrichts stehen die Interessen, Bedürfnisse und Anliegen der Kinder im Mittelpunkt. Gleichzeitig wird angemerkt, dass dadurch Inhalte im Unterricht behandelt werden, die teilweise nicht im Lehrplan zu finden seien. Eine solche Praxis wird jedoch dadurch legitimiert, dass sie für die SchülerInnen eine hohe Bedeutung habe. Ferner weist die Zielperspektive des Religionsunterrichts in der ,Gruppe Gummersbach' ein diakonisches Moment auf, indem er eine „Hilfe für gelingendes Leben" (Gruppe Gummersbach, 854) der SchülerInnen sein möchte. Der Religionsunterricht solle ein geschützter Raum sein, in dem Kinder mit ihren

Anliegen und Fragen „eine Ansprechpartnerin“ (Gruppe Gummersbach, 855–856) finden und sich „ernstgenommen“ (Gruppe Gummersbach, 857) fühlen. Gleichzeitig soll bei den Kindern Interesse für seine Inhalte geweckt werden, gleichwohl sich der Religionsunterricht grundlegend von anderen Fächern unterscheidet, da in diesen ‚lehrerInnenzentrierte‘ Leistungskriterien gelten. Stattdessen werden für die Beurteilung im Religionsunterricht ‚subjektorientierte‘ Kriterien angelegt („ob du dich meldest und ob du mir deine Meinung sagst und mir einfach erzählst, was du so denkst“, 874–875). In all diesen Beispielen wird erkennbar, dass sich die ‚Gruppe Gummersbach‘ in der Bedeutung des Religionsunterrichts und seiner Ziele an Kindern orientiert. Eine solche Orientierung wird in der ‚Gruppe Gummersbach‘ besonders in jener Passage augenscheinlich, wo ein Gruppenmitglied in die Rolle eines Kindes schlüpft und aus seiner Perspektive die Bedeutung des Religionsunterrichts für sich betont („ich werd’ hier ernstgenommen (2) ich darf hier Fra:gen einbringen“, Gruppe Gummersbach, 857).

Ebenso kann in der ‚Gruppe Trier‘ eine Orientierung an Kindern rekonstruiert werden, insbesondere dort, wo sie über die Praxis des Religionsunterrichts zu sprechen kommt. So habe der Religionsunterricht für Kinder eine hohe Bedeutung und zeige sich vor allem darin, dass selbst jene, die „sonst viel stören oder Blödsinn machen“ (Gruppe Trier, 281–282), im Religionsunterricht ihre „**mystische Ader**“ (Gruppe Trier, 283) entdecken, sich in ihm „fallen lassen“ (Gruppe Trier, 292) und ihn besonders wertschätzen. Ebenso wie in der ‚Gruppe Gummersbach‘ wird auch in der ‚Gruppe Trier‘ die Besonderheit des Religionsunterrichts im Vergleich zu anderen Unterrichtsfächern herausgestellt. So stehe im Religionsunterricht nicht ein „sta:tisches Wissen“ (Gruppe Trier, 311), das „einfach ä:h (.) produziert“ (Gruppe Trier, 311) und „abgehackt“ (Gruppe Trier, 312) werde, im Mittelpunkt, sondern die Kinder selbst, die sich mit den Inhalten des Religionsunterrichts existentiell auseinandersetzen. Neben der mystischen und existentiellen Dimension des Religionsunterrichts gebe es im Religionsunterricht auch diskursive Elemente. Auch in der Thematisierung dieser Elemente zeigt sich, dass der Religionsunterricht als ein Ort gesehen wird, wo Kinder mit ihren Fragen und Anliegen Platz haben. So zeigt sich in der Analyse der Gruppendiskussion, dass auch die ‚Gruppe Trier‘ Inhalte, Ziele und Bedeutung des Religionsunterrichts mit Blick auf Kinder diskutiert und an diesen orientiert ist.

Auch in der Analyse der dritten Gruppendiskussion (‚Gruppe Duisburg‘) kann in Bezug auf den Religionsunterricht eine Orientierung an den Bedürfnissen der Kinder herausgearbeitet werden. Die ‚Gruppe Duisburg‘ kommt über die fragile Stellung des Religionsunterrichts zu sprechen, indem sie über die geringer TeilnehmerInnenzahl am Religionsunterricht diskutiert. Trotz der damit verbundenen beschränkten Gestaltungsmöglichkeiten im Religionsunterricht habe er für SchülerInnen eine hohe Bedeutung. Ein

Religionsunterricht in Kleingruppen weise besondere Qualität in der Beziehung zwischen Lehrpersonen und Kindern auf und zeichne sich durch persönliche Begegnung und Vertrauen aus. In der Gruppendiskussion taucht das Verständnis der Lehrperson als „Ansprechpartnerin“ (Gruppe Duisburg, 920) für SchülerInnen im Religionsunterricht auf. Als solche stehen die Probleme und das Wohlbefinden der SchülerInnen im Mittelpunkt des Unterrichts, womit sich wie in den beiden anderen Gruppendiskussionen in der Gestaltung und Zielperspektive des Religionsunterrichts die Orientierung an Kindern ausdrückt. Ebenso wie in den beiden anderen Gruppen wird in der ‚Gruppe Duisburg‘ die Besonderheit des Religionsunterrichts hervorgehoben, indem er mit anderen Unterrichtsfächern verglichen wird. Im Zentrum des Religionsunterrichts stehen demnach nicht Fragen nach dem Wissen der SchülerInnen („wie viel sind zwei plus fünf“, 923), sondern ihre eigenen Fragen und Probleme. Die Gestaltung des Religionsunterrichts ist demnach von der Orientierung an Kindern geprägt.

4.4.3 Zur Einstellung gegenüber einem Religionsunterricht im Klassenverband

Alle drei Gruppen kamen in ihren Diskussionen auf die Organisationsform eines Religionsunterrichts im Klassenverband zu sprechen. Die Einstellung gegenüber dieser Organisationsform ist in allen drei Gruppen zwiespältig. In den Diskussionen drücken sich sowohl Offenheit als auch Vorbehalt gegenüber dieser Organisationsform aus. Ihre Begründungen beruhen u. a. auf Orientierungsrahmen, die bereits oben entfaltet wurden.

Offenheit und Vorbehalt
In den Gruppendiskussionen der ‚Gruppe Gummersbach‘ und der ‚Gruppe Duisburg‘ lässt sich eine Offenheit gegenüber der Organisationsform eines Religionsunterrichts im Klassenverband feststellen. In beiden Gruppen können jedoch auch Vorbehalte entdeckt werden. Da, wie bereits oben ausgeführt, die Wahrnehmung der ‚Gruppe Gummersbach‘ in Bezug auf den evangelischen Religionsunterricht von einer (inhaltlichen) Offenheit geprägt ist, ist für sie ein derart organisierter Religionsunterricht prinzipiell vorstellbar. Zugleich erachtet die Gruppe den evangelischen Religionsunterricht als ein Fach, das für alle SchülerInnen von Bedeutung sei. In ihm werden Themen behandelt, für die sich auch Kinder anderer Konfessionen/Religionen interessieren. Deshalb würden sie sich auch eine Teilnahme an ihm wünschen. Solche Wahrnehmungen lassen die ‚Gruppe Gummersbach‘ für einen Religionsunterricht im Klassenverband (unter evangelischem Vorzeichen?) insofern offen sein, als sie von der Orientierung geprägt ist, die Interessen, Anliegen und Bedürfnisse von Kinder in den Mittelpunkt zu stellen. Nichtsdestotrotz werden dieser Organisationsform gegenüber auch Vorbehalte deutlich, da dieser in der Praxis „nie:mals möglich“ (Gruppe Gummersbach,

368) sei. Zum einen würde die katholische Kirche eine solche Organisationsform nicht erlauben, zum anderen sei diese Kirche nicht kooperationsfähig, insofern „die Katholischen die Macht hätten" (Gruppe Gummersbach, 37). Die Vorbehalte dieser Organisationsform liegen für die ‚Gruppe Gummersbach' demnach in den unterschiedlichen, nicht zu vereinbaren Grundverständnissen: hier der evangelische Religionsunterricht, der sich durch Offenheit auszeichne, dort das Verständnis des katholischen Religionsunterrichts, das von Enge und Geschlossenheit geprägt sei.

In der Gruppendiskussion der ‚Gruppe Duisburg' lassen sich in Bezug auf diese Organisationsform des Religionsunterrichts in gleicher Weise Offenheit und Vorbehalte so wie in der ‚Gruppe Gummersbach' erkennen. Vorbehalte bestehen für sie aufgrund der eigenen mangelnden Fachkompetenz sowie in den Berührungsängsten andersgläubiger Eltern gegenüber dem evangelischen Religionsunterricht. Dennoch wird dieser Organisationsform Offenheit entgegengebracht, insofern der Wunsch bestehe, „Religionslehrerin für alle Kinder" (Gruppe Duisburg, 659) zu sein. Dieser Wunsch ist von der Orientierung geprägt, den Religionsunterricht nach den Bedürfnissen der Kinder zu gestalten und ihnen demnach eine Auseinandersetzung mit bestimmten Inhalten des Religionsunterrichts zu ermöglichen. Die zwiespältige Einstellung der Gruppe drückt sich in besonderer Weise im Bild der „zwei Seelen" (Gruppe Duisburg, 682) aus, die man gleichzeitig in sich trage, und von einem Gruppenmitglied in diesem Zusammenhang erwähnt wird. Einerseits präferiere die „evangelische Seele" (Gruppe Duisburg, 682) eine konfessionelle Trennung im Religionsunterricht, insbesondere in bestimmten Klassenstufen, andererseits bevorzuge die „christliche" (Gruppe Duisburg, 684) Seele eine Öffnung des Religionsunterrichts. Die Offenheit der Gruppe zeigt sich u. a. auch in der Bereitschaft, sich entsprechende fachliche Kompetenzen sowie neues Wissen anzueignen und den Religionsunterricht als „Angebot" (Gruppe Duisburg, 685) und Ermöglichungsgrund zu verstehen, im Klassenverband religiöse „Lebenserfahrungen" (Gruppe Duisburg, 685) zu machen, womit ein breit angelegtes/offenes religionsdidaktisches Ziel verfolgt wird.

Sorge um evangelische Identität

In der ‚Gruppe Trier' zeigt sich das zwiespältige Verhältnis zu einem Religionsunterricht im Klassenverband, indem ein Gruppenmitglied diese Organisationsform bevorzugt und die anderen deutliche Vorbehalte in die Diskussion einbringen. In der Diskussion um diese Organisationsform wird erkennbar, dass die Gruppe trotz der unterschiedlichen Präferenzen der einzelnen Gruppenmitglieder von der Sorge um das Weiterbestehen evangelischer Identität geprägt ist. Während das eine Gruppenmitglied pädagogische (Erfahrung von Gemeinschaft) und schulorganisatorische Vorteile (geringerer Stundenausfall) eines Religionsunterrichts im Klassenverband – dieser wird von ihm teilweise auch als ökumenischer Religionsunterricht bezeichnet – vorträgt, werden von den anderen

Gruppenmitgliedern Bedenken eingeräumt. So bestehe z. B. auch im evangelischen Religionsunterricht, der jahrgangsübergreifend organisiert ist, die Erfahrung von Gemeinschaft. Schulorganisatorische Begründungen seien Ausdruck einer „organisatorische[n] Ökumene“ (736) und als Argument nicht hinreichend. Die Gruppenmitglieder sind sich in der Diskussion erst zu jenem Zeitpunkt einig – hier konnte eine Synthese unterschiedlicher Propositionen rekonstruiert werden –, als über die Option des Faches ‚Lebensgestaltung, Ethik, Religionskunde‘ diskutiert wird. Dieses Fach wird insofern als klarer negativer Gegenhorizont der Gruppe wahrgenommen, als dadurch evangelische Identität zum Verblassen/Verschwinden gebracht werde. Angesichts dieser Option bevorzugt selbst jenes Gruppenmitglied die Beibehaltung des evangelischen Religionsunterrichts, das zunächst noch für einen Religionsunterricht im Klassenverband eingetreten ist („da sollten=ma lieber @dran festhalten@“, Gruppe Trier, 796–797). In der Analyse der Gruppendiskussion zeigt sich demnach, dass die Gruppe besorgt ist, das Profil evangelischer Identität könne in einer katholisch dominierten Region verschwinden, insofern sie durch „die Umgebung“ (807) assimiliert werden könnte. Von daher wird die Beibehaltung des evangelischen Religionsunterrichts präferiert.

5. Triangulation und Ausblick

Martin Rothgangel/Christhard Lück/Philipp Klutz

In der empirischen Sozialforschung wird unter Triangulation die Kombination von unterschiedlichen Forschungsmethoden verstanden, durch die eine umfassendere und präzisere Erkenntnisgrundlage im Hinblick auf einen Untersuchungsgegenstand gewonnen werden kann (Flick 2011). Zu Recht fordert der Schulpädagoge Heribert Bastel in einer Besprechung bisheriger empirisch-religionspädagogischer Studien zum Religionsunterricht:

> „Eine Untersuchung zu Fragen der Zielsetzung des Religionsunterrichtses müsste verstärkt quantitative und qualitative Erhebungsmethoden verschränken bzw. triangulieren. Gerade unreflexive Verhaltens- und Denkmuster könnten qualitativ valider erforscht werden. Könnte es nicht sein, dass sich ReligionslehrerInnen im Herzen ganz andere Zielvorstellungen, jenseits des religionspädagogischen Mainstream, erhoffen und erträumen, die in einer quantitativen Befragung gar nicht aufscheinen?" (Bastel 2005, 237)

Nachdem die Forschungsergebnisse der quantitativen und der qualitativen Befragungen im Vorhergehenden getrennt voneinander dargestellt und interpretiert wurden (Kap. 2 bis 4), sollen diese nun miteinander ‚ins Gespräch' gebracht und triangulativ verschränkt werden. Dabei erfolgt in inhaltlicher Hinsicht eine Fokussierung auf die eingangs genannten vier Themenkreise:

1) Zielvorstellungen von ReligionslehrerInnen,
2) Realisierung und Beurteilung von diversen religionsunterrichtlichen Kooperationen,
3) Beurteilung und Zukunftswünsche in Bezug auf die Organisationsformen des Religionsunterrichts,
4) Beurteilung des Fortbildungsangebots und entsprechende Wünsche.

Im Folgenden wird in einem ersten Schritt geprüft, ob und inwieweit der jeweilige Themenkreis aus der Perspektive der jeweiligen Teilstudien jeweils erfasst wurde. Im Anschluss daran wird reflektiert, in welcher Hinsicht die Ergebnisse der Teilstudien konvergierende oder divergierende Aspekte aufweisen und sich komplementär ergänzen bzw. in Spannung zueinander stehen. Dabei werden selbstverständliche Aspekte – so z. B. Häufigkeiten, die alleine durch den quantitativen Zugang ermittelt werden können – nur dann erwähnt, wenn diese einen fragwürdigen Punkt des qualitativen Zugangs erhellen.

5.1 Triangulation der Ergebnisse hinsichtlich der Zielvorstellungen von ReligionslehrerInnen

Welche Zielvorstellungen rheinische ReligionslehrerInnen mit ihrem Religionsunterricht verfolgen, lässt sich anhand zweier Teilstudien feststellen: zum einen mithilfe der quantitativen Studie mit ihrer entsprechenden Itembatterie im Online-Fragebogen (vgl. Kap. 2.2), zum anderen in der zweiten qualitativen Teilstudie, in der ReligionslehrerInnen über diesen Themenbereich miteinander diskutierten (vgl. die beiden ersten Forschungsfragen in Kap. 4). Entsprechende Untersuchungsergebnisse sind in der qualitativen Teilstudie des Online-Fragebogens nicht vorhanden, da dieser Fragebogen kein analoges Item enthielt.

Die quantitative Teilstudie kommt zum Ergebnis, dass rheinische ReligionslehrerInnen in besonderer Weise korrelationsdidaktischen und pädagogisch-adressatenspezifischen Zielvorstellungen zustimmen. So erachten die meisten Befragten u. a. als besonders wichtig, „den christlichen Glauben mit menschlichen Fragen und Erfahrungen in Beziehung [zu] setzen", „über Themen [zu] sprechen, die Kinder/Jugendliche wirklich etwas angehen", „Orientierungen zur Identitätsfindung an[zu]bieten" und „ein eigenständiges religiöses Urteil [zu] bilden". Dieser empirische Befund findet insofern innerhalb dieser Teilstudie eine Entsprechung, als die untersuchten ReligionslehrerInnen die SchülerInnen als wichtigste Bezugsgruppe des Religionsunterrichts betrachten. Werden diese Studienergebnisse mit jenen der qualitativen Untersuchung anhand von Gruppendiskussionen trianguliert, so lässt sich eine Konvergenz identifizieren, da auch in dieser Teilstudie in Bezug auf die Ziele des Religionsunterrichts eine Orientierung an den Kindern rekonstruiert werden konnte. Neben dieser Entsprechung ermöglichen die Analysen der Gruppendiskussionen die Ergebnisse der quantitativen Untersuchung zu vertiefen, indem sie neben den geschlossenen Items des Online-Fragebogens exemplarisch veranschaulichen, wodurch sich das paidotrope berufliche Selbstverständnis evangelischer ReligionslehrerInnen zusätzlich in der religionsunterrichtlichen Praxis auszeichnen kann. Ein solches Selbstverständnis drückt sich bspw. in der Auswahl der Inhalte und in der Gestaltung des Unterrichts aus; diese sind an den Interessen, Bedürfnissen und Anliegen der Kinder orientiert. Bei der Auswahl der Inhalte im Religionsunterricht kann es somit auch vorkommen, dass Themen behandelt werden, die nicht im Lehrplan vorgesehen sind, die jedoch für die SchülerInnen als bedeutsam betrachtet werden. Hinsichtlich der Gestaltung des Religionsunterrichts drückt sich dieses Selbstverständnis bspw. in entsprechenden Beurteilungskriterien aus. Während in anderen Unterrichtsfächern ‚lehrerInnenzentrierte' Leistungskriterien im Vordergrund sind, kommen im Religionsunterricht ‚subjektorientierte' Kriterien zum Tragen. Ferner zeigt es sich darin, dass der Religionsunterricht ein diakonisches Moment aufweise, indem er einen Beitrag zum gelingenden Leben der SchülerInnen beitrage, da ihre Fragen im Mittelpunkt des Unterrichts stehen. Gleichzeitig machen die analysierten Gruppendiskussionen darauf aufmerksam, dass dieses Bild vom Religionsunterricht in Opposition zu anderen Unterrichtsfächern, aber auch zum katholischen Religionsunterricht und zu katholischen Schulen, gezeichnet wird.

Wird nun der Blick von der qualitativen Teilstudie mittels Gruppendiskussionen auf die quantitative Untersuchung gerichtet, so sind diese Ergebnisse erhellend und ermöglichen einen Erkenntniszugewinn. Sie machen darauf aufmerksam, dass es sich bei den korrelationsdidaktischen und pädagogisch-adressatenspezifischen Zielvorstellungen sowie dem paidotropen Selbstverständnis der ReligionslehrerInnen um *einen* Aspekt religionsunterrichtlicher Praxis handelt, gleichwohl dieser ein besonders gewichteter ist, der aber nicht unbedingt in Widerspruch zu anderen steht. Die befragten ReligionslehrerInnen stimmen zwar diesen Zielvorstellungen in besonderer Weise zu, jedoch ist ihnen eine Vielzahl, zum Teil sehr unterschiedlicher Zielvorstellungen wichtig. Mithilfe einer Faktorenanalyse konnte die quantitative Studie sechs Zieldimensionen herausarbeiten, wobei vier von ihnen eine grundlegende Bedeutung für den Religionsunterricht einnehmen: 1. Anleitung zu Toleranz und Offenheit in weltanschaulichen und religiösen Fragen, 2. Förderung der Theologie der SchülerInnen, 3. Suche nach Gott im eigenen (Glaubens-)Leben bzw. Alltag, 4. Einführung in die eigene Religion und in andere Religionen und Weltanschauungen. Hingegen werden feministisch-theologische und kirchlich-konfessionelle Zieldimensionen deutlich seltener als wichtig erachtet. Beachtenswert ist, dass diese Zieldimensionen nicht gegeneinander ausgespielt werden dürfen, da sie für die Befragten teilweise durchaus miteinander in Einklang zu bringen sind. Demnach eröffnet die quantitative Studie einen breiteren Überblick über die verschiedenen Zielperspektiven inkl. ihrer Gewichtungen, während die qualitative Studie mittels Gruppendiskussionen *einen* Aspekt vertiefend unter die Lupe nehmen konnte, auch deshalb, weil andere Zielperspektiven in den Diskussionen kaum bzw. nicht zur Sprache kamen.

5.2 Triangulation der Ergebnisse hinsichtlich der religionsunterrichtlichen Kooperationen und Kontexte

a) Schule und Kirchengemeinde als Kontexte des Religionsunterrichts
Die Schule und Kirchengemeinde kommen sowohl im quantitativen (vgl. Kap. 2.3 und 2.11) wie im qualitativen Teil (Kap. 3.2) der Online-Erhebung als Kontexte des Religionsunterrichts eingehender in den Blick, während in den Gruppendiskussionen diese zwar thematisiert werden, aber insgesamt betrachtet nur am Rande stehen (vgl. die erste Forschungsfrage in Kap. 4).

Das Zusammenspiel zwischen quantitativem und qualitativem Zugang gestaltet sich beim Kontext Schule in einem ‚klassischen' Sinne: Während in Item 23 auf einer Skala von 1 (keine) – 6 (sehr hoch) die Bedeutung des Religionsunterrichts für die jeweilige Schule anzugeben ist, wird mit dem offenen Item 24 nach der Begründung für diese Einschätzung gefragt.

Ungeachtet der unterschiedlichen Perspektiven resultiert aus dem quantitativen wie aus dem qualitativen Zugang dahingehend ein konvergierendes Bild, dass die *Bedeutung des Religionsunterrichts an Schulen sehr stark variiert.* Im quantitativen Zugang wird dies am errechneten Mittelwert (M= 3.70) und der hohen Standardabweichung (SD= 1.30) ersichtlich, im qualitativen Zugang daran, dass sich die Argumente für eine hohe Bedeutung bzw. Akzeptanz des Religionsunterrichts oder umgekehrt für seine niedrige bzw. keine Bedeutung ähnlich differenziert ausarbeiten lassen. Die Korrelationsanalysen des quantitativen Zugangs geben dabei eine relativ hohe Bedeutung des Schultyps zu erkennen (relativ hoch an Grund- und Förderschulen, relativ niedrig an Gesamt- und Hauptschulen), die Regressionsanalysen weisen darauf hin, dass der wichtigste Prädikator für die Bedeutung des Religionsunterrichts an den Schulen die regelmäßige Feier von Gottesdiensten und/oder Andachten zu christlichen Festen (β= .22) ist. Darüber hinaus sind außerschulische Bezugsgruppen ein relativ guter Prädiktor (β= .22), während dies auf innerschulische Bezugsgruppen entschieden weniger zutrifft (β= .06).

Bei letztgenanntem Punkt ergibt sich ein divergierendes Bild zwischen der quantitativen Teilstudie und den beiden qualitativen: Hier treten in den Begründungen der Religionslehrkräfte für die hohe wie auch für die geringe Bedeutung des Religionsunterrichts an der Schule insbesondere innerschulische Bezugsgruppen (Schulleitung, Kollegium, SchülerInnen) hervor. Auch das Schulprofil wird genannt, wobei hier – wenig überraschend – kirchliche Schulen als ein positiver Einflussfaktor für die Bedeutung des Religionsunterrichts genannt werden. Zudem tritt in der quantitativen Analyse ein weiterer wichtiger Punkt der qualitativen Analyse nicht hervor: Die Bedeutung des Religionsunterrichts wird an organisatorischen Aspekten wie Stundenausfall bzw. -kürzungen, Randstundenlage oder an dessen Stellenwert im Vergleich zu anderen Fächern festgemacht.

Auch hinsichtlich des **Stellenwerts der Kirchengemeinde** resultiert aus dem quantitativen sowie aus dem qualitativen Zugang der Fragebogenerhebung ein konvergierender Befund: Dieser wird sehr unterschiedlich beurteilt, was sich quantitativ an der relativ hohen Standardabweichung ersehen lässt (Bindung an eine Kirchengemeinde SD= 1.25, kirchliche Betrauung/Ermächtigung SD= 1.25) und qualitativ an dem breiten Antwortspektrum von keinem bis zu einem sehr hohem Stellenwert. Der quantitative Zugang zeigt darüber hinaus, dass jüngere Lehrkräfte die kirchliche Bevollmächtigung noch etwas stärker als ältere befürworten und mehrheitlich ein offenes und symbiotisch-entspanntes Verhältnis der Befragten zur evangelischen Kirche hin besteht.

Jenseits dessen gibt der qualitative Zugang ergänzend zu erkennen, dass vier Gründe über den hohen bzw. niedrigen Stellenwert der Kirchengemeinde entscheiden: 1. Die *Lehrperson* (hoher Stellenwert: persönliche Ebene, Rolle in der Kirchengemeinde, geographische Identität; niedriger Stellenwert: geographische Trennung von Wohnort und Schule, persönlich nicht in Kirchengemeinde beheimatet, konzeptionell für kirchenunabhängigen Religionsunterricht, negatives Kirchenbild des RL), 2. *SchülerInnen* (hoher Stellenwert: in Kirchengemeinde eingebunden bzw. eingeladen; niedriger Stellenwert: kein oder geringer Bezug zur Kirchengemeinde, aus Region mit mehreren Kirchengemeinden), 3. *Themen Religionsunterricht* (hoher Stellenwert: Themen wie Kirche bzw. Gemeinde, Diakonie, evangelisch-katholisch; niedriger Stellenwert: fehlende Bezüge in Sekundarstufe II) sowie 4. die *Kirchengemeinde* selbst (hoher Stellenwert: v.a. Interesse an Religionsunterricht, niedriger Stellenwert: v.a. mangelndes Interesse und diverse Differenzen).

Diese Aspekte der qualitativen Erhebung werden hier deswegen wiederholt, da deutlich wird, dass auf dieser Basis Items für eine weiterführende quantitative Erhebung konstruiert werden könnten.

b) Kooperationen des Religionsunterrichts

An diesem Punkt liegt hinsichtlich der Kooperation mit dem katholischen Religionsunterricht, mit der Islamkunde bzw. dem islamischen Religionsunterricht, mit der (Praktischen) Philosophie/Ethik, mit der Kirchengemeinde sowie den nichtchristlichen Religionsgemeinschaften eine gezielte Verzahnung zwischen dem quantitativen und dem qualitativen Analyseteil des Fragebogens vor. Dabei zielt die offene Frage des qualitativen Analyseteils auf ein begründetes Urteil hinsichtlich der jeweiligen gegenwärtigen kooperativen Praxis, während die beiden vorangehenden, quantitativ orientierten Items nach dem Stattfinden der Kooperation sowie nach den Kooperationsformen fragen.[54] Die Bezüge zu den Gruppendiskussionen sind je nach ‚Kooperationspartner' sehr unterschiedlich, wobei z. B. hinsichtlich der konfessionellen Kooperation gute triangulative Anschlussmöglichkeiten bestehen.

Von den 1093 ReligionslehrerInnen bestätigen 882 das Vorhandensein eines **katholischen Religionsunterricht** an ihrer Schule, wobei die große Mehrheit von 88,2 % die Möglichkeit zur konfessionellen Kooperation nützt. Die quantitative Erhebung führt des Weiteren zu dem Befund, dass sich die Kooperationsformen auf die Planung und Vorbereitung des Unterrichts, des ökumenischen Gottesdienstes sowie auf Projekte und außerschulische Veran-

[54] Eine Ausnahme stellt die Frage nach den Kooperationsformen der nichtchristlichen Religionsgemeinschaften dar, die gleichfalls in einem qualitativen Sinne erhoben wurden (s. unten).

staltungen beziehen, viel weniger jedoch auf zeitlich begrenzte gemeinsame Unterrichtsphasen. Dies konvergiert auch mit einer Passage der Gruppendiskussionen (Gruppe Trier), wo gleichfalls jene Kooperationsformen genannt werden.

Der qualitative Zugang der Fragebogenstudie zeigt ergänzend, dass folgende Punkte der konfessionellen Kooperation zu einer positiven Beurteilung führen: die persönliche Ebene (z. B. Respekt, Sympathie, Vertrauen), berufliche Vorteile (z. B. bereichernd, entlastend), die konfessionelle Nähe und Ökumene sowie gemeinsame Fachschaften bzw. Fachkonferenzen. Ungeachtet der vielfältig zum Ausdruck gebrachten positiven Begründungen klingen auch problematische Punkte an, insbesondere dass diese Kooperation von der katholischen Kirche nicht mitgetragen oder gar verhindert wird, der Lehrplan die Zusammenarbeit erschwert, ein Zeitmangel besteht oder die persönliche Ebene nicht harmoniert. Eine Konvergenz mit den Gruppendiskussionen besteht dahingehend, dass auch hier die katholische Kirche als ein Hinderungsgrund für Kooperation thematisiert wird. In den Analysen der Gruppendiskussionen wird deutlich, dass die katholische Kirche, aber auch der katholische Religionsunterricht und die katholische Schulen, als Gegenbeispiele dienen, um das offene Profil des evangelischen Religionsunterrichts darzustellen.

Nur 38 der evangelischen ReligionslehrerInnen geben an, dass an ihrer Schule **Islamkunde bzw. islamischer Religionsunterricht** erteilt wird. Von diesen gehen etwa 40 % eine Kooperation ein, die sich jedoch primär auf die Durchführung gemeinsamer Projekt und außerschulischer Veranstaltungen bezieht und kaum auf gemeinsame Unterrichtsphasen. Die qualitative Analyse konvergiert dahingehend mit dem Befund, dass sich kaum Textbelege für die Auswertung finden. Gleichwohl ist das Ergebnis insofern ermutigend, als die Kooperation primär als positiv oder als ausbaufähig beurteilt wird.

Insgesamt 493 ReligionslehrerInnen können das Vorhandsein von **(Praktischer) Philosophie/Ethik** an ihrer Schule bestätigen, wobei – vergleichbar zu oben – 41 % von Kooperationen zwischen beiden Fächern berichtet. Gleichwohl gibt es auch hier kaum zeitlich begrenzte gemeinsame Unterrichtsphasen und es dominiert die Kooperation im Vor- und Umfeld des Unterrichts. Aufgrund der im Vergleich zur Kooperation mit Islamkunde/islamischen Religionsunterricht zahlreicheren Textbelege lassen sich die positive Einschätzung sowie der Wunsch nach Kooperation differenzierter ausarbeiten, allerdings gibt der qualitative Zugang an dieser Stelle teilweise auch problematische Erfahrungen zu erkennen (u. a. organisatorische Gründe, keine Interesse, Konkurrenzdenken, Lehrkräftemangel).

In der quantitativen Erhebung wurde ermittelt, dass 70,6 % der ReligionslehrerInnen mit einer **Kirchengemeinde** kooperieren, wobei hier deutliche schulformspezifsche Unterschiede (Grundschule: 92,4 % vs. Berufsbildende Schulen: 18,5 %) ermittelt werden können und bei den Kooperationsformen die Schulgottesdienste (59,5 %) diesbezüglich herausragen –

Feste und Feiern folgen an zweiter Stelle mit 16,7 %. Näher betrachtet konvergiert die qualitative Untersuchung insofern, als hier eine ‚positive', ‚gelegentliche' oder ‚verbesserungswürdige' Beurteilung der Kooperation herausgearbeitet werden kann, aber keine eigene Kategorie für eine ‚negative' Beurteilung. Weniger deutlich als bei der quantitativen Analyse, aber dennoch ersichtlich ist auch in der qualitativen Erhebung die positive Bedeutung des Schulgottesdienstes, da sie zum einen ein Begründungsfaktor bei der positiven Beurteilung der Kooperation ist und gleichfalls bei den Begründungen für die ‚gelegentliche' bzw. ‚verbesserungswürdige' Kooperation ein wichtiges Element darstellt.

Ergänzende Informationen im Vergleich zur quantitativen Erhebung bieten schließlich die diversen Begründungen, warum die Kooperation z. B. als positiv (Unterstützung durch die Kirchengemeinde, gute Kommunikation zwischen Lehrperson und PfarrerIn/Kirchengemeinde, gemeinsame Gottesdienste und Projekte sowie berufliche bzw. ehrenamtliche Verbindung zur Kirchengemeinde) oder als verbesserungswürdig eingeschätzt wird.

Aus der quantitativen Erhebung folgt, dass lediglich 15,1 % der **ReligionslehrerInnen mit nichtchristlichen Religionsgemeinschaften kooperieren**. Damit konvergiert in der qualitativen Erhebung, dass neben den positiven Einschätzungen der Kooperation insbesondere ihre Ausbaufähigkeit hervorgehoben wird. Aufgrund dieser empirisch noch wenig geklärten Situation wurde im Unterschied zu den anderen obigen Punkten mit Hilfe eines offenen Items nach den Kooperationsformen gefragt. Auf der Basis der qualitativen Auswertung wurden sechs typische Kooperationsformen ermittelt (Besuche religiöser Einrichtungen und Gemeinden, gemeinsame Feste, interreligiöse Schulfeiern/Beteiligung anderer Religionen am Schulgottesdienst, allgemeine Dialoge und Besuche, Teilnahme am Religionsunterricht und gemeinsame bzw. gegenseitige Hilfeleistungen), die wiederum die Basis für eine zukünftige quantitative Erhebung bilden könnten.

5.3 Triangulation der Ergebnisse hinsichtlich der Organisationsformen des Religionsunterrichts

Alle drei Teilstudien liefern empirische Befunde zum Themenfeld ‚Organisationsformen des Religionsunterrichts'. Die quantitative Teilstudie ging in diesem Zusammenhang u. a. den Fragen nach, welche SchülerInnen und Schüler gegenwärtig am evangelischen Religionsunterricht im Rheinland teilnehmen (vgl. Kap. 2.5), wie die Befragten mögliche zukünftige Organisationsformen beurteilen (vgl. Kap. 2.9) und welche Form ihrer Meinung nach den aktuellen Herausforderungen am besten gerecht wird (vgl. Kap. 2.10). Mithilfe dreier offener Items konnte auch die qualitative Teilstudie der Online-Befragung entsprechende Befunde erheben (vgl. Kap. 3.1). Die Befragten äußerten sich über die Zufriedenheit verschiedener Organisationsformen, warum sie bestimmte Formen präferieren und wie sie sich den Religionsunterricht an ihrer jeweiligen Schule in fünf Jahren wünschen würden. In den offen geführten Gruppendiskussionen der dritten Teilstudie kamen rheinische ReligionslehrerInnen an Grundschulen von sich aus auf dieses Themenfeld zu sprechen und diskutierten u. a. über den Religionsunterricht im Klassenverband (vgl. die dritte Forschungsfrage in Kap. 4).

Die empirischen Befunde aller Teilstudien machen auf die Tatsache aufmerksam, dass im Rheinland der evangelische Religionsunterricht auch von nichtevangelischen SchülerInnen besucht wird; jedoch vermag alleine die quantitative Studie darüber Auskunft zu geben, dass es sich hierbei um keine Einzelfälle handelt. Vielfach nehmen SchülerInnen, die kein religiöses Bekenntnis haben, am evangelischen Religionsunterricht teil, ebenso u. a. muslimische, römisch-katholische und orthodoxe SchülerInnen. Die befragten ReligionslehrerInnen führen vor allem drei Gründe an, wieso der Religionsunterricht nicht konfessionell getrennt erteilt wird: Elternwunsch, schulorganisatorische Gründe und die geringe Anzahl von SchülerInnen, die der einen oder anderen Konfession bzw. Religion angehören. Deutlich seltener werden pädagogische Gründe genannt. Was jedoch ReligionslehrerInnen bspw. unter solchen verstehen, lässt sich anhand der qualitativen Teilstudie der Online-Befragung feststellen, als diese nach ihrer Zufriedenheit mit der aktuellen Situation befragt wurden. In diesem Zusammenhang führen die Befragten u. a. die Organisationsform des Religionsunterrichts an, wobei dem Religionsunterricht im Klassenverband eine wesentliche Rolle zukommt. Diese Organisationsform wird auch mithilfe didaktischer bzw. pädagogischer Argumente vergleichsweise facettenreich begründet: u. a. sei Vielfalt belebend, religiöse Toleranz könne eingeübt werden, ein vertiefter Dialog würde stattfinden und die eigene Überzeugung könne geschärft werden. Gleichzeitig stellt diese Organisationsform auch einen Faktor für Unzufriedenheit mit der aktuellen Situation von ReligionslehrerInnen dar, da bspw. das Fehlen eines Alternativfachs sowie der Zwang zum konfessionsübergreifenden Religionsunterricht beklagt werden. Wie hoch allerdings der Anteil bei den rheinischen ReligionslehrerInnen ist, die solche Bedingungen kritisieren bzw. sogar unter ihnen leiden, lässt sich anhand der vorliegenden Studie nicht feststellen, ebenso wenig, wie hoch der Anteil jener ist, für die der Religionsunterricht im Klassenverband zum beruflichen Wohlbefinden beiträgt.

Für die Mehrheit der befragten ReligionslehrerInnen wird ein Religionsunterricht mit konfessioneller Bindung und Prägung den aktuellen gesellschaftlichen Herausforderungen am besten gerecht, wobei der konfessionell-kooperative Religionsunterricht die meiste Zustimmung erlangt, gefolgt von der konfessionell getrennten Form. Die Ergebnisse dieses geschlossenen Items im Online-Fragebogen können mithilfe der Analysen des entsprechenden offenen Items dahingehend vertieft werden, als sie darüber Auskunft geben, wieso die jeweiligen Organisationsformen von den Befragten präferiert werden. Insgesamt lässt sich bei diesem Item eine beeindruckende Vielzahl an verschiedenen Begründungen entdecken; es ermöglicht, ein differenziertes Bild darüber zu geben, welche Argumente die befragten ReligionslehrerInnen bei den einzelnen Organisationsformen ins Treffen führen. Auch die andere qualitative Teilstudie, in der ReligionslehrerInnen miteinander diskutierten, trägt zu einer Vertiefung der quantitativen Ergebnisse bei. In allen drei Gruppendiskussionen kam der Religionsunterricht im Klassenverband zur Sprache. Die Analysen dieser Diskussionen zeigten, dass der evangelische Religionsunterricht sich aus Sicht mancher Gruppenmitglieder u. a. durch (inhaltliche) Offenheit auszeichne. Von daher seien seine Inhalte auch für nichtevangelische Kinder von Bedeutung. Diese Kinder selbst, so diese Gruppenmitglieder, hätten Interesse, an ihm teilzunehmen, weshalb ein Religionsunterricht im Klassenverband (unter evangelischem Vorzeichen?) eine denkbare Option sei. Bei dieser Argumentationsfigur wird erkennbar, dass sie wesentlich von den Interessen, Anliegen und Bedürfnissen der Kinder geprägt ist. Auch in einem weiteren Punkt besteht zwischen den Ergebnissen der Teilstudien eine Konvergenz. So optiert lediglich eine Minderheit der befragten ReligionslehrerInnen für eine weltanschaulich neutrale und bekenntnisfreie Religionskunde ohne Abmeldemöglichkeit. In der qualitativen Teilstudie mittels Gruppendiskussionen ließ sich eine mögliche Begründung, wieso rheinische ReligionslehrerInnen diese Option nicht befürworten, rekonstruieren. Als über die Vor- und Nachteile eines Religionsunterrichts im Klassenverband diskutiert wurde und sich die Gruppe uneins war, ob dieser Form der Vorzug gegeben werden sollte, einigten sich die Gruppenmitglieder erst dann, als sich die Diskussion dem Fach ‚Lebensgestaltung, Ethik, Religionskunde' zuwandte. Für alle sei dieses Fach keine Option, da sie in der Präferenz der einzelnen Organisationsformen von der Sorge um das Weiterbestehen evangelischer Identität geprägt ist, die in ihren Augen durch dieses Fach gefährdet sei. Ähnliche Argumente finden sich auch in der qualitativen Teilstudie der Online-Befragung. Wird nun der Blick von den qualitativen Teilstudien auf die quantitative Untersuchung gerichtet, so ermöglichen diese Ergebnisse eine breite Einbettung, da sie mithilfe korrelationsanalytischer Auswertungen u. a. schulformspezifische Analysen durchführte. So wird ersichtlich, dass Lehrenden an Grundschulen der Religionskunde vergleichsweise kritisch gegenüberstehen, hingegen dem konfessionell-kooperativen und dem konfessionell getrennten Religionsunterricht sehr aufgeschlossen sind. An berufsbildenden Schulen zeigt sich eine andere Präferenz. Hier befürwortet die Mehrheit einen interreligiös-kooperativen Religionsunterricht, während der konfessionell getrennte das Schlusslicht bildet.

Beachtenswert sind die Ergebnisse der quantitativen Studie hinsichtlich der Zukunft des Religionsunterrichts, denn für die Mehrheit der rheinischen ReligionslehrerInnen ist der konfessionelle Charakter des Religionsunterrichts essentiell, wobei eine Öffnung des Religionsunterrichts ebenso mehrheitlich befürwortet wird (konfessionell-kooperativer oder ökumenisch-christlicher Religionsunterricht). Offensichtlich denken die befragten ReligionslehrerInnen nicht in Dichotomien. Besonders anschaulich wird dieses Denken in der qualitativen Teilstudie mittels Gruppendiskussionen, als in einer Diskussion das Bild von „zwei Seelen" (Gruppe Duisburg, 682) auftauchte, die man in sich trage. Während die „evangelische Seele" (Gruppe Duisburg, 682) für eine konfessionelle Trennung im Religionsunterricht plädiert, spricht sich die „christliche" (Gruppe Duisburg, 684) für eine Öffnung aus. Gewissermaßen konvergieren die Ergebnisse der anderen qualitativen Teilstudie mit den genannten Befunden, da sich die Zukunftswünsche des Religionsunterrichts in der Regel auf den konfessionell-kooperativen, ökumenischen und interreligiösen Religionsunterricht beziehen, wobei die Befragten bei diesen Organisationsformen keine trennscharfen Linien zogen. Es ist auffallend, dass in den Begründungen für bestimmte Organisationsformen in dieser Teilstudie regionsspezifische Argumente eingebracht wurden. So werde bspw. ein konfessionell-kooperativen Religionsunterricht befürwortet, weil vor Ort lediglich ein kleiner Teil der SchülerInnen muslimisch ist. Die Korrelationsanalysen der quantitativen Studie sind wiederum für die beiden anderen Teilstudien erhellend. Diese konnten bei den Befragten eine hohe Meinungshomogenität über Alters- und Geschlechtsgruppen feststellen; signifikante Ergebnisse lassen sich jedoch in Bezug auf die Schulformen konstatieren. Da bei der qualitativen Teilstudie mittels Gruppendiskussionen ausschließlich ReligionslehrerInnen zu Wort kommen und diese mehr oder minder eine grundsätzliche Offenheit gegenüber einem Religionsunterricht im Klassenverband äußern, macht die quantitative Untersuchung darauf aufmerksam, dass diese Einstellung tatsächlich signifikant häufig bei Lehrenden an Grundschulen vorzufinden ist. Diese Präferenz findet sich in ähnlicher Weise auch bei ReligionslehrerInnen an Berufskollegs und Förderschulen. In einer gewissen Divergenz steht die Wahrnehmung der ReligionslehrerInnen, die in der qualitativen Untersuchung mittels Gruppendiskussionen miteinander diskutierten. Denn in diesen Diskussionen wurde ersichtlich, dass diese ReligionslehrerInnen den katholischen Religionsunterricht mit Enge und Rigidität in Verbindung bringen und die katholische Kirche als Hemmschuh für eine Öffnung des Religionsunterrichts betrachten. Diese Ergebnisse stehen in Spannung zur positiv wahrgenommenen Kooperation an den Schulen selbst, die in den beiden anderen Teilstudien ersichtlich wurde. Ob diese Spannung darin begründet ist, dass die befragten ReligionslehrerInnen einen markanten Unterschied zwischen der gelebten Kooperation mit katholischen Kolleginnen und Kollegen an der Schule und der Einstellung zur katholischen Kirche im Allgemeinen sehen, lässt sich anhand der vorhandenen empirischen Befunde nicht feststellen.

5.4 Triangulation der Ergebnisse hinsichtlich des Fortbildungsangebots und entsprechender Wünsche

Vorab ist festzustellen, dass diesbezüglich nur die quantitative sowie die qualitative Teilstudie der Fragebogenerhebung in Betracht kommt, da in den Gruppendiskussionen die Fortbildung allenfalls am Rande erwähnt wird. Bei der quantitativen Teilstudie kommen insbesondere die Häufigkeit der Teilnahme in den Blick, gewünschte Fortbildungsformate, Hinderungsgründe an der Teilnahme und Fortbildungswünsche. Die qualitative Teilstudie fragt nach Gründen der (Nicht-)Teilnahme, nach Vorschlägen zur Verbesserung des Fortbildungsangebots, nach erhaltenswerten ‚Highlights' und weiteren Fortbildungswünschen.

Die Triangulation beider Zugänge führt bei wesentlichen Punkten zu konvergenten Ergebnissen: Insgesamt betrachtet besteht eine hohe Zufriedenheit mit den verschiedenen Fortbildungsangeboten sowie Fortbildungsinstitutionen und dokumentiert sich ein beachtliches Interesse der ReligionslehrerInnen an den Fortbildungsangeboten – ungeachtet bestimmter Probleme, die zu einer Nichtteilnahme führen können oder zu diversen Fortbildungswünschen.

Nimmt man konkret die Hinderungsgründe in den Blick, zeigt sich gleichfalls eine relativ hohe Konvergenz: Unschwer lassen sich etwa die fünf häufigsten Aspekte der quantitativen Erhebung, die eine Zustimmungsquote von über 20 % erzielt haben, auch bei der qualitativen Kategorisierung wiederfinden. Angeregt durch letztere wäre in einer quantitativen Folgeerhebung zu überlegen, ob nicht neben der Frage nach dem Interesse ausdrücklich auch der mangelnde Praxisbezug sowie die unpassende Schulform als Grund für das Fehlen an Fortbildungsveranstaltungen zu berücksichtigen ist. Ebenso könnte sich auch eine Unterscheidung zwischen allgemein privaten und speziell familiären Gründen als aufschlussreich erweisen.

Des Weiteren dokumentiert sich in beiden Zugängen, dass sowohl die Praxisorientierung als auch neuere theologische Forschung wichtige Fortbildungswünsche sind und sich keineswegs gegenseitig ausschließen. Eher als zusätzliche Anliegen werden dagegen Wünsche zur persönlichen oder spirituellen Bildung vorgebracht.

Schließlich zeigt sich an einem weiteren Punkt auch ein Informationsgewinn, der dank des quantitativen Zugangs gewonnen wird: Aufgrund der qualitativen Befragung entsteht der Eindruck, dass es bezüglich der zeitlichen Präferenzen für die Fortbildung nur widersprüchliche Angaben gibt, die sich auf keinen kleinsten gemeinsamen Nenner bringen lassen. Der quantitative Zugang gibt zwar gleichfalls eine Heterogenität der Wünsche zu erkennen, jedoch lässt sich diese Problematik aufgrund der Mehrheitsverhältnisse dahingehend lösen, dass der geeignetste Zeitraum entweder Fortbildungsangebote am Nachmittag mit einer Dauer von 2,5 bis 3 Stunden sind oder Ganztagsfortbildungen, die schon am Vormittag beginnen.

5.5 Resümee und Ausblick

Die Befunde der quantitativen und der qualitativen Studien zeichnen insgesamt das Bild einer mehrheitlich hoch motivierten, selbstbewussten evangelischen Religionslehrerschaft. Diese begreift den Religionsunterricht als große Chance für heutige Kinder und Jugendliche sowie als wichtiges schulisches Bildungsangebot, das grundlegende Beiträge zu ihrer religiösen Orientierung, Persönlichkeitsbildung und Pluralitätsfähigkeit leistet. Die Befragten bekräftigen in Anbetracht dessen die Bedeutung eines seiner konfessionellen Bindung treu bleibenden, ökumenisch und interreligiös geöffneten Religionsunterrichts an öffentlichen Schulen, der durch andere auf Religion und Werte bezogene Fächer zwar ergänzt, aber nicht substituiert werden kann. Insgesamt wünschen sich die ReligionslehrerInnen von den Kirchen die Freiheit, in religionspädagogischer Eigenverantwortung vor Ort selbst entscheiden zu können, welche Form von Religionsunterricht an ihrer Schule jeweils die geeignetste ist. Dass sie bei diesem Entscheidungsprozess das Kind nicht mit dem Bade ausschütten (wollen), sondern mehrheitlich hinter dem kirchlich mitverantworteten Religionsunterricht des Grundgesetzes stehen, kommt in der Umfrage eindrucksvoll zum Ausdruck. Mit ihren Voten haben die Befragten „den Bummelzug kirchenamtlicher Absprachen“ (Günter Böhm) im Hinblick auf den Religionsunterricht zugleich längst überholt. Institutionell verbindliche Kooperationen auf den Sankt Nimmerleinstag zu verschieben, ist fahrlässig und wird auch der Sache des Religionsunterrichts weder theologisch noch pädagogisch gerecht. Es ist an der Zeit, – von Bundesland zu Bundesland bzw. von Region zu Region sicherlich unterschiedlich – konfessionell-kooperative, ökumenisch-christliche und interreligiöse Formen des Religionsunterrichts verstärkt zu erproben, wissenschaftlich zu evaluieren und ggf. dauerhaft zu etablieren. Inhaltlich ist evangelischen Religionslehrkräften die Förderung von Offenheit und Toleranz gegenüber Angehörigen anderer Konfessionen und Religionen bzw. Weltanschauungen besonders wichtig. In einem multikulturellen Gesellschafts-, Schul- und Universitätskontext ist deshalb eine interkonfessionelle und interreligiöse Dialog- und Kooperationskompetenz bereits im Theologiestudium sukzessive anzubahnen. Zugleich ist der Anteil von Lehrveranstaltungen in der Kirchen- und Konfessionskunde sowie der vergleichenden Religionswissenschaft vielerorts zu steigern. Das von den Befragten überwiegend favorisierte Modell eines konfessionell-kooperativen Religionsunterrichts in ökumenischer (und interreligiöser) Ausrichtung und Öffnung stellt überdies erhöhte Anforderungen an die Religionslehrpersonen und die Religionslehreraus- und -fortbildung. Ein Religionsunterricht, der die doppelte

Zielsetzung von Identitäts- und Verständigungsförderung zu verwirklichen sucht, setzt auf Seiten der Unterrichtenden

> „den Erwerb differenzierter Kenntnisse von den Eigenarten, Denktraditionen und liturgisch-rituellen Besonderheiten der jeweils anderen Konfession als eine notwendige Bedingung voraus. Nur so ist es möglich, auf Beiträge der SchülerInnen, die nicht der eigenen Konfession angehören, angemessen einzugehen und konstruktive Hilfen auch zu deren religiösen und konfessionellen Weiterentwicklung zu leisten. Zugleich sind die Ausbildung einer interkonfessionellen Kooperations- und Gesprächsfähigkeit und die Bereitschaft, in konfessionsübergreifenden Begegnungen und Dialogen voneinander und miteinander zu lernen, von großer Bedeutung [...]. Die angesprochenen Erfordernisse werden in der bisher üblichen Ausbildungspraxis allerdings nur selten erreicht. Ein Grund hierfür ist sicherlich der Sachverhalt, dass die für eine sach- und schülergemäße Erteilung eines konfessionell-kooperativen Religionsunterrichts dringend notwendige inhaltliche und strukturelle Reform des religionspädagogischen Lehramtsstudiums u. a. im Hinblick auf eine verstärkte ökumenisch-theologische und konfessionskundliche Ausrichtung sowie eine verbindliche Institutionalisierung interkonfessioneller Kooperationen an vielen Hochschulen erst sukzessive in Angriff genommen wurde. Bereits im Studium ist der kontinuierliche Austausch zwischen evangelischen und katholischen (ggf. auch orthodoxen und freikirchlichen) Religionspädagog(inn)en zu fördern. Gemeinsame Veranstaltungen von Studierenden beider Konfessionen sollten in allen theologischen Disziplinen – also nicht nur im Fach Religionspädagogik und -didaktik – auf der Tagesordnung stehen. Gerade in der Kirchengeschichte, der Dogmatik oder der Moraltheologie bzw. Ethik bietet sich gemäß der übergreifenden Programmatik ‚Gemeinsamkeiten stärken – Unterschieden gerecht werden' die konfessionell-kooperative Behandlung von elementaren Themen- und Problemfeldern in Bezug auf Gemeinsamkeiten und Unterschiede zwischen den Konfessionen an" (Lück/Simon 2007, 195f.).

Erfreulicherweise öffnen sich angesichts der Unterrichtsrealität die katholischen Bischöfe mittlerweile dem Anliegen eines (begrenzten) konfessionell-kooperativen Religionsunterrichts. In ihrer Verlautbarung „Der Religionsunterricht vor neuen Herausforderungen" wird die „phasenweise und didaktisch reflektierte Kooperation mit dem evangelischen Religionsunterricht" etwa als möglicher „Gewinn für beide Unterrichtsfächer" (2005, 11) bezeichnet. Wie von der EKD-Denkschrift „Religiöse Orientierung gewinnen. Evangelischer Religionsunterricht als Beitrag zu einer pluralitätsfähigen Schule" (2014) zu Recht hervorgehoben wird, ist der nächste aus didaktischer und organisatorischer Sicht wichtige Schritt dann die Integration auch andersreligiöser Kinder und Jugendlicher.

Gleichzeitig eröffnen sich auch Perspektiven für die weitere Forschungsarbeit. Ein Punkt soll an dieser Stelle im Rückblick auf die in Kapitel 1 diskutierten empirischen Vorgängerstudien besonders hervorgehoben werden: Die Ergebnisse der vorliegenden Studie bestätigen im Grunde genommen diejenigen früheren Forschungsarbeiten, welche die Bedeutung des Konfessorischen für ReligionslehrerInnen herausstellen. Gleichzeitig besteht eine Spannung zu der Unterrichtsforschungsstudie von Englert/Hennecke/

Kämmerling (2014), welche von einer „Versachkundlichungstendenz" spricht. Über die Gründe dieser Spannung kann an dieser Stelle nur spekuliert werden. Zwei mögliche Optionen seien genannt: Die Studie von Englert/Hennecke ist qualitativ orientiert und untersucht 13 Unterrichtsreihen von vermutlich 13 Religionslehrkräften. Von daher könnte der Befund einer Versachkundlichungstendenz nicht repräsentativ sein. Eine andere Option ist, dass die in den ReligionslehrerInnenbefragungen deutlich werdende Tendenz, dass für die Mehrheit der ReligionslehrerInnen das Konfessorische ein wichtiges Element ist, eher die eigene Haltung zum Ausdruck bringt und im Religionsunterricht selbst kaum oder nur an wenigen Punkten sichtbar wird. Daraus folgt letztlich die Konsequenz, dass zum einen ReligionslehrerInnen in Folgestudien dahingehend zu befragen wären, wie sich das Konfessorische in ihrem Unterricht konkret auswirkt. In dieser Hinsicht sensibilisiert wären zum anderen weitere empirische Studien zur Unterrichtsforschung durchzuführen und könnte der Punkt der „Versachkundlichungstendenz" verifiziert oder falsifiziert werden.

6. Feedback zur Studie aus der Perspektive von Forschung, Fortbildung und Kirchenleitung

Die Autoren dieser Studie sind ausgesprochen dankbar, dass KollegInnen aus Forschung, Fortbildung und Kirchenleitung ein facettenreiches Feedback verfasst haben. Ziel dieses Abschnittes ist es insbesondere, einen Dialog auf der Grundlage der vorliegenden Studie zu eröffnen.

6.1 „Hoch motiviert“ sachbezogen und schülerorientiert. Kommentar zu Daten und Auswertung

Michael Meyer-Blanck

Die Religionslehrerschaft in NRW ist hoch motiviert und selbstbewusst. So lautet das Fazit der drei Autoren der Studie (268), und man kann dieses Urteil nur bestätigen. Zu der hohen Motivation der Unterrichtenden gehört dabei ein vorsichtiges Innovationspotenzial. Denn die Zusammensetzung der Schülerschaft verändert sich und damit steht für die Unterrichtenden und die politisch Verantwortlichen – wie verstärkt seit 1989, aber im Grunde schon lange vorher – erneut die Frage der Gestaltung der religionsunterrichtlichen Konfessionalität auf dem Prüfstand.

Konfessionalität und Unterrichtsorganisation

Religion ist – so wissen wir spätestens seit dem Aufklärungstheologen Johann Joachim Spalding (1714–1804) – eine „Angelegenheit des Menschen“. Religion kann nicht vor allem als objektives Fachwissen – und auch nicht als Summe von „Fachkompetenzen“ – erschlossen werden. Religion ist eine Art von spezifischer Relationalität zu sich selbst, zu anderen und zur Transzendenz. Diese wird primär auf dem Wege menschlicher Beziehungen anschaulich und verstehbar. Darum ist und bleibt die Religionslehrerschaft in der Schlüsselrolle, allen verfehlten Paradigmen wie demjenigen des bloßen „Lernbegleiters“ zum Trotz. Aus *persönlichen* Beziehungsgründen ist es vielen ganz wichtig, im Klassenverband zu unterrichten. Das zeigt diese Studie erneut klar auf, nicht nur, aber besonders in den Gruppendiskussionen aus der Grundschule. Aus analogen *sachlichen* Beziehungsgründen ist es dabei den meisten wichtig, konfessionell bzw. rollenbezogen konfessorisch zu unterrichten. Denn die Beziehungen zu den Schülern *und* zu der Sache des RU können nur zugleich deutlich werden. Erfreulich ist es darum, dass die rheinischen Religionslehrkräfte „weniger in Dichotomien“ denken, als das in religionsdidaktischen Diskussionen bisweilen angenommen wird (106).

In Zeiten der Pluralität geraten diese beiden Prinzipien immer mehr in Spannung zueinander. Die persönlichen Beziehungen sprechen für den Unterricht im Klassenverband und gegen die Aufteilung in Religionsgruppen. Andererseits wird ein wirklich konfessionell profilierter und konfessorischer Unterricht im Klassenverband immer schwieriger. In der öffentlichen Diskussion gewinnen darum religionskundliche bzw. multireligiöse Unterrichtsformen zunehmend an Plausibilität. In dieser schwierigen Gemengelage ringen die rheinischen Religionslehrkräfte um eine Position, die sowohl der relational verfassten Sache der Religion als auch der plural gewordenen Schülerschaft Rechnung trägt. Am liebsten würde man im Klassenverband und in vertrauter Beziehung zu allen SchülerInnen sowie zugleich multireligiös und konfessorisch („authentisch") unterrichten – und man merkt zugleich, dass das alles zusammen eigentlich nicht geht.

Die damit beschriebene Tendenz findet sich in noch stärkerem Maße in der Studie unseres Bonner Instituts „bibor" (Bonner evangelisches Institut für berufsorientierte Religionspädagogik, online: www.bibor.uni-bonn.de) über die Einstellungen von Lehrerinnen und Lehrern zum Berufsschul-Religionsunterricht (BRU). Die bibor-Studie[55] zeigt, dass von den meisten Unterrichtenden am Berufskolleg der Unterricht im Klassenverband, der zugleich als konfessioneller Unterricht verstanden wird, favorisiert wird, obwohl er zunehmend unter Pluralitätsdruck gerät und unter den Bedingungen der flächendeckenden Einführung von islamischem Religionsunterricht (IRU) auch am Berufskolleg kaum auf Dauer Bestand haben wird, jedenfalls nicht in der gegenwärtigen Ausprägung.

Martin Rothgangel, Christhard Lück und Philipp Klutz mahnen in ihrem „Resümee und Ausblick" eine „interkonfessionelle und interreligiöse Dialog- und Kooperationskompetenz" an (269). Damit haben sie gewiss Recht; aber auf dem Hintergrund der Realität gegenwärtigen akademischen Lernens muss man leider skeptisch sein. Für die Inhalte ist an der Universität immer weniger Zeit. Die Verschulung und „Ver-Fachhochschulisierung" des Studiums, verbunden mit einer gleichzeitigen Überstrapazierung – jetzt mit dem Praxissemester und dem Thema Inklusion – machen die sachlich tiefergehende Arbeit immer schwieriger. Was nützt eine „Dialogkompetenz", wenn man nicht Entwürfe zur Christologie, den Unterschied zwischen der Rechtfertigungslehre des Tridentinums und der Reformation kennt und sich nicht das Verhältnis von Tora im Judentum, Evangelium im Christentum und Rechtleitung im Islam hat klarmachen können? Ein bloßer Dialog auf der Oberfläche einer immer stärker individualisierten bzw. reduzierten Kult- und Festpraxis lässt darüber hinaus die rituell eher unmusikalischen Protestanten

---

[55] Die Studie erscheint im Frühsommer 2016 unter dem Titel: *Monika Marose, Michael Meyer-Blanck, Andreas Obermann (Hrsg.)*, „Der Berufsschulreligionsunterricht ist anders!" Ergebnisse einer Umfrage unter Religionslehrkräften in NRW, Münster 2016 (Glaube – Wertebildung – Interreligiosität Bd. 8).

schnell mit leeren Händen dastehen. Die Stärken des Protestantismus sind und bleiben – trotz aller berechtigten Neuentdeckung der Künste unter dem ästhetischen Paradigma des RU – Lehre und Kritik. Mit diesem Pfund muss der evangelische RU wuchern, sonst bleibt alle Dialogrhetorik hohl. Immerhin 41,2 % der hier Befragten wünschen sich glücklicherweise Fortbildungen zu „aktuellen theologischen Themen" (108); das ist die dritthöchste Zustimmung bei 18 vorgegebenen Items.

Kirche

Ein weiterer wichtiger Punkt der hier untersuchten „Praxis Religionsunterricht" ist das erfreuliche Verhältnis zur Institution Kirche. Dieses ist deutlich entspannt. Die in den allerersten empirischen Religionslehrerstudien[56] vermuteten Rollenkonflikte einer doppelten Loyalität der Unterrichtenden zwischen der öffentlichen Schule und der Institution Kirche finden sich in der jetzt vorgelegten Studie nicht. Man wird sagen können, dass die Kirchlichkeit des evangelischen RU immer mehr von einem Problemfeld zu einem Gestaltungsbereich geworden ist. Die Abgrenzungsbedürfnisse gegenüber der Kirche sind einem entspannt kritischen und solidarischen Verhältnis gewichen. Die Vokation wird mehr als Zuspruch denn als Kontrolle aufgefasst (58). Mit der abnehmenden Selbstverständlichkeit der kirchengemeindlichen Kontakte wächst vielmehr das Interesse an der Zusammenarbeit mit den Pfarrämtern. Insbesondere bei Schulgottesdiensten kommt es zu einer Kooperation. Nur 10,2 % der Befragten kennen weder Andachten noch Gottesdienste im Schulleben – und die Autoren weisen auf den großen Unterschied zur niedersächsischen Studie von 2000 hin, in der fast die Hälfte (49,8 %) die Frage nach entsprechenden Aktivitäten an der eigenen Schule verneint hatte (52). Das religionspädagogische Rheinland ist deutlich liturgischer als Niedersachsen, wenn auch der Abstand von 15 Jahren nur begrenzte Vergleiche zulässt.

Andererseits sind die rheinischen Lehrkräfte sehr skeptisch gegenüber dem Ziel, im RU „in Formen kirchlichen Lebens" einzuführen. Dieses Item

---

[56] Dazu s. den Überblick bei *Peter Biehl*, Beruf: Religionslehrer. Schwerpunkte der gegenwärtigen Diskussion, in: Jahrbuch der Religionspädagogik (JRP) 2 (1985), Neukirchen-Vluyn 1986, 161-194 (darin 191ff. reichhaltige Bibliographie mit älterer Literatur). Bemerkenswert ist, dass Biehl die angeblichen Rollenkonflikte zwischen Schule und Kirche schon vor über 30 Jahren als eine Projektion beschreiben konnte, weil die meisten Unterrichtenden mit dem gegebenen Spannungsfeld fruchtbar umzugehen wussten. Umfänglich bestätigt wurde die hohe unterscheidende Reflexionskompetenz dann von der großen niedersächsischen Studie mit ihrer Unterscheidung von gelehrter und gelebter Religion: *Andreas Feige et alii*, ‚Religion' bei ReligionslehrerInnen. Religionspädagogische Zielvorstellungen und religiöses Selbstverständnis in empirisch-soziologischen Zugängen. Berufsbiographische Fallanalysen und eine repräsentative Meinungserhebung unter evangelischen ReligionslehrerInnen in Niedersachsen, Münster 2000.

landet bei den „Zielvorstellungen“ unter den 31 Items auf Platz 26 und das Item „Meditieren lernen“ auf dem 31. und letzten (43). Schule soll Schule bleiben. Sie ist der Bildung, nicht der Vermittlung kirchlicher Lebensformen verpflichtet. An diesem Punkt kommt übrigens die bibor-Studie zu vergleichbaren, eher noch deutlicheren Ergebnissen, was die Skepsis gegenüber kirchlichen Formen und Zielorientierungen angeht. Das hängt sicher damit zusammen, dass in der rheinischen Studie 38,8 % der Antworten von Religionslehrkräften an Grundschulen (und nur 13,1 von Berufskollegs) stammen.

Gleichzeitig können die Autoren der rheinischen Studie schließlich eine „Versachkundlichungstendenz“ des RU gerade nicht feststellen (270). Auch das ist sehr erfreulich und lässt sehr hoffen für einen sowohl sachbezogenen als auch schülerorientierten rheinischen evangelischen Religionsunterricht.

6.2 Wie rheinische Religionslehrer/innen ihre Tätigkeit sehen und was sie sich wünschen. Einige Anmerkungen zu einer facettenreichen Studie

Rudolf Englert

Bei der hier vorgelegten Untersuchung der rheinischen Religionslehrerschaft handelt es sich um eine große, technisch sorgfältig durchgeführte empirische Studie. Die erzielten Befunde werden im quantitativen wie im qualitativen Teil sehr gut nachvollziehbar dargestellt. Die Auswertung geschieht mit einem hohen Differenzierungsgrad und einer großen Behutsamkeit. Effekthascherische Zuspitzungen werden vermieden, die entscheidenden Grundtendenzen gleichwohl klar herausgearbeitet und zukünftige Erfordernisse unmissverständlich ausgesprochen (vgl. insb. das Resumée). In einem knappen Kommentar können nur wenige Punkte aus der Studie aufgegriffen werden.

Auffällig ist die hohe Meinungshomogenität in der Religionslehrerschaft, die auch von Vorgängerstudien schon konstatiert worden war. Dass etwa Differenzen in Alter und Berufserfahrung kaum einen Einfluss auf die Wahrnehmung wichtiger Bereiche professionellen Handelns haben, ist ja alles andere als selbstverständlich. Ganz besonders gilt dies für die von den Lehrer/innen bevorzugten Zielvorstellungen. Bei der Würdigung dieses Befunds sind meines Erachtens allerdings drei Punkte zu beachten:

1) Auch solche Ziele, die im fachlichen Diskurs mit einer deutlich unterschiedlichen Akzentuierung versehen sind, werden von den Religionslehrer/innen nicht als konträr, sondern als komplementär betrachtet (vgl. 39 u. ö.). Offensichtlich verschleifen sich konzeptionelle Differenzen in der religionsunterrichtlichen Praxis; man könnte auch sagen: Differente

Konzepte werden pragmatisch eingearbeitet in variabel eingesetzte Muster unterrichtlichen Handelns.

2) Es ist allerdings nicht auszuschließen, dass die von unterschiedlichen Lehrer/innen in der Praxis tatsächlich gebrauchten didaktischen Strategien und Handlungsmuster doch differenter sind, als es die relativ gleichgelagerten Einstellungen zu religionsunterrichtlichen Zielvorstellungen erwarten ließen. An dieser Stelle tut sich die Frage auf, wie sich die hier abgefragten Eigen-Wahrnehmungen der Religionslehrer/innen zu den Fremd-Wahrnehmungen verhielten, die etwa im Rahmen von Unterrichtsforschungen gewonnen würden.

3) Dass unter den Zielvorstellungen das Item „Den christlichen Glauben mit menschlichen Fragen und Erfahrungen in Beziehung setzen" die höchste Zustimmung erfährt, zeigt, dass das im katholischen Bereich „korrelationsdidaktisch" genannte Anliegen nach wie vor eine zentrale religionsunterrichtliche Intention anspricht, und zwar nunmehr schon seit Jahrzehnten und über die Grenzen der Konfessionen hinweg. Dies heißt allerdings nicht, dass die Zielvorstellungen der Religionslehrer/innen einfach dieselben wären wie vor zwanzig oder dreißig Jahren (vgl. die durch eine Faktorenanalyse herausdestillierten vier Grundintentionen, vgl. 39).

Die Mehrheit der rheinischen Religionslehrer/innen wünscht sich einen mit den Kirchen in Verbindung stehenden und insofern konfessionellen Religionsunterricht, votiert gleichwohl aber für eine ökumenische Öffnung in Richtung eines konfessionell-kooperativen Modells (vgl. 74 u. ö.). Dieses deutliche Bekenntnis zum grundsätzlichen Wert eines konfessionellen Konzepts hatte es in der Niedersachsenstudie von 2001 so nicht gegeben, bei der ein Religionsunterricht im Klassenverband mit stark religionskundlichen Zügen das Präferenzmodell der Lehrerschaft war. Die in Anbetracht der Zunahme religiöser Pluralität von vielen erwartete Entwicklung in Richtung eines bekenntnisneutralen Religionsunterrichts für alle hat also offensichtlich so nicht stattgefunden, jedenfalls nicht in der rheinischen Religionslehrerschaft.

Die hier vorgelegte Untersuchung hat eine Fülle von Befunden erbracht, die nur mit Freude zur Kenntnis genommen werden können. Gleichwohl gibt es auch eine Reihe von Punkten, die zu denken geben müssen. Dies gilt etwa für die teilweise geringe Akzeptanz des Faches, insb. in den Haupt- und Gesamtschulen; es gilt für die große Varianz der Unterrichtsbedingungen, die teilweise ins Belieben der lokal Verantwortlichen gestellt zu sein scheinen; es betrifft die organisatorische Gestalt des Religionsunterrichts, die häufig in einer Form durchgeführt wird, die „offiziell nicht zulässig ist" (vgl. 70); es betrifft die zur Verfügung stehende „echte Lernzeit", die, wie etwa die Gruppendiskussionen mit Grundschullehrer/innen oder die Auswertung der offenen Items zeigen, dem Religionsunterricht nicht selten zugunsten anderer schulischer Aufgaben empfindlich beschnitten wird. Ob es in Anbetracht all dessen ratsam ist, für die Freiheit zu werben, Religionslehrer/innen sollten

„in religionspädagogischer Verantwortung vor Ort selbst entscheiden [...] können, welche Form von Religionsunterricht an ihrer Schule jeweils die geeignetste ist" (269), erscheint mir fraglich.

Nachdrücklich zustimmen möchte ich den Konsequenzen, die die Autoren der Untersuchung in ihrem Resumée ziehen: der Ausweitung eines konfessionell-kooperativen Religionsunterrichts, dem Experimentieren mit Formen einer auch den Religionsunterricht anderer Religionsgemeinschaften und die Alternativfächer Ethik bzw. Praktische Philosophie mit einbeziehenden Kooperation und der Entwicklung der dafür erforderlichen Kompetenzen und Materialien in Aus- und Fortbildung.

6.3 Ein erfreulicher Befund

Norbert Mette

Die evangelische Religionslehrerschaft, die im Bereich der Evangelischen Kirche im Rheinland tätig ist, zeigt sich der vorliegenden Studie zufolge mehrheitlich nicht nur als hoch motiviert und selbstbewusst, sondern auch als verantwortungsvoll – letzteres in einem mehrfachen Sinne: gegenüber den Schülern und Schülerinnen, denen mit dem Religionsunterricht ein Beitrag zu einem gelingenden Leben vermittelt werden soll, gegenüber der „Sache", um die es in ihrem Fach geht und bei der es um mehr zu tun ist als um die Vermittlung von Unterrichtsstoff, gegenüber der Schule, um deren allgemeinen Bildungsauftrag willen sie sich für ihr nicht unumstrittenes Fach einsetzt und deren Kultur sie darüber hinaus mit Gottesdiensten, Projekten u.ä. mitgestaltet, und gegenüber der Kirche, die sie in gewisser Weise repräsentiert, auch wenn sich die Nähe und Distanz zu ihr – oder umgekehrt von ihr zur Religionslehrerschaft – unterschiedlich gestaltet.

Eine methodische Besonderheit dieser Untersuchung im Vergleich zu ähnlichen Befragungen liegt in der Kombination von quantitativen (Online-Befragung) und qualitativen (Gruppendiskussionen) Erhebungsmethoden, wodurch es ermöglicht wird, statistisch gewonnene Zusammenhänge mithilfe der Einbeziehung der von unter bestimmten Kriterien ausgewählten Akteuren geäußerten Sichtweise vertiefter zu verstehen. Die dokumentierten Gruppendiskussionen sind so authentisch aussagekräftig, dass man sich wünscht, ähnliche Gespräche mit Religionslehrkräften anderer Schulformen nachlesen und auswerten zu können. Damit würde die aus der quantitativen Studie gewonnene Einsicht, dass es den Religionsunterricht nicht gibt, sondern nur „verschiedene Religionsunterrichte ‚im Plural'" (vgl. 120), noch mehr Farbe bekommen. Es ließe sich so auch Auskunft darüber gewinnen, wie Lehrer und Lehrerinnen an weiterführenden Schulformen den Religionsunterricht an der jeweils vorhergehenden Schulform aufgrund der von ihnen mit den Schülern und Schülerinnen gemachten Erfahrungen einschätzen – was für die Frage, ob sich eine in den Lehrplänen idealiter vorgesehene Sequentialität innerhalb dieses Faches realiter ausmachen lässt, nicht unwichtig wäre.

Um es im Weiteren angesichts der Fülle von Aspekten, die die Studie beinhaltet, nicht bei allgemeinen Bemerkungen zu belassen, seien im Folgenden zwei herausgegriffen, die näherhin verfolgt und kommentiert werden sollen: (1) die Einschätzung(en) der evangelischen Religionslehrerschaft, wie sich von katholischer Seite her der Beitrag zum Religionsunterricht gestaltet und (2) was sie vom Religionsunterricht im Klassenverband hält.

ad 1) In den beiden Diskussionen mit der „Gruppe Gummersbach" und „Gruppe Trier" erscheint die katholische Kirche mit Blick auf ihre Maßgaben für den Religionsunterricht und für katholische Schulen alles andere als in einem positiven Licht. Aufgrund seiner Rigidität und Enge wird dem katholischen Religionsunterricht – im Unterschied zu dem als einladend und offen sich verstehenden evangelischen Religionsunterricht – der Status eines abschreckenden Gegenhorizonts zugewiesen. Zudem wird an Schulen, wo die evangelische Schülerschaft eine Minderheit bildet, die Gefahr beschworen, dass der Religionsunterricht „katholisch dominiert" wird. „Das Katholische" erscheint diesen Voten zufolge als eng und bemächtigend. Auch wenn es sich hier um krasse Einzelfälle handeln mag, so ist auf jeden Fall richtig, dass die offiziellen katholischen Vorgaben auf einem konfessionell geschlossenen Religionsunterricht insistieren. Aber, so ist der Studie insgesamt, also über die beiden erschreckenden Fallbeispiele hinaus zu entnehmen, in der schulischen Praxis werden diese Vorgaben mehr und mehr unterlaufen. Katholische Schüler und Schülerinnen nehmen am evangelischen Religionsunterricht teil. Die Zusammenarbeit von evangelischen und katholischen Religionslehrerkräften ist weithin selbstverständlich und wird als bereichernd empfunden. Ohne damit die jeweils eigene konfessionelle Identität hinter sich lassen zu wollen, wird von einem beträchtlichen Teil der Religionslehrerschaft – übrigens, so ist vielen Gesprächen zu entnehmen, auch der katholischen – für einen konfessionell-kooperativen Religionsunterricht als zukunftsfähigem Modell plädiert. Faktisch geschieht diesbezüglich bereits einiges in einer „Grauzone". Daran und an den mit den Abweichungen von der Norm gemachten guten Erfahrungen kann auch von offizieller Seite nicht einfach länger vorbeigegangen werden. Immerhin zeigt sich die katholische Kirche mittlerweile in Baden-Württemberg und Niedersachsen dem konfessionell-kooperativen Religionsunterricht gegenüber als aufgeschlossen.

ad 2) Auch bezüglich des zweiten Aspekts, dem Religionsunterricht im Klassenverband, gibt es, wie die Studie zeigt, seit Längerem eine „Grauzone". Vor allem an den Grund-, Förder-, Gesamtschulen und Berufskollegs ist das vermehrt der Fall. Das hatte bereits vor mehr als zehn Jahren die von mir mit Saskia Hütte durchgeführte Untersuchung ergeben, auf die u. a. bei dieser Studie zurückgegriffen worden ist. Neben anderen (z. B. schulorganisatorischen) Gründen spielt für diese „Irregularität“ eine große Rolle, dass für die Religionslehrkräfte die entscheidende Bezugsgröße ihres Faches die Schüler und Schülerinnen sind und dass für sie ein wesentliches Ziel des Religionsunterricht darin besteht, dass er angesichts der weltanschaulich pluralen Gesellschaft den Heranwachsenden zu Toleranz gegenüber Andersdenkenden und zur Dialogfähigkeit mit ihnen verhilft. Für eine Auflösung der Trennung des Unterrichts in konfessionelle (oder auch religiöse) Gruppen (teaching in religion) werden u. a. als Gründe angeführt, dass so bereits in einem geschützten Raum das bessere gegenseitige Kennenlernen, die Anerkennung des Anderen und die Achtung voreinander eingeübt werden können. Was allerdings nicht angestrebt wird, ist ein religionskundlicher Unterricht (teaching about religion); die konfessorische Eigenart des Religionsunterrichts soll ausdrücklich beibehalten werden (teaching from religion). Eine tragfähige religionspädagogische Basis für ein solches didaktisches Vorgehen steht allerdings noch aus. Hilfreich für deren Ausarbeitung dürfte es sein, wenn die Erfahrungen, die bisher mit einem solchen Unterricht gemacht worden sind, aus der „Grauzone“ herausgenommen und ausgewertet würden.

6.4 Kommentar aus einer Außenperspektive

Friedrich Schweitzer

Gerne nutze ich Möglichkeit, die vorliegende Studie aus der Perspektive eines nicht an der Durchführung Beteiligten zu kommentieren. Dazu greife ich sechs Aspekte heraus, die mir bei der Lektüre besonders wichtig geworden sind. Insofern geht es nicht um eine umfassende Würdigung, sondern vielmehr um eine Akzentuierung aus der Perspektive der Religionspädagogik jenseits von Nordrhein-Westfalen.

1) Die Befunde, die im vorliegenden Band dargestellt werden, gewinnen ihre Bedeutung zunächst daraus, dass damit verlässliche Befunde zur Situation des Religionsunterrichts im bevölkerungsreichsten Bundesland in Deutschland vorliegen. Zu Recht beanspruchen die Autoren keine Repräsentativität für ihre Befunde, aber mit 1093 Beteiligten und der genau dargestellten Struktur der Stichprobe zufolge handelt es sich um empirisch aussagekräftige und verlässliche Befunde. Darüber hinaus wird das auf diese Weise gewonnene Bild durch die qualitativen Auswertungen der Freitextantworten sowie die qualitative Teilstudie weiter ergänzt und bereichert.

Die Bedeutung der nun vorliegenden Befunde wird weiter durch den Umstand gesteigert, dass Nordrhein-Westfalen bislang zu den Bundesländern zählt, in denen es keine offizielle Vereinbarung zur konfessionellen Kooperation im Religionsunterricht gibt – wo also zumindest der Rechtslage zufolge Religionsunterricht nur konfessionell und in entsprechend getrennten Lerngruppen erteilt wird. Noch vor gut zehn Jahren wurde uns im Rahmen einer Vergleichsstudie zum Religionsunterricht in Baden-Württemberg und Nordrhein-Westfalen nicht zugestanden, dass wir nach Erfahrungen mit einem kooperativ erteilten Religionsunterricht fragen, eben weil die Kinder und Jugendlichen in Nordrhein-Westfalen, wie es hieß, eine solche Realität gar nicht kennen würden (Schweitzer u. a. 2006). Dass diese Auskunft die Realität nicht ohne weiteres trifft, hatte allerdings schon die kleinere Untersuchung von Saskia Hütte und Norbert Mette (Hütte/Mette 2003) gezeigt, die für Nordrhein-Westfalen einen weithin im Klassenverband erteilten Religionsunterricht als Normalität belegte und erwarten ließ – allerdings so, dass konfessionelle Bindungen, aber auch ein theologisch-religionsdidaktischer Tiefgang jedenfalls im Blick auf konfessionelle Profile weithin auf der Strecke zu bleiben droht. Vor diesem Hintergrund verdienen die Befunde im vorliegenden Band religionspädagogisches Interesse weit über das Bundesland, aus dem sie stammen, hinaus – auch etwa im Sinne vergleichender Überlegungen zu Entwicklungen in Bundesländern und Landeskirchen, die hier unterschiedliche Wege gegangen sind – mit oder ohne Vereinbarungen zu kooperativen Formen von Religionsunterricht. Für Nordrhein-Westfalen selbst könnten die Befunde auch für derzeit anstehende Überlegungen zu einer in Zukunft auch offiziell verfassten konfessionellen Kooperation Bedeutung gewinnen. Auf jeden Fall unterstreichen sie deren Dringlichkeit.

2) Nach Auskunft der der Lehrerinnen und Lehrer stellt sich die Situation des evangelischen Religionsunterrichts in Nordrhein-Westfalen im Blick auf seine Schülerschaft und deren Konfessions- und Religionszugehörigkeit schon jetzt sehr bunt dar. Die Aussage, dass der evangelische Religionsunterricht für alle offen sei, die sich für diesen Unterricht interessieren (vgl. Kirchenamt der EKD 2014, 40), wird durch diese Studie eindrücklich belegt. Der evangelische Religionsunterricht in Nordrhein-Westfalen wird demnach in knapp 70% der Fälle von konfessionslosen Kindern und Jugendlichen besucht, in knapp 48% von muslimischen Schülerinnen und Schülern und in knapp 37 % von katholischen Schülerinnen und Schülern, wobei auch die Häufigkeit einer orthodoxen Konfessionszugehörigkeit mit knapp 28 % durchaus bemerkenswert ist. Ähnliches gilt für die Aleviten (knapp 16 %), und sogar buddhistische und jüdische Kinder und Jugendliche sind keine Seltenheit. Dieser Befund spricht eine deutliche Sprache: Wenn man so will, hat sich hier die Situation eines „Religionsunterrichts für alle“ eingestellt, allerdings in einer auch bewusst wahrgenommenen evangelischen Verantwortung – im Unterschied zu der früher in Hamburg vorherrschenden Situation, wo die evangelische Verantwortung nur „de jure“ gelten sollte

(vgl. dazu Nipkow 2000). Denn auch dies lassen die quantitativen ebenso wie die qualitativen Befunde deutlich erkennen: Einen allgemeinen Religionsunterricht, der auf konfessionelle Bindungen verzichtet oder der zum konkurrenz- und alternativlosen Fach für alle gemacht wird, stimmt die Lehrerschaft in Nordrhein-Westfalen nicht zu. Die Wünsche zielen eher auf kooperative und dialogische Modelle, die der Pluralität der Konfessionen und Religionen durch ein plurales Angebot – in wechselseitiger Offenheit und Kooperation – gerecht werden sollen.

(3) Geradezu diametral zur bisherigen offiziellen Regelungslage nehmen sich die tatsächlichen Entwicklungen bei der Kooperation des evangelischen mit dem katholischen Religionsunterricht in Nordrhein-Westfalen aus. Obwohl es keine offizielle Vereinbarung gibt (entsprechende Überlegungen dazu sind allerdings nun zu Recht stark in Gang gekommen), berichten 88 % der in der vorliegenden Studie Befragten von einer solchen Kooperation. Da es bislang keine klaren Regelungen für die Ausgestaltung dieser Kooperation gibt, bleibt auch schwer zu sagen, welche Qualität dabei erreicht werden kann. Kaum zu bezweifeln ist aber – etwa vor dem Hintergrund paralleler Befragungsergebnisse aus Baden-Württemberg (vgl. bes. Schweitzer u. a. 2002; Schweitzer u. a. 2006; Kuld u. a. 2009) –, dass sich die Realität dieser Kooperation nicht mehr einfach aus der Welt schaffen ließe, zumindest nicht ohne erhebliche Beschädigungen des Religionsunterrichts in Akzeptanz und Plausibilität. Insofern unterstreichen die Befunde die Notwendigkeit, nun auch in Nordrhein-Westfalen entschieden Schritte hin zu offiziellen Vereinbarungen zur Kooperation zwischen dem evangelischen und dem katholischen Religionsunterricht zu gelangen. Darüber hinaus machen sie deutlich, dass Kooperationen immer mehr auch weitere Partner wie vor allem den Islamischen Religionsunterricht einbeziehen müssen, weshalb auch dafür geeignete Formen und letztlich feste Regelungen gefunden werden müssen.
4) Es wäre eine eigene, reizvolle Aufgabe, die Befunde der vorliegenden Studie vor dem Hintergrund der aktuellen Denkschrift der Evangelischen Kirche in Deutschland (EKD) „Religiöse Orientierung gewinnen. Evangelischer Religionsunterricht als Beitrag zu einer pluralitätsfähigen Schule" (Kirchenamt der EKD 2014) zu interpretieren. Dies kann im Einzelnen hier nicht geschehen. Als Gesamttendenz kann jedoch festgehalten werden, dass die in der Denkschrift beschriebene Realität von Religionsunterricht recht genau mit den hier gebotenen Einzelbefunden übereinstimmt.

Der evangelische Religionsunterricht erfreut sich auch in Nordrhein-Westfalen eines Zuspruchs und Interesses weit über die eigene Konfessionszugehörigkeit hinaus. Als klärungsbedürftig erscheint dabei vor allem der Umgang mit einer konfessionell und religiös – wenn man diesen etwas technischen Begriff verwenden will – heterogenen Schülerschaft, auf die sich der Religionsunterricht und auch die wissenschaftliche Religionsdidaktik noch weit mehr einstellen müssen, als dies bislang der Fall ist. Neben dem interreligiösen Lernen oder, wie ich selbst lieber formuliere, der interreligiösen Bildung (Schweitzer 2014) ist dabei auch an die Kinder und Jugendlichen ohne formale Konfessionszugehörigkeit zu denken. Auch dazu sind in den letzten Jahren, vor allem aus Ostdeutschland, zunehmend Entwürfe verfügbar geworden (vgl. bes. Domsgen & Lütze 2013; Käbisch 2014), die aber noch kaum auf die spezifische Situation einer gleichzeitig mehrkonfessionellen, multireligiösen und konfessionslosen Schülerschaft im Religionsunterricht eingestellt sind. Konfessionslosigkeit in Ostdeutschland bedeutet ganz offenbar etwas anderes als Konfessionslosigkeit im Westen der Republik, von der Genese oder Vorgeschichte her, aber auch im Blick auf den religiösen Kontext. Es bedarf genauerer Klärung, welche Ziele und Aufgaben der Religionsunterricht in dieser Situation im Blick auf unterschiedliche Schülergruppen übernehmen kann und übernehmen soll. Die dazu in der EKD-Denkschrift „Religiöse Orientierung gewinnen" enthaltenen Perspektiven werden dadurch in ihrer Dringlichkeit noch einmal unterstrichen, wobei es sich bei diesen Perspektiven ausdrücklich vielfach um Fragehinsichten und Aufgaben für die Zukunft handelt, keineswegs schon um abschließende Lösungen, die einfach umgesetzt werden könnten.

5) In methodischer Hinsicht bewährt sich die mehrdimensionale Vorgehensweise der vorliegenden Studie, die ebenso auf quantitative wie auf qualitative Zugänge setzt. Der Begriff der Triangulation bleibt dabei, wie derzeit in der Forschung häufig zu beobachten ist, etwas unscharf (Was genau wird aus mehreren Perspektiven bzw. von mehreren Standpunkten aus beobachtet und worin genau liegt der angestrebte Erkenntnisgewinn?), aber die Verbindung qualitativer und quantitativer Vorgehensweisen führt auf jeden Fall zu einer deutlich größeren Validität und Tiefenschärfe der Befunde. Die quantitativen Befunde erlauben eine Abschätzung allgemeiner Tendenzen, während der qualitative Zugang vor allem Einblicke in die Mikro-Realitäten erlaubt, die den Religionsunterricht zumindest für die bei den Interviews Befragten alltäglich bestimmen. Insofern weist die Untersuchung eine Qualität auf, die zumindest für Lehrer-Befragungen im Bereich des Religionsunterrichts als vorbildlich bezeichnet werden kann.

6) Desiderate sind gleichwohl auch in diesem Falle zu formulieren. Schon frühere Untersuchungen verweisen darauf, dass die Beschränkung auf Lehrerbefragungen, wie sie auch schon für die entsprechenden Untersuchungen von Andreas Feige u. a. in Niedersachsen und Baden-Württemberg bezeichnend waren (vgl. bes. Feige u. a. 2000), nur einen begrenzten Blick auf die Realität des Religionsunterrichts erlauben. Mit anderen Worten: Die Selbstbeschreibung von Religionslehrerinnen und -lehrer im Blick auf die von ihnen realisierte Praxis darf keineswegs mit dieser Praxis selbst verwechselt werden (Schweitzer 2001: „Selbstauskunft oder Unterrichtsbeobachtung?"). Vielmehr ist hier mit teilweise erheblichen Verzerrungen zu rechnen. Beispielsweise kann eine Lehrkraft durchaus von

sich sagen, ihre Konfessionszugehörigkeit spiele für ihren Unterricht keine Rolle, während genau diese Zugehörigkeit sich in der Unterrichtsbeobachtung als entscheidender Faktor darstellt (etwa weil diese Lehrkraft dann auch mit evangelischen Kindern den Rosenkranz betet) (vgl. mit weiteren Beispielen Biesinger u. a. 2008).

Unterrichtsbeobachtung ist damit eine notwendige Erweiterung von Lehrerbefragungen, wenn die Realität von Unterricht eingefangen werden soll. Darüber hinaus ist auch in Rechnung zu stellen, dass sich die Wahrnehmung aus Lehrer-Perspektive noch einmal deutlich von Wahrnehmungen aus der Schüler-Perspektive unterscheiden kann. Insofern wäre es sehr wünschenswert, wenn bei künftigen Untersuchungen weitere Untersuchungsmethoden eingesetzt werden könnten.

Solche Desiderate stellen sich im Anschluss an jede empirische Untersuchung ein, da empirische Untersuchungen niemals alle Aspekte zugleich in den Blick nehmen können. Deshalb ist für die Religionspädagogik zu wünschen, dass hier mehr und mehr in dem Sinne Forschungstraditionen zustande kommen, dass ein kumulativer Erkenntnisfortschritt möglich wird.

Den Autoren der vorliegenden Untersuchung gebührt am Ende jedoch ausdrücklich Dank für die vorliegende Studie, durch die dieser Erkenntnisfortschritt ohne Zweifel wieder ein Stück weit vorangekommen ist.

6.5 Konsequenzen der Ergebnisse für die Fortbildung mit Religionslehrerinnen und Religionslehrern

Ulrike Baumann

Als eine Einrichtung der Aus-, Fort- und Weiterbildung gewinnt das PTI aus der vorliegenden Studie differenzierte Einblicke in die Erfahrungen und Haltungen seiner Klientel. Perspektiven für die Fortbildungsarbeit ergeben sich nicht allein aus den im engeren Sinn auf diesen Bereich bezogenen Items

1) Wechselseitige Erschließung von Person und Sache als bleibende Aufgabe

Mit großer Eindeutigkeit stellt die Studie fest: Im Mittelpunkt des beruflichen Selbstverständnisses evangelischer Religionslehrkräfte stehen die Kinder und Jugendlichen. Sie möchten ihre Fragen und Erfahrungen im Religionsunterricht aufnehmen, ihren Interessen und Bedürfnissen gerecht werden. Damit stehen sie einem Konzept von Religionsunterricht nahe, das sich am Recht der Kinder auf religiöse Bildung orientiert. Andere in der Sache der Theologie oder der Pluralität der Gesellschaft begründete Zielsetzungen stehen dazu nicht im Widerspruch, werden aber eng auf den ersten Aspekt bezogen.

Allerdings macht die Studie deutlich auf die Heterogenität in der Schülerschaft aufmerksam. Der evangelische Religionsunterricht wird auch von Schülerinnen und Schülern anderer Konfessionen und Religionen sowie ohne Bekenntnis besucht. Was unter diesen Bedingungen im Rahmen religiöser Bildung bedeutsam werden kann, ist nicht leicht zu ermitteln. Die wechselseitige Erschließung von Person und Sache wird zu einer komplexen Aufgabe und Fortbildung sollte die Lehrkräfte darin unterstützen, mit der Komplexität dieses beruflichen Kerngeschäfts konstruktiv umzugehen. Theologisch-religionspädagogische Kompetenz wäre angesichts zunehmender Heterogenität zu erweitern und zu vertiefen.

2) Trotz hoher Wertschätzung der Fortbildung sind Teilnahmebedingungen weiter zu klären

Die Wertschätzung, die das in der Rheinischen Kirche vorgehaltene Netzwerk von Fortbildungsträgern (Schulreferate, Bezirksbeauftragte, PTI einschließlich seiner Kooperationspartner) erfährt, ist sehr erfreulich. Die Religionslehrkräfte bringen zum Ausdruck, dass hinsichtlich dieser lebenslangen Berufsbegleitung keine Abstriche gemacht werden sollten. Sie dokumentieren ihre Zufriedenheit mit den Einrichtungen bis hin zu deren Großzügigkeit und Gastfreundlichkeit. Auf die Frage nach der faktischen Teilnahme antworten 56,8 % mit 1 bis 3 Mal jährlich. Als Gründe für die Nicht-Teilnahme spielen Zeit- und Terminprobleme eine Rolle, die durch zusätzliche schulische Anforderungen entstehen. Offenbar ist das Gewicht einer Fortbildungskultur für die Schul- und Unterrichtsqualität im Rheinland weiterhin zu verdeutlichen. Speziell familiäre Hintergründe sollten von den Trägerinstitutionen mit in den Blick genommen werden, um eine Teilnahme zumindest durch familienfreundliche Rahmenbedingungen zu erleichtern.

Wünsche für die zeitliche Dauer von Fortbildungen sind so vielfältig, dass sich daraus keine eindeutigen Vorgaben ableiten lassen. Selbst wenn kürzere Formate eine gewisse Präferenz erfahren, passt dies kaum zu den Wünschen und Qualitätsansprüchen, die von den befragen Lehrerinnen und Lehrern gestellt werden.

3) Integrierendes Erfahrungslernen ist zu stärken

Religionslehrkräfte erleben die Notwendigkeit einer kontinuierlichen Erweiterung ihres Handlungsrepertoires. Nur mit einem erkennbaren Praxisbezug nehmen sie Fortbildungen als ertragreich wahr. Damit verbinden sich Wünsche nach einem Einblick in neuere theologische Forschung. Es steht kein Bildungsverständnis im Vordergrund, das ausschließlich nach dem beruflich Verwertbaren fragt, sondern auch Bildung als theologische Vergewisserung und persönliche Bestärkung. Eine nicht zu unterschätzende Bedeutung kommt dabei der Begegnung mit Kolleginnen und Kollegen aus derselben Schulform zu. Wenn es um adressatengerechte Angebote in der

Fortbildung geht, weist vieles in Richtung einer konsequenten Schulformdifferenzierung. Zugleich setzen sich Integration und Inklusion im Schulwesen durch. Zukunftsfähig wäre eine integrative Fortbildungsdidaktik, die aus der Praxis entstehenden differenzierenden Anforderungen gerecht wird.

4) Das Einüben von Pluralitätsfähigkeit ist eine zentrale Herausforderung für Fortbildung

Gegenüber einer reinen Religionskunde legen die befragten Lehrkräfte Wert auf die konfessionelle Bindung des Religionsunterrichts. Zugleich kennzeichnen sie sich und ihr Fach als offen und kooperationsfreudig und gehen ihre eigene Rolle in diesem Zusammenhang standpunktbezogen und differenzsensibel an. Ihr inhaltliches Profil gewinnt diese Offenheit aber nicht selten durch die Kennzeichnung anderer als eng und distanziert und bei der Begründung vermischen sich organisatorische mit religionsspezifischen Argumenten.

Die hoch erwünschte konfessionelle Kooperation findet faktisch eher im Vorfeld des Unterrichts statt und viel weniger in systematisch geplanten gemeinsamen Unterrichtsphasen. Für das Gelingen spielt auch die persönliche Ebene eine große Rolle. Kooperationen mit dem islamischen Religionsunterricht und mit Praktischer Philosophie werden deutlich als ausbaufähig gekennzeichnet.

Eine Didaktik konfessioneller Kooperation und interreligiösen Lernens ist noch nicht so weit entwickelt, dass ihre Erkenntnisse Religionslehrerinnen und –lehrern für die Unterrichtspraxis mit der notwendigen Selbstverständlichkeit zur Verfügung stehen. Über die speziellen Bedürfnisse Heranwachsender ohne Konfession wird erst anfangsweise nachgedacht. Hier besteht insgesamt ein erheblicher Fortbildungsbedarf, der sich auch auf die Planung und konkrete Durchführung kooperativer Unterrichtselemente angesichts von Gemeinsamkeit und Differenz bezieht. Divergierende Voraussetzungen verschiedener Schulformen sollten dabei Berücksichtigung finden.

5) Geschlechtergerechtigkeit ermöglichen

Dass genderspezifische Items in der Befragung wenig Zuspruch erhalten, deutet auf eine gewisse Entdramatisierung in diesem Bereich hin. Aber gleichsam im Subtext bleibt die Genderfrage relevant: Wie werden Religionslehrkräfte bei der Aufgabe unterstützt, Jungen und Mädchen gerecht zu werden? Wenn Religionsunterricht ein Lernen an Differenzen zum Ziel hat, ist Geschlechtergerechtigkeit hier als ein Teilziel zu nennen. Dass der Anteil der Frauen an der Religionslehrerschaft kontinuierlich zunimmt, ist in dieser Hinsicht ein gravierender Faktor, der die Fortbildung beeinflusst.

6.6 Feedback aus der Perspektive eines Schulreferats

Matthias Weichert

Aus der Fülle der angebotenen Materialen beschränke ich mich auf den Aspekt Fortbildungswünsche und den Wunsch der Lehrkräfte nach stärkerer Unterstützung des Unterrichtes durch staatliche und kirchliche Stellen. Die Kirchenkreise der rheinischen Landeskirche haben über Jahrzehnte ein engmaschiges Netz von Schulreferaten geschaffen, die sehr eng mit der sie umgebenden Bildungslandschaft verbunden sind. Das lässt sich daran ablesen, dass 61,7 % der befragten Lehrerinnen und Lehrer an den Fortbildungsangeboten der Schulreferate teilnehmen. Die über Jahre gewachsenen Beziehungen spielen sicher eine große Rolle und zeigen sich auch darin, dass sehr gerne die KollegInnen der Grundschule an den örtlichen Fortbildungen teilnehmen, die vor allem unterrichtspraktisch ausgerichtet sein sollen. Hier spiegelt sich m.E. die besondere Situation der Schulform Grundschule, die ja die eigentliche „Schule für alle" ist, bevor es in das differenzierte Schulangebot weiter geht. Diesen enormen Herausforderungen stellen sich die KollegInnen mit dem Wunsch nach Fortbildungen. Das gewünschte Fortbildungsformat am Nachmittag 54,9 % und Ganztagsfortbildungen 44,7 % spiegeln ebenso den Wunsch nach Ortsnähe wider. Neben den Verpflichtungen im Unterricht und Schularbeit, soll möglichst auch der eigene Fortbildungswunsch passend sein, sowohl räumlich, wie auch zeitlich.

Nicht erstaunlich ist der meist benannte Grund „andere schulische Verpflichtungen" hindern an der Fortbildungsteilnahme (44,2 %). Im Laufe der letzten Jahre ist in NRW durch die Einführung des gebundenen Ganztages, wie aber auch der immer größer werdende Abstimmungsbedarf zwischen den verschiedenen Professionen einer Schule (z. B. Schulsozialarbeit, Offene Ganztagsschule, Sonderpädagogische Absprachen im Bereich Inklusion usw.) es nicht leichter geworden, der berufsbiografischen Aufgabe nach lebenslangem Lernen – besonders in den eigenen Fächern – nachzukommen. Umso mehr erfreut es, dass dennoch eine nicht unerhebliche Anzahl von Lehrerinnen und Lehrern den Weg zu den Fortbildungen findet.

Das aber auch in diesen Fortbildungen ein Dialog mit den ReligionslehrerInnen vor Ort mit der Kirche stattfindet ist anzumerken. Viele Themen, die jetzt aktuell in den Schulen sind, z. B. Inklusion, oder interreligiöses Lernen, findet über die Begegnung im ortsnahen Fortbildungsformat den Weg in die kirchliche Diskussion.

Der Wunsch nach Unterstützung insbesondere durch kirchliche Stellen des Religionsunterrichtes sollte nicht ungehört bleiben. Der Religionsunterricht als „res mixta" liegt auch in der Verantwortung der Kirche. Da gilt es selbstverständlich der Vermutung entgegenzutreten, dass der Religionsunterricht der verlängerte Arm der Kirche in der Schule wäre, wie häufig fälschlich behauptet wird. Dies wird gerade auch von den Lehrkräften entschieden bestritten, die sich vielmehr den Schülerinnen und Schülern sowie dem eigenen Gewissen verpflichtet sehen. Vielmehr sollte das spezifisch kirchliche Angebot des Gottesdienstes noch deutlicher wahrgenommen werden. Bemerkenswert ist ja, dass hier eine deutliche Steigerung der Feiern zu beobachten ist.

Die sich in den Schulen widerspiegelnde Heterogenität unserer Gesellschaft ist sicher auch eine Herausforderung in unseren Kirchengemeinden, wo noch Antworten gefunden werden müssen.

Auf jeden Fall ist den Autoren und den weiteren an der Studie beteiligten Kolleginnen und Kollegen herzlich zu danken, die ein sehr genaues und m. E sehr zutreffendes Bild des gegenwärtigen Religionsunterrichtes im Gebiet der rheinischen Landeskirche zeichnen.

6.7 Politische Beurteilung der Ergebnisse aus Sicht der Evangelischen Kirche im Rheinland

Klaus Eberl

Die vorliegende Untersuchung liefert für die Evangelischen Kirche im Rheinland als Auftraggeberin wichtiges Steuerungswissen, um ihre Bildungsarbeit zielgerichtet auszugestalten.

1) Im Mittelpunkt des Evangelischen Religionsunterrichts stehen die Schülerinnen und Schüler

Der Evangelische Religionsunterricht wird durch hierfür ausgebildete und beauftragte Lehrkräfte erteilt, geschieht in gemeinsamer Verantwortung (res mixta) von Staat und Kirche und richtet sich an alle teilnehmenden Schülerinnen und Schüler. Die Lehrerinnen und Lehrer haben in dieser Untersuchung gesprochen. Eines der wichtigsten Ergebnisse: Die Schülerinnen und Schüler werden in ihren Fragen und Bedürfnissen sehr ernst genommen und stehen entsprechend im Mittelpunkt der didaktisch-methodischen Überlegungen einer hoch motivierten Lehrerschaft. Das ist gut so. Die Ideale und Visionen der Unterrichtenden stehen allerdings signifikant mehr im Vordergrund als etwa die wissenschaftliche Theologie oder das gültige Curriculum. Will man den Lehrkräften hier keine Ignoranz unterstellen, so provoziert diese Beobachtung die Frage, in welchem Maße sich die Lehrpläne und die theologische Ausbildung auf die Lebensfragen der SchülerInnen beziehen, die aus Sicht der Unterrichtenden ja im Mittelpunkt des tatsächlich erteilten Religionsunterrichts stehen.

2) Evangelischer Religionsunterricht erfährt in der Schule eine hohe Wertschätzung und geschieht im Selbstverständnis der Unterrichtenden auf der Grundlage ihrer Vokation und in Bezug auf die erlebbare Kirche vor Ort

Diese Beobachtungen sind wichtig, stellen sie doch mancherorts zu vernehmende Ideen den bekenntnisorientierten Religionsunterricht in staatlich verantwortete Religionskunde zu überführen, in Frage. Dies unterstützt die Haltung der Kirchenleitung in den Gesprächen mit Fraktionen, Ministerien und Landesregierungen. Die Erfahrung der Unterrichtenden zeigt, dass es keinen Unterricht über Religion aus scheinbar neutraler Perspektive geben kann. Im Mittelpunkt steht immer das Selbstverständnis der gelebten Religion bzw. Konfession.

Zugleich muss sich die Kirchenleitung fragen lassen, ob sie den Dienst der Religionspädagoginnen und Religionspädagogen ausreichend würdigt und diesen angemessen Dienst begleitet. Eine Konsequenz könnte z. B. eine andere Form der Vokation unter Beteiligung der Kirchenleitung sowie die Verstärkung oder Entwicklung anderer Begegnungsformate (z. B. Religionslehrertag) sein.

3) Evangelischer Religionsunterricht ist für alle offen und kooperativ angelegt

Die hier vorliegende Untersuchung reflektiert den Religionsunterricht etwa 20 Jahre nach der Veröffentlichung von *Identität und Verständigung* und parallel mit dem Erscheinen der EKD-Denkschrift *Religiöse Identität gewinnen*. Ihre Erkenntnisse sind besonders hilfreich zu einem Zeitpunkt, zu dem die Frage konfessioneller Kooperation auf allen politischen Ebenen intensiv diskutiert wird.

a) Evangelisch getaufte Schülerinnen und Schüler stellen besonders im nicht-gymnasialen Bereich nur noch einen (kleinen) Teil der Schülerschaft dar. Dies hat Auswirkungen auf die Aus- und Fortbildung der Lehrkräfte. Didaktik und Methodik müssen sich dieser Situation stellen. Welche Bedeutung haben etwa Jesu Tod und Auferstehung für nicht-christliche SchülerInnen? Hier sind angemessene didaktisch-methodische Modelle gefragt. Insbesondere ist für die Kirchenleitung zu bedenken, was dies im Blick auf die Gestellung von Pfarrerinnen und Pfarrern sowie anderem geeigneten Personal an öffentliche Schulen zur Erteilung von Religionsunterricht bedeutet. Die religionspädagogische Ausbildung der jeweiligen Berufsgruppen muss auf die veränderte Ausgangslage fachlich vorbereiten.

b) Auch wenn die Zusammensetzung der Unterrichtsgruppen in den verschiedenen Schulformen sehr unterschiedlich ist, so votieren die Befragten insgesamt zu 75 % weiterhin für eine konfessionelle Bindung und Prägung des Religionsunterrichts. 20 % votieren darüber hinaus für eine interreligiöse Öffnung eines konfessionell-kooperativen Unterrichts. Diesen interreligiösen Impuls gilt es einerseits aufzunehmen, andererseits fehlt uns in der Fläche in der Regel das zum Dialog bereite nicht-christliche Gegenüber, um solche Ideen strukturell umzusetzen. Exemplarische Projekte können hier den Weg bereiten. Insbesondere der berufsbildende Bereich, der durch besonders hohe weltanschauliche Heterogenität gekennzeichnet ist, bietet sich hierfür an.

c) Religionskundliche Elemente sind angesichts der vorfindlichen weltanschaulichen Heterogenität notwendiger Bestandteil des Evangelischen Religionsunterrichts. In der Lehreraus- und -fortbildung gilt es zu klären, wie andere Religionen so unterrichtlich behandelt werden können, dass dies ihrem Selbstverständnis entspricht. Konfessioneller Religionsunterricht muss sich auch im Rahmen der Behandlung anderer Konfessionen und Religionen deutlich von neutraler Konfessionskunde unterscheiden. Evangelischer Religionsunterricht als Beitrag zu einer pluralitätsfähigen Schule – so die aktuelle EKD-Denkschrift – erweist sich als wichtiger Faktor in einer heterogenen Gesellschaft. Er unterstützt die Bemühungen der Kirche um den ökumenischen und interreligiösen Dialog.

4) Aktuelle Herausforderungen

Das Gespräch der beiden großen Kirchen in Deutschland ist in den letzten Jahren intensiviert worden. Manche Lehrunterschiede haben sich relativiert, andere – wie das Amtsverständnis oder die Rolle der Laien bleiben kirchentrennend. Die jeweiligen Lehrunterschiede bieten vielfältige Lernmöglichkeit, an denen Schülerinnen und Schüler ihre eigene religiöse Identität schärfen und den Dialog mit anderen erproben können. Für die Kirchenleitung ergibt sich dadurch der Auftrag, mit den Bistümern intensiv an verbindlichen Rahmenbedingungen für einen konfessionell-kooperativen Religionsunterricht zu arbeiten, einerseits um dem entstandenen „Wildwuchs" zu begegnen, andererseits um die Wünsche der ReligionspädagogInnen sowie die veränderten gesellschaftlichen Rahmenbedingungen zu berücksichtigen. Dabei kann die Kirchenleitung davon ausgehen, dass der konfessionell-kooperative Religionsunterricht in seinem Selbstverständnis – und dem der Unterrichtenden – konfessioneller Religionsunterricht nach Art 7,3 GG ist.

7. Literaturverzeichnis

ADAM, GOTTFRIED (2012), Religionslehrer/Religionslehrerin. Beruf – Person – Kompetenz, in: ROTHGANGEL, MARTIN/ADAM, GOTTFRIED/LACHMANN, RAINER (Hg.), Religionspädagogisches Kompendium, Göttingen, 7. völlig überarb. Aufl., Göttingen, 292–309.

BEYER, FRANZ-HEINRICH (2009), Religionsunterricht in Nordrhein-Westfalen, in: ROTHGANGEL, MARTIN/SCHRÖDER, BERND (Hg.), Evangelischer Religionsunterricht in den Ländern der Bundesrepublik Deutschland. Empirische Daten – Kontexte – Entwicklungen, Leipzig, 237–255.

BIESINGER, ALBERT / MÜNCH, JULIA / SCHWEITZER, FRIEDRICH (2008), Glaubwürdig unterrichten. Biographie – Glaube – Unterricht. Freiburg u. a.

BLASBERG-KUHNKE, MICHAELA (2009), Bilden für den Religionsunterricht – Theologie studieren zwischen Bologna-Prozess und Religionsunterricht in der Schule, in: BEZIKOFER, NORBERT/LÄTZEL, MARTIN (Hg.), „Ihr sollt meine Zeugen sein“ (Apg 1,8). Glauben leben und weitergeben, Münster, 12–22.

BLOSSFELD, HANS-PETER/BOS, WILFRIED/LENZEN, DIETER (2009), Geschlechterdifferenzen im Bildungssystem – die Bundesländer im Vergleich. Fakten und Daten zum Jahresgutachten, München (http://www.aktionsrat-bildung.de/fileadmin/Dokumente/Dokumentation_2009.pdf), 14–21.

BOHNSACK, RALF (2010), Gruppendiskussion, in: FLICK, UWE/VON KARDORFF, ERNST/STEINKE, INES (Hg.), Qualitative Forschung. Ein Handbuch, Reinbek bei Hamburg, 369–384.

BOHNSACK, RALF (2014), Rekonstruktive Sozialforschung. Einführung in qualitative Methoden. 9., überarbeitete und erweiterte Auflage, Opladen Toronto.

BUCHER, ANTON (1994), Einführung in die empirische Sozialwissenschaft. Ein Arbeitsbuch für TheologInnen, Stuttgart u. a.

BUCHER, ANTON (1996), Religionsunterricht: Besser als sein Ruf? Empirische Einblicke in ein umstrittenes Fach (Salzburger Theologische Studien; Bd. 3), Innsbruck/Wien.

BUCHER, ANTON (2001), Religionsunterricht zwischen Lernfach und Lebenshilfe. Eine empirische Untersuchung zum katholischen Religionsunterricht in der Bundesrepublik Deutschland, 3. Aufl. Stuttgart u. a.

BUCHER, ANTON (2014), Der Ethikunterricht in Österreich. Politisch verschleppt – pädagogisch überfällig! Innsbruck.

BUCHER, ANTON/ARZT, SILIVIA (1999), Vom Katecheten zur Religionspädagogin. Eine empirische Untersuchung über die Studienmotive, die religiöse Sozialisation und die Studienerwartungen von jungen TheologInnen, in: RpB 42/1999, 19–47.

BUCHER, ANTON/MIKLAS, HELENE (2005), Zwischen Berufung und Frust. Die Befindlichkeit von katholischen und evangelischen ReligionslehrerInnen in Österreich (Empirische Theologie; Band 14), Wien.

CASELMANN, CHRISTIAN (1949), Wesensformen des Lehrers, Stuttgart.

DEUTSCHE BISCHOFSKONFERENZ UND EVANGELISCHE KIRCHE IN DEUTSCHLAND (DBK/EKD 1998), Zur Kooperation von Evangelischem und Katholischem Religionsunterricht, Würzburg/Hannover.

DOMSGEN, MICHAEL/LÜTZE, FRANK M. (2013, Hg.): Religionserschließung im säkularen Kontext. Fragen, Impulse, Perspektiven. Leipzig.

DRESSLER, BERNHARD (2006), Religionslehrerinnen und Religionslehrer, in: WERMKE, MICHAEL/ADAM, GOTTFRIED/ROTHGANGEL, MARTIN (Hg.), Religion in der Sekundarstufe II. Ein Kompendium, Göttingen, 97–118.

ENGLERT, RUDOLF (2013), Warum kein Religionsunterricht für alle? Der besondere Reiz des konfessionellen Modells, in: Herder Korrespondenz 67/2013 Spezial 2, 23–27.

ENGLERT, RUDOLF (2014), Konfessioneller Religionsunterricht: zehn Thesen zum besseren Verständnis, in: SCHRÖDER, BERND (Hg.), Religionsunterricht – wohin? Modelle seiner Organisation und didaktischen Struktur, Neukirchen-Vluyn, 155–161.

ENGLERT, RUDOLF U.A. (2012, HG.), Welche Religionspädagogik ist pluralitätsfähig? Kontroversen um einen Leitbegriff (Religionspädagogik in pluraler Gesellschaft 17), Freiburg im Breisgau.

ENGLERT, RUDOLF, FRIELING, REINHARD/SCHEILKE, CHRISTOPH (1999, Hg.), Religionsunterricht und Konfessionen, Göttingen.

ENGLERT, RUDOLF/GÜTH, RALPH (1999), „Kinder zum Nachdenken bringen“: Eine empirische Untersuchung zu Situation und Profil katholischen Religionsunterrichts an Grundschulen, Stuttgart u. a.

ENGLERT, RUDOLF/HENNECKE, ELISABETH/KÄMMERLING, MARKUS (2014), Innenansichten des Religionsunterrichts: Fallbeispiele – Analysen – Konsequenzen, München.

FEIGE, ANDREAS/DRESSLER, BERNHARD/LUKATIS, WOLFGANG/SCHÖLL, ALBRECHT (2001), ‚Religion‘ bei ReligionslehrerInnen. Religionspädagogische Zielvorstellungen und religiöses Selbstverständnis in empirisch-soziologischen Zugängen, Münster.

FEIGE, ANDREAS/FRIEDRICHS, NILS/KÖLLMANN, MICHAEL (2007), Religionsunterricht von morgen? Studienmotivation und Vorstellungen über die zukünftige Berufspraxis bei Studierenden der evangelischen und katholischen Theologie und Religionspädagogik. Eine empirische Untersuchung an Baden-Württembergs Hochschulen, Ostfildern.

FEIGE, ANDREAS/TZSCHEETZSCH, WERNER (2005), Christlicher Religionsunterricht im religionsneutralen Staat? Unterrichtliche Zielvorstellungen und religiöses Selbstverständnis von evangelischen und katholischen Religionslehrerinnen und -lehrern in Baden-Württemberg. Eine empirisch-repräsentative Befragung, Ostfildern.

FISCHER, DIETLIND/ELSENBAST, VOLKER/SCHÖLL, ALBRECHT (2003, Hg.), Religionsunterricht erforschen. Beiträge zur empirischen Erkundung von religionsunterrichtlicher Praxis, Münster.

FLEISCHMANN-BISTEN, WALTER (2010), Freikirchlich, in: LACHMANN, RAINER/ROTHGANGEL, MARTIN/SCHRÖDER, BERND (Hg.), Christentum und Religion elementar (Theologie für Lehrerinnen und Lehrer; Band 5), Göttingen, 63–82.

FLICK, UWE (2011), Triangulation: Eine Einführung (Qualitative Sozialforschung), Wiesbaden.

FRANKE, NIKLAS (1997), Das Herstellerimage im Handel. Eine empirische Untersuchung zum vertikalen Marketing, Berlin.

GOSSMANN, ELSBE/BAECKER, REINHARD (1992), Schul-Gottesdienst. Situationen wahrnehmen und gestalten, Gütersloh.

GRETHLEIN, CHRISTIAN (2005), Fachdidaktik Religion. Evangelischer Religionsunterricht in Studium und Praxis, Göttingen.

GRETHLEIN, CHRISTIAN (2009), Pfarrer – ein theologischer Beruf!, Frankfurt.

GRETHLEIN, CHRISTIAN (2012), Praktische Theologie, Berlin/New York.

GRETHLEIN, CHRISTIAN (2013), Universitäre Religionslehrerbildung zwischen Berufsfeld- und Wissenschaftsbezug, in: WERMKE, MICHAEL/HELLER, THOMAS (Hg.), Universitäre Religionslehrerbildung zwischen Berufsfeld- und Wissenschaftsbezug (Studien zur religiösen Bildung, Bd. 1), Leipzig, 29–44.

GRETHLEIN, CHRISTIAN/LÜCK, CHRISTHARD (2006), Religion in der Grundschule. Ein Kompendium, Göttingen.

GRÜMME, BERNHARD/LENHARD, HARTMUT/PIRNER, MANFRED L. (2012), Religionsunterricht Neu Denken. Innovative Ansätze und Perspektiven der Religionsdidaktik. Ein Arbeitsbuch, Stuttgart.

HÜTTE, SASKIA/METTE, NORBERT (2003), Religion im Klassenverband unterrichten. Lehrer und Lehrerinnen berichten von ihren Erfahrungen, Münster.

JÄGGLE, MARTIN/ROTHGANGEL, MARTIN/SCHLAG, THOMAS (2013, HG.), unter Mitarbeit von KLUTZ, PHILIPP/SOLYMÁR, MÓNIKA, Religiöse Bildung in Europa. Teil 1: Mitteleuropa, (Wiener Forum für Theologie und Religionswissenschaft 5.1), Göttingen.

KÄBISCH, DAVID (2014), Religionsunterricht und Konfessionslosigkeit. Eine fachdidaktische Grundlegung, Tübingen.

KAMMEYER, KATHARINA/ZONNE, ERNA/PITHAN, ANNEBELLE (2014, Hg.): Inklusion und Kindertheologie, Münster.

KENNGOTT, EVA-MARIA/ENGLERT, RUDOLF/KNAUTH, THORSTEN (2015), Konfessionell - interreligiös - religionskundlich: Unterrichtsmodelle in der Diskussion (Praktische Theologie heute, 136), Stuttgart.

KIRCHENAMT DER EKD (1994, Hg.), Identität und Verständigung. Standort und Perspektiven des Religionsunterrichts in der Pluralität. Eine Denkschrift der Evangelischen Kirche in Deutschland, Gütersloh.

KIRCHENAMT DER EKD (1997, Hg.), Im Dialog über Glauben und Leben. Zur Reform des Lehramtsstudiums Evangelische Theologie/Religionspädagogik. Empfehlungen der Gemischten Kommission, Gütersloh.

KIRCHENAMT DER EKD (2000, Hg.), Religion in der Grundschule. Eine Stellungnahme des Rates der EKD, Hannover.

KIRCHENAMT DER EKD (2006, Hg.), Religionsunterricht. 10 Thesen des Rates der EKD, Hannover.

KIRCHENAMT DER EKD (2009, Hg.), Theologisch-Religionspädagogische Kompetenz. Professionelle Kompetenzen und Standards für die Religionslehrerausbildung. Empfehlungen der Gemischten Kommission zur Reform des Theologiestudiums, EKD-Texte 96, Hannover.

KIRCHENAMT DER EKD (2014, Hg.), Religiöse Orientierung gewinnen. Evangelischer Religionsunterricht als Beitrag zu einer pluralitätsfähigen Schule, Gütersloh.

KLUTZ, PHILIPP (2015), „Mit ner tollen Religionsgruppe ist Reli was fürs Herz". Eine Diskussionspassage mithilfe der dokumentarischen Methode analysiert, in: Theo-Web 14 (2015), H.2, 184–202.

KROPAC, ULRICH (2011), Neuere Strömungen in der Religionspädagogik, in: rhs 54/2011, 37–44.

KULD, LOTHAR/SCHWEITZER, FRIEDRICH/TZSCHEETZSCH, WERNER/WEINHARDT, JOACHIM (2009), Im Religionsunterricht zusammenarbeiten. Evaluation des konfessionell-kooperativen Religionsunterrichts in Baden-Württemberg. Stuttgart.

LACHMANN, RAINER (2006), Einführung in den Beruf der Religionslehrkraft, in: DERS./MOKROSCH, REINHOLD/STURM, ERDMANN (Hg.), Religionsunterricht – Orientierung für das Lehramt, Göttingen, 13–49.

LANGENHORST, GEORG (2006), Sie sollen wissen was sie tun. Und warum, in: KatBl 131/2006, 300–304.

LANGER, KLAUS (1989), Warum noch Religionsunterricht? Religiosität und Perspektiven von Religionspädagogen heute, Gütersloh.

LENHARD, HARTMUT (2012), Phasen der Religionslehrerbildung, in: ROTHGANGEL, MARTIN/ADAM, GOTTFRIED/LACHMANN, RAINER , Göttingen, 277–291.

LIEBOLD, HEIDE (2004): Religions- und Ethiklehrkräfte in Ostdeutschland. Eine empirische Studie zum beruflichen Selbstverständnis. Münster.

LOOS, PETER/SCHÄFFER, BURKHARD (2001), Das Gruppendiskussionsverfahren. Theoretische Grundlagen und empirische Anwendung, Opladen.

LÜCK, CHRISTHARD (2002), Religionsunterricht an der Grundschule. Studien zur organisatorischen und didaktischen Gestalt eines umstrittenen Schulfaches (APrTh 22), Leipzig.

LÜCK, CHRISTHARD (2003), Beruf Religionslehrer. Selbstverständnis – Kirchenbindung – Zielorientierung (APrTh 25), Leipzig.

LÜCK, CHRISTHARD (2004), Konfessionell oder ökumenisch – kooperativ oder interreligiös? Ein Überblick über den Religionsunterricht der Bundesländer, in: Grundschule 36/2004, H. 4, 10–13.

LÜCK, CHRISTHARD (2007), Schule, in: FERMOR, GOTTHARD /SCHÄFER, GERHARD K./SCHROETER-WITTKE, HARALD/WOLF-WITHÖFT, SUSANNE (Hg.): Gottesdienst-Orte, Leipzig, 316–321.

LÜCK, CHRISTHARD (2012), Religion studieren. Eine bundesweite empirische Untersuchung zu der Studienzufriedenheit und den Studienmotiven und -belastungen angehender ReligionslehrerInnen (Forum Theologie und Pädagogik, Bd. 22), Berlin/Münster u. a.

LÜCK, CHRISTHARD (2013), Studienerwartungen, -belastungen und Reformwünsche von Studierenden der Evangelischen und Katholischen Theologie – Ergebnisse und Konsequenzen einer deutschlandweiten Umfrage, in: WERMKE, MICHAEL/HELLER, THOMAS (Hg.), Universitäre Religionslehrerbildung zwischen Berufsfeld- und Wissenschaftsbezug (Studien zur religiösen Bildung, Bd. 1), Leipzig, 176–191.

LÜCK, CHRISTHARD/SIMON, WERNER (2007), Konfessionalität und ökumenische Ausrichtung des Religionsunterrichts, in: KAPPES, MICHAEL/LÜCK, CHRISTHARD/SATTLER, DOROTHEA u. a., Trennung überwinden. Ökumene als Aufgabe der Theologie (Theologische Module; Bd. 2), Freiburg i. Br., 138–208.

MAIER, JÜRGEN/MAIER, MICHAELA/RATTINGER, HANS (2000), Methoden der sozialwissenschaftlichen Datenanalyse. Arbeitsbuch mit Beispielen aus der politischen Soziologie, München.

MANNHEIM, KARL (1964), Wissenssoziologie. Auswahl aus dem Werk, (Eingeleitet und hg. von KURT H WOLFF, Soziologische Texte 28), Berlin.

MANNHEIM, KARL (1980), Strukturen des Denkens, (hg. von DAVID KETTLER/VOLKER MEJA/NICO STEHR), Frankfurt am Main.

MEYER-BLANCK, MICHAEL (2012), Formen des Religionsunterrichts in den Ländern der Bundesrepublik Deutschland, in: ROTHGANGEL, MARTIN/ADAM, GOTTFRIED und LACHMANN, RAINER (Hg.), Religionspädagogisches Kompendium, Göttingen, 7. Aufl., 160–174.

MEYER-BLANCK, MICHAEL/OBERMANN, ANDREAS (2013), BRU in der Pluralität – Zur Konfessionalität des BRU angesichts des Islamischen Religionsunterrichts in Nordrhein-Westfalen, in: ZPT 65 (2013), 207–217.

MINISTERIUM FÜR ARBEIT, INTEGRATION UND SOZIALES DES LANDES NORDRHEIN-WESTFALEN (2010), Muslimisches Leben in Nordrhein-Westfalen, Düsseldorf 2010.

MINISTERIUM FÜR SCHULE UND WEITERBILDUNG DES LANDES NORDRHEIN-WESTFALEN (2013), Das Schulwesen aus quantitativer Sicht, Düsseldorf 2013. (http://www.schulministerium.nrw.de/docs/bp/Ministerium/Service/Schulstatistik/Amtliche-Schuldaten/StatUebers379-Quantita2012-2013.pdf) [Zugriff am 30.05.2016]

MÜLLER, PETER (2013), Religionsunterricht angesichts demografischer und religiöser Veränderungen, in: RUPP, HARTMUT/ HERMANN, STEFFEN (Hg.), Religionsunterricht 2020, Stuttgart, 27–41.

MÜLLER-FRIESE, ANITA (2011), Religiöse Bildung in Förderschulen. Beitrag zum Projekt „schulformspezifische Religionsdidaktik", in: Theo-Web. Zeitschrift für Religionspädagogik 10 (2011), H.1, 166–193.

NAURATH, ELISABETH (2012), Schüler/in und Religionslehrer/in – Gender, in: ROTHGANGEL, MARTIN/ADAM, GOTTFRIED/LACHMANN, RAINER (Hg.), Religionspädagogisches Kompendium, 7. völlig überarb. Aufl., Göttingen, 265–276.

NICHT, ANDREAS (2011), Ergebnisse einer Umfrage zum Religionsunterricht in Westfalen im Frühjahr 2011, Schwerte (http://www.schulreferate-online.de/index.php?option=com_k2&view= itemlist&task=category&id=25:umfrage-religionsunterricht&Itemid=293).

NIPKOW, KARL ERNST (2000), Religionsunterricht für alle? Stellungnahme zum Hamburger Modell. In: Zeitschrift für Pädagogik und Theologie 52 /2000, 293–311.

OTTO, GERT (1992), Religionskunde in der Schule. Konfessioneller Unterricht als Anachronismus, in: EvKomm 25/1992, 31–34.

PORZELT, BURKHARD/GÜTH, RALPH (2000, Hg.), Empirische Religionspädagogik. Grundlagen – Zugänge – Aktuelle Projekte, Münster.

PRZYBORSKI, AGLAJA/WOHLRAB-SAHR, MONIKA (2014), Qualitative Sozialforschung. Ein Arbeitsbuch, (Lehr- und Handbücher der Soziologie), 4., erweiterte Aufl., München.

QUALBRINK, ANDREA (2011), Geschlechterbewusst Religion lehren lernen – an der Universität, in: DIES./PITHAN, ANNEBELLE/WISCHER, MARIELE (Hg.), Geschlechter bilden. Perspektiven für einen genderbewussten Religionsunterricht, Gütersloh, 274–287.

RIEGEL, ULRICH (2010), Die Standards der Akteure. Der ideale Religionsunterricht aus Sicht italienischer und deutscher Religionslehrer, in: RpB 64/2010, 11–29.

ROTHGANGEL, MARTIN (2014), Empirische Befunde zur Religionslehrkräften, in: SCHREINER, PETER/SCHWEITZER, Friedrich (Hg.), Religiöse Bildung erforschen: Empirische Befunde und Perspektiven, Münster, 165–176.

ROTHGANGEL, MARTIN (2015), ReligionslehrerInnen im Horizont jüngerer empirischer Studien, in: ÖRF 23 (2015), 101–109. (http://unipub.unigraz.at/oerf/periodical/pageview/817789)

ROTHGANGEL, MARTIN/ADAM, GOTTFRIED/LACHMANN, RAINER (2012, Hg.), Religionspädagogisches Kompendium, 7. völlig überarb. Aufl. Göttingen.

ROTHGANGEL, MARTIN/JACKSON, ROBERT/JÄGGLE, MARTIN (2014, eds.), in cooperation with KLUTZ, PHILIPP/SOLYMÁR, MÓNIKA, Religious Education at Schools in Europe. Part 2: Western Europe, (Wiener Forum für Theologie und Religionswissenschaft 10,2), Göttingen.

ROTHGANGEL, MARTIN/JÄGGLE, MARTIN/SCHLAG, THOMAS (2013), Religiöse Bildung an Schulen in Europa. Teil 1: Mitteleuropa (gem. hrsg. mit und unter Mitarbeit von Philipp Klutz und Monika Solymar) (Wiener Forum für Theologie und Religionswissenschaft, Band 5.1), Göttingen.

ROTHGANGEL, MARTIN/JÄGGLE, MARTIN/SCHLAG, THOMAS (2016, eds.), in cooperation with Klutz, Philipp/Solymár, Mónika, Religious Education at Schools in Europe. Part 1: Central Europe (Wiener Forum für Theologie und Religionswissenschaft 10,1), Göttingen.

ROTHGANGEL, MARTIN/SAUP, JUDITH (2003), Eine Religionsunterrichts-Stunde – nach der Grounded Theory untersucht, in: FISCHER, DIETLIND/ELSENBAST, VOLKER, SCHÖLL, ALBRECHT (Hg.), Religionsunterricht erforschen. Beiträge zur empirischen Erkundung von religionsunterrichtlicher Praxis, Münster.

ROTHGANGEL, MARTIN/SCHELANDER, ROBERT (2012), Schüler/in – Empirische Methoden zur Wahrnehmung, in: ROTHGANGEL, MARTIN/ADAM, GOTTFRIED/LACHMANN, RAINER (Hg.), Religionspädagogisches Kompendium. 7. völlig überarb. Aufl., Göttingen, 207–221.

ROTHGANGEL, MARTIN/SCHRÖDER, BERND (2009, Hg.), Evangelischer Religionsunterricht in den Ländern der Bundesrepublik Deutschland. Empirische Daten – Kontexte – Entwicklungen, Leipzig.

RUPP, HARTMUT (2013), Zukunftsperspektiven des Religionsunterrichts, in: RUPP, HARTMUT/HERMANN, STEFFEN (Hg.), Religionsunterricht 2020, Stuttgart, 55–72.

RUPP, HARTMUT/HERMANN, STEFFEN (2013), Religionsunterricht 2020: Diagnosen – Prognosen – Empfehlungen, Stuttgart.

SCHRÖDER, BERND (1999), Schulgottesdienst – ein vernachlässigtes liturgisches Handlungsfeld in multiperspektivischer Betrachtung, in: Jahrbuch für Liturgik und Hymnologie 38 /1999, 99–124.

SCHRÖDER, BERND (2012), Religionspädagogik, Tübingen.

SCHRÖDER, BERND (2014a, Hg.), Religionsunterricht – wohin? Modelle seiner Organisation und didaktischen Struktur, Neukirchen-Vluyn.

SCHRÖDER, BERND (2014b), Was heißt Konfessionalität des Religionsunterrichts heute? Eine evangelische Stimme, in: DERS. (Hg.), Religionsunterricht – wohin? (s. o.), Neukirchen-Vluyn, 163–179.

SCHRÖDER, BERND/WERMKE, MICHAEL (2013, Hg.), Religionsdidaktik zwischen Schulformspezifik und Inklusion. Bestandsaufnahmen und Herausforderungen, Leipzig.

SCHWEITZER, FRIEDRICH (2001), Selbstauskunft oder Unterrichtsbeobachtung? Religionsunterricht in der Selbstwahrnehmung von Lehrerinnen und Lehrern und in der Außenperspektive von Unterrichtsforschung. In: Zeitschrift für Pädagogik und Theologie 53/2001, 320–326.

SCHWEITZER, FRIEDRICH (2006), Religionspädagogik. Lehrbuch Praktische Theologie. Band 1, Gütersloh.

SCHWEITZER, FRIEDRICH (2013a), Kooperativer Religionsunterricht. Stand der Entwicklung – Realisierungsformen und Verbreitung – Zukunftsperspektiven, in: Zeitschrift für Pädagogik und Theologie 65 /2013, 25–33.

SCHWEITZER, FRIEDRICH (2013b), Profil und Qualität – Evangelischer Religionsunterricht 2020. Prognosen, Szenarien, Anforderungen, in: RUPP, HARTMUT/HERMANN, STEFFEN (Hg.): Religionsunterricht 2020. Diagnosen – Prognosen – Empfehlungen, Stuttgart, 17–26.

SCHWEITZER, FRIEDRICH (2013c), Zukunftsfähiger Religionsunterricht. Zur aktuellen Diskussion in der evangelischen Religionspädagogik, in: Herder Korrespondenz 67/2013 Spezial 2, 52–56.

SCHWEITZER, FRIEDRICH (2014), Interreligiöse Bildung. Religiöse Vielfalt als religionspädagogische Herausforderung und Chance, Gütersloh.

SCHWEITZER, FRIEDRICH/BIESINGER, ALBERT (2002): Gemeinsamkeiten stärken – Unterschieden gerecht werden. Erfahrungen und Perspektiven zum konfessionell-kooperativen Religionsunterricht. Unter Mitarbeit von Reinhold Boschki u. a.. Freiburg.

SCHWEITZER, FRIEDRICH/BIESINGER, ALBERT/CONRAD, JÖRG/GRONOVER, MATTHIAS (2006), Dialogischer Religionsunterricht. Analyse und Praxis konfessionell-kooperativen Religionsunterrichts im Jugendalter. Freiburg.

SCHWEITZER, FRIEDRICH/RIEGEL, ULRICH/ZIEBERTZ, HANS-GEORG (2009): Europe in a comparative perspective: religious pluralism and mono-religious claims. In: ZIEBERTZ, HANS-GEORG/RIEGEL, ULRICH (Hg.), How Teachers in Europe Teach Religion. An International Empirical Study in 16 Countries (International Practical Theology 12). Berlin, 255.

SEKRETARIAT DER DEUTSCHEN BISCHOFSKONFERENZ (1996, Hg.), Die bildende Kraft des Religionsunterrichts. Zur Konfessionalität des katholischen Religionsunterrichts (Die deutschen Bischöfe; 56), Bonn.

SEKRETARIAT DER DEUTSCHEN BISCHOFSKONFERENZ (2005, Hg.), Der Religionsunterricht vor neuen Herausforderungen (Die deutschen Bischöfe; 80), Bonn.

STELLUNGNAHME DES RATES DER EKD zu verfassungsrechtlichen Fragen des Religionsunterrichts (vom 07.07.1971), in: KIRCHENKANZLEI DER EKD (Hg.): Die evangelische Kirche und die Bildungsplanung. Eine Dokumentation, Gütersloh 1972, 119–127.

STELLUNGNAHME DES RATES DER EKD zu verfassungsrechtlichen Fragen des Religionsunterrichts (vom 07.07.1971), in: Kirchenamt der EKD (Hg.), Die Denkschriften der Evangelischen Kirche in Deutschland Bd. 4/1. Bildung und Erziehung, Gütersloh 1987, 56–63.

THEIS, JOACHIM (2012), Reli – aus gutem Grund: Warum religiöse Bildung heute wichtig ist, München.

TIMMER, RAINER (2014), Konfessionelle Kooperation. Zur Zukunftsfähigkeit des Religionsunterrichts, in: RU intern 3/2014, 5–7.

WEINHARDT, JOACHIM, Konfessionell-kooperativer Religionsunterricht in Baden-Württemberg, in: SCHRÖDER, BERND (Hg.), Religionsunterricht – wohin?

Modelle seiner Organisation und didaktischen Struktur, Neukirchen-Vluyn, 19–30.

WEIRER, WOLFGANG (2013), Breite Akzeptanz und neue Herausforderungen. Religionsunterricht in Österreich, in: Herder Korrespondenz 67/2013 Spezial 2, 44–48.

WELLHÖFER, PETER (1997), Grundstudium Sozialwissenschaftliche Methoden und Arbeitsweisen, 2. Aufl. Stuttgart.

WERMKE, MICHAEL (2011), Schulformspezifische Religionsdidaktik – eine Bestandsaufnahme, in: Theo-Web. Zeitschrift für Religionspädagogik 10 (2011), H. 2, 13–24.

WERMKE, MICHAEL/ADAM, GOTTFRIED/ROTHGANGEL, MARTIN (2006, Hg.), Religion in der Sekundarstufe II. Ein Kompendium, Göttingen.

WITTENBERG, REINHARD (1998), Handbuch für computerunterstützte Datenanalyse. Grundlagen computerunterstützte Datenanalyse, Bd. 1, Stuttgart.

ZIEBERTZ, HANS-GEORG (1994), Religionspädagogik als empirische Wissenschaft. Beiträge zu Theorie und Forschungspraxis, Weinheim.

ZIEBERTZ, HANS-GEORG (1995), Lehrerforschung in der empirischen Religionspädagogik, in: DERS./SIMON, WERNER, Religionspädagogik, Düsseldorf 1995, 47–78.

ZIEBERTZ, HANS-GEORG/HEIL, STEFAN (2005), Universitäre Lehrerbildung in der Diskussion, in: ZIEBERTZ, HANS-GEORG/HEIL, STEFAN/MENDL, HANS/ Simon, Werner (Hg.), Religionslehrerbildung an der Universität. Profession – Religion – Habitus, Münster, 6–29.

ZIEBERTZ, HANS-GEORG/RIEGEL, ULRICH (2008), Letzte Sicherheiten. Eine empirische Untersuchung zu den Weltbildern Jugendlicher, Gütersloh.

ZIEBERTZ, HANS-GEORG/RIEGEL, ULRICH (Hg.) (2009): How Teachers in Europe Teach Religion. An International Empirical Study in 16 Countries (International Practical Theology 12). Berlin.

8. Transkriptionsrichtlinien nach TiQ („Talk in Qualitative Social Research“)[57]

L Das „Häkchen“ markiert den Beginn einer Überlappung bzw. den direkten Anschluss beim Sprecherwechsel.

(.) Kurzes Absetzen, Zeiteinheiten bis knapp unter einer Sekunde.

(3) Anzahl der Sekunden, die eine Pause dauert. Ab 4 Sekunden Pause erfolgt die Notation in einer Extrazeile. Auf diese Weise wird beim Lesen des Transkripts das Schweigen allen an der Interaktion Beteiligten zugeordnet (dem Interviewer und den Interviewten gleichermaßen oder etwa der ganzen Gesprächsgruppe), was bei längeren Pausen meist dem Eindruck des Gehörten entspricht. Ein technischer Vorteil liegt darin, dass Verschiebungen durch Korrekturen nur bis zu diesen Pausen Veränderungen bei den Häkchen nach sich ziehen.

<u>nein</u> Betonung

Nein Laut in Relation zur üblichen Lautstärke der Sprecherin/des Sprechers

°nee° Sehr leise in Relation zur üblichen Lautstärke der Sprecherin/des Sprechers

. Stark sinkende Intonation

; Schwach sinkende Intonation

? Deutliche Frageintonation

, Schwach steigende Intonation

brau- Abbruch eines Wortes. So wird deutlich, dass man hier nicht einfach etwas vergessen hat.

oh=nee Zwei oder mehr Worte, die wie eines gesprochen werden (Wortverschleifung)

nei:n Dehnung von Lauten. Die Häufigkeit der Doppelpunkte entspricht der Länge der Dehnung.

ja::: (doch) Unsicherheit bei der Transkription und schwer verständliche Äußerungen

( ) Unverständliche Äußerungen. Die Länge der Klammer entspricht etwa der Dauer der unverständlichen Äußerungen.

---

[57] Sämtliche Transkriptionsrichtlinien bis auf die Maskierung von Personen, Orten etc. mit ‚XXX‘ wurden von Przyborski/Wohlrab-Sahr (2014, 168f.) übernommen. [Hervorhebungen im Original]

((hustet)) Kommentar bzw. Anmerkungen zu parasprachlichen, nichtverbalen oder gesprächsexternen Ereignissen. Soweit das möglich ist, entspricht die Länge der Klammer etwa der Dauer des lautlichen Phänomens.

@nein@ Lachend gesprochene Äußerungen

@(.)@ Kurzes Auflachen

@(3)@ Längeres Lachen mit Anzahl der Sekunden in Klammern

XXX Maskierung von Personen, Orten etc., die von den Gruppenmitgliedern im Diskurs genannt wurden

Af/Lm Maskierung der Gruppenmitglieder; jedes Gruppenmitglied erhielt zwei Buchstaben, einerseits einen großen Buchstaben, der ausschließlich einer Person zugewiesen wurde, andererseits an zweiter Stelle einen kleinen, der für das Geschlecht steht (m = maskulin; w = feminin).

?m Der Gesprächsbeitrag kann keiner bestimmten Person zugeordnet werden, jedoch einem Geschlecht.

? Der Gesprächsbeitrag kann niemandem zugeordnet werden.

Y1 Maskierung des Diskussionsleiters

Groß- und Kleinschreibung
Nach Satzzeichen wird klein weiter geschrieben, um deutlich zu machen, dass Satzzeichen die Intonation anzeigen und nicht grammatikalisch gesetzt werden. Hauptwörter werden groß geschrieben. Beim Neuansetzen eines Sprechers oder einer Sprecherin, d.h. unmittelbar nach dem „Häkchen“, wird das erste Wort mit Großbuchstaben begonnen.

Zeilennummerierung
Zum Auffinden und Zitieren von Transkriptstellen müssen durchlaufende Zeilennummerierungen verwendet werden. Bei Zitaten aus einer Passage geben die Zeilennummern Aufschluss darüber, wo das Zitat in den Verlauf der Passage einzuordnen ist.

9. Autorenverzeichnis